大学汉英双语教材系列
袁宪军　主编

International Financial Management
国际财务管理

杨桂范　郑　红　编

图书在版编目(CIP)数据

国际财务管理/杨桂范,郑红编. —北京:北京大学出版社,2008.9
(大学汉英双语教材系列)
ISBN 978-7-301-13845-8

Ⅰ.国… Ⅱ.①杨…②郑… Ⅲ.国际财务管理－高等学校－教材－汉、英 Ⅳ.F811.2

中国版本图书馆 CIP 数据核字(2008)第 067939 号

书　　　　名:	国际财务管理
著作责任者:	杨桂范　郑　红　编
责 任 编 辑:	徐万丽
标 准 书 号:	ISBN 978-7-301-13845-8/F·1943
出 版 发 行:	北京大学出版社
地　　　　址:	北京市海淀区成府路 205 号　100871
网　　　　址:	http://www.pup.cn　电子信箱:xuwanli50@yahoo.com.cn
电　　　　话:	邮购部 62752015　发行部 62750672　编辑部 62765014
	出版部 62754962
印 刷 者:	三河市北燕印装有限公司
经 销 者:	新华书店
	650 毫米×980 毫米　16 开本　25.25 印张　410 千字
	2008 年 9 月第 1 版　2015 年 6 月第 3 次印刷
定　　　　价:	38.00 元

未经许可,不得以任何方式复制或抄袭本书之部分或全部内容。
版权所有,侵权必究
举报电话:(010)62752024　电子信箱:fd@pup.pku.edu.cn

《大学汉英双语教材系列》
编审委员会

主　编
　　袁宪军

编委会成员（按姓氏笔画为序）
　　付耀祖（外交学院教授,中国国际关系学会副会长兼秘书长）
　　杜　江（北京第二外国语学院教授、国家旅游局副局长,中国旅游协会常务理事,国际旅游科学院院士）
　　杜厚文（中国人民大学教授、博导,中国世界经济学会副会长,中国人民大学前副校长）
　　金　碚（中国社会科学院工业经济研究所研究员、副所长、博导,中国经营报社社长）
　　袁宪军（北京第二外国语学院教授）
　　韩德昌（南开大学教授、博导,市场营销系主任）

内容简介

经济全球化的浪潮势不可挡，随着我国改革开放的进一步深入，更多的外国企业走进中国，同时也有更多的国内企业走出国门去开辟新的天地。无论是已经进入中国市场，还是徘徊在中国市场之外的外国企业；无论是已经走出国门，还是坚守在国内的中国企业，它们都毫无疑问地急切需要了解国际企业相关知识的人才。而如何处理好国际企业跨国经营过程中以资金管理为中心的国际财务管理问题，正是这类人才所需具备的核心知识。本书系统详细地论述了国际企业财务管理理念和技术，是财务管理、会计等相关专业学生学习国际财务管理知识的汉英双语教材，并对从事和关心国际企业财务管理的人士有所帮助。

本书以国际财务管理的整个流程为主线，围绕几个主要环节分章突出介绍国际财务管理的内容。第一章介绍国际财务管理的概念、内容、目标和环境，从总体上了解国际财务管理架构。第二章、第三章和第四章是贯穿国际财务管理始终的一个内容——外汇汇率、外汇市场和外汇风险的管理。第五章是国际企业的融资，介绍了国际企业不同的融资渠道和方式，以及资本成本和资本结构。第六章从国际投资类型、跨国并购、国际营运资金管理等几个方面详细介绍了国际投资管理。第七章为国际税收部分，重点介绍了跨国公司的国际税收筹划和国际税收的协调内容。

总 序

  在世界经济、文化走向全球化的21世纪,我们已经进入了一个双语的时代,我们的科学技术、经济文化的进一步发展,急需大批具有较强英语运用能力的专业人才。我们国家从中学到大学的英语基础教育,为培养学生专业的英语运用能力奠定了坚实的基础。为了培养高尖端专业人才,国家教育部制定了在大学实施双语教学的规定,要求大学本科教育阶段应该有相当比例的课程用双语教学。目前,我国大多数高等院校都努力在双语教学上进行尝试,试图创制一些行之有效的双语教学方法和途径。在这些院校中,双语教学大多是采用英语原版教材,而教学则是用汉语进行讲解和解释。当然,采用英语原版教材无疑对我们教学内容的更新、教学方法的改进、教学体系的革新都有颇大影响。然而,采用英语原版教材存在着很多的不利方面。首先,英语原版教材使用的对象是英语作为母语的大学本科学生,而不是作为第二语言的本科学生,我们国家的学生尽管英语水平相对较好,但使用英语原版教材仍然不能达到得心应手的程度。第二,英语原版教材的编写体系,是针对英美国家的教育体制和学生的知识结构编写的,与我们国家有很大差距,不完全适合我们所用。第三,英语原版教材是从国外引进的,课本的售价非常昂贵,不是我们的学生所能负担得起的。基于这些方面的考虑,采用英语原版教材进行双语教学很难在我国的大学推广。也是基于这些方面的考虑,我们组织编写了《大学汉英双语教材系列》,以适应我国大学汉英双语教学的需要。

  汉英双语教材的编写,完全是一种新的尝试,没有先例可以参考,更没有编写的程式可以遵循,这对我们确定编写原则造成极大困难。教材的编写者在进行广泛调查和多次讨论之后,达到一致共识:内容上反映该学科的最新发展,形式上方便于教学。另一方面,教材不采用汉英对照的形式,而是选择用英语有利于教学时则用英语,用汉语有利于教学时则用汉语,关键的、重要的术语和词汇则英汉/汉英对照。

参加汉英双语教材编写的人员,大多为获得博士学位、曾在英美国家留学的中青年学者,有的在编写过程中还到国外搜集材料,请教专家,从 2002 年开始着手编写到完成长达几年的时间,有的书稿几经修改,可谓一丝不苟,呕心沥血,竭尽全力。我们对汉英双语教材的尝试,这只是刚刚开始,今后还会陆续推出其他系列。衷心地希望教材的使用者给我们提出宝贵的建议和意见,以便我们改进编写方法,提高汉英双语教材的质量和水平。

这次出版的《大学汉英双语教材系列》得到了北京市教委的资助和北京大学出版社的极大支持,在此表示诚挚的感谢。

袁宪军
2008 年 1 月于北京

前言

经济全球化的浪潮势不可挡,各国企业都主动地进入或被动地陷入了这一浪潮之中。随着我国改革开放的进一步深入,更多的外国企业走进中国,同时也有更多的国内企业走出国门去开辟新的天地。无论是已经进入中国市场,还是徘徊在中国市场之外的外国企业;无论是已经走出国门,还是坚守在国内的中国企业,它们都毫无疑问地急切需要了解国际企业相关知识的人才。而如何处理好国际企业跨国经营过程中以资金管理为中心的国际财务管理问题,正是这类人才所需具备的核心知识。本书系统详细地论述了国际企业财务管理理念和技术,希望能够成为财务管理、会计等相关专业学生学习国际财务管理知识的一本好的教材,以及对从事和关心国际企业财务管理的人士能有所帮助。

本书在编写过程中,我们一直坚持使本书具备以下几个方面的特点:

1. 完整性:本书力图系统完整地来反映国际财务管理学科理论体系的整体面貌。

2. 新颖性:本书力求以最新的观点和最新的实例数据来阐述国际财务管理学科的理论内容。

3. 逻辑性:本书更多地避免以抽象的概念和定义为出发点来演绎理论内容,而强调用概念的演绎来安排。其中每章节之间通过国际财务管理的这一过程来构建成整个国际财务管理的理论体系。

4. 启发性:书中在多个位置配有一定的案例,每章后也有一定量的思考题,能更好地调动读者思考的积极性。

5. 创新性:书中中英文穿插的方式,是财务理论著作编写的一种新方法,在内容"国际化"的同时,表达方式也体现出一定的"国际化"。

本书以国际财务管理的整个流程为主线，围绕几个主要环节分章突出介绍国际财务管理的内容。第一章介绍国际财务管理的概念、内容、目标和环境，从总体上了解国际财务管理架构。第二章、第三章和第四章是贯穿国际财务管理始终的一个内容——外汇汇率、外汇市场和外汇风险的管理。第五章是国际企业的融资，介绍了国际企业不同的融资渠道和方式，以及资本成本和资本结构。第六章从国际投资类型、跨国并购、国际营运资金管理等几个方面详细介绍了国际投资管理。第七章为国际税收部分，重点介绍了跨国公司的国际税收筹划和国际税收的协调内容。

本书的框架结构由杨桂范制定，其间，毫无疑问地参阅了大量的国内外有关国际财务管理的教材和文献，在此特向各位表示致谢。各章具体作者分别为：杨桂范，第一章；郑红，第二、三、四章；杨会娟，第五、六、七章中文部分；全书英文部分由张巍巍、李梅完成初稿；全书由杨桂范和郑红共同总纂定稿。同时在总纂定稿过程中得到了李晓强、梁慧敏、王季冬的帮助，在此表示万分的感谢！

尽管我们在编写过程中已尽了很大的努力，但书中不妥、疏漏之处在所难免，敬请各位读者批评指正，以便据以做进一步的修正。

编者
2007 年 12 月

目 录

第一章 国际财务管理概述
Overview of International Financial Management ………（1）

第一节 国际财务管理的概念
Concept of International Financial Management ………（2）

第二节 国际财务管理的内容
Content of International Financial Management ………（6）

第三节 国际财务管理目标
Objective of International Financial Management ………（9）

第四节 国际财务管理环境
Environment of International Financial Management ………（16）

本章小结（Summary）………（40）

第二章 汇率
Exchange Rate ………（42）

第一节 汇率基础知识
Elementary Knowledge of Exchange Rate ………（42）

第二节 政府对汇率的影响
Exchange Rate Influenced by the Government ………（52）

第三节 利率平价
Interest Rate Parity ………（62）

第四节　汇率和利率、通货膨胀和国际收支的平衡关系
Balance Relations Between Exchange Rate and
Interest Rate, Inflation and Balance of Payment …………（70）

第五节　汇率预测
Exchange Rate Forecast …………………………………（74）

本章小结（Summary）……………………………………………（86）

第三章　外汇市场
Foreign Exchange Market ……………………………………（90）

第一节　外汇基本知识
Basic Knowledge of Foreign Exchange Market ………（90）

第二节　外汇市场结构
Structure of Foreign Exchange Market ………………（94）

第三节　外汇交易方式
Approaches of Exchange Transactions ………………（105）

第四节　外汇市场的运作方法
Operation Methods of Exchange Market ……………（110）

本章小结（Summary）……………………………………………（115）

第四章　风险管理
Exposure Management ………………………………………（117）

第一节　经济风险管理
Economic Exposure Management ……………………（118）

第二节　交易风险管理
Transaction Exposure Management …………………（131）

第三节　折算风险管理
Accounting Exposure Management ……………………（144）

本章小结（Summary）……………………………………………（156）

第五章　国际融资
International Financing ………………………………………（158）

第一节　国际信贷融资
International Loans ………………………………………（158）

第二节　国际债券融资
International Bond Financing ·················· (168)

第三节　特定方向的融资
Specific Direction's Financing ·················· (213)

第四节　资本成本和资本结构
Cost and Structure of Capital ·················· (245)

本章小结(Summary) ·················· (259)

第六章　国际投资管理
International Investment Management ·················· (262)

第一节　国际投资概述
Overview of International Investment ·················· (263)

第二节　国际直接投资
International Direct Investment ·················· (276)

第三节　国际证券投资
International Securities Investment ·················· (305)

第四节　跨国并购
Transnational Merger ·················· (326)

第五节　国际营运资金管理
International Working Capital Management ·················· (331)

本章小结(Summary) ·················· (348)

第七章　国际税收
International Tax ·················· (356)

第一节　国际税收概述
Overview of International Tax ·················· (356)

第二节　国际税收中性原则
Neutral Principles of International Tax ·················· (360)

第三节　跨国公司的国际税收筹划
International Tax Planning of Transitional Corporation
·················· (366)

第四节　国际税收的协调
　　　　International Tax Coordination …………………（373）
本章小结（Summary）………………………………………（379）

附录　汉英词汇对照表 Chinese-English Dictionary …………（381）

参考书目 References ………………………………………（385）

第一章 国际财务管理概述
Overview of International Financial Management

案例 1-1　Ranger 供应公司国际经营的动机

Ranger 供应公司是一家办公用品的生产商和供应商。它位于纽约，但向全美的公司提供办公用品。通过向那些公司定期大量邮寄产品目录而占有市场。它的客户可以通过电话订货，Ranger 公司根据需求送货。过去，公司有着很高的生产效率，这部分地归功于其较低的雇员流动和高昂的士气，因为公司保证每个雇员终生被雇用直到退休。

在美国提供办公用品的市场中，Ranger 公司早已占有很大的份额。它在美国的竞争者主要是一家美国公司和一家加拿大公司。一家英国公司有一小部分市场份额，但它由于距离遥远而处于不利地位。这家英国公司在美国的市场开发和运输成本比较高。

虽然 Ranger 公司的产品在某种程度上与其他竞争者类似，但凭借较高的生产效率，提供给零售商较低的价格，占领了美国的大部分市场。Ranger 公司预计未来美国市场的办公用品总体需求会下降，而在今后几年中加拿大和东欧对办公用品会有大的需求。为此，Ranger 公司的经理们已经开始考虑为弥补国内市场需求可能下降而出口其产品。

（1）Ranger 公司计划通过出口进入加拿大或东欧市场。在决定应进入哪个市场时，应该考虑哪些因素？

（2）一位财务经理负责发展一项应急计划，以防哪个国家设置出口障碍。这位经理建议在这种情况下，应在所考虑的国家建立子公司。这是否是一项合理的策略？有没有这项策略行不通的明显原因？

1

第一节 国际财务管理的概念 Concept of International Financial Management

一、国际财务管理的定义(Concept of International Financial Management)

什么是国际财务管理(international financial management)？迄今为止,国内外学术界还没有一个严格的、公认的定义。作为一门新的学科,国际财务管理的内容、目标、方法体系尚不成熟,国内外学者对于国际财务管理定义的表述也存在不同看法。概括起来,主要有以下几种观点：

(一) 国际财务管理就是世界财务管理

持这种观点的人认为,国际财务管理应当研究能在全世界范围内普遍适用的原理和方法,使世界各国的财务管理逐渐走向统一。这种设想作为追求国际财务管理的最终目标是可以的,但若要实现这一目标,还需要长期的艰苦努力。

(二) 国际财务管理就是比较财务管理

持这种观点的人认为,各国的政治、经济、社会、法律、文化教育等理财环境存在很大差异,各国财务管理的内容、目标、方法也不尽相同,国际财务管理应在如实描述各国财务管理基本特征的同时,比较不同国家在组织财务收支、处理财务关系方面的差异,以便在解决国际之间的财务问题时不把自己国家的原则和方法强加于对方,而力求求同存异,互利互惠。

(三) 国际财务管理就是国际企业财务管理

持这种观点的人认为,国际财务管理主要研究国际企业在组织财务活动、处理财务关系时所遇到的特殊问题。

在西方国家,目前在论及国际财务管理概念时,都没有超出上述观点。我们认为这三种观点都有一定的道理,但都没能全面反映国际财务管理的确切含义。第一种观点距现实太遥远,只能作为努力的方向。第二种观点仅仅是对各国财务管理的特点进行汇总和比较,缺乏实质性内容。第三种观点把国际财务管理仅仅限制在国际企业的范围内,没能完全概括国际财务管理丰富的内容。

本教材在综合分析各种观点的基础上,提出：国际财务管理是研究在国际经济条件下,国际企业从事跨国性生产经营活动所面临特殊领域的财务管理问题,是现代财务管理在国际领域中的延伸,是一门"国际金融"、"国际投资"、"国际会计"、"国际税收"等多种学科相交叉的边缘性学科。

二、国际财务管理产生的背景(Background of International Financial Management)

国际财务管理产生的背景是财务管理向国际领域延伸的条件和基础,也是应用国际财务管理的环境。国际财务管理产生的条件主要包括以下几个方面:

(一)国际贸易发展形成外贸业务财务管理理论与方法

国际贸易是商品经济国际化最早出现的形式。第二次世界大战后,由于世界市场容量的迅速扩大,导致了交易商品的种类和数量大大增加,商品结构和地域布局发生重大改变。工业制成品在进出口业务中所占比重上升,一些新兴工业、高科技产品比重越来越大,越来越多的发展中国家也成为国际贸易的伙伴。国际贸易迅速发展还表现在出现了无形贸易。

Due to the global industrial changes, the growth of services industries is much faster than the whole international trade. Services industries include not only banking, insurance, communications, international tourism, but also leasing and consultancy services. Thus, a new set of international financial management theory has been formed.

(二)生产国际化形成国际直接投资财务管理理论与方法

随着世界经济的发展,各国之间的经济联系很快突破流通领域进入生产领域,于是出现了与国际投资联系在一起的生产国际化。生产国际化是生产过程的全球化,是从生产要素的组合到产品销售的全球化。在生产的国际化方面,国际企业起着重要的作用,成为国际化生产的主体。由于国际企业规划全球化生产,它必然实行内部的更合理的生产组织体系,从原材料的供应、加工工序到零部件的制造,一切都是在全球范围内进行的。

Thus, the traditional definition of international functioning division has been replaced by a new one expressed by the organizing of production in multinational corporations. With the expanding of multinational corporations, the FDI theory has been formed.

（三）金融全球化形成国际筹资、国际证券投资等财务管理理论和方法

金融全球化是当代世界经济的重要现象,是整个世界经济一体化的最为关键的一个发展环节。当今世界经济,是一个规模巨大、高度发达的金融化经济,国际金融本身已成为重要的国际产业。国际证券融资的制度障碍、货币障碍和政策障碍等越来越小。

After the 1970s, many new international financial markets have emerged, the internationalization of financial market has accelerated the internationalization of financial management, and opened new ways and spaces for finance and investment. A series of new international financial management theories have been formed.

三、国际企业的定义(Concept of International Corporation)

根据联合国"国际企业(a multinational corporation)行动准则政府间工作组"提出的定义,国际企业是一个由经济实体构成的工商企业,它的主要内容是:

(1)该实体是由两个或两个以上国家营业的一组企业组成;

(2)这些企业是根据资本所有权合同或其他安排建立的共同控制下营业的;

(3)各实体推行全球战略时,彼此共同分享各种资源和分担责任。

关于国际企业的定义,美国的财务学家 Alan C. Shapiro 认为：A multinational corporation (MNC) is a company engaged in producing and selling goods or services in more than one country. It ordinarily consists of a parent company located in the home country and at least five or six foreign subsidiaries, typically with a high degree of strategic interaction among the units.

跨越国境的产品销售和交换活动自古有之,当这种销售和交换活动达到一定规模后被称为国际贸易。早在二百多年前,以亚当·斯密和大卫·李嘉图为代表的古典经济学家就已经利用所谓的"竞争优势"成功地解释了国际分工以及国家和地区之间的国际贸易问题。然而,公司的经营活动并不仅仅局限于产品市场的开拓,还包括生产要素的获取及其配置和管理使用。如果公司仅从事国际贸易活动,那么只是部分地从事了跨国经营。只有当公司经营活动的各个方面均跨越国境,才能称为跨国经营。因此,国际企业在全球范围内进行资源配置,采取全球化的生产、市场、融资、投资战略和策略,以期获得公司整体价值最大化,而不是

各个独立子公司价值最大化。

四、国际企业形成及其动因（Formation and Driver of International Corporation）

国际企业的出现可以追溯到19世纪中叶。尽管当时也有发达资本主义国家之间的相互投资，但投资的流向主要是从发达资本主义国家到经济比较落后的殖民地，宗主国和殖民地之间的经济活动由以前的商品贸易行业逐渐转向生产性行业，西欧的资本大量涌向亚洲、非洲和美洲等经济上比较落后的国家和地区。第一次世界大战之后，由于各国为保护幼稚民族工业，纷纷设置贸易壁垒，使得以出口为主的大企业不得不到海外去设厂进行生产和销售，从而大大促进了企业对外投资的发展。第二次世界大战之后，美国经济地位得到大幅度提升，其大企业开始大力向海外投资，把国际企业推入了一个新的发展阶段。

随着交通和通信设施的快速发展，资本市场和产品市场联系越来越密切，人员往来越来越频繁，知识传播越来越迅速，这不仅使得跨国经营越来越便利，也使得跨国经营越来越成为一种必然趋势。国际上著名的大公司基本上都会进行跨国经营。全球化的市场使得企业竞争越来越激烈，也越来越深入。企业之间的竞争不再停留在产品市场，而是不断渗透到资源市场和生产经营过程中。为了在激烈的竞争市场中求得生存和发展，企业必然要面临如何以全球化的眼光制定发展战略和策略，以获得竞争优势这一问题。

MNCs may gain from their global presence in a variety of ways. First of all, MNCs can benefit from the economy of scale by (1) spreading R&D expenditures and advertising costs over their global sales, (2) pooling global purchasing power over suppliers, (3) utilizing their advanced technology and management to minimum global additional costs, and so on. Furthermore, MNCs can use their global presence to take advantage of underpriced labor services available in certain developing countries, and gain access to special R&D capabilities residing in advanced foreign countries. MNCs can indeed leverage their global presence to boost their profit margins and create shareholder value.

第二节 国际财务管理的内容 Content of International Financial Management

财务管理是组织企业财务活动、处理财务关系的一项经济管理工作。国际财务管理与国内财务管理在这个性质上是相同的,但是,国际财务管理并不是国内财务管理在全球范围的简单扩展和延伸,国际企业财务活动环节以及财务管理的整个过程都具有不同程度的特殊性。

国际财务管理究竟应该包括哪些内容?到目前为止,业界还没有形成完全统一的认识。美国著名财务学教授布瑞罕姆认为,国际财务管理应该包括如下几部分内容:(1)外汇和国际货币体系;(2)国外投资的分析程序;(3)国外资产管理;(4)国际资本市场管理。美国的另一位财务学家 Alan C. Shapiro 认为,国际财务管理的内容可概括为以下几个方面:(1)国际财务管理环境(environment of international financial management);(2)外汇风险管理(foreign exchange risk management);(3)国际营运资金管理(multinational working capital management);(4)国外投资分析(foreign investment analysis);(5)国外经营的资金筹集(financing foreign operations)。尽管财务学者们对国际财务管理的内容有不同的看法,但我们认为,国际财务管理的基本内容可概括为以下几个方面:

一、外汇风险管理(Foreign Exchange Risk Management)

外汇风险管理,是国际财务管理与国内财务管理的根本区别之所在。国际财务管理的其他内容都是在此基础上展开论述的。国际企业的经营范围涉及许多国家,这些国家货币币值的变动本身就可能导致国际企业已有的资产、负债、收入、费用、利润发生变动,从而引起国际企业发生或可能发生损失或收益。这种由于不同国家货币币值变动而引起的风险就是外汇风险。外汇风险可以分为三类:交易风险(transaction exposure)、折算风险(exchange exposure)和经济风险(economic exposure)。为了控制外汇风险,需要利用一系列金融工具和技术,在减少外汇风险给国际企业带来损失的同时,设法利用币值的变动取得收益,这是国际财务管理的特殊内容。要掌握外汇风险管理的知识和技术,国际企业的财务管理人员必须先了解有关外汇币值的知识,也就是各国货币之间的兑换关系——汇率是如何确定的,并在此基础上对汇率的变化进行预测。预测的结果为国际财务管理人员应对外汇风险提供依据。

二、国际融资管理(Multinational Financing Management)

融资管理是财务管理的最基本职能之一,以低成本、低风险大量筹集资金,是国际企业具有竞争能力的主要表现。国际企业的筹资渠道比国内企业宽阔的多,筹资的方式也灵活多样,尤其是货币和资本市场全球一体化进程的进一步加快,为国际企业在筹资风险和成本的组合上提供了更多选择。因此,从总体上讲,通过国际筹资风险和成本组合的管理,国际企业可以获得比国内企业综合资本成本更低的资金。除了企业内部的资金和总部所在国的各种资金外,国际企业还可以利用子公司或分部所在国的各种资金、其他国际资金。国际企业可以根据资金来源地的特点,利用不同的筹资方式,构建最优资本组合,降低筹资成本。

国际企业可以利用的筹资方式包括:(1)在其他国家的股票市场上发行股票,筹集股权资金;(2)在其他国家的债券市场上发行债券,或者向国际金融机构借款,筹集债务资金;(3)利用国际贸易融资方法,如应收账款融资、信用证、银行承兑汇票等筹集短期资金;(4)利用国际租赁的方式筹集债务资金。

Multinational corporations can finance in the following ways:
Issuing shares in other countries;
Issuing bonds in other countries;
Utilizing other ways, such as letter of credit, draft, etc;
Utilizing leasing;
Financing from project.

三、国际投资管理(Multinational Investment Management)

国际投资是把筹集到的资金用于国际生产经营活动,以获取收益的行为。国际企业的经营活动涉及全球,各个国家的税制不同,利率有高有低,劳动力、生产资料价格存在明显的差异,商品的价格也不相同,再加上各国产品和劳务市场需求的多样性,都为国际企业提供了比国内企业更具优势的投资获利机会。但是,在国际投资活动中,国际企业遇到的风险也比国内企业遇到的多。除外汇汇率的变化可能导致投资本金和收益脱离预期外,投资所在国的经济状况和市场变化以及投资所在国政府更迭、资金管制等都会引起国际投资资金回收和利润流回受阻,影响投资的安全性和资金的流动性。然而,这并不意味着国际企业投资的总体风险会比国内企业大。相反,由于国际企业经营的全球化,它可以有更多的机会分散单个国家国内经济、政治状况变化的风险,同时也意味着在投资管理时,国际企业更需要进行风险的评估和控制。

Specifically, the following works should be done:
Analyzing the international investment environment;
Carefully choosing investment instrument;
Conducting financial analysis of international investment item.

四、国际营运资金管理(Multinational Working Capital Management)

与国内营运资金管理相比,国际营运资金管理除了现金、应收账款和存货的最佳存量管理之外,还增加了营运资金流量管理的内容。国际营运资金流量管理主要是指国际企业利用内部资金转移机制实现资金的最佳配置。国际企业的子公司和分部分散在全球各地,利用全球不同国家和地区的资源优势、市场差异、税率差别等取得高过国内经营的收益,实现国际企业的总体目标,这种经营全球化给国际企业带来的好处需要通过资金的转移来实现。然而,国际间存在大量不利于资金转移的因素,比如国际上对资金国际流动的数量限制、进出经营所在国资本市场的限制、经营所在国的资本管制等。国际企业如果利用正常的资金外部转移方式转移资金,会导致高昂的资金转移成本,只有借助资金内部转移机制,国际企业才能回避这些资金转移障碍,实现其全球化经营的优势。

营运资金管理的具体内容包括:转移价格的设定、特许权使用费和管理费的管理、子公司间信用账户支付时间的管理、内部交易计价货币的选择以及冻结资金的管理等。

五、国际税务管理(Multinational Taxation Management)

随着世界各国经济交往的不断加深,特别是国际企业规模与数量的日益发展,国际税收问题越来越受到重视,成为国际财务管理的一项特殊内容。国际企业面对的税收制度的差异远远大于国内企业之间的税收差异,该项管理的重点就是利用各国间税收制度的差异,在国际企业的筹资、投资、营运资金流动及利润分配的各个环节设计减少双重纳税的措施,利用税收优惠实现税收减免或利用国际避税地减少所得税支付,从而减少企业负担,增加企业税后收益。

六、其他内容(Others)

除以上基本内容外,国际财务管理还包括下列内容:(1)国际结算;(2)国际财务报表分析;(3)国际企业并购;(4)通货膨胀条件下的财务问题;(5)国际企业的破产清算等。

第三节 国际财务管理目标 Objective of International Financial Management

一、国际财务管理目标的理论(The Theory on Objective of International Financial Management)

总体上讲,国际企业财务管理的目标与国内企业十分类似,通常受到企业目标的影响。在不同国家,由于文化和制度的差异,企业的目标也不一致。企业目标不是一成不变的,随着政治、经济环境的变化,企业的目标经历了"筹资数量最大化"、"利润最大化"、"净现值最大化"、"每股收益最大化"、"股东财富最大化"、"企业价值最大化"等多个阶段,与之相应的财务管理目标也在不断深化和发展。

中外关于财务管理目标的问题,争议一直较大,现仅就在我国和西方国家被普遍接受的几种观点介绍如下:

(一)产值最大化

在传统的集权管理模式下,企业的财产所有权与经营权高度集中,企业的主要任务就是执行国家下达的总产值目标。企业领导人职位的升迁,职工个人利益的多少,均由完成产值计划指标的程度来决定,这就决定了企业必然要把总产值作为企业经营的主要目标。在这种形势下,人们不自觉地把总产值最大化作为财务管理的基本目标。

For producers, the economic problem is to maximize profits. The key decisions are which outputs to produce, how much of each output to produce, and which inputs to use to produce the outputs.

但随着时间的推移,人们逐渐认识到,产值最大化这一目标存在如下缺点:(1)只讲产值,不讲效益。在总产值目标的支配下,有些投入的新增产值不足以抵补新增成本,造成亏损,减少利润,但因为能增加产值,企业仍愿意增加投入。(2)只讲数量,不求质量。追求总产值最大化决定了企业在生产经营过程中只重视数量而轻视产品的质量和种类，因为提高产品质量，试制新产品都会妨碍产值的增加。（3）只抓生产，不抓销售。在总产值目标的驱动下，企业只重视增加产值，而产品能否销售出去不是考虑的重点，因此，往往出现"工业报喜，商业报忧"的情况。（4）只重投入，不讲挖潜。总产值最大化的目标还决定了企业只重视投入，进行外延扩大再生产，而不重视挖掘潜力，更新改造旧设备，进行内涵扩大再生产，原因在于更新改造容易对产值产生不利影响，也不能大量增产。相反，采用粗放式、大投入量的生产却往往使产值指标易于完成。鉴于总产值最大化目标存在着上述缺点，那么，把总产值最大化作为企业的财务管理目标就是不符合财务运行规律的，这是一种错误的观点。

（二）利润最大化

利润最大化目标是指通过对企业财务活动的管理，不断增加企业利润，使利润达到最大。利润最大化的观点在西方经济理论中是根深蒂固的，许多西方经济学家都是以利润最大化这一目标来分析和评价企业行为和业绩的。例如：亚当·斯密、大卫·李嘉图等经济学家，都认为企业的财务管理目标应该是利润最大化。以利润最大化作为企业财务管理目标有其合理的一面，因为企业要想利润最大化，就必须讲求经济核算，加强管理，改进技术，提高劳动生产率，降低产品成本，这些都有利于经济效益的提高。

According to the objective of profit maximization, the ultimate goal of a business enterprise is to maximize its profit. All the efforts of the organization are to be directed to achieve this goal. The profit maximization objective is justified, as business is conducted for earning profit. When profit earning is the aim of the business, profit maximization should be the obvious objective. Profitability is an indicator of the efficiency with which the firm is managed. The higher the profit, the better the efficiency. For growth and expansion, profit is the main source of finance. To meet unforeseen contingencies reserves are necessary, which is possible only if there is enough profit.

但这一目标也存在以下缺点：（1）利润最大化没有考虑利润发生的时间，没能考虑资金的时间价值。（2）利润最大化没能有效地考虑风险问题，这可能会使财务人员不顾风险的大小去追求更多的利润。（3）利润最大化往往会使企业财务决策带有短期行为的倾向，即只顾实现目前的最大利益,而不顾企业的长远发展。应该看到,利润最大化的提法,只是对经济效益浅层次的认识,存在一定的片面性。所以,利润最大化并不是企业财务管理的最优目标。

(三) 股东财富最大化

股东财富最大化是指通过财务上的合理经营,为股东带来最多的财富。在股份经济条件下,股东财富由其所拥有的股票数量和股票市场价格两方面来决定,在股票数量一定时,随着股票价格达到最高,股东财富也达到最大。所以,股东财富最大化,又演变为股票价格最大化。

美国的财务学家 Alan C. Shapiro 认为:The main objective of multinational financial management is to maximize shareholder wealth as measured by share price. This means making financing and investment decisions that add as much value as possible to the firm. It also means that companies must manage effectively the assets under their control.

美国的另两位财务学家 Cheol S. Eun 和 Bruce G. Resnick 对股东财富最大化这一目标又进行了进一步的解释:Shareholder wealth maximization means that the firm makes all business decisions and investments with an eye toward making the owners of the firm—the shareholders—better off financially, or more wealthy, than they are before.

Whereas shareholder wealth maximization is generally accepted as the ultimate goal of financial management in "Anglo-Saxon" countries, such as Australia, Canada, the United Kingdom, and especially the United States, it is not as widely embraced a goal in other parts of the world. In countries like France and Germany, for example, shareholders are generally viewed as one of the "stakeholders" of the firm, others being employees, customers, suppliers, banks, and so forth. European managers tend to consider the promotion of the firm's stakeholders' overall welfare as the most important corporate goal. In Japan, on the other hand, many companies form a small number of interlocking business groups called keiretsu, such as Mitsubishi, Mitsui, and Sumitomo, which arose from consolidation of family-owned business empires. Japanese managers tend to regard the prosperity and growth of their keiretsu as the critical goal; for instance, they tend to strive to maximize market share, rather than shareholder wealth.

与利润最大化目标相比,股东财富最大化目标有其积极的方面,这是因为:(1)股东财富最大化考虑了风险因素,因为风险的高低,会对股票价格产生重要影响。(2)股东财富最大化在一定程度上能够克服企业在追求利润上的短期行为,原因在于不仅目前的利润会影响股票价格,预期未来的利润对企业股票价格也会产生重要影响。(3)股东财富最大化目标容易量化,便于考核和奖惩。但应该看到,这一目标也存在着缺点:(1)它只适合上市公司,对非上市公司则很难适用。(2)它只强调股东的利益,而对企业其他关系人的利益重视不够。(3)股票价格受多种因素影响,并非都是公司所能控制的,把不可控因素引入理财目标是不合理的。尽管股东财富最大化存在上述缺点,但如果一个国家的证券市场高度发达,市场效率极高,上市公司还是可以把股东财富最大化作为财务管理目标的。

It is pointed out, however, that as capital markets are becoming more liberalized and internationally integrated in recent years, even managers in France, Germany, Japan and other non-Anglo-Saxon countries are beginning to pay serious attention to shareholder wealth maximization. In Germany, for example, companies are now allowed to repurchase stocks, if necessary, for the benefit of shareholders. In accepting an unprecedented $183 billion takeover offer by Vodafone Air Touch, a leading British wireless phone company, Klaus Esser, CEO of Mannesmann of Germany cited shareholder interests: "The shareholders clearly think that this company, Mannesmann, a great company, would be better together with Vodafone Air Touch... The final decision belongs to shareholders."

Obviously, the firm could pursue other goals. This does not mean, however, that the goal of shareholder wealth maximization is merely an alternative, or that the firm should enter into a debate as to its appropriate fundamental goal. On the contrary, if the firm seeks to maximize shareholder wealth, it will most likely simultaneously be accomplishing other legitimate goals that are perceived as worthwhile.

Shareholder wealth maximization is a long-run goal. A firm cannot stay in business to maximize shareholder wealth if it treats employees poorly, produces shoddy merchandise, wastes raw materials and natural resources, operates inefficiently, or fails to satisfy customers. Only a well-managed business firm that profitably produces what is demanded in an efficient manner can expect to stay in business in the long run and thereby provide employment opportunities.

（四）企业价值最大化

企业价值最大化是指通过企业财务上的合理经营,采用最优的财务政策,充分考虑资金的时间价值和风险与报酬的关系,在保证企业长期稳定发展的基础上使企业总价值达到最大。这一定义看似简单,实际包含丰富的内涵,其基本思想是将企业长期稳定发展摆在首位,强调在企业价值增长中满足各方利益关系。

具体内容包括以下几个方面:(1)强调风险与报酬的均衡,将风险控制在企业可以承担的范围之内;(2)创造与股东之间的利益协调关系,努力培养安定性股东;(3)关心本企业职工利益,创造优美和谐的工作环境;(4)不断加强与债权人的联系,重大财务决策请债权人参加讨论,培养可靠的资金供应者;(5)关心客户的利益,在新产品的研制和开发上有较高投入,不断推出新产品来满足顾客的要求,以便保持销售收入的长期稳定增长;(6)讲求信誉,注意企业形象的宣传;(7)关心政府政策的变化,努力争取参与政府制定政策的有关活动,以便争取出现对自己有利的法规,但一旦立法颁布实施,不管是否对自己有利,都要严格执行。

以企业价值最大化作为财务管理的目标,具有以下优点:(1)企业价值最大化目标考虑了取得报酬的时间,并用时间价值的原理进行了计量;(2)企业价值最大化目标科学地考虑了风险与报酬的联系;(3)企业价值最大化能克服企业在追求利润上的短期行为,因为不仅目前的利润会影响企业的价值,预期未来的利润对企业价值的影响所起的作用更大。进行企业财务管理,就是要正确权衡报酬增加与风险增加的得与失,努力实现二者之间的最佳平衡,使企业价值达到最大。因此,企业价值最大化的观点,体现了对经济效益的深层次认识,它是现代管理的最优目标。所以,应以企业价值最大化作为财务管理的整体目标,并在此基础上,确立财务管理的理论体系和方法体系。

二、国际财务管理目标理论与实践的冲突（Conflict of Theory and Practice of International Financial Management Objective）

（一）委托代理问题（Problem of Agency by Agreement）

目前，通常被接受的国际企业的目标是使股东财富最大化。所有的决策都应有助于目标的实现，所以确定一个目标是很必要的。如果公司的目标是在不远的将来使收益最大化，那么，公司制定的政策就与目标是使股东财富最大化时不同。

必须强调的是，一个公司的管理者也许会做出一些不能使股东利益最大化的决策。

For example, a decision about setting up a subsidiary in some region may be made based on the region's attraction to the manager himself while not to the benefits of the shareholders. Managers make plans for their own departments, not the whole company.

如果公司归一个人所有并由其担任唯一的经理，这种冲突就不会发生。然而，对于那些股东与经理不同的公司而言，这种冲突就会存在，它被称作委托代理问题。对于国际企业来说，要使股东财富最大化，经理们为之付出的代理成本一般是大于国内公司的。原因如下：首先，那些拥有分散在各地的子公司的国际企业会有较大的代理问题，因为很难对国外子公司的经理进行监管；其次，在不同文化下形成的子公司也许不会服从统一的目标；再次，较大规模的国际企业也会产生大的委托代理问题。

拥有多个子公司的国际企业的财务经理们也许会做一些使有关子公司价值最大化的决策，而这种决策并不会肯定符合整个国际企业的利益最大化目标。对这个问题的细节讨论在本书后面再进行。我们先来看一个可以解释冲突存在原因的简单例子。设想一个已获得母公司（总部）融资的子公司经理要开发和销售一种新产品。他会从子公司的角度估计成本和效益，并决定是否可行。可是，他忽视了东道国会对他给母公司的汇款课以重税这一问题，从而导致母公司预计的税后利润不足以抵偿该项目的融资成本。当子公司个体价值增加的时候，国际企业的整体价值却减少了。如果财务经理们准备使其国际企业股东财富最大化的话，他们就必须执行使国际企业总体价值最大化而不是有关子公司价值最大化的政策。对于许多国际企业来说，子公司所做的较大决策都须母公司批准。但是母公司不可能监督子公司的每项决策。代理成本的大小因国际企业的管理模式而异。集权管理可以减少代理成本,因为它允许母公司的管理者控制国外子公司,并削减子公司管理者的权力。然而,母公司对子公司有可能决策不当,因为它不可能像子公司的财务经理那样掌握子公司的财务信息。相反,如果子公司管理者的决策不能实现使国际企业总体价值最大化,分权管理模式可能导致较高的代理成本。但这种模式能给予那些熟悉子公司经营状况和经营环境的管理者更多的控制权,进而权衡集权和分权管理两种模式。

Some multinational corporations try to take the advantage of the two modes: they allow the subsidiary manager to make main decisions about the future operation, but the decisions must be under the supervision of the parent company to ensure the maximum benefits of the whole corporation.

非美国的管理者比美国的管理者更倾向于关注长期业绩。这种差异可能会造成非美国的管理者对美国国际企业的国外子公司做出与其股东财富最大化不一致的决策。但不论如何都应强调,长期的观点可能是有益的,因为短期的观点可能使管理者做出对国际企业长期业绩不利的决策。

(二)各国财务管理目标的差异

国际上,尽管许多国家的财务管理目标(如美国、英国)也都是建立在股东财富极大化之上的。但在实际操作中,由于不同国家所面临的财务管理环境存在明显差异,因而对财务管理目标具体内容的选择和具体表述也就不会完全相同。为了探讨不同国家企业财务人员对财务目标的态度,美国著名经济学家 Stonehill 等人曾在法国等五个国家的 87 个企业(法国 8 个,日本 20 个,荷兰 13 个,挪威 26 个,美国 20 个)做过一项调查,反映企业财务目标的差异。所调查的具体财务目标有 12 个,分别是:(1) 股票增值及股利最大化;(2) 担保资金有效运用;(3) 账面价值最大化;(4) 股价最大化;(5) 清算价值最大化;(6) 每股盈余成长最大化;(7) 本益比最大化;(8) 利息及税前盈余最大化;(9) 投资报酬最大化;(10) 销售报酬最大化;(11) 每股现金流量最大化;(12) 其他。调查结果显示:在财务目标中,法国企业最重视每股盈余成长最大化,最不重视账面价值和清算价值最大化。日本企业最重视每股盈余成长最大化,最不重视清算价值及本益比最大化,对担保资金有效运用的看法最有分歧。荷兰企业最重视每股盈余成长最大化,最不重视股票增值及股利最大化,对担保资金有效运用及投资报酬率最大化的看法最有分歧。挪威企业最重视投资报酬最大化，最不重视股价最大化，对销售报酬最大化的看法最有分歧。至于美国企业，最重视每股盈余成长最大化，最不重视清算价值最大化，对股价最大化的看法最有分歧。从上述调查显示中可以看出，各国企业的财务管理目标都比较重视每股盈余成长最大化，而比较不重视清算价值最大化。事实上，对一个国际企业而言，要选择一个理性的财务目标并不容易，不同的政治、经济、文化背景会导致不同的财务管理目标。

案例1-2 德国和日本股东财富最大化目标的特点

In the German and Japanese systems of corporate governance, firms own stakes in other firms, and often make decisions which are in the best interests of the industrial group they belong to, rather than in their own best interests. In this system, the argument goes, firms will keep an eye on each other, rather than cede power to the stockholders. In addition to being undemocratic, the stockholders are after all the owners of the firm, it suggests a profound suspicion of how stockholders might use the power if they get it and is heavily skewed towards maintaining the power of incumbent managers.

While this approach may protect the system against the waste that is a by-product of stockholder activism and inefficient markets, it has its own disadvantages. Industrial groups are inherently more conservative than investors in allocating resources, and thus are much less likely to finance high risk and venture capital investments by upstarts who do not belong to the group. The other problem is that entire groups can be dragged down by individual firms that have run into trouble.

第四节　国际财务管理环境 Environment of International Financial Management

一、国际财务管理环境概述（Summary of International Financial Management Environment）

（一）国际财务管理环境的概念和特点

从系统论的观点来看，所谓环境，就是指被研究系统之外的，对被研究系统有影响作用的一切系统的总和。显然环境具有相对性,即某一系统的环境,往往又是以其他系统为环境的。如果把国际财务管理看作是一个系统,那么,国际财务管理以外的并对国际财务管理系统有影响作用的一切系统的总和,便构成了国际财务管理的环境。

国际财务管理与国内财务管理产生区别的根本原因在于它们面临的环境上的差异。与国内企业相比,国际企业财务管理面对的环境有以下特点:

1. 环境差异性大。国际企业的投资和经营跨越了国界,跨越了政治、经济制度的界限,跨越了民族甚至种族的界限。不同国家、不同地区各种环境间的差异非常大,国际企业每进入一个新的国家或地区,都必然面临不同制度、文化、法律等诸多冲突,而国际企业往往又同时在多个国家或地区进行经营,因此,需要同时应付不同的矛盾,导致包括财务管理在内的管理的目标、管理的手段、决策的过程、沟通和控制的方式等各方面都需要在考虑整体利益一致的基础上,具备强大的适应和调整能力。

Only the one understanding the environment better can succeed in the international operation. The differences of financial management environment at home are far more less than those in the international environment。

2. 环境变化频繁。国际企业所面对的是世界上各种制度的国家和政府,国际企业随时可能遭遇经营所涉及的某个国家或地区环境的改变,比如吸引外资的政策改变,政治动荡等;同时,一国政治或经济的变化波及国际企业某个经营所在国的可能性更高。尽管近年来通信技术高速发展,但相比一国之内,跨越国界的信息来源仍旧有限,信息沟通存在时滞。种种因素导致国际企业面临的经营环境的变化更加频繁,也更加难以预测。环境的频繁变化,相应要求国际企业在管理的组织设计上和决策过程上具有更强的应变能力。相对国际企业而言,国内企业面临的本国环境在短期内更具有稳定性。另外,国内环境的变化比较容易预见,企业能够及早做好应对环境变化的准备。

(二)国际财务管理环境的分类

按照不同的标准,影响国际财务管理的环境因素可以进行以下划分。

1. 自然环境与社会环境。自然环境是指自然资源或自然条件的总和。与国际财务管理有关的自然环境因素有:投资和经营所在国或地区的地理位置、距离总部的远近、是否具有在国际上有优势的自然矿产或其他资源等。自然环境的差异可能导致诸如是否设置财务管理机构,是否从总部派遣财务人员以及是否进行以原材料取得为目标的投资等不同的决策。

社会环境是指人类有意识地构建的经济基础和上层建筑的整体,包括文化、教育、人口数量及构成、经济体制、政治体制、法律制度等。国际财务管理本身就是社会活动的一种。因此,社会环境对财务管理的影响比自然环境要大得多,因而也是国际财务管理更加关心的环境因素。

2. 宏观环境和微观环境。国际财务管理所指的宏观环境是超越国境的国际性境况。主要包括国际间的贸易、金融市场、区域性或国际性的组织、国际性的协议等,不论国际企业在何处经营,这些宏观环境因素都可能对其发生影响。宏观环境是国际财务管理活动无法回避的前提环境。

国际企业的经营所涉及的单个国家的环境称为微观环境。也有人认为国际企业自身的内部环境是微观环境,国家环境是中观环境。单个国家的环境包括其自然环境及其社会环境,它能够对国际企业的筹资、投资、经营等全方位的管理产生重大影响。财务管理目标的设定、组织安排、如何控制、业绩如何评价等很大程度上决定于这个微观环境的状况。

3. 政治环境、经济环境、法律环境和文化环境。如果按照社会环境的具体内容,可以把与国际财务管理密切相关的环境因素分为政治环境、经济环境、法律环境和文化环境。

The analysis in this part is mainly based on this kind of divisions, and tries to introduce the content of culture, politics, laws and economy and their possible effects on international financial management.

二、国际财务管理环境类别(Classification of International Financial Management Environment)

(一)国际财务管理的政治环境

政治环境是企业活动不可回避的环境因素之一。企业是否能够取得经营的权力、企业经营活动的范围有多大、企业资金能否流动顺畅、企业可以支配多少利润等,可以说,企业的任何活动都处在政府的管辖控制之下。显然,不论是国内企业还是国外企业,政府的这种影响都十分直接而且非常重要。对于国际企业而言,更是不能忽视这样一个事实:任何一个独立的国家都百分之百地拥有允许或禁止国外企业在其政治边界内开展业务的正当权力。国际企业要在其他国家进行经营和财务管理,就需要认真考虑这些东道国的政治环境。同时,尽管目前许多国际企业纷纷采取战略全球化与经营本土化相结合的方针,以此来减少自身在文化、意识形态、利益等方面的母国色彩,把自己打扮成一个没有国际特点的全球性企业。但是,毋庸讳言,国际企业在国外仍被视为其母国的一个代表,而且国际企业在海外的发展也离不开母国政府的支持。因而对国际企业的财务管理而言,不仅包括东道国的政治环境,还要考虑本国政府的政策。

1. 东道国政府对待外国企业的政策态度

各国都有各自的国家利益和国家目标,比如保存主权和独立、减少外来威胁、改善和提高本国人民的生活水平、促进本国国际地位的不断上升、增强自身在国际事务中的影响力、坚持和促进本国的政治思想意识等。国际企业在其他国家经营时不可避免地会对东道国的产品市场、劳动力市场、资金市场产生积极或消极的影响,国际企业带去的文化、道德观念甚至政治观点也可能与东道国社会的理念相冲突,有的大型国际企业甚至可能影响这些国家政府决策。国际企业对东道国的这些冲突可能会促进东道国的国家利益和目标的实现,但也可能被认为妨碍这些利益和目标的实现。因此,各国政府对待本国领域内进行经营的国外企业时,不同理念的政府可能会采取不同的政策态度。有的国家政府认为国外企业与国内企业的自由竞争会对国内企业产生促进作用,保证市场公平,因此采取的是国外企业与国内企业一视同仁的政策,不干涉国外企业的经营和资金运作;有的则认为国外企业在本国经营会损害本国企业的利益,或是危害本国文化和价值观念,因此采取禁止或严厉限制的政策,比如进口管制、对企业形式和股权比例的严格限定、借款的限制、利润汇出的限制、投资领域的限制、产成品销售地点的限制等;有的则采取鼓励与限制和干预相结合的政策,比如虽然规定有许多限制条件,但同时提供税收方面的优惠、外汇业务上的便利等,他们希望外国企业的投资能够带动本国经济、提高本国企业的生产和管理水平,同时又担心国外企业给本国经济带来负面影响。政府对国外企业的政策优惠态度直接影响国际企业的现金流量、资本成本、资本结构等财务决策的重要指标,当这些影响存在的时候,财务管理人员的决策模型会更加复杂。

案例 1-3　政治环境对沃尔玛的影响

Sometimes the rules and regulations of the provincial governments are used to protect key industries, and this makes importers in violation of certain laws.

In November 2005, it was reported in the news that Quebec agriculture inspectors seized Margarine from Wal-Mart stores in Quebec City!

Why? The regulation is intended to protect the province's 3,000 dairy producers. Quebec has a provincial law that Margarine cannot be the same colour as butter — this is an old law originally designed to protect the Quebec dairy farmers from margarine companies that might try to trick people into thinking their product was butter — so in Quebec if you sell Margarine it has to be coloured white so it doesn't look like natural butter, which is slightly yellow.

Wal-Mart tries to save on costs by selling the same products in all its stores across Canada — and when it has to change some products due to provincial regulations — this is a big problem. Some people accused Wal-Mart of doing this on purpose and hoping they would not get a complaint, but this time they got caught.

2. 东道国政治的稳定性

稳定政治包括稳定的政权、稳定的社会以及连续、稳定的政策。东道国政治稳定可以使国际企业财务决策所需要的变量变化较小，企业决策的准确性更高。但是，政治稳定对国际企业的经营和财务管理到底是利还是弊不可一概而论。政治稳定并不意味着国际企业经营的经济利益就高，因为当前稳定的政府或政策并不一定是对国际企业有利的政府或政策。因此，对东道国政治变化的预测以及对政治变化给企业会带来何种影响的分析和判断是国际企业经营和财务管理的一项重要内容。

The social stability of the host country is extremely important to the property and personnel safety of multinational corporations. 稳定的政权不一定代表政策的连续，但政权的更迭往往伴随着政策的变化，特别是对国外企业政策的变化。对于国际企业而言，政权变化给财务管理带来的最大风险是新政府因对国外资本的敌视或对该国际企业母国的敌视，从而导致的对在境内的国际企业子公司进行国有化或征收，或出台严厉限制安置国外企业在本国活动的政策。如果存在这种政权更迭的可能,国际企业的财务管理人员在进行投资决策的时候就必须加大对风险因素的考虑;如果决定投资,则需要事先准备减少损失的方案;当损失不可避免时,应采取必要措施将损失降到最低点。

从上面的分析可以看出,国际企业在财务决策时对东道国政治稳定性应该辩证地看待,特别是对于即将或正在进行政权变更和政策发生重大变化的国家,决不能因为这些变化而裹足不前。因为这些变化并不一定会使企业或项目的风险提高,反而有时往往就是新的获利机会的产生。谁能够较早地预见并利用这些变化,谁就能够获得更高的收益。但是,如果这些变化的确导致企业或项目风险提高,就需要在决策模型中增大风险变量,重新做出决策。

3. 母国政府的政策态度

尽管国际企业经营越来越全球化,但是,通常情况下,国际企业的总部、最大的子公司、所有者以及资产的集中地都放在母国;国际企业在其东道国也被视为是其母国的一个企业,东道国对待国际企业的态度和政策也往往与其母国有关。因此,国际企业在海外经营的成果和受到的待遇对于母国政府而言具有重要的政治意义和经济意义。母国政府为了本国的利益,通常会采取一些扶植和保护本国的国际企业、提高本国企业在国际上的竞争力的政策措施。这种扶植和保护对于发展中国家的国际企业尤为必要,因为这些国家的国际企业往往在经验、资金、实力等方面落后于发达国家的国际企业,在国际竞争中常处于劣势。发达国家的经验和目前一些立志促进本国经济朝国际化发展的发展中国家的实践证明,一国政府是否能够给予本国企业以政策扶植,对于他们能否加快国际化经营进程和增强国际化经营的实力至关重要。这些国家对本国的国际企业提供的支持政策一般体现在以下几个方面:

(1) On taxation policies, they can often get some preferential policies, which usually lower their cost or increase their cash flow.

(2) On the loans, many governments offer loans to the local companies by special banks, which help them to expand their finance channel and obtain low cost capital.

(3) On investment information, many governments provide the local companies with the economic status and investment opportunity of the target country, which helps lowering the risks of making investment.

(4) On diplomatic policies, many countries sign treaties to create preferential treatment for their companies, which helps to remove the investment difficulties abroad.

除了以上直接影响国际财务管理的政治因素外,其他一些政治因素也会间接地作用于国际企业的经营和管理。比如东道国的政治制度是社会主义制度还是资本主义制度;执政党是左翼的还是右翼的;政府形式是民主共和还是军人专政等,这些因素的变化都可能给国际财务管理带来风险和机会,必要时也应考虑。同时,政治环境、法律环境、经济环境在许多方面是相互交叉、相互影响的。

(二)国际财务管理的经济环境

与其他环境因素相比,经济环境变化最快,对国际财务管理的影响也最直接。例如,东道国的经济制度往往影响国际财务管理活动的灵活性;经济周期、经济发展水平和发展速度决定了国际企业投资的规模;金融体系影响国际企业资金筹措的渠道和方式;税收制度会对国际企业财务管理的资本成本、现金流量产生直接的影响;而东道国的通货膨胀、国际收支状况则可能导致影响国际企业现金流的汇率的改变。异国经济环境包含的内容很多,本节只就对国际财务管理产生较大影响的几个环境因素及其影响进行介绍。

1. 经济制度

经济制度就是经济运行的机制,它决定了资源如何分配。

An economic system is a mechanism (social institution) which deals with the production, distribution and consumption of goods and services in a particular society.

The economic system is composed of people, institutions and their relationships to resources, such as the convention of property. It addresses the problems of economics, like the allocation and scarcity of resources.

可以从多个角度认识一个国家的经济体制,比如从政治的角度可以区分为社会主义制度还是资本主义制度,从政府对经济的干预角度可以区分为计划经济和市场经济,从经济中占主导地位的企业所有制角度可以划分为公有制和私有制。一般情况下,社会主义制度常与计划经济、公有制联系在一起,而资本主义常与市场经济、私有制联系在一起。但是这种联系并不是绝对的,目前的社会主义国家逐渐减少政府对微观经济领域的干预,而资本主义国家政府始终利用宏观调控手段在经济中发挥作用，有的资本主义国家政府也直接干预企业的经营；社会主义国家中，私人企业、股份制企业不论是个体数量还是业务量都在经济中占有越来越大的比重，而资本主义国家拥有政府所有企业也是很常见的现象。因此，各种经济制度的划分并不是绝对的，国际企业需要根据东道国的具体情况具体分析。

以计划经济和公有制为主的国家，政府对企业的直接干预较多，企业取得资源的数量和渠道、企业资金的使用和回收速度、企业分配利益的方式和比例甚至企业是否可以破产等都受到政府不同程度的行政干预，这些干预措施可能直接涉及国际企业，有的也可能并不直接作用于国际企业，但在国际企业与东道国其他企业发生业务关系时，会受到间接的影响。在这类国家中，国际企业财务管理的各个方案很可能因此受到制约，丧失自主性，不仅财务决策的方案数量会因此受到限制，而且一些财务决策对于国际企业实现财务目标而言可能并非是最优的。而以市场经济和私有制为主的国家中，企业具有经营和财务管理的自主权和灵活性，经营和财务决策更具科学性，企业财务管理的内容和可以使用的手段也比较丰富。

2. 通货膨胀或通货紧缩

东道国的通货膨胀对国际企业财务管理的影响主要体现在以下几个方面。

通货膨胀对国际企业现金流量的影响。东道国通货膨胀对国际企业财务管理最直接的影响是导致在东道国市场上销售产品价格的上涨以及从东道国市场上取得的原材料、劳动力、资本成本的提高，从而导致国际企业现金流量的波动。

Inflation is also viewed as a hidden risk pressure which provides an incentive for those with savings to invest them, rather than have the purchasing power of those savings erode through inflation. In investing inflation risks often cause investors to take on more systematic risk, in order to gain returns which will stay ahead of expected inflation. Inflation is also used as an index for cost of living adjustments and as a peg for some bonds. In effect, inflation is the rate at which previous economic transactions are discounted economically.

由于国际企业的产品市场和原材料等生产资料市场不一定分布在同一个国家，所以某一东道国的通货膨胀对国际企业整体现金流的影响需要根据具体情况具体确定。比如，使用大量进口原材料或零部件并在当地销售产品的子公司在当地发生通货膨胀时,当地币值的现金流入量可能增加,如果当地货币的汇率没有随着通货膨胀发生贬值,从国际企业总体角度看,该子公司带来的现金流量就可能增加;反之,如果子公司在东道国取得生产资料进行生产,将产品销往国外市场或其他子公司,则通货膨胀引起的成本的提高将减少国际企业的现金流量。但如果考虑到通货膨胀与汇率之间可能存在的相互抵消作用,某一东道国发生或可能发生的通货膨胀将引起国际企业的现金流量估计的困难,企业的经营风险和决策风险都将加大。

(1) 通货膨胀对财务状况的影响。东道国的通货膨胀可能造成在该国生产的子公司实物资产重置成本增加、货币性资产贬值、货币性负债获得利益,在该国销售的子公司收益虚增;另外,由于价格的波动,国际企业难以确定处于不同国家子公司之间的转移定价,这些方面都给国际企业评价子公司的财务业绩造成困难。由于重置资产的需要以及因收益虚增带来的纳税的增加,子公司的资金需要量上升,为了保持实物资产的规模和经营能力,对子公司的投资额需要不断增加,导致对国际企业的筹资带来压力。由于通货膨胀国家的资本成本相应上升,子公司在当地的融资受到制约,国际企业的筹资策略可能因此而发生改变。

(2) 通货膨胀通过汇率和利率对财务管理的综合影响。通货膨胀、利率、汇率三者之间的关系十分微妙,一般而言,异国的通货膨胀可能吸引国外商品大量进入当地市场,而当地商品在国际上的竞争力下降,从而导致当地贸易产生逆差,引起当地货币的币值下降。

Under inflation, the local demand for investment increases, leading to a higher interest rate; the higher interest rate will attract more foreign capital, leading to a higher money value of the country. 但是这种关系不是绝对的,有时候在政府的干预下,即便存在通货膨胀,汇率或利率也不发生明显的变动。汇率变化将导致国际企业产生外汇风险,如企业的资产和负债产生的折算风险、未来的现金流量发生改变产生的经营风险、未来现金交易的价值发生波动产生的交易风险,都可能给国际企业带来损失或收益。而利率的改变直接影响国际企业的资本成本和资本结构,国际企业可能因此需要考虑改变筹资的地点,或改变企业内部子公司之间的资金转移方式。可以说,由于通货膨胀与汇率和利率之间这种复杂的关系,当一国发生通货膨胀时,国际企业财务管理受到的影响就很难用一种模式推测,国际企业的财务决策难度加大,财务活动面临的风险也会变大。

同通货膨胀一样,通货紧缩也会从反方向增大国际企业的风险,增加国际财务管理的难度。

In modern economies, as loan terms have grown in length and financing is integral to building and general business, the penalties associated with deflation have grown larger. Since deflation discourages investment and spending, because there is no reason to risk on future profits when the expectation of profits may be negative and the expectation of future prices is lower, it generally leads to, or is associated with a collapse in aggregate demand. Without the "hidden risk of inflation," it may become more prudent just to hold onto money, and not to spend or invest it.

通货紧缩时整个国家的经济过剩运行,当地产品市场需求锐减、企业资产贬值、原有的债务负担加重、企业利润骤减、企业经营出现困难。但是通货紧缩也会促使出口产品的竞争力增强、银行的利率下降。对于国际企业而言,某个东道国通货紧缩会导致在该国的子公司现金流量骤减,运营出现危机,如果这种通货紧缩发生在一个比较大的地区,涉及多个国家,那么对在该地区投资的国际企业而言,面临的风险就更大了。由于通货紧缩往往导致一国经济的严重衰退,比起通货膨胀,通货紧缩给国际企业带来的风险可能更大。

3. 经济状况

东道国的经济状况包括其经济发展水平及发展速度,以及处于经济周期的阶段,经济状况的好坏通常与市场条件和利润潜力相联系。衡量经济发展水平的指标很多,比如国民生产总值 GNP 或国内生产总值 GDP、人均 GDP 或人均 GNP、对外贸易及国际收支状况、通货膨胀率、失业率等;按照经济发展水平,世界上的国家可以分为发达国家、发展中国家和经济落后国家。经济发展水平对产品市场的影响最为明显,经济发展水平高的国家或地区市场细分程度高,产品需求多样性好,人们的购买力相对较高。经济发展速度则表现为市场规模和投资规模扩大的快慢,经济发展快的国家、产品市场、投资需求迅速扩大,给国际企业提供的销售和投资机会也多,国际企业更易在这些国家扩大自己的经营获利空间。

经济周期是市场经济条件下常见的经济波动现象,并且不断循环往复。经济周期会对一国或一个地区的产品需求规模和投资需求规模产生严重的影响。在经济周期的繁荣阶段,产品市场需求量扩大,企业的销售和投资需求旺盛,国际企业在该国的财务管理主要以扩大收入、扩大投资为中心;而在经济周期的衰退和萧条阶段,产品市场萎缩,企业销售减少,投资需求减少,但是现金流量急剧减少可能导致资金短缺,引起财务困难,国际企业在该国的财务管理活动主要以维持基本的运营、避免财务危机为主。

4. 金融市场

国际企业在全球范围内进行资金的筹集和投放,某个国家金融市场的优势可以吸引国际企业在其中的筹资和投资操作,比如是否具有丰富或特殊的金融工具可供国际企业选择,是否有足够大规模和高流动性的股票市场吸引国际企业在此筹集大额资金,投资者对收益率要求的高低等。国际企业的财务管理人员可以根据不同国家金融市场的特点设计筹资和投资战略。

不同国家金融市场的特点还对该国国际企业财务管理特征产生影响。For example, in a country with developed stock market, the share capital in the capital structure of companies from this country will be higher than those from other countries; while in countries where banks are the main finance channel, the companies will have a higher dependence on loans; in countries where the investors are mainly agencies, companies tend to focus on long term goals, while in those countries investors are mainly natural persons, companies tend to focus on wealth of shareholders.

东道国金融市场的完善程度对国际企业在该国的经营也会产生影响,东道国银行结算体系是否快速有效、银行结算工具是否多样方便等都会对国际企业的子公司在该国的资金运行速度产生影响,从而影响国际企业的资金收益。

5. 税收制度

投资者最为关心的是税后收益的多少,因此,每个企业对税收制度的内容和变化都非常敏感。研究各国的税收制度对国际企业而言就更加有意义,因为比起国内企业来,国际企业的财务管理可以在世界范围内利用不同的税收制度,有更多的途径和选择进行税收筹划,最大限度地减少税收支付。

国际企业财务管理上需要考虑的税收制度内容主要包括以下几方面。

(1)各国的税制、税种及税率。

There are two fundamental types of tax jurisdiction: the worldwide and territorial. The worldwide or residential method of declaring a national tax jurisdiction is to tax national residents of the country on their worldwide income no matter in which country it is earned. The national tax authority, according to this method, is declaring its tax jurisdiction over people and businesses. A MNC with many foreign affiliates would be taxed in its home country on its income earned at home and abroad. Obviously, if the host countries of the foreign affiliates of a MNC also tax the income earned within their territorial borders, the possibility of double taxation exists, unless a mechanism is established to prevent it. The territorial or source method of declaring a national tax jurisdiction is to tax all income earned within the country by any taxpayer, domestic or foreign. Hence, regardless of the nationality of a taxpayer, if the income is earned within the territorial boundary of a country, it is taxed by that country. The national tax authority, according to this method, is declaring its tax jurisdiction over transactions conducted within its borders. Consequently, local firms and affiliates of foreign MNCs are taxed on the income earned in the source country. Obviously, if the parent country of the foreign affiliates also levies a tax on worldwide income, the possibility of double taxation exists, unless a mechanism is established to prevent it.

世界各国对国际企业设置的税收种类名目繁多，其中最常见的有三种：(1) 公司所得税(income tax)，即各国政府对税收管辖权内的企业的收入进行的课税；(2) 增值税(value-added tax)，即各国政府对税收管辖权内的企业在商品生产和流通环节的新增价值或商品附加值课征的税赋；(3) 预提税(withholding tax)，即各国政府对税收管辖权内的企业向国外机构或个人支付股利、利息、租金以及特许权使用费等资金流出行为课征的税赋。除了上述三个基本税种外，有的国家还开征资本利得税，即各国政府对税收管辖权内的企业出售资本性资产所得收益征收的税赋，但有的国家将其合并在企业的经营收入中，作为一般收入征收所得税；大部分国家征收关税，即各国对过境的应税货物征收的税赋。

各国同一税种上的不同税率是国际企业财务管理关注的一个内容。国际企业可以利用这种税率上的差异安排企业内部的资金流向，制定最优的资本结构和投资决策,运用诸如内部转移价格等手段将资金或收益转往低税率国家,减少企业的税收支付。各国同一税种上的税率差异很大,如果再考虑有的国家为了吸引外国投资而给与税收的减免,这种税率的差异就更明显了。世界上一些税率极低甚至为零税率的国家和地区往往被称为避税天堂,许多国际企业的收益的重要部门甚至总部设置在这些地方以取得避税的效果。

(2) 税收优惠政策和亏损弥补。一些国家为了吸引外国投资或鼓励外国在国内某些行业、地区进行投资,在某些税率方面给予特定的优惠政策,比如中国对外资企业曾经实行的所得税三年免税、两年减税的政策,以及在某些经济开发区注册的外国企业可以得到类似的税收优惠政策。这些政策为中国吸引外资发挥了重要的作用。除所得税外,为了鼓励出口,一些国家还可能对企业出口产品退部分税收。国际企业利用这类税收优惠政策可以有效地减少子公司所得税支付,而且还可以利用转移价格等方式,将收益转移到这类国家,有效地减少整个企业的税收支付。但是,这种税收优惠政策往往具有阶段性,国际企业的财务管理人员在最初的投资决策时必须十分谨慎,投资决策不仅要考虑税收优惠阶段项目的可行性,而且要考虑丧失税收优惠后整个项目的可行性,对项目的现金流量做出整体安排。

许多国家都允许境内的外国企业在亏损发生后的一定时间内利用所得税弥补亏损,即当纳税人发生亏损时,可以用下一年或延续有限几年的所得税弥补;还有个别国家甚至允许利用以前年度的所得税抵补发生的亏损。这种所得税弥补亏损的政策对国际企业的意义在于可以利用亏损年度的亏损减少盈利年度的所得税支付。

(3) 国际间避免双重征税的协议。各国都根据税收管辖权对管辖权内的企业征税,但是由于对税收管辖权的理解不同,企业可能面临同一大笔收入需要在不同国家分别纳税的情况。如果没有国际间避免双重征税的协议,将大大加重企业的税收负担。为了避免双重征税造成的损失,国际企业的财务管理人员需要格外关注有关各国之间是否签订有避免双重征税的协议。

A tax haven country is one that has a low corporate income tax rates on passive income. Tax havens were once useful as locations for a MNC to establish a wholly owned "paper" foreign subsidiary that in turn would own the operating foreign subsidiaries of the MNC. Hence, when the tax rates in the host countries of the operating affiliates were lower than the tax rate in the parent country, dividends could be routed through the tax haven affiliate for use by the MNC, but the taxes due on them in the parent country could continue to be deferred until a dividend was declared by the tax haven subsidiary.

6. 国际收支(Balance of Payment)

The balance of payment can be formally defined as the statistical record of a country's international transactions over a certain period of time presented in the form of double-entry bookkeeping.

国际收支是指一个国家或地区与世界上其他国家或地区之间由于贸易、非贸易和资本往来而引起国际间资金移动,从而发生的一种国际间资金收支行为。从统计学的意义上讲,一国的国际收支,实际上是该国居民与外国居民之间在一定时期内各项收支的汇总。一国国际收支的情况反映了该国通货膨胀、利率、汇率、国民经济状况、国内经济政策、财政政策和经济结构等诸多因素的作用结果,国际收支情况的变化信息有助于国际企业分析判断一国经济这些方面的变化;另一方面,这些因素本身也会受到国际收支情况的反作用,因此国际企业需要了解国际收支情况对这些因素可能产生的影响,及时制定应对策略。

(1) 国际收支和国际收支平衡表。一国的国际收支情况是通过该国的国际收支平衡表反映的。

A country's international transactions can be grouped into the following three main types:

● 经常账户(current account)。The current account includes the export and import of goods and services. The current account is divided into three finer categories: merchandise trade, services, and unilateral transfers. Merchandise trade represents exports and imports of tangible goods, such as oil, wheat, clothes, automobiles, computers, and so on. Services include payments and receipts for legal, consulting, and engineering services, royalties for patents and intellectual properties, insurance premiums, shipping fees, and tourist expenditures. These trades in services are sometimes called invisible trade. Unilateral transfers, involve "unrequited" payments, such as foreign aid, reparations, official and private grants, and gifts.

经常账户包括商品交易、劳务收支和单方面转移三个子项目。前两个子项目分别表示一国国际贸易中有形贸易和无形贸易的金额。单方面转移则是不涉及归还或偿还的资金转移。

● 资本账户(capital account)。The capital account includes all purchases and sales of assets such as stocks, bonds, bank accounts, real estate, and businesses. The capital account can be divided into three categories: direct investment, portfolio investment, and other investment. Direct investment occurs when the investor acquires a measure of control of the foreign business. Portfolio investment mostly represents sales and purchases of foreign financial assets such as stocks and bonds that do not involve a transfer of control. Other investment includes transactions in currency, bank deposits, trade credits, and so forth.

资本账户反映长期资本和短期资本本金在国际间的转移情况。这些资本利息或股利的转移在经常账户的劳务收支中反映。

● 平衡账户(balancing account)。Balance account covers all purchases and sales of international reserve assets such as dollars, foreign exchanges, gold, and special drawing rights (SDRs). On the other hand, if a country has a balance-of-payment surplus, its central bank will either retire some of its foreign debts or acquire additional reserve assets from foreigners.

官方储备账户包括官方储备资产的变动和净错误与遗漏(net errors and omissions)。

国际收支平衡表采用复式记账法进行记录编制,凡是对国外支出资金的项目增加都记借方,减少记贷方;凡是属于从国外收入资金的项目的增加都记贷方,减少记借方。总的来说,贷方代表资金流入,借方代表资金流出。从会计的角度,由于使用复式记账法,国际收支平衡表永远是平衡的,但这并不意味该国的国际收支就是平衡的。

(2)国际收支失衡及原因。国际收支平衡表中的经常账户、长期资本账户和部分短期资本账户代表的是以国内各经济主体或居民出于自身特别的目的进行的自主性交易活动,这类交易通常会使借贷双方出现差额;而政府或货币当局为了弥补自主性交易产生的差额,会出面进行交易,这类调节性交易反映在平衡账户和部分短期资本账户上。但是即便经过调节性交易,国际收支仍然可能不平衡。自主性交易和调节性交易都真正涉及外汇收支,只有它们才能引起国际收支失衡。错误和遗漏不涉及真正的外汇交易,因此不予考虑。调节性交易是由于自主性交易失衡引起的,因而自主性交易的结果才真正体现一国的国际收支是否真的失衡。当某个账户的贷方余额大于借方余额时,称为出现"顺差";当某个账户的借方余额大于贷方余额时,称为出现"逆差"。国际企业的财务管理者在分析一国的国际收支失衡时,不仅应研究大的账户的平衡情况,而且还应注意各账户内部各项目的平衡情况,找出其背后隐藏的经济关系及作用程度,为预测可能受到国际收支影响的因素的变化提供分析资料。

一国国际收支出现失衡的原因很多,这里只能选几类主要原因加以说明。

- Inflation.

Under inflation, the price of imported goods will be lower, thus the increase of import will be faster than the one of export, leading to a current account deficit.

- Fluctuation of exchange rate.

汇率的变化。当一国的货币由于市场力量或政府干预发生升值时,货币升值国家的进口商品出现价格优势,商品进口增加,同时出口产品在国外的价格升高,出口受到阻碍,该国可能出现经常账户逆差;反之,如果一国的货币贬值,该国则可能出现经常性账户顺差。如果一国的货币预期会升值或正在升值,国外的资本就可能流入该国购买该国的证券,希望以此取得货币升值的利益,从而导致该国资本账户的顺差;反之,如果预期一国的货币会贬值或正在贬值,则国外的资本就可能流出该国,从而导致该国资本账户的逆差。

A market based on exchange rate will change whenever the values of either of the two component currencies change. A currency will tend to become more valuable whenever demand for it is greater than the available supply. It will become less valuable whenever demand is less than available supply (this does not mean people no longer want money, it just means they prefer holding their wealth in some other form, possibly another currency. Higher currency value leads to current account surplus, while lower currency value leads to current account deficit).

- Intervention of governments.

Governments may make intervention to the import or export based on different reasons, which will cause great changes of import or export or the flow of capital, leading to changes of balance of payment.

（3）国际收支失衡的影响和调节措施。长期的国际收支失衡会给一国经济带来负面影响，尤其是长期的逆差可能耗竭一国的储备，过度增加政府为调节失衡采取的对外短期融资，同时对外币的需要量的持续增加会给本国货币带来贬值的压力；而长期的顺差则会导致外国对本国货币需要量的增加，给本国货币带来升值的压力。长期的顺差还可能迫使本国政府增加货币投放量，增加的货币供应可能引发通货膨胀。经常性项目的长期逆差会使国内生产和就业形势变得严峻；经常性项目的长期顺差则可能引起其他国家的不满，引起贸易摩擦。

从理论上讲，在一个自由经济中，政府不需要干预国际收支，国际收支失衡的状况也会自动调节过来。比如当通货膨胀引起国际收支出现逆差时，进口商品的增加将引发本国货币贬值，本国货币贬值又会反过来抑制进口的增加，带动出口的增加，最后是国际收支的逆差消失。但在现实中，由于各国政府都希望通过采取措施使本国的国际收支向有利于自己的方向发展，因此这种自动调节往往无法实现；另一方面，这种自动调节本身还有一个时滞，在这个过程中，其他因素的改变有可能妨碍这种调节的实现。为此，各国政府对本国国际收支失衡一般不会袖手旁观，而会采取调节措施。可能采取的调节措施包括以下几个方面。

● 动用储备。这只是临时性改善逆差的措施，由于储备是有限的，当逆差很大或持续时间很长时，又可能耗竭储备。

● 调整汇率。调整汇率最直接的影响对象是进出口额。本币贬值可以直接刺激出口、抑制进口，消除经常账户的逆差。

● 调整利率。调整利率一方面可以直接影响资本的国际间流动，另一方面可以改变进出口状况。当利率提高时，国际资本进入本国，国际收支逆差减少；当中央银行提高利率时，商业银行的利率随之提高，国内投资需求减少，物价下跌，通货膨胀得到抑制，商品出口增加，进口减少，国际收支逆差状况也会得到改善；反之，则作用相反。

● 管制。对商品进出口或资本的流入流出实施政府管制，比如采取提高关税、减少配额、增加出口补贴或出口退税、外汇管制等措施，限制国外商品进口，增加本国商品出口，限制资金流出本国，这类措施可以有效地缩小国际收支逆差，但有时会遭到其他国家的报复。

国际收支状况的改变所引起的各国利率、汇率、政府管制的改变都会影响国际企业的进出口、投资效益以及风险程度等，因此国际企业的财务管理人员需要特别关注有关国家的国际收支情况并及时采取应对措施。

（三）国际财务管理的法律环境

国际企业的经营和财务管理活动涉及多个国家或地区，其面临的法律问题不仅局限于母国的有关规定，东道国、国际社会的法律也会对它的活动产生效力。实际上，东道国政府对待国外企业的许多政策措施都是通过法律形式颁布的。本节只介绍一些有关东道国的法律特征、国际法和东道国法律对国际企业的法律管制内容、国际经营活动中的司法管辖权问题，不涉及法律的具体内容，但国际企业的财务管理人员绝对需要了解东道国的法律状况和有关经营和财务管理的有关法律条文，因为遵循这些法律法规是国际企业在东道国取得经营资格和顺利经营的前提，同时熟悉和利用这些法律法规可以保护国际企业在东道国的利益。

1. 法律制度的主要类型

当前，世界上各国家的法律体制大多属于两大法系：普通法系（英美法系）和民法法系（大陆法系）。

（1）普通法系（common law system）

The common law is an Anglo-Saxon legal tradition, based on judicial decisions that create binding precedent. Common law is law derived from decisions judges make on individual cases in narrative from as opposed to a statute drafted by a legislative body. The US (except Louisiana) borrowed and built on the English common law system although every state to varying degrees also relies on statutory law made by the legislature. The common law system is currently in practice in Ireland, United Kingdom, Australia, New Zealand, South Africa, Canada (excluding Quebec), and the United States (although Louisiana uses both common law and Napoleonic civil law). In addition to these countries, several others have adapted the common law system into a mixed system. For example, Pakistan, India and Nigeria operate largely on a common law system, but incorporate a good deal of customary law and religious law.

（2）民法法系（civil law system）

In reference to legal traditions, civil law usually means a system of law which is codified and subsequently applied and interpreted by judges. In theory only legislative enactments (rather than judicial precedent) are considered legally binding, but in reality courts do pay some attention to previous decisions. Almost 60 percent of the world's population live in countries ruled on the civil law system.

这两大法系对于国际企业经营和财务管理的影响主要体现在管制的程度不同上。普通法系的国家法律对经济活动的约束比较笼统、灵活、宽松,强调保护私有财产,主张契约自由。而民法法系的国家政府借助法律对经济活动进行较为全面的干预,整个社会的经济活动处于国家详细完备的法律约束之下,企业的自主权受到一定程度的限制。

2. 国际法对国际企业的管制

国际法包括所有影响国际交易的法律法规,其中调整涉外民事法律关系的法律称为国际私法;调整主权国家之间关系的法律称为国际公法。国际企业属于国际私法调整的范畴,因此这里所指的国际法主要是国际私法。

Conflict of laws, or private international law, or international private law is that branch of international law and interstate law that regulates all lawsuits involving a "foreign" law element, where a difference in result will occur depending on which laws are applied as the lex causae. Firstly, it is concerned with determining whether the proposed forum has jurisdiction to adjudicate and is the appropriate venue for dealing with the dispute, and, secondly, with determining which of the competing state's laws are to be applied to resolve the dispute. It also deals with the enforcement of foreign judgments.

与国内法相比,国际法没有统一的立法机关和强制执行机构,因此它一般是通过国家之间的协议或认可来制定,并通过有关国家单独或集体采取强制措施保证实行。目前,规范国际企业行为的国际法主要是通过联合国有关文件和区域性国际组织的有关条约规定,比如,联合国通过的《建立新的国际经济秩序宣言》、《各国经济权利和义务宪章》、《国际企业行为守则》、《经济合作与发展组织关于国际投资与多国企业的宣言》等法律或文件,区域性的如《关税及贸易总协定》,欧共体的《罗马条约》、《反倾销条例》等。这些法律或文件对国际企业,尤其是国际企业的活动,比如竞争、雇用和劳资关系、内部交易、垄断、倾销等,进行约束。

3. 国内法对国际企业的管制

国际企业在东道国的活动受东道国法律的管制。为了发挥国际企业的积极作用,抑制其对本国的不良影响,各个国家都有相关的法律法规调整和控制国际企业的行为以及这些行为所产生的关系。这些法律法规涉及包括财务管理在内的国际企业的各个领域,比如对国际企业在本国设立企业时的股权比例、分红原则、共同管理、采用当地原材料和劳务等进行限制;对国际企业的资本转移、转移定价、税务、信息披露、垄断行为、资本退出等进行管制,等等。除此之外,国内法中还有一些不是专门针对国际企业的法律法规,但它们也是国际企业在该国进行经营活动和财务管理所必须遵守的,如公司法、破产法、税法等经济法律法规。各国法律体制不同,法律的规定也不完全相同,有的甚至截然不同,因此国际企业在进行经营和财务管理时,要特别针对所要进入或正在经营的东道国的相关法律法规进行决策。

4. 国家对国际企业的管辖权

迄今为止,国际关系领域并不存在能够处理不同国家非政府组织之间纠纷的法律机构,国际组织也没有强制依据国际法约束非政府组织的行为,因此,当国际企业与东道国企业或其他组织、个人发生法律纠纷时,即便有相关的国际法作为依据,解决纠纷的仍旧是相关国家的法律机构,解决纠纷所依据的也仍旧是相关国家的法律。决定身处多国的国际企业到底受哪个国家的法律机构管辖,使用哪国的法律原则是:国际企业的各个实体应受各自东道国法律的管制。但是在实际应用中各国对国际企业实体所主张的管辖权有领土原则和国籍原则两种,而且对国籍的认定也存在差异,因而可能产生管辖权冲突。在没有特殊说明的情况下,一般以领土管辖权优先,即国家对其领域内的任何人、事、物和行为有权实施管辖。为了避免发生纠纷时因对管辖权理解上的差异引起的诉讼难题,国际企业在签订合同时,最好在合同中包含一条有关司法管辖权的条款。

In law, jurisdiction (from the Latin "jus," "juris," meaning "law," and "dicere," meaning "to speak") is the practical authority granted to a formally constituted legal body or to a political leader to deal with and make pronouncements on legal matters and, by implication, to administer justice within a defined area of responsibility.

(四)国际财务管理的文化环境

国际企业财务管理者需要意识到文化环境对国际企业管理乃至财务管理的影响,知道如何去面对文化差异。一方面,对文化差异性的理解可以帮助他们理解所处环境中一些特殊的现象,比如同事或下属为什么会出现某种特定的行为;另一方面,对于文化差异性的理解还可以指导他们采取必要的措施避免与当地的文化发生激烈的冲突,保证业务的顺利进行和财务目标的最终实现。

1. 文化价值观

不同的职业从各自的需要出发会侧重文化差异的不同方面,如教育、科技、习俗、世界观、价值观、信仰、行为准则等。国际财务管理更多关注的是所在国文化中的价值观,这种价值观所引起的文化间的差异最终会对企业财务战略的制定、组织结构设计、决策和控制方式等方面产生重大影响。

文化价值观是人们对特定生活状态的选择,比如对善恶美丑的看法,对人生合理目标的认定,对人与自然之间关系的看法、人们的时间观念和人际关系应该如何等。

Each individual has certain underlying values that contribute to their value system. Integrity in the application of a "value" ensures its continuity and this continuity separates a value from beliefs, opinion and ideas.

Values are our subjective reactions to the world around us. They guide and mold our options and behavior. Values have three important characteristics. First, values are developed early in life and are very resistant to change. Values develop out of our direct experiences with people who are important to us, particularly our parents. Values rise not out of what people tell us, but as a result how they behave toward us and others. Second, values define what is right and what is wrong. Notice that values do not involve external, outside standards to tell right or wrong; rather, wrong, good or bad are intrinsic. Third, values themselves cannot be proved correct or incorrect, valid or invalid, right or wrong. If a statement can be proven true or false, then it cannot be a value. Values tell what we should believe, regardless of any evidence.

霍夫斯蒂德提出的从文化价值观出发理解文化间的差异是目前国际企业经营和管理上非常流行的方法。因为它明确了一国文化是如何对企业管理产生影响的。根据霍夫斯蒂德的研究,国际企业的管理者可以对本来难以量化的文化差异进行描述和度量。有关文化差异对企业经营和财务管理的影响主要基于他 1984 年和 1991 年的研究成果。霍夫斯蒂德度量文化差异的模型称为国家文化模型,该模型强调了文化价值中的五个基本因素。

(1) 权力化程度。权力化程度是指人们在多大程度上愿意生活在不平衡地分布于组织中和团体间的权力之下。权力化程度高的国家中,人们接受不平等,认为每个人都应该处于特定的等级中而无需任何理由,有人地位高、有人地位低;多数人应该依赖一位领导而且领导应该享有特权等。拉丁美洲、亚洲国家的权力化程度大多较高。权力化程度低的国家中,人们要求对权力的不平等做出解释,并努力争取平等。欧美国家大多权力化程度较低。

(2) 个人主义或集体主义。该因素强调的是个人和群体之间的关系。个人主义的社会里,每个人都被视为是独立的;人们对自己负责;人们不必非得依赖某个组织或群体;对个人的评价主要依赖其成就、地位或其他个人特征。典型的高个人主义国家是美国。与个人主义相反的价值观是集体主义,在集体主义文化社会里,个人的身份以他与群体成员的关系来确定;群体要保护个人,个人要对群体忠诚;家庭、组织、团体等的决策优先于个人决策,对个人的评价也主要依据它所属的群体来进行,这类国家如中国、日本、新加坡等。

(3) 长期取向,又称儒家取向。该因素反映人们对时间的基本取向。长期取向的国家注重将来,因此提倡节约和储蓄;对社会关系和等级关系敏感;愿意为未来投资;坚忍不拔,重视一贯性。长期取向的价值观实际上是儒家文化的价值观,主要存在于亚洲儒家文化影响的国家。英美国家多为短期取向国家,它们更注重现在的利益和享受。

(4) 不确定性规避。不确定性规避是指人们容忍不确定或含糊的事情的程度。在高不确定性规避的国家,人们希望有统一的思想;需要建立规章制度占主导地位的社会体制;不能忍受不正常的行为和想法;专家和权威通常被认为是正确的;不喜欢变化,包括更换工作。欧洲和拉丁美洲国家是典型的高不确定性规避国家。而在低不确定性规避的国家,人们更喜欢灵活和自由;不一定遵循特定的规则;违例的行为容易被接受。北欧和英语国家通常是低不确定性规避的国家。

(5) 阳性化或阴性化。该因素反映人们对性别角色的期望。在阳性化(男性主义)的国家中,人们更强调成就感、果断性和成功;人们更重视性别角色的区分;工作优先于家庭。阳性化国家最典型的代表是日本,英国、德国、奥地利、意大利等也是阳性化明显的国家。而在阴性化(女性主义)的国家中,社会更强调教养和责任感;倾向于关心生活质量。

北欧各国是典型的阴性化国家。

2. 文化差异

(1) 文化差异与财务目标。

Cultural identity is the (feeling of) identity of a group or culture, or of an individual as far as she/he is influenced by her/his belonging to a group or culture. Cultural identity is similar to and has overlaps with, but is not synonymous with, identity politics.

Some critics of cultural identity argue that the preservation of cultural identity, being based upon difference, is a divisive force in society, and that cosmopolitanism gives individuals a greater sense of shared citizenship.

文化价值观中的长期取向对财务目标和战略有明显的影响。长期取向的国家中，企业目标中财务指标的重要性相对滞后，它们看重的是企业长远的回报和长远利益的增长，如扩大市场份额的目标往往高于当期的投资收益；社会更希望企业能够考虑保障雇员的利益，注重雇员的培训和稳定雇佣关系，在企业经营出现困难的时候，也较少为了维护股东的利益进行裁员。而短期取向国家的投资者更看中企业的短期利益，因此企业的管理者必须关心季度利润等短期财务指标，希望有更快速、可计量的回报，在企业遇到经营困境时，管理者通常通过迅速裁员达到维持当期利润水平的目的。

(2) 文化差异与财务组织结构。影响财务组织结构的文化价值观因素主要是不确定性规避和权利化程度。不确定性规避的高低和权利化程度的强弱有四种典型的组合。对于低不确定性规避和权利化国家，财务管理的组织层次少，同一层次的下属单位数量多；而高不确定性规避和权利化的国家中，企业的财务管理组织层次和同层次的下属单位数量适中，甚至很可能是扁平的网络结构；而高不确定性和高权利化程度的国家，财务组织的层次关系非常重要，这类国家的企业通常拥有庞大的层级结构，各层的下属单位很少；低不确定性规避和高权力化程度的国家，企业财务管理的组织层次通常非常少，而且各层次的下属单位非常多。

(3) 文化差异与财务决策控制模式。不确定性规避和权利化程度的高低不仅影响国际企业的财务组织结构，而且对财务决策控制采用集权制还是分权制也有明显的作用。低权利化与低不确定性规避的国家，财务管理决策由各级财务管理人员共同进行，上级会要求下级财务管理人员参与到决策程序之中,或至少在决策前征求下级财务管理人员的意见。在决策的落实上,组织内部的规则和规定作用较小,往往是管理人员通过非正式的交流和判断,根据不同情况进行调整和控制。低权利化和高不确定性规避的国家,由于制度设计的严密性,在决策控制上往往是分散决策,下属单位的财务决策具有相当程度的独立性。在决策的落实上,倾向于要求每个职业人员具有标准化的工作能力,并遵守严格的规章制度,减少不确定性。在高权利化和高不确定性规避的国家,企业多层级的结构和各层内部较少的下属单位使上级财务管理人员能够充分了解下属的所有活动,决策高度集中,上级财务管理人员具有高度的权威,下级则要严格按照层级关系进行落实。在高权利化和低不确定性规避的国家,企业的财务决策高度集中,各层级的财务管理专业程度较低,导致下级财务管理人员在决策上需要直接面对上级的领导。由于级次少而且各级的单位非常多,决策和决策的落实一般不通过中层财务管理人员,而是通过上级与最下级进行直接接触进行监督和控制。

(4) 文化差异与财务业绩考核的重要性。国际企业的子公司和分部分散在世界各地,由于文化的差异,财务业绩考核对个人或组织的重要性可能存在明显差异。文化差异中对财务业绩考核重要性影响最大的是个人主义倾向。在以美国为代表的个人主义色彩较浓厚的国家中,个人的报酬和晋升主要取决于其包括财务业绩在内的业绩考核,因此非常强调公平和平等,讲求客观、诚实、公正的数据,企业对管理人员的业绩评价必须与工作存在明显的相关性,考核标准明确到可以用书面形式具体表述。在考核中,资历、经验是次要的。在以日本为代表的集体主义国家中,保持群体的和谐是最重要的,企业尽量避免管理人员之间的竞争,因此年龄、该成员在组织或群体中的身份或地位等个人背景在考核中比成就更为重要。上级通常避免对下级直接的业绩考核,管理人员依据年龄和资历得到相应的报酬和晋升。工作业绩虽然重要,但资历对于晋升更重要。除了个人主义倾向之外,文化差异的其他方面也会导致不同国家的企业对考核的不同做法。在低权利化或低不确定性规避的国家,企业偏重客观地对个人业绩进行考核;而在高权利化国家或高不确定性规避的国家,是否服从上级的决策、是否对组织忠诚以及资历的长短则是评价的重要内容。

Other cultural differences may also have potential influences on the operation and financial management of multinational corporations.

For example, the educational level of a country may determine whether there are proper talents in the market; the technology level of a country may determine its attraction to foreign investment on research; all these differences must be considered and respected in the operation and management of multinational corporations.

本章小结（Summary）

　　作为一门新的学科，国际财务管理的内容、目标、方法体系尚不成熟，迄今为止还没有一个严格的、公认的说法来定义国际财务管理。

　　本教材在综合分析各种观点的基础上，提出：国际财务管理是研究在国际经济条件下，国际企业从事跨国性生产经营活动所面临极特殊领域的财务管理问题，是现代财务管理在国际领域中的延伸，是一门"国际金融"、"国际投资"、"国际会计"、"国际税收"等多种学科相交叉的边缘性学科。

　　国际财务管理是在国际贸易迅速发展、生产国际化和金融全球化的背景下产生、发展起来的。

　　至于进行国际财务管理活动的国际企业则是一个由经济实体构成的工商企业，其实体是由两个或两个以上国家经营的一组企业组成；这些企业是根据资本所有权合同或在其他安排建立的共同控制下运营的；各实体推行全球战略时，彼此共同分享各种资源和分担责任。

　　财务管理是组织企业财务活动、处理财务关系的一项经济管理工作。国际财务管理与国内财务管理在这个性质上是相同的。但是，国际财务管理并不是国内财务管理在全球范围的简单扩展和延伸，国际企业财务活动环节以及财务管理的整个过程都具有不同程度的特殊性。

　　国际财务管理除包括外汇风险管理、国际融资管理、国际投资管理、国际营运资金管理和国际税务管理等基本内容外，还包括国际结算、国际财务报表分析、国际企业并购、通货膨胀条件下的财务问题、国际企业的破产清算等内容。

　　至于国际财务管理的目标这一问题，争议一直较大，本章主要介绍了产值最大化、利润最大化、股东财富最大化、企业价值最大化等理论。

　　相比于国内财务管理，国际财务管理与其产生区别的根本原因在于它们面临的环境上的差异。国际企业财务管理面对的环境差异性大、变化频繁，这都给国际企业进行财务管理活动带来了一定的困难。

国际财务管理的政治环境方面,包括东道国政府对待外国企业的政策态度、东道国政治的稳定性、母国政府的政策态度,其中,母国对本国的国际企业提供在税收政策、财政信用政策、投资情报信息、外交政策上的支持政策。国际财务管理的经济环境方面,包括一国的经济制度、通货膨胀或通货紧缩、经济状况、金融市场、税收制度、国际收支方面对国际企业的影响。国际财务管理的法律环境是指国际法对国际企业的管制、国内法对国际企业的管制以及国家对国际企业的管辖权的影响。国际财务管理的文化环境方面,两国的文化差异会对财务目标、财务组织结构、财务决策控制模式和财务业绩考核产生影响。

思考题

1. 国际财务管理包括哪些基本内容?分别简单说明。
2. 分别指出财务管理目标理论上的几种观点,并指出其优缺点。
3. 论述国际财务管理目标理论与实践的冲突方面的委托代理问题。
4. 母国对本国的国际企业提供的支持政策一般体现在哪几个方面?
5. 简单说明对国际财务管理产生较大影响的几个环境因素及其影响。
6. 国家间的文化差异会对国际财务管理的哪些方面产生影响?

第二章

汇率 Exchange Rate

案例 2-1 Bruin 飞机公司影响汇率的因素

Bruin 飞机公司设计和制造飞机部件。它的生产厂房设在加利福尼亚,大约 1/3 的销售业务是向英国出口。尽管 Bruin 公司出口以美元计价,但对出口品的需求仍然对英镑币值极其敏感。为了保持零部件存货在一个适当的水平,该公司必须预测对其零部件的需求量,而该需求量又在某种程度上依赖于对英镑汇率的预测。Bruin 公司派财务经理预测今后五年中每一年的英镑币值(相对于美元)。该财务经理准备请求该公司首席经济学家对影响英镑未来汇率的所有相关因素做出预测。他决定编制一张调查表,在该表中他将把与需求有关的因素和与供给有关的因素分开,调查表题头例示如下:

影响英镑币值的因素	如果该因素影响美国对英镑的需求请在此打(√)	如果该因素影响可供出售的英镑的供给请在此打(√)

请帮助该财务经理在第一栏列出影响因素,然后在第二或第三栏(或全部两栏)做出判断。要包括任何可能与政府有关的因素,并做详尽说明(对这里谈到的背景资料应做出你自己的解释说明)。

第一节 汇率基础知识 Elementary Knowledge of Exchange Rate

一、汇率的概念(Concept of Exchange Rate)

(一)汇率的概念(concept of exchange rate)

Exchange, or currency, rates are determined by the constant

interactions of those who are buying and selling currencies. The quoted exchange rate is the price that has to be paid in one country's currency to buy one unit of another country's currency. For example, if the exchange rate between the US dollar and the British pound is quoted as 1.45 dollars to the pound, then 1.45 US dollars must be paid to buy one British pound.

(二) 汇率的标价(exchange rate quotation)

汇率是两种货币之间的比价。

An exchange rate quotation is given by stating the number of units of a price currency that can be bought in terms of 1 unit currency. For example, in a quotation that says the EUR-USD exchange rate is 1.5 USD per EUR, the price currency is USD and the unit currency is EUR.

我们可以说一个美元兑换100个日元,也可以说一个日元兑换0.01个美元,即1个日元兑换1个美分。这样,便有了两种标价方法:直接标价法和间接标价法。

1. 直接标价法(direct quotation)

直接标价法又称应付标价法,是以一标准数量的外国货币折合成一定数量的本国货币的标价方法。当汇率浮动时,外国货币数量不变。

Quotes using a country's home currency as the price currency (e.g., £0.653＝$1 in the UK) are known as direct quotation or price quotation (from that country's perspective) and are used by most countries.

例如,在中国,人民币是本国货币,其外汇的标价如下:

2008年3月1日人民币汇率:

  100美元＝709.16人民币元
  100港元＝91.13人民币元
  100欧元＝1076.82人民币元
  100日元＝6.7814人民币元

当汇率发生变动时,例如2008年7月1日人民币汇率:

  100美元＝682.98人民币元
  100港元＝87.54人民币元
  100欧元＝1072.07人民币元
  100日元＝6.3637人民币元

从这两个日子的人民币汇价可知,100港元、100欧元、100日元和100美元所能换得的人民币均减少。这表明港元、欧元、日元和美元均对人民币贬值。反过来也可以说明人民币对港元、欧元、日元和美元升值。

从上面分析我们可以看出,在直接标价法下,汇率上升,意味着本币贬值,外币升值;汇率下降,则意味着本币升值,外币贬值。

2. 间接标价法(indirect quotation)

间接标价法又称应收标价法或数量标价法,是以外国货币来表示一定单位的本国货币的汇率表示方法。一般是1个单位或100个单位的本币能够折合多少外国货币。本国货币越值钱,单位本币所能换到的外国货币就越多,汇率值就越大;反之,本国货币越不值钱,单位本币能换到的外币就越少,汇率值就越小。在间接标价法下,外汇汇率的升降和本国货币的价值变化成正比例关系:本币升值,汇率上升;本币贬值,汇率下降。前英联邦国家多使用间接标价法,如英国、澳大利亚、新西兰等。市场上采取间接标价法的汇率主要有英镑兑美元、澳元兑美元等。

Quotes using a country's home currency as the unit currency (e.g., \$1.5314 = £1 in the UK) are known as indirect quotation or quantity quotation and are used in British newspapers and are also common in Australia, New Zealand and Canada.

此外,在外汇市场上,由于货币被当作商品进行买卖,肯定有买价和卖价。银行是外汇买卖的主体,所以人们常说的买价和卖价都是从银行的立场出发,低价买入,高价卖出。但对客户来说,应该用银行买价将外汇卖给银行,而用银行卖价买入外汇。

在外汇市场报价时,一般总是同时标出买价和卖价。例如,美元兑加元的汇率为1.015/1.011,它们在不同的标价方式下,其含义有所不同。比如在香港市场上,美元对港元的汇率为7.8010/7.8020,由于美元是外币,所以其标价方式是直接标价法,香港银行用7.8010港元买入1美元,而卖出1美元得7.8020港元;相反,在纽约市场,美元对港元的汇率也是7.8010/7.8020,这时港元是外币,所以这是用间接标价法标价,银行用$\frac{1}{7.8020}$美元买入1港元,而卖出1港元得$\frac{1}{7.8010}$美元。

综上所述,在直接标价法下,外汇买入价在前,外汇卖出价在后;在间接标价法下则相反,外汇卖出价在前,外汇买入价在后。

二、汇率的分类（Classification of Exchange Rate）

在具体的外汇交易中，所涉及的汇率种类是多种多样的，从不同的角度有不同的划分方法。

（一）按汇率制定的不同方法划分，可分为基础汇率和套算汇率。

1. 基础汇率

基础汇率是指一国制定的本国货币和基准货币（或关键货币）之间的汇率。各国一般都选择本国货币与美元之间的汇率作为基础汇率。

When looking at a currency pair such as EUR/USD, many times the first component (EUR in this case) will be called the base currency. The second is called the counter currency. For example: EUR/USD=1.532, means EUR is the base and USD the counter, so 1 EUR=1.532 USD.

2. 套算汇率

套算汇率（cross exchange rate）是指根据基础汇率套算出来的本国货币对其他货币的汇率。

（二）从银行买卖外汇的角度出发，可分为买入汇率、卖出汇率和中间汇率。

1. 买入汇率

买入汇率是指银行买入外汇时所使用的汇率。

2. 卖出汇率

卖出汇率是指银行卖出外汇时所使用的汇率。

3. 中间汇率

中间汇率是指买入汇率与卖出汇率的平均数。

（三）从外汇交易的支付工具来考察，可分为电汇汇率、信汇汇率和票汇汇率。

1. 电汇汇率

电汇汇率是指以电报解付方式买卖外汇时所用的汇率。

2. 信汇汇率

信汇汇率是指以信函解付方式买卖外汇时所用的汇率。

3. 票汇汇率

票汇汇率是指以汇票为支付工具进行外汇买卖时所用的汇率。

(四) 按外汇买卖的交割期限,可分为即期汇率和远期汇率。

1. 即期汇率

即期汇率(spot exchange rate)又称现汇汇率,是指买卖双方成交后,在两个营业日之内办理外汇交割时所使用的汇率。

2. 远期汇率

远期汇率(time draft),即期汇汇率,是买卖双方事先约定,据以在未来某一日期进行外汇交割的汇率。

(五) 按外汇管理的严格程度,可分为官方汇率和市场汇率。

1. 官方汇率

官方汇率也称法定汇率,是指外汇管制较严格的国家政府授予其外汇管理当局制定的,要求一切外汇交易都据之进行的本国货币与其他货币之间的外汇牌价。

2. 市场汇率

市场汇率是指在外汇管制较松的国家,自由外汇市场上进行外汇交易的汇率。

(六) 按国家汇率制度的不同,可分为固定汇率和浮动汇率。

1. 固定汇率(fixed exchange rate)

固定汇率是指基本固定的、波动幅度限制在一定范围以内的两国货币之间的汇率,它是在金本位(gold standard)制度和布雷顿森林体系(Bretton Woods System)下通行的汇率制度。

2. 浮动汇率

浮动汇率是指本币与外国货币之间的汇率不由官方制定,而听任外汇市场的供求自发地决定,即汇率可以波动的制度,其浮动可采取不同形式,如自由浮动、管理浮动(managed float)、联合浮动、盯住浮动等。

If a currency is free-floating, its exchange rate is allowed to vary against that of other currencies and is determined by the market forces of supply and demand. Exchange rates for such currencies are likely to change almost constantly as quoted on financial markets, mainly by banks, around the world.

(七) 在实行复汇率的国家中,因外汇使用范围的不同,可分为贸易汇率、金融汇率等。

1. 贸易汇率

贸易汇率是指用于进出口贸易及其从属费用的计价结算的汇率。

2. 金融汇率

金融汇率是指用于非贸易往来,如劳务、资本转移等方面的汇率。

此外,汇率还可以按照外汇市场的营业时间的不同分为开盘汇率和收盘汇率;还可以按照是否适用于不同的来源与用途分为单一汇率和多种汇率;还可以按照买卖对象的不同分为银行间汇率和商业汇率等等。

三、汇率制度(Exchange Rate System)

汇率制度是指一国货币当局对本国汇率变动的基本方式所做的一系列安排或规定,如规定本国货币对外价值、规定汇率的波动幅度、规定本国货币与其他货币的汇率关系、规定影响和干预汇率变动的方式等。传统上,汇率制度可以分为固定汇率制和浮动汇率制两种。

Some countries, including the United States and possibly Japan, prefer flexible exchange rates, while others, notably the members of the EMS and many developing countries, would like to maintain fixed exchange rates.

1944~1971年,根据布雷顿森林会议达成的协议,各国主要实行的是固定汇率制。在固定汇率制下,各国货币按照其所代表含金量的比率确定一个相对固定的汇率,称为黄金平价。当某国货币汇率变动离开平价一定幅度时(国际货币基金组织曾对会员国汇率的浮动范围规定为上下各1%),该国货币当局必须采取措施使其回到浮动范围之内。

1973年,固定汇率制崩溃后,各国使用的是多种形式的浮动汇率制度。此后,大部分国家的政府都不再规定本国货币的黄金平价,也不再试图维持其汇率在浮动范围之内波动,而是随外汇市场的供求情况自行决定本币对外币的汇率,各国货币当局是否干预本国货币的汇率由各国政府自行决定。这以后的汇率制度称为浮动汇率制度。

浮动汇率制度从不同的角度区分,可分为以下几类:

(一) 自由浮动汇率制度和管理浮动汇率制度

自由浮动汇率制度是指政府货币当局对本币汇率的浮动不进行任何干预,汇率完全由市场力量决定。由于汇率对本国经济利益的影响,目前没有哪国政府能够真正采用自由浮动汇率制度,都会或多或少地进行干预。

A movable or adjustable peg system is a system of fixed exchange rates, but with a provision for the devaluation of a currency. For example, between 1994 and 2008, the Chinese yuan (CNY, ￥) was pegged to the United States dollar at ￥6.8621 to $1. China was not the only country to do this; from the end of World War II until 1970,

Western European countries all maintained fixed exchange rates with the US dollar based on the Bretton Woods System. The euro today can also be viewed as a fixed exchange rate system among participating European nations.

管理浮动汇率制度下,汇率随市场供求波动,但是政府货币当局通过运用各种手段干预外汇市场,影响外汇市场地供求,从而达到操纵本币汇率的目的。这种管理浮动汇率制度是目前一些国家政府采用的汇率制度。例如,我国就是实行以市场供求为基础的、单一的、有管理的浮动汇率制度。中国人民银行根据银行间外汇市场形成的价格,每日公布人民币对主要外币的基准汇率。各商业银行以基准汇率为依据,根据国际外汇市场行情自行套算出人民币对外国各种可自由兑换货币的中间价,在中国人民银行规定的汇价浮动幅度内自行制定外汇买入价、外汇卖出价以及现钞买入价,并对外挂牌。

(二)单独浮动汇率制度,盯住浮动汇率制度,弹性浮动汇率制度

单独浮动汇率制度是指一国货币不与其他货币发生固定的联系,汇率根据外汇市场供求关系浮动。美国、英国、瑞典、瑞士等采用的都是这种汇率制度。

盯住浮动汇率制度是指一国货币与某一种外币、某一记账单位保持固定比例关系,随着该种外币或记账单位的浮动而浮动。被盯住的国家一般都是与本国经济联系紧密的国家。也有的国家为了避免本国货币受到一国货币的支配,采用与多种外国货币挂钩的制度,称为盯住一篮子货币。实行统一欧元之前的欧洲货币体系各个成员国都是典型的采用盯住汇率制度。它们盯住的是一种记账单位,即欧洲货币单位。还有如阿根廷盯住美元,尼日利亚盯住法郎等。

弹性浮动汇率制度是指为了避免实行盯住汇率制度的呆板性和对本国的束缚,在本国货币与其他货币挂钩的基础上,根据自身需求对所盯住货币在一定弹性幅度内上下浮动。实行弹性浮动汇率制度的如与美元挂钩的巴林、沙特阿拉伯等。

The key arguments for flexible exchange rates rest on (1) easier external adjustments and (2) national policy autonomy. Suppose a country is experiencing a balance-of-payments deficit at the moment. This means that there is an excess supply of the country's currency at the prevailing exchange rate in the foreign exchange market. Under a flexible exchange rate regime, the external value of the country's currency will simply depreciate to the level at which there is no excess supply of the country's currency. At the new exchange rate level, the balance-of-payments disequilibrium will disappear.

As long as the exchange rate is allowed to be determined according to market forces, external balance will be achieved automatically. Consequently, the government does not have to take policy actions to correct the balance-of-payments disequilibrium. With flexible exchange rates, therefore, the government can use its monetary and fiscal policies to pursue whatever economic goals it chooses. Under a fixed rate regime, however, the government may have to take contractionary (expansionary) monetary and fiscal policies to correct the balance-of-payments deficit (surplus) at the existing exchange rate. Since policy tools need to be committed to maintaining the exchange rate, the government cannot use the same policy tools to pursue other economic objectives. As a result, the government loses its policy autonomy under a fixed exchange rate regime.

四、汇率的决定要素(The Elements That Determine the Exchange Rate)

（一）市场均衡汇率

1. 均衡汇率的决定

与一般商品一样，市场汇率即外汇的价格，也是需求与供给相均衡的结果。当需求等于供给时，市场汇率为均衡汇率。在需求曲线和供给曲线不变的情况下，市场汇率总是围绕着均衡汇率变动，如图2-1所示。

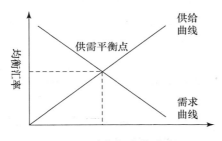

图2-1 均衡汇率的决定

一个国家对于外汇的需求取决于该国的进出口情况和经济发展状况。例如在英国市场上对美元的需求，取决于英国市场对美国商品的需求。当英国客户需要从美国进口商品时,要使用美国美元到美国市场上去购买,因此,形成对美元的需求。相反,对美国美元的需求也是对英镑的供给。当美国客户购买英国商品时,则要使用英镑到英国去购买,形成对英镑的需求,即对美元的供给。

在英国市场上,对美国美元的需求曲线是向右下方倾斜的,供给曲线是向右上方倾斜的,如图2-1。其他条件不变,当美国美元使用英镑表示的价格下降时,表明美元相对英镑贬值,美国商品在英国市场上的价格下降,导致对美国商品的需求增加,从而增加对美元的需求。因此,美元的需求曲线向右下方倾斜。相同地,美元的供给反映的是美国市场对英国商品的需求,当美元使用英镑表示的价格下降时,表明英镑相对美元升值,英国商品在美国市场上的价格上升,导致英国商品的需求减少,从而减少了对美元的供给。

2. 均衡汇率的变动

如果外汇的需求和供给曲线不变,那么市场汇率总是在均衡汇率的上下波动。但是当曲线发生了变化后,均衡汇率将随之变化。如图2-1,当外汇的需求曲线向右平移,即在同等汇率水平下对外汇的需求增加,均衡汇率将随之上升。相反,如果需求曲线向左平移,均衡汇率随之下降。相同地,当供给曲线向左平移时,均衡汇率上升;供给曲线向右平移时,均衡汇率下降。引起供需曲线移动的因素通常包括通货膨胀、市场利息率以及经济发展的稳定性等。

Increased demand for a currency is due to either an increased transaction demand for money, or an increased speculative demand for money. The transaction demand for money is highly correlated to the country's level of business activity, gross domestic product (GDP), and employment levels. The more people there are out of work, the less the public as a whole will spend on goods and services.

(二) 市场干预与管制汇率

市场干预的方式包括中央银行买卖外汇和官定汇率。

1. 中央银行买卖外汇

国家干预汇率的重要手段是中央银行在外汇市场上买卖外汇。当一个国家的货币相对与外币升值时,必将抑制该国的出口,影响该国的经济增长。

为防止外币升值,可以控制市场上外币的供给,增加需求,如图2-2所示。

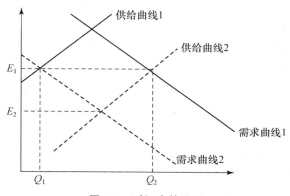

图 2-2 对汇率的干预

例如,假设 B 国货币在 A 国市场上的汇率为 E_1,由于各种因素的影响引起外汇需求和供给发生变化,B 国货币价格降为 E_2。A 国货币升值,B 国货币贬值。为了使 B 国货币价格恢复到原来的水平,A 国中央银行可以在市场上买入 B 国货币,增加市场上对 B 国货币的需求。如图 2-2 中所示,只要买入 B 国货币数量达到 Q_2-Q_1,汇率就可以恢复到 E_1 的水平。

当然,一个国家的货币相对于外币过度贬值,将会使该国存在通货膨胀的威胁,从而使该国的经济受到影响。因此,各国政府不仅关注于本国货币的升值,也关注于本国货币的贬值。与控制货币升值的方式相反,控制货币贬值可以通过中央银行在市场上卖出外汇来实现。

2. 官定汇率

国家控制汇率还可以采用官定汇率(official rate)的形式。官定汇率是指国家采取严格的外汇管制措施,强制性规定该国货币与各种外币之间的兑换汇率水平。但是,由于官定汇率不能及时反映市场上外汇的需求和供给情况,往往造成对实际市场汇率的扭曲。如图 2-3 所示,官

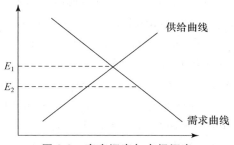

图 2-3 官定汇率与市场汇率

定汇率为 E_2,市场汇率为 E_1,官定汇率低于市场汇率。这种情况一般是由于外汇短缺,市场上的外汇需求大于外汇供给造成的。官定汇率的直接结果是产生外汇黑市,形成外汇交易的双重汇率。

第二节　政府对汇率的影响 Exchange Rate Influenced by the Government

各国政府为了防止国际短期投机资金对外汇市场产生过大的影响和冲击,往往他们会直接对外汇市场进行干预和调整。在这其中,就包括中央银行对外汇市场进行的干预,与别国进行协调干预等等。这种超级政策调整因素对汇率的影响也是十分巨大的。

一、中央银行对汇率市场的直接干预(Central Bank Intervention in the Foreign Exchange Market)

1978 年以后,国际货币体系之中实行的浮动汇率制并不是一种彻底的浮动汇率制度(clean floating),而是一种所谓的肮脏的浮动汇率制度(dirty floating),究其原因,就是工业国家中央银行对外汇市场的经常性干预。政府制定的货币政策和财政政策每天都影响着外汇市场的价格波动。其实,工业国家的中央银行对外汇市场不但会有这种间接性的干预,还经常在外汇行市异常剧烈的波动时,直接干预外汇市场。这种直接干预外汇市场的方式和效果是外汇市场所讨论的重要的话题。

A national government may through its central bank intervene in the foreign exchange market. Buying and selling the currencies as it sees fit to supportably pursue a policy of maintaining an undervalued currency in order to promote cheap export. In some countries, the currencies values are settled by the government decree even in some free market countries, the central bank fixes the exchange rate subject to periodic review and adjustment. Some nations affect the foreign exchange rate indirectly by restricting the flow of funds into and out of the country. Monetary and fiscal policies also affect the currency values in the foreign exchange market. For example, expansionary monetary policy and excessive government spending are primary causes of inflation, and continual uses of such policies eventually reduce the value of the country's currency.

（一）中央银行干预外汇市场的原因

Central banks of major industrialized countries also frequently intervene in the foreign exchange market to influence the value of their currency relative to a trading partner.

自从浮动汇率制度推行以来，工业国家中央银行就从来没有对外汇市场采取彻底的放任自流的态度。相反，这些工业国家的中央银行始终保留相当一部分的外汇储备，其主要的目的就是对外汇市场进行直接的干预。

一般来说，中央银行在外汇市场的价格出现异常大的，或者是朝同一方向连续几天剧烈波动的时候，往往会直接的介入市场，通过商业银行进行外汇的买卖，以试图缓解外汇行市的剧烈波动。

对于工业国家中央银行干预外汇市场的原因，理论上可以有很多的解释，为大多数人所接受的原因大致有三个：

（1）中央银行直接干预外汇市场是为了稳定国民经济和物价。汇率的异常波动常常与国际资本的流动有着必然的联系，它会导致工业生产和宏观经济发展出现不必要的波动。因此，稳定汇率就意味着稳定国民经济和物价。现在国际资本的跨国界流动不但规模很大，而且渠道也有很多，所受到的人为障碍也是十分的小。工业国家从20世纪70年代末开始放宽金融方面的规章条例，这样，就进一步为国际的资本流动提供了方便。在浮动汇率制的条件下，国际资本的大规模流动最直接的后果就是外汇市场的价格浮动。比如说如果大批的资本流入日本，则日元在外汇市场上的汇价就会上升；而如果大批的资本流出美国，外汇市场上的美元汇价就会大幅的下降。从另一个方面来看，如果人们都期待某一国的货币汇率会上升，资本就势必会流向该国。

资本流动和外汇行市变化的相关性对一个国家的国民经济产业配置和物价有着重要的影响。For example, when the capital of one country flows out rapidly and leads to the lowering exchange rate, or there is a expectation that the exchange rate will be down and the capital of the country will flow out rapidly, the industry allocation and prices of goods of that country will tend to move toward those industries connected to export.

任何一个国家的产业从对外贸易的角度来看，都可分为能进行对外贸易的产业和无法进行对外贸易的产业两种。前者例如制造业，生产的产品可以出口也可以进口；而后者例如某些服务业，生产和消费必须要在当地进行，当资本流出货币贬值时，能进行对外贸易的产业的部门的物价就会上升，如果这一部门工资的上涨速度不是同步的话，追加这种部门的生产就变得无利可图，出口因此也会增加。但是从国内的产业结构来看，资本就会从非贸易产业流向贸易产业。如果这是一种长期现象，该国的国民经济比例就可能失调。因此，工业国家中央银行是不希望看到本国的货币的汇价长期偏离它认为的均衡价格的。这是工业国家中央银行在本国货币持续疲软或过分坚挺时直接干预市场的原因之一。

资本流动与外汇行市变化的相关性对国民经济的另外一个重要的影响在于，大量资本的流出会造成本国生产资本形成的成本上升，而大量的资本流入又可能会造成不必要的通货膨胀压力，从而影响长期的资本投资。美国从 20 世纪 80 年代初实行紧缩性的货币政策与扩张性的财政政策，导致大量的资本流入，美元的汇价也逐渐地上升，而美国的联邦储备银行（联储会）在 1981—1982 年间对外汇市场又彻底采取了自由放任的态度。西欧国家为了防止自己的资本外流，在欧洲的货币的汇率不断下跌的时候，被迫经常直接干预外汇市场，并一再要求美国的联邦储备银行与其进行协助干预。

(2) 中央银行直接干预外汇市场是为了国内外贸政策的需要。For example, the People's Bank of China has been forced into particularly aggressive and differentiating tactics by the extreme complexity and rapid expansion of the economy it manages. It imposed some absolute restrictions on lending to specific industries in 2003, and continues to require 1% more reserves from urban banks (typically focusing on export) than rural ones. This is not by any means an unusual situation. The US historically had very wide ranges of reserve requirements between its dozen branches. Domestic development is thought to be optimized mostly by reserve requirements rather than by capital adequacy methods, since they can be more finely tuned and regionally varied.

一个国家的货币在外汇市场的价格比较的低，这一点必然有利于这个国家的出口。而出口问题在世界上许多的工业国家已经上升为了一个政治的问题。它已经涉及了许多行业的就业水平，贸易保护主义情绪，选民对政府的态度等诸多方面的问题。任何一个中央银行都不希望看到本国的出口因为本国的汇率太高而受到阻碍，也不希望看到本国外贸顺差是由于本国货币的汇率太低而被其他国家抓住把柄。因此,中央银行为了这一目的而干预外汇市场,这主要表现在以下两个方面。

① 中央银行为了保护出口,会在本国货币继续坚挺时直接干预外汇市场。对那些出口在国民经济之中占比重大的国家来说,这样做就更有理由了。1992年4月以前,澳元一路看涨,而且涨势平缓。但是,在3月20日澳元兑美元的汇率涨到0.77美元的时候,澳大利亚中央银行立刻在市场上抛澳元买美元。

从日本中央银行经常干预外汇市场,可以看出贸易问题的重要性。20世纪80年代以来,日本对美国的贸易顺差每年保持在一个天文数字的水平,1991年为500亿美元,这已经成为美日之间的一个重要的政治问题。1992年美国大选,美国国内针对日本的贸易保护主义情绪十分的强烈,国会议员仍然在国会里面抨击日本对美国的市场封闭。日本的中央银行为了缓和美国国内的反日情绪,经常性地发表讲话,要求日元走强,还不时地查询汇率的情况,以表明自己的态度。1992年1月17日,日本的中央银行在美元走强的趋势形成时,突然在市场上抛日元买美元,使得美元对日元的汇率一下子从128.35日元上涨到124.05日元。当时在日本,银行的利率比较的高,日本政府也并无减息的意图,对于干预的理由,中央银行只是说希望日元走强。在以后的3个星期内,日本的中央银行又以相同的方式几次干预外汇市场,抛日元买美元,但是其效果都不是十分的有效。

② 从国际外汇市场的发展史来看,利用本国的货币贬值来扩大出口是许多国家在早期经常采用的政策,它被称为"乞邻政策",(beggar-the-neighbor policy),在经济不景气的时候,这种政策经常会引起两国的贸易战。由于现在非关税贸易壁垒名目繁多,这一人为干预外汇市场的政策已经很少有人采用,而且会明显地引起其他国家的指责。

(3) 中央银行干预外汇市场是出于抑制国内通货膨胀的考虑。宏观经济模型证明,在浮动汇率的情况下,如果一个国家的货币汇价长期性的低于均衡价格,在一定的时期内会刺激出口,导致外贸顺差,最终却造成了本国的物价上涨、工资上涨,形成通货膨胀的压力。在通货膨胀已经比较高的时候,这种工资、物价可能会出现循环上涨的局面,又会造成人们对未来的通货膨胀必然有较高的期待,使得货币当局的反通货膨胀的政策变得很难去执行。因此,在一些工业化的国家,选民往往把本国货币贬值引起的通货膨胀压力作为政府当局宏观经济管理不当的象征。所以,在实行了浮动汇率之后,许多的工业国家在控制通货膨胀的时候,都把本国货币的汇率作为一项严密的监视内容。

Central Banks such as the US Federal Reserve can affect inflation to a significant extent through setting interest rates and through other operations (that is, using monetary policy). High interest rates (and slow growth of the money supply) are the traditional way that Central Banks fight inflation, using unemployment and the decline of production to prevent price increases.

However, Central Banks view the means of controlling the inflation differently. For instance, some follow a symmetrical inflation target while others only control inflation when it rises above a target, whether express or implied.

英镑自20世纪80年代以来的波动,很清楚地说明了货币贬值与通货膨胀的关系。70年代,几乎所有的工业化国家都陷入了2位数的通货膨胀,英镑也是在劫难逃。在整个80年代,美国和西欧国家的中央银行都把反通货膨胀作为自己货币政策的首要的或是重要的目标。德国、美国都明显地取得了效果,而对于英国来说,其效果就比较差。1979年欧洲货币体系成立之后,英国的撒切尔夫人出于某些政治原因并没有加入其中,但是她在抑制本国通货膨胀方面也是做出了巨大的努力。1990年,英国终于在梅杰任首相后加入了欧洲货币体系。其首要的原因就是希望通过欧洲货币体系,把英镑的汇价维持在一个较高的水平,使英国的通货膨胀得到进一步的控制。但是,好景不长,1992年欧洲货币体系出现危机,外汇市场猛抛英镑,基于反通货膨胀的考虑,英国政府花费了60多亿美元干预外汇市场,但是也无济于事。在英镑继续大跌,英镑在欧洲货币体系内部贬值呼声很高的情况之下,英国宣布退出欧洲货币体系,而绝不正式将英镑正式贬值,同时对外宣布,仍要继续执行反通货膨胀的货币政策。

Sometimes intervention that successfully increases the value of one's currency against a trading partner may reduce the exports and increase the imports, thus alleviating persistent trade deficits of the trading partner. Central Bank traders intervening in the currency market often lose bank reserves in attempting to accomplish their goals. However, there is little evidence that even massive intervention can materially affect exchange rates.

（二）中央银行干预外汇市场的手段和效益

One frequently sees or hears news media reports that the Central Bank, which is a national monetary authority, of a particular country has intervened in the foreign exchange market in an attempt to influence the price of its currency against that of a major trading partner, or a country that it "fixes" or "pegs" its currency against.

关于什么是中央银行对外汇市场的干预，有一个较为正式的定义。20世纪80年代初，美元对所有的欧洲国家的货币汇率都呈现升势，围绕着工业国家要不要对外汇市场进行干预这一问题，1982年6月的凡尔赛工业国家高峰会议决定成立一个由官方经济学家组成的"外汇干预工作小组"，专门研究外汇市场的干预问题。

1983年，该小组发表了"工作组报告"，其中对干预外汇市场的狭义定义是"外汇当局在外汇市场上任意的买卖外币，已影响本国的汇率"，其途径可以使用外汇储备，中央银行之间的调拨，或者是官方的借贷等等。其实，要真正认清中央银行干预外汇市场的实质与效果，还必须要认清这种干预对该国的货币供应以及政策的影响。

Typically a central bank controls certain types of short-term interest rates. These influence the stock and bond markets as well as mortgage and other interest rates. The European Central Bank for example announces its interest rate at the meeting of its Governing Council (in the case of the Federal Reserve, the Board of Governors).

Both the Federal Reserve and the ECB are composed of one or more central bodies that are responsible for the main decisions about interest rates and the size and type of open market operations, and several branches to execute its policies. In the case of the Federal Reserve, they are the local Federal Reserve Banks, for the ECB they are the national central banks.

在中央银行干预外汇市场的手段上，可以分为不改变现有货币政策的干预(sterilized intervention)（又被称为"消毒干预"），以及改变现有货币政策的干预(non-sterilized intervention)（又被称为"不消毒干预"）。

(1) 所谓不改变现有货币政策的干预就是指中央银行认为外汇价格的剧烈波动或偏离长期均衡是一种短期的现象，希望在不改变现有货币供应量的前提下，改变现有的外汇价格。换言之，一般认为利率变化是汇率变化的关键,而中央银行试图不改变现有国内的利率而改变本国货币的汇率。

中央银行在进行这种干预的时候可以采取双管齐下的手段。

① 中央银行在外汇市场上买进或是卖出外汇的同时,在国内债券市场上卖出或是买进债券,从而使得汇率变而利率不变化。例如,外汇市场上美元对日元的汇价大幅下跌,日本的中央银行想采取帮助支持美元的策略,它可以在外汇市场上买进美元而抛出日元。由于在外汇市场上买进美元而抛出日元,美元成为日本的储备货币,而市场上日元的流量增加,使得日元的货币供应量增加,而这时利率呈下降的趋势。为了抵消外汇买卖对国内利率的影响,日本的中央银行可以在国内的债券市场上抛出债券,使得市场上的日元的流通量减少,利率下降的趋势也将得到极大的缓解。但是需要指出的是,国内债券和国际债券的替代性越差,中央银行不改变政策的方法就越有效,反之就没有效果或是效果极小。

② 中央银行在外汇市场上通过查询汇率的变化情况,发表声明等,影响汇率的变化,达到干预的效果,它被称为干预外汇市场的"信号效应"(signaling effect, announce effect)。中央银行这样做是希望外汇市场能够得到这样的信号:中央银行的货币政策将要产生变化,或是说预期之中的汇率将有变化等等。一般来说,外汇市场在初次接受这些信号的时候总会做出反应。但是,如果中央银行经常靠"信号效应"来干预市场的话,而这些信号又不都是全真的,就会在外汇市场上起到"狼来了"的效用。1978—1979年卡特政府支持美元的干预,经常被人们认为是"狼来了"信号效果的例子。而1985年西方五国财政部长和中央银行行长的"广场饭店声明"立刻使得美元大跌,就经常被人们认为是"信号效应"的成功典范。

(2) 所谓改变政策的外汇市场干预实际上就是中央银行货币政策的一种转变,它是指中央银行直接在外汇市场买卖外汇,而听任国内货币供应量和利率朝有利于达到预期目的的方向变化。例如,如果日元在外汇市场上不断的贬值,日本中央银行为了支持日元的汇价,它可以在市场抛出外汇卖日元,由于日元的流通量大量减少,日本的货币供应下降,利率就呈现上升的趋势,人们就愿意在外汇市场多保留些日元,使得日元的汇价上升。这种的干预方式一般来说是非常有效的,其代价就使国内的既定货币政策受到影响,是中央银行看到本国货币的汇率长期偏离均衡价格时才会愿意采取的措施。

判断中央银行的干预是否有效,并不是看中央银行的干预次数和所用金额的大小。从中央银行干预外汇的历史至少可以得出以下两个结论：

第一，如果外汇市场异常剧烈的波动是因为信息效益差，突发事件，认为投机等因素引起的，而由于这些因素对外汇的行市的扭曲经常是短期的，那么，中央银行的干预就会十分的有效。或者说，中央银行的直接干预至少可能使得这种短期的扭曲提前结束。

第二，如果异国的汇率长期的偏高或是偏低是由该国的宏观经济水平，利率和政府货币政策决定的，那么，中央银行的干预从长期来看就是无效的。而中央银行之所以坚持进行干预，主要是为了达到以下两个目的：

首先，中央银行的干预可以缓解本国货币在外汇市场上的跌势或升势，这样就可以避免外汇市场的剧烈波动对宏观经济发展的过分冲击；其次，中央银行的干预在短期内常常有着明显的效果，其原因是外汇市场需要一定的时间来消化这种突然出现的政府干预。这给中央银行一定的时间来重新考虑其货币政策或是外汇政策，从而做出适当的调整。

Intervention is the process of using foreign currency reserves to buy one's own currency in order to decrease its supply and thus increase its value in the foreign exchange market. Or alternatively, selling its own currency for foreign currency in order to increase its supply and lower its price.

二、国际间协调汇率的影响（Influence of the International Harmony Exchange Rate）

政府之间政策协调失衡也是外汇市场波动的原因之一。一般来说，人们往往可以从现有的政府间外汇政策的协调之中，找到外汇波动的某种趋势。因为一般而言，工业国家之间汇率政策的协调程度高，则外汇市场波动的幅度就会相对的减少一些。在判断外汇市场的长期走势时，工业国家之间的政策协调是不可忽视的。由于各个国家所奉行的经济政策不一致，各国的经济需求也就不一样。货币紧缩对一个国家有利，对另一国可能就会造成衰退；财政扩张对一国能起到刺激经济的作用，而在另一国可能就会引起通货膨胀。因此，完全同步的货币和财政政策不可能维持很长的时间，但是在短期之内确实是可行的。而经济的相互依赖性也要求工业国家在汇率政策上进行调整。工业国家在经济政策上的彻底协调就是政策的同步性,它要求所有的国家在经济衰退的时候,采取比较一致的扩张性刺激措施;在通货膨胀上升时,要采取一致的紧缩财政政策;而要采取混合的政策时,各个国家也能配合一致。这种做法的好处就是可以稳定外汇市场,又不影响利率,贸易条件以及供求关系的水平稳定。

因此在一定程度上,工业国家的政策同步性便可以成为我们判断外汇市场走势的一个标志。如果汇率和长期汇率出现巨大的偏差,或某种外币连续猛涨或猛跌,我们就不但要判断工业国家的政策状况,而且要注意判断有关国家经济政策的同步性,并可以从政策同步性的持续长短中寻找答案。不过经济政策完全的同步性在外汇市场并不多见,而经常可能观察到的是经济政策的共同协调,它的目的是为了稳定外汇市场的剧烈波动。例如,1992年9月德国减息,并不是因为德国宏观经济的发展有此需要,而是为了缓和岌岌可危的欧洲货币体系的危机。这样做的目的基本上是为了帮助欧洲共同体其他成员国家稳定他们的货币汇价。与政府之间经济政策直接协调相比,次一等的国际间协调是工业国家联合对外汇市场进行干预。

一般来说,如果工业国家有经济政策的趋同性,或者可以在外汇市场上进行良好的政策协调,那么,假如外汇长期波动或者是失衡是由政府政策的不协调引起的,这种外汇波动就会随着政策趋同而自动纠正,并不需要政府共同对外汇市场进行大规模的干预。可见,如果工业国家对外汇市场进行大规模的联合干预,经常意味着各国的货币和财政政策不变,而且也都不愿意进行经济政策的协调,其原因主要是各国所面临的经济问题往往不同。与多国政府联合干预相比,一国政府单独干预外汇市场往往达不到预期的效果。由于一个国家的外汇资源有限,在工业国家经济政策不进行协调的情况下,这种干预经常会失败。比如1992年11月19日,瑞典想坚持把本国货币克朗与欧洲货币体系挂钩,但是由于马克在德国坚持高利率政策影响下保持坚挺,克朗在外汇市场上被抛弃,克朗对马克的汇价迅速地下跌。瑞典在中央银行不但在外汇市场进行支持克朗的干预,而且把隔夜的短期利率从8%猛增到20%,但是仍然没有止住克朗的跌势。这样,瑞典就被迫宣布将克朗与欧洲货币体系进行脱钩,任其在外汇市场上自由的浮动。

三、汇率和社会政治因素的关系（Relations Between Exchange Rate and Society, Politics）

社会政治因素对外汇市场的影响早先似乎并未引起人们的太多的重视,但在事实上,与股票、证券等市场相比,外汇市场受政治因素的影响要大得多。

When important international issues happen, the fluctuation of foreign exchange market is often higher than the one in stock market. One of the reasons is that foreign exchange, as a kind of international asset, faces much more risk than other ones; the extremely rapid flow of foreign exchange also leads to stronger fluctuation under political risks. Political events often happen suddenly, which are out of the expectation of foreign exchange market, making the fluctuation of foreign exchange market much higher than the one of stock market.

外汇市场的政治风险主要有政局不稳引起的经济政策变化,国有化措施等。从具体的形式看,有大选、战争、政变、边界冲突等等。由于美国是当今世界上最大的政治、经济和军事强国,所以从资本安全的角度出发,一般的政治动荡产生之后,美元就会起到"避风港"的作用,会立刻走强。我们以1989年的世界外汇市场的变化为例来说明社会政治因素对汇率的影响。1989年是20世纪的一个多事之秋,这一年世界政治风云变幻,为外汇市场的波澜起伏产生了巨大的影响。这一年上半年,日本因为"利库特路"股票案引起政坛动乱,日元地位受到挫折;德国则因为科尔领导的基民盟在地方选举之中惨败而使得政局不稳,外汇市场的马克也就马上疲软;在中东,霍梅尼的逝世使人们对中东的局势忧心忡忡;在中国,政治风波对外汇市场尤其是日元的影响更是极大。动荡的世界政治局势让国际外汇市场上的风险因素更为显现,所以许多的投资者把日本、欧洲、中东等地的货币纷纷换成美元,因此,美元被视为是"安全货币"而十分的走俏。全世界对美元的大量需求使得这一年上半年美元汇率如插翅膀而扶摇直上。事实上,从近年任何一种主要外汇对美元的汇率走势的图线之中,我们都可以发现近年国际政治、经济格局的变化情况。由于每次的突发事件都会在世界外汇市场上引起剧烈的波动,使得汇率的涨跌史即国际政治经济发展史的缩影这一结论变得更有说服力。

此外,在今天国际金融市场上,短期的流动资金的数额极其庞大,它们的投机性十分强。因此,这种短期的投机资金对各国的政治、经济、军事形势等都是十分敏感,有风吹草动,就会发生资金的流动。所以在市场上的一点点小道消息,甚至是谣言都可能改变市场心态和人们的市场预期,从而造成为数极其庞大的资金流向的变动。有的分析家甚至把这种心理预期和市场评价因素视为目前对外汇汇率影响最大的因素。

第三节 利率平价 Interest Rate Parity

利率平价(interest rate parity)也称作利息率平价,指所有可自由兑换货币的预期回报率相等时外汇市场所达到的均衡条件。

Parity conditions play a key role in our understanding of international financial markets and in a decision-maker's strategic posture toward the market. The parity conditions can usefully be thought of as international financial "benchmark" or "break-even value"—defining points where the decision-maker in private enterprise is indifferent between the two strategies summarized by two halves of the parity relation. As we will see from the standpoint of a private enterprise, the decision to borrow in one currency or another, to locate a plant in one country or another, to measure exposure to currency risks using one formula or another, and other financial decision, may boil down to judgment about the validity of one or more parity condition. And from the standpoint of a public policymaker, a judgment regarding whether the nation's currency is "fairly" valued versus "overvalued" or "undervalued", an opinion regarding whether the nation's capital markets are functioning efficiently or inefficiently, and a conclusion regarding the ability of monetary and fiscal policies to produce the desired macroeconomic results—each of these may rest on our view about one or more of the parity condition.

As a result, the decision-maker will find it useful to have information about the validity of the parity condition, for example, if the empirical evidence reveals sizable and prolonged departures from PPP (purchase power parity), the decision-maker will conclude that the selection of a manufacturing location could leave the firm exposed to substantial exchange rate risk. But if the data support PPP, then the location choice could be based upon present prices and principles of comparative advantage, as if the choice were between two locations within the same country.

一、购买力平价(Purchase Power Parity)

(一)购买力平价与汇率

购买力平价(purchase power parity)理论是瑞士经济学家 Gustav Cassel 于 1918 年提出的。当时,第一次世界大战使得固定汇率制崩溃,Cassel 提出以购买力平价理论为基础,建立一个新的国际货币间的汇率体系。

购买力平价理论认为,一个国家的货币之所以有价值,是因为它代表了一定的购买力。任何人只要持有该国的货币,就能够在该国家市场上购买商品和服务。如果市场与市场之间不存在流通限制,而且没有如运输成本等的交易成本,则相对于同一种商品,不论使用哪一种币种,所代表的购买力均应该相同。这一法则称为同一价格法则(Law of One Price)。

The Law of One Price is the principle that in a PCM (Perfect Capital Market) setting, homogeneous goods will sell the same price in two markets, taking into account the exchange rate. So, the Law of One Price predicts that if the price of wheat is \$4.5/bushel in the United States and the \$/£ exchange rate is \$1.5/£, then the price of wheat in the United Kingdom should be £3.00/bushel. In symbols, we have

$$P_{\text{US, wheat}} = S_{\$/£} \times P_{\text{UK, wheat}}$$

如果上式不成立,将会出现商品套利现象。例如,德国市场上计算机价格为 600 欧元,而美国市场上同样的计算机价格为 1000 美元,市场上欧元的即期报价为 1.532 美元,显然 $600 \times 1.532 \neq 1000$ 不符合同一价格法则。不考虑交易成本,套利者支付 600 欧元在德国市场上购买一台计算机,到美国市场上出售获得 1000 美元,将 1000 美元兑换成欧元,折合 652.74 欧元。套利者一买一卖,获利 52.74 欧元(652.74-600)。套利的结果是使两个市场上同一种商品以不同货币趋向于同一价格法则。

购买力平价理论可以分为绝对购买力平价(absolute purchasing power parity)和相对购买力平价(relative purchasing power parity)。绝对购买力平价理论认为,任何一种货币,不论在哪个国家市场上,都应该具有相同的购买力。这种理论是统一价格法则的直接应用。相对购买力平价理论较绝对购买力平价理论得到了更广泛的应用。相对购买力平价理论认为,两种货币之间的汇率应该能够反映两个市场上价格水平的变化。例如,美国通货膨胀为5%,而日本通货膨胀为1%,那么日元兑美元价格应该上升4%,以使两国货币所代表的购买力相等。

一般地,如果 i_h 和 i_f 分别代表一段时期内本国和另外一个国家的通货膨胀率水平,e_0 和 e_t 分别代表期初和期末以本币表示的外币价格,e_0 代表期初即期汇率,e_t 为期末即期汇率,为使期初和期末两种货币的购买力均相同,则应该使

$$e_t/e_0 = (1+i_h)^t/(1+i_f)^t$$

即:

$$e_t = e_0 \times (1+i_h)^t/(1+i_f)^t$$

式中,t 代表年数。

例如,预计今后3年期间美国市场通货膨胀率为5%,欧洲市场通货膨胀率为1%,目前的欧元即期报价为1.532美元。为保证购买力平价,3年后欧元的报价应为:

$$e_3 = 1.532 \times (1+0.05)^3/(1+0.01)^3 = 1.7213(美元)$$

如果期限为1年,则购买力平价等式可以写成如下形式:

$$e_1 = e_0 \times (1+i_h)/(1+i_f)$$

进一步可以近似成下面的形式:

$$(e_1 - e_0)/e_0 = i_h - i_f$$

实践证明,一般来说,各国之间汇率的长期趋势符合购买力平价理论,而在短期内汇率的变化具有更大的随机性。

(二)名义汇率与实际汇率

根据上面的分析我们可以由此得出一个结论,由于同一时期通货膨胀率不同,两国货币之间的汇率随之不断变化。只要汇率的变动与通货膨胀率之间的变化符合购买力平价,两种货币之间的相对购买力就不会发生变化。但有时汇率的变化会引起两种货币之间相对购买力的变化。为了区分这两种变化,我们将市场上汇率的报价称为名义汇率(nominal exchange rate),将反映相对购买力变化的汇率称为实际汇率(real exchange rate)。

The real exchange rate is another useful concept in international finance and its measurement is closely connected with the purchasing power parity condition. We commonly use real magnitudes in macroeconomics. Nominal income, nominal wages, and nominal interest rate have their real counterparts. Real magnitudes are constructed from nominal magnitudes by adjusting for the appropriate price level or inflation rates. It is useful to think of the term real as a shorthand way of saying "real goods and services." In other words, a real magnitude attempts to filter out the affects of inflation to isolate the impact on quantities of goods and services.

这里定义的名义汇率和实际汇率是相对一个时期内两种货币之间汇率变化而言的,也就是相对于期初,期末的汇率是否反映了真实的货币价值变动情况。所以,实际汇率都是相对于某一个基期而言的,在同一个时刻相对于不同的基期有不同的实际汇率。

例如,以德国市场和美国市场上的计算机价格为例。如果,期初市场即期欧元报价为1.532美元,并且在德国市场上1000欧元的计算机在美国市场售价为1532美元。期末欧元市场报价为1.650美元。在下面几种情况中:

(1) 两国市场均没有通货膨胀,期初德国市场上1000欧元的计算机期末仍为1000欧元,在美国市场售价为1650美元,与期初1532美元的价格相比提高了118美元。所提高的118美元完全是欧元升值所致,欧元升值率为7.70%(118/1532),此时实际汇率等于名义汇率。

(2) 两国市场通货膨胀率相同,都为1%,则期初1000欧元的计算机期末售价应该为1010欧元。按照1.65美元的名义汇率,在美国市场上的价格应该为1666.5美元。但1666.5美元并非完全由欧元升值所引起。不考虑欧元升值,则由于通货膨胀,美国市场上计算机的价格应该提高到1547.32美元。因此欧元升值对价格提高的贡献为119.18美元(1666.5−1547.32),欧元升值率仍为7.70%(119.18/1547.32)。此时实际汇率等于名义汇率。

(3) 德国市场通货膨胀率为1%,而美国市场通货膨胀率为2%。则期末德国市场上计算机的价格为1010欧元,按照名义汇率计算的美国市场上计算机价格为1666.5美元。同样,1666.5美元并非完全由欧元升值所引起。不考虑欧元升值,由于通货膨胀,美国市场上计算机的价格应该提高到1562.64美元[1532×(1+2%)]。因此,欧元升值对价格提高的贡献为103.86美元(1666.5−1562.64),欧元升值率为6.65%(103.86/1562.64),实际升值率下降了。此时,实际汇率低于名义汇率。

(4) 德国市场通货膨胀率为2%,而美国市场通货膨胀率为1%。

则期末德国市场上计算机的价格为 1020 欧元,按照名义汇率计算的美国市场上计算机的价格仍为 1683 美元[1650×(1+2%)]。同样,1683 美元并非完全由欧元升值所致。不考虑欧元升值,由于通货膨胀,美国市场上计算机的价格应该为 1547.32 美元。因此,欧元升值对价格提高的贡献为 135.68 美元[(1683-1547.32)],欧元升值率为 8.77%[135.68/1547.32],实际升值率提高了,此时,实际汇率高于名义汇率。

考虑一般情况。假设期初两种货币之间的汇率为 e_0,期末名义汇率为 e_t,如果汇率的变化符合购买力平价理论,则

$$e_t = e_0 \times (1+i_h)^t / (1+i_f)^t$$

在这种情况下,由于货币之间的相对购买力不发生变化,因此实际汇率不变,等于期初汇率。或者实际汇率可以表示为

$$e_0 = e_t \times (1+i_h)^t / (1+i_f)^t$$

从式中也可以看出,此时的实际汇率 e_0 用两国的通货膨胀率对名义汇率 e_t 进行调整。当汇率变化不符合购买力平价理论时,上述公式就不成立了。此时,实际汇率可计算如下:

$$e'_t = e_t \times (1+i_h)^t / (1+i_f)^t$$

该公式描述了超出购买力平价之外的变化,也就是两种货币相对购买力的变化,这种变化就是实际汇率的变化。

二、利息率平价(Interest Rate Parity)

Interest Rate Parity establishes the linkages across spot and forward currency markets simultaneously with domestic and foreign security markets. Interest Rate Party draws on the principle that, in equilibrium, two investments exposed to the same risk must have the same returns. Interest Rate Party is maintained by arbitrage.

根据利率平价理论,两国之间远期汇率相对于即期汇率是溢价还是折价,取决于两国之间的利息率之差。如果外汇市场是没有交易成本的有效市场,则两国的利息率之差近似等于远期汇率对于即期汇率的溢折价。低利息率的货币倾向于远期溢价,高利息率的货币倾向于远期折价。

利息率平价是保值外汇投资(Hedged or Covered Foreign Investment 又称为抛补外汇投资)的结果。例如,投资者准备将 1000000 欧元投资 90 天,欧元投资收益率为每年 8%(或者 90 天为

2%),美元投资收益率为每年6%(或者90天为1.5%)。即期汇率为单位欧元折合1.5311美元,90天远期汇率为单位欧元折合1.5236美元。欧洲投资者进行保值欧元投资需要进行如下三个步骤:

(1)将1000000欧元按照即期汇率兑换成美元,折合1531100美元;

(2)1531100美元按照6%的年收益率投资90天,90天后投资者将获得1554066.50美元;

(3)按照1欧元等于1.5236美元的汇率出售90天价值1554066.50美元的远期,90天后投资者获得1554066.50÷1.5236≈1020000欧元。

上述方式完全规避了外汇投资风险,使用1000000欧元投资于美元,在90天后获得稳定的1020000欧元。因此,这种投资方式被称为保值外汇投资,从这种投资方式中所获得的收益率为保值外汇投资利息率或抛补利息率。由于资金的国际流动性,使用外汇保值投资获得的收益应该和直接投资于本币获得的收益相等,否则将会出现套利现象,即抛补套利。两种投资收益率相等的现象称为利息率平价。

如果直接投资于欧元的收益率低于8%,为6%,假设借贷利息率相同,并且即期和远期交易买卖利差为零,则抛补套利可以通过以下步骤实现净盈利。

(1)在欧洲市场按照6%的年利息率借入为期90天的1000000欧元,期末套利者需要偿还本息和1015000欧元。

(2)1000000欧元按照即期汇率兑换成美元,折合1531100美元。

(3)将1531100美元在德国市场上投资,90天后获得本息和1554066.50美元。

(4)按照1欧元等于1.5236美元的汇率出售90天价值1554066.50美元的远期,90天后获得1554066.50÷1.5236≈1020000欧元

(5)90天后,套利者首先获得欧元投资收益,其次执行远期,获得1020000欧元,偿还借款本息和1015000欧元,净剩5000欧元。

从上述套利活动中,套利者没有花费任何成本获得5000欧元的收益。如果市场没有任何限制,套利活动将一直进行下去,从而影响货币市场的利息率和外汇市场的汇率,直到套利活动无利可图为止。在货币市场上,美元的贷款需求增加会提高美元的利息率,欧元的投资需求增加会降低欧元的利息率。在外汇市场上卖出即期美元,买入即期欧元,会促使即期欧元的美元价格上升,即期欧元升值;买入远期美元,卖出远期欧元,会促使远期欧元的美元价格下降,远期欧元贬值。如果没有政府管制

的外界因素影响,这一过程将一直进行到使利息率达到平价为止。

三、费雪效应(Fisher Effect)

(一)费雪效应

费雪效应(Fisher effect)讨论的是国家之间利息率与通货膨胀之间的关系。利息率是资金使用者的收入。

In a financial market, prices tend to reflect information. The Fisher parities describe how information regarding expected inflation and expected exchange rates are captured in current interest rates. From previous course work of personal experience, most people are familiar with one Fisher parity relationship—sometimes called the Fisher effect, which relates the nominal interest rate to expected rate of inflation in a single country. Fisher also posited that the interest rate differential across pairs of currencies embodies information, but this time information about the likely exchange-rate change between these units of account. We will call this relationship the International Fisher Effect, although some authors use the term.

由于存在通货膨胀,投资者利息收入中有一部分是通货膨胀造成的,因此投资者实际获得的利息收入应等于用通货膨胀调整后的名义收入:

$$1+r=(1+r_r)(1+i)$$

式中:r 代表名义利息率,r_r 代表实际利息率,i 代表通货膨胀率。

由于市场的完美性,投资者在各个国家投资应该获得相同的收入,即各个国家的实际利息率应该相等,即

$$1+r_{rh}=1+r_{rf}$$

因此,

$$(1+r_h)/(1+r_f)=(1+i_h)/i_f$$

简化为

$$r_h-r_f=i_h-i_f$$

其中,h 下标和 f 下标分别表示本国和外国利率或通货膨胀率。

上述关系表明高通货膨胀率货币应该比低通货膨胀率货币具有更高的利息率。这种效应就是费雪效应。然而,在推倒费雪效应时,我们假设各个国家的投资风险一致。实际上这个假设是不可能的。根据风险与收益的匹配原则,投资者承担的风险越高,获得的收益应该是越高,

反之亦然。由于不同国家在经济、政治等各方面风险不同,所以实际上与风险相匹配的收益是不一样的。

(二) 国际费雪效应

国际费雪效应理论(international Fisher effect),结合了费雪效应和购买力平价理论,用利率解释汇率变化。根据费雪效应理论,两国名义利率的差异反映了两国预期通货膨胀的差异。如果联系购买力平价理论,两国即期汇率的预期变动等于两国预期通货膨胀的差异。将这两者结合起来就可以得到估计费雪效应理论,即两个国家货币即期汇率的预期变动应该与两国间名义利率的差异一致。

根据购买力平价可得

$$e_t/e_0 = [(1+r_h)/(1+r_f)]^t$$

即为国际费雪效应。

当时间 t 为 1 期时,公式简化为:

$$e_t/e_0 = (1+r_h)/(1+r_f)$$

国际费雪效应中的 e_1 和 e_t 分别为第 1 期和第 t 期按照两个国家利息率而预期估计出的汇率,称为预期汇率。

例如,在某年 7 月份,欧元的一年期利息率为 4%,而美元的同期利息率为 13%。如果目前的汇率为每欧元折合 1.532 美元,根据国际费雪效应,预期将来一年后的汇率将达到

$$1.532 \times (1+13\%) \div (1+4\%) = 1.6646 \text{ 美元}$$

如果由于对美国通货膨胀预期使得市场对将来一年后即期汇率的预期是每欧元折合 1.533 美元,而欧元的利息率预期在将来一年保持不变,为 4%,对欧洲未来一年内的通货膨胀预期也保持不变,则根据国际费雪效应,美国国内利息率预期为:

$$(1+4\%) \times 1.533 \div 1.532 - 1 = 4.07\%$$

当 r_f 足够小时,国际费雪效应可以近似表示为:

$$r_h - r_f = (e_t - e_0)/e_0$$

因此,根据国际费雪效应,利息率低的货币倾向于升值,而利息率高的货币倾向于贬值。然而,这一结论若以名义利息率发生变化为前提,则汇率的变化就不一定符合国际费雪效应。例如,如果美元利息率相对于英镑利息率上升,并且是实际利息率上升,而非通货膨胀引起,那么,由于在美国投资更有利可图,对美元的需求加大,这样就会使美元升值而不是贬值。

第四节　汇率和利率、通货膨胀和国际收支的平衡关系 Balance Relations Between Exchange Rate and Interest Rate, Inflation and Balance of Payment

一、汇率和利率的关系（Relations Between Exchange Rate and Interest Rate）

利率的变动,对国际资本的流动和汇率的变化都有重要的影响。通过利率,两个国家之间的资金转移,直接和间接投资才得以发生,因为一国的信贷紧缩时,利率上升,可以增强该国货币对本国和国外投资者的吸引力,从而吸引资本的内流,本国汇率的走势增强。反之,信贷松动时,利率下降,则该国将发生资本的外流,本国货币的汇率将下降。

外汇是一种金融资产,人们持有它,是因为它能带来资产的收益。人们在选择是持有本国货币,还是持有某一种外国货币的时候,首先也是考虑持有哪一种货币能够给他们带来较大的收益,而各国货币的收益率则是由其金融市场的利率来衡量的。在外汇市场均衡的时候,持有任何两种货币所带来的收益应该是相等的。所以,利率作为货币供求关系的产物,与汇率是紧密相关的。

那么,利率是怎么决定今后汇率变化的呢？因为只有货币市场在货币供给等于货币需求的时候,利率才会达到均衡和稳定。这就意味着:汇率是由货币市场和外汇市场的均衡而共同决定的。

因此,一个国家货币供给的增加或是减少,会通过利率来直接影响它的汇率;而汇率是两个国家货币之间的价值的比率的关系,若其中的任何一个国家的货币政策发生变动,或者两个国家的货币政策的变动方向不一致,或者方向一致但是程度不同,两国之间货币的汇率都会因此而受到影响。

In many circumstances, the expectation of interest rate is also a main factor affecting the exchange rate. First, in a short period, although the currency supply changes, the price keeps the same level. Thus the increase of currency supply will bring more pressure to the price level, giving people the expectation of a higher price level.

另一个方面,一个国家的利率的下跌会引起它的货币的贬值;利率上升会引起它的升值。当然,有时候也可能存在利率上升但是货币反而贬值的现象,这种差异的出现与人们对通货膨胀的预期有关系。

外汇市场上,由预期通货膨胀率的增加而引起的名义利率的上升,会引起货币的贬值;反之,由预期通货膨胀率的下降但以及随之而来的实际利率的上升,将会引起名义利率的增加,这将会使货币增值。同样的道理,由预期通货膨胀率的下降而引起的名义利率的下降,会使得货币升值,而由预期通货膨胀率的增加,以及由之而来的实际利率的降低所引起的名义利率的降低,会使得货币的贬值。

在分析实际汇率的变动时,我们知道,从长期看,两个国家之间的汇率是由两个国家各自内部的价格结构和这两个国家之间的相对价格水平来决定的。价格水平变了,汇率也会随之而变化,这里的问题就是:如果从短期来看,价格水平没有变化,汇率又是怎么变动的呢?

(1)货币政策对汇率的影响:货币政策的主要形式是改变经济体系之中的货币供给量,当货币的供给变化的时候,利率也会随之而变化,货币供给的增加,会造成货币的贬值。

(2)财政政策对汇率的影响:财政政策的主要形式是改变政府支出和税收的水平。政府支出增加,对货币的需求量也会相应的增加。在货币的供给量不变的情况下,对货币需求量的增加,必然会引起利率的上升,利率上升的结果就是,汇率的升值;反之亦然。

利率与其对汇率的影响因此是十分的巨大的。我们举一个现实的例子,1992年的下半年,德国奉行反通货膨胀的紧缩性货币政策,德国的中央银行一再声明要坚持这一政策。但是,在外汇市场上,经常流传着德国要减息的谣言和猜测,理由就是德国的利息已经加到顶了。虽然德国政府没有采取任何的减息行动,但是在英国、法国、丹麦以及瑞典等国相继减息后,外汇市场还顽固地认为德国要减息,并指出,即使年底不减,次年年初也要减息。这就使得德国马克对美元的汇价在美国和德国的利率差仍然很大的情况下节节下跌。

二、汇率和通货膨胀之间的关系(Relations Between Exchange Rate and Inflation)

通货膨胀也是影响汇率变化的根本原因之一。由于两国货币之间的比率,取决于各自代表的价值量的大小,而一旦某一国发生通货膨胀的话,该国货币所代表的价值量就会减少,物价相应的就会上升,货币就对内发生贬值。在一般的情况之下,物价的上涨将使得该国出口的商品成本增加,往往会削弱本国产品在国际市场之上的竞争力,导致出口萎缩,外汇的供应量也就减少了。而同时相应的进口产品的价格却相对地便宜,进口往往会扩大,外汇的需求增加,在这种情况之下,就将发生外汇汇率的上涨,货币对外也发生了贬值。经验表明,通货膨胀发生后,一国货币从对内贬值到对外贬值大概需要半年的时间,从长远来看,汇率终将会调整到一个与货币比价水平一致的较为合理的水平之上,但是,短期之内的波动还是难以避免的。

Parity between the purchasing powers of two currencies establishes the rate of exchange between the two currencies. Suppose it takes $1.25 to buy one dozen apples in New York and 1.00 euro to buy the same apple in Frankfurt, Germany. Then the rate of exchange between the US dollar and the euro is $1.25/EUR 1.00. If price of apple doubled in US while the price in Frankfurt remain the same, you know the purchasing powers of US dollar should drop 100 percent. Consequently, you will be able to exchange EUR1.00 for $2.50 in the foreign currency market.

就长期而言,汇率是由什么因素决定的呢?基本的观点就是:从长期来看,汇率和两个国家之间的价格水平之差有着很密切的关系。这道理很简单,汇率的作用在于帮助和促进两个国家之间的商品流通。如果两个国家之间不存在贸易的障碍(比如关税、配额、交易成本以及非关税贸易壁垒等等),同一种商品在两个国家的价格应该是完全相同的。如果不相同,贸易上就会从价格比较便宜的一国买进,而在价格相对比较贵的另一国卖出。这种"套利"的活动,最终会使得两个国家的同一种商品价格完全相同。

如果把它扩张开来,不是指一种商品,而是指一个国家的所有的商品,那么,这就是非常著名的"购买力平价理论",即两个国家之间的汇率等于这两个国家货币的购买力之比。

Currency exchange rate tends to vary inversely with their respective purchasing power to provide the same or similar purchasing power in each country. This called the "purchasing power parity theory." When the inflation rate differential between two countries changes, the exchange rate also adjusts corresponding to the relative purchasing power of the country.

这个定义的政策含义也是十分的明显,如果说美国的物价水平上升,美元就会按照与物价上升的相同比例进行贬值。反之,如果美国的物价水平下跌,美元就会按照同一个比例进行升值。日本日元的情况与之类似,如果日本的物价水平上涨,日元就会贬值,相对日元而言,美元升值。反之,如果日本的物价水平下跌,日元就会升值,则美元就是相对的贬值。如果两国的物价水平以同等的程度上升或是下降,两国之间的汇率则不会变化。研究表明,购买力平价理论可以相当好地解释20世纪70年代之前的汇率变动,但是对于70年代之后的数据,则似乎不太可靠,其原因在于这之后大部分国家实行了浮动的汇率制。不过,购买力平价理论的基本思路还是相当正确的。长期看来,在世界市场上,如果贸易商品的价格是由劳动生产率来决定的,那么本国在贸易商品上劳动生产力的提高,最终会使本国的货币升值。

三、汇率与国际收支平衡的关系(Relations Between Exchange Rate and Balance of Payment)

人们的普通看法是,国际收支的平衡与否,是影响汇率的直接因素。由于国际收支是一国对外经济活动的综合反应,国际收支的差额是一个国家外汇供给与需求的直接体现。一国的国际收支出现顺差,就会引起外国对该顺差国货币的需求增长和外国货币的供给增加,从而引起顺差国的货币的汇率上升。反之,一国的国际收支出现逆差,就会引起本国对外国货币的需求增长和本国货币的供应量的增加,进而导致逆差国货币汇率的下降。

事实上,美国政府公布的关于每个月或是每个季度美国经济统计数据对外汇市场的影响最大。其主要原因是因为美元仍然是外汇市场交易的最重要的货币。从经济指标内容来看,利率的变化、通货膨胀情况和对外贸易的数据都会对外汇市场产生重要的影响。不过,美国对外贸易的每季度统计数据曾是最重要的影响美元走势的数据之一。20世纪80年代中期以前,每当美国贸易数字公布的前几天,外汇市场就会出现各种各样的猜测和预测,从而引起外汇市场的剧烈波动。但是在80年代中期以后,其作用就是越来越小了,原因是市场已经充分地意识到,目前外汇市场的交易额之中,国际贸易额所占的比重在10%以下。所以,现在美国对外贸易统计数据公布的时候,外汇市场一般已经不会对它做出巨大的反应。但是关于利率的调整以及政府的货币政策的动向,通货膨胀率等的变化对于外汇市场无疑还是十分重要的。

The term balance of payment refers to a system of government accounts that catalog the flow of economic transactions between the residences of one country and the residences of another country. It resembles the funds statement and tracks the country's exports and imports as well as the flow of capital and gifts. When a country exports more goods and services to foreign countries than it purchases, it will have a surplus in its balance of trade. Japan, through its aggressive competition in world market, exports more goods than it imports and has been enjoying a trade surplus for quite some time. Since the foreigners who buy Japanese goods are expected to pay their bills in yen. The demand for yen and consequently, its value increases in foreign currency markets. On the other hand, continuous deficits in the balance of payment are expected to depress the value of a currency because such deficits would increase the supply of that currency relative to the demand. This has sometimes been the case with the US dollar.

第五节 汇率预测 Exchange Rate Forecast

一、汇率预测的作用（Roles of Exchange Rate Forecast）

Exchange rate forecasts play a fundamental role in nearly all aspects of international financial management. This is obviously the case for financial transaction to evaluate foreign borrowing or investment opportunities, forecasts of future spot exchange rates are necessary to convert expected foreign currency cash flows into their expected domestic currency value. And short-term hedging or cash management decision often rely on a forecast of expected exchange rate movements. Exchange rate forecasts also enter into the firms' operating and strategic decision. While numerous business and financial decisions depend on exchange rate forecasts, there is considerable skepticism about the possibility of accurate of useful forecast.

具体地说，汇率预测对国际企业的重要性主要体现在以下几个方面：

（一）对筹资的影响

企业在进行筹资的过程中，正确地预测汇率的变化可以使企业在筹资过程中选择成本较低的方案。企业的筹资成本不仅取决于筹资对象要求的报酬率高低以及前期筹资成本的多少，而且也受归还本息或支付红利时货币币值高低的影响，选择筹集在归还本息时可能贬值的货币能够减少国际企业的支出，从而降低企业的筹资成本。

（二）对投资的影响

在企业进行投资决策时，把握汇率的变化可以提高企业预测项目现金流量的准确程度，这不仅体现在对投资资金的估算上，还体现在对未来流回本国的项目收益的估算。同时项目的收入和成本也很可能因所使用的货币币值升值或贬值而有所变化。如果可以准确地对汇率变化进行预测，就可以提高项目期间现金流估计的准确性，保证企业收益的稳定性。

（三）对运营过程的影响

企业在经营过程中，要进行产品的出口、原材料的进口以及筹集短期资金等一系列的活动。准确地对汇率的预期可以帮助企业决策是否在这些活动中需要进行套期保值，或者是否可以利用汇率可能的变动进行投机，从而使企业从中获利。

由此可见，汇率预测对国际企业的各个环节都是十分重要的。因此国际企业的财务管理人员就要充分认识到汇率的重要性，掌握汇率预测的方法，了解各种相关的知识，尽可能地使预测准确无误。

二、汇率预测的方法（Methods of Exchange Rate Forecast）

国际上常见的汇率预测的方法通常可以分成四类：市场分析法、因素分析法、技术分析法以及混合分析法。

（一）市场分析法

根据市场上的指标进行预测的方法称为市场预测法。市场预测主要是根据即期汇率和远期汇率做出的。这种方法认为即期汇率代表人们对近期汇率的预期，远期汇率代表人们对未来即期汇率的预期；否则就会存在套利的机会，改变即期汇率和远期汇率使之与人们的预期相一致。财务管理人员如果确信市场上的汇率是可信的，就可以通过简单地监管这些市场汇率指标来进行外汇风险管理。

Sometimes, financial managers can get the information about the long term interest level during 2 to 5 years. According to the Interest

Rate Parity and Fisher effect theory, we can calculate the long term exchange rate level.

将利息率平价理论和费雪效应结合起来,我们可以得到:
$$e_1/e_0 = (1+r_h)/(1+r_f) = f_1/e_0$$

由上式可以得到 $e_1 = f_1$,也就是说当利息率平价和费雪效应都能实现时,将来即期汇率应该等于远期汇率。

通过大量研究,将来的即期汇率总是围绕着远期汇率而上下波动,远期汇率可以看做是将来即期汇率的无偏估计(unbiased predict)。如果所预期的将来即期汇率不等于远期汇率,市场中就会出现套利行为,直到两者相等为止。

例如,在美国市场上预期将来的即期英镑价格高于远期价格,用公式表示就是 $e_1 > f_1$,套利者就会在远期外汇市场上购买英镑,在将来的即期市场上出售通过远期合约所购得的英镑,以低价买入高价卖出,从而从中获利。交易一直会持续到无利可图。套利者增加远期英镑的购买,会提高远期英镑的价格;在将来出售即期英镑,会增加将来即期英镑的供给,降低将来即期英镑的价格。而套利的结果最终会使得目前的远期汇率接近于将来的即期汇率。

即期汇率的应用为了说明即期汇率为何可用于市场预测。假设英镑不久会对美元升值,这会使得投机者用美元买进英镑以期英镑升值,而购买会使英镑价值立即上升。相反,若预期英镑贬值,则投机者抛售英镑,再在以后英镑价值较低时买回。此种行为会迫使英镑立刻贬值,因此,英镑现值应反映不久后英镑的期望值。因为远期汇率代表市场对未来即期汇率的预期,所以,公司可使用即期汇率进行预测。

1. 远期汇率的应用

从下面的例子里,我们可以理解远期汇率为何能起到预测未来即期汇率的作用。假设英镑30天远期汇率为1.40美元,投机者普遍预期30天后英镑的未来即期汇率为1.45美元。而当前远期汇率为1.40美元,那么投机者可以以1.40美元的价格购买30天后的英镑,然后以30天后的即期汇率抛出。如果预测是正确的,则他们将每英镑赚0.05美元(1.45－1.40)。如果许多投机者都这样操作,大量买入远期英镑会引起远期汇率上升,直到投机需求终止为止。也许投机需求在远期汇率达到1.45美元时会终止,因为这一汇率对于如此操作而言已无利润可言。此例说明远期汇率应向市场普遍预期的未来即期汇率变动。从此种意义上讲,远期汇率可用于市场预测,因为它反映市场对远期期末即期汇率的预期(本例中30天后)。

虽然本章重点讲公司汇率预测,而不是投机;但是,投机推动了远期汇率的水平接近对未来即期汇率的普遍预期。若公司确信远期汇率是未来即期汇率可靠的预测值,则只要监测这一公开报出的远期汇率就可进行汇率预测。

2. 用远期汇率进行长期预测

虽然有时有2~5年的远期汇率,但是这样的汇率很少。然而,各国的无风险金融工具的挂牌利率可以用来确定利率平价条件下的远期汇率。例如,假定美国5年期年利率为10%,而英国5年期年利率为13%。两国5年投资的复利回报如下:

美国5年期的投资的复利回报为$(1+10\%)^5$,即为投资额的1.61倍。

英国5年期的投资的复利回报为$(1+13\%)^5$,即为投资额的1.84倍。

根据利率平价原则,5年的远期汇率是即期汇率的1.61/1.84,即0.875。

我们的计算结果表明英镑5年期远期汇率应包含12.5%贴水,即英镑的即期汇率在5年内预期贬值12.5%(1-0.875)。

对远期汇率预测质疑的企业不用远期汇率进行汇率预测的一个理由是有二级市场力量。依据利率平价说,远期升水(或贴水)由利率差异决定。例如,若30天英镑利率高于30天美元利率,则我们预期英镑远期利率会贴水。贴水使美国投资者通过抛补套利不能实现非正常回报(把美元换成英镑后存入英国银行30天,同时卖出30天英镑远期换成美元)。基于这一信息,一些货币的远期汇率(比如英国英镑)通常低于它们现期即期汇率,即它们总是显示远期贴水(理由是它们的利率通常高于美国利率)。远期汇率内的贴水说明,尽管所有其他因素都表明英镑会升值,但它最终会贬值。

(二)因素分析法

因素分析法是根据经济变量和汇率之间的基本关系而做出的预测。根据各因素对汇率的历史影响(发生作用的方向和强度)和这些因素的现时状况及变化,财务管理人员就能得出未来的汇率变化情况。

汇率是一个国家货币折算成另一个国家货币的价格。简单地说,就是用一个国家货币表现另一个国家货币的价格。货币是一种特殊商品,与一般商品一样,其价格也是由供求关系决定。因此,货币的供求关系是导致汇率变动的直接原因,也就是说引起货币关系变化的因素就是影响汇率变化的因素。

1. 汇率的影响因素

影响货币关系变化的主要因素有以下几个方面：

(1) 经济增长速度

根据凯恩斯学派国民生产总值增长的宏观经济理论：The increase of income will lead to the expansion of the demand for imported goods, which will be manifested in the international foreign exchange market as the increase of money supply and the depreciation of money.

此外，支出的增长说明社会投资和消费的增加，从而促进生产的发展，增强产品在国际竞争的优势。国际市场上对产品的需求量增加，对该国货币的需求也同时相应地增加，该国货币就会出现升值。总而言之，经济增长既有增加该国货币供给的作用，又有增加该国货币需求的作用。

(2) 国际收支水平

国际收支水平是影响汇率的最直接的一个因素。国际收支就是指商品、劳务的进出口以及资本的输入和输出。国际收支中，当出口大于进口或者资本流入大于输出，也就是国际收支中发生了顺差，那么外汇市场上对该国的货币需求增加，该国货币就会升值；相反，当出口小于进口或者资本流入小于输出，也就是该国在国际收支中出现逆差，如果持续发生这种逆差，该国的货币就会出现贬值。

(3) 通货膨胀水平

通常情况下从短期看，汇率的变化是随机的，但从长期看汇率的变化是符合购买力平价理论的。If the international inflation rate is stable, but one country has a higher inflation rate than other country, it will have a higher price for its domestic goods, leading a higher demand for imported goods and thus the expansion of the money supply of this country in the international foreign exchange market. Meanwhile, because of the higher price of goods, the demand for that country's goods will be lower, leading a decrease of that country's export and a lower demand for the money supply in the international foreign exchange market, thus a depreciation of that country will happen.

(4) 利息率水平

利息率对汇率的影响主要是通过对套利资本流动的影响来实现的。如果一个国家的利率高于其他国家的利率水平，可以吸引外资的流入，但是会抑制国内的需求,减少进口。这样国际市场对该国的货币的需求增加,并且该国货币在国际市场上的供给减少,最终导致该国的货币升值。反之,如果一个国家利率水平低于其他国家的利率水平,该国的资金将会大量流向国际市场,国内需求也会增加,进口量增加,国际市场上对该国货币的需求减少,同时该国在国际市场上的供给增加,因而该国的货币将会贬值。

(5) 外汇管制程度

许多国家都根据自身不同的国情实行着不同的外汇管制。常见的外汇管制包括贸易收支管制、非贸易收支管制以及资本收支管制。政府出于不同的管制目的对外汇实行管制,它限制外汇的自由买卖,所以有时会出现不能反映外汇真实价格的现象。外汇管制的越严格,其汇率对各种经济因素的敏感度越低。同时,在实行外汇管制的国家和地区,一般都存在着外汇黑市交易活动。外汇黑市中的汇率往往与管制汇率有较大的差别,黑市汇率基本上反应了外汇汇率的实际走势。

除此之外,还有很多影响汇率波动的因素,如货币和汇率政策以及财政政策、财政收支状况等,同时也包括一些政治上的因素,如国家的稳定、政局的变动等。这些因素之间不是独立影响汇率的变化的,它们之间相互联系、相互制约,汇率是这些因素作用的共同结果。

2. 因素分析法的方法

掌握了影响汇率变化的因素,就要根据这些因素进行分析,从而预测出汇率可能出现的变化和走势。

(1) 定性分析(qualitative research)

Qualitative research is one of the two major approaches to research methodology in social sciences. Qualitative research involves an in-depth understanding of human behaviour and the reasons that govern human behaviour. Unlike quantitative research, qualitative research relies on reasons behind various aspects of behaviour. Simply put, it investigates the why and how of decision making, as compared to what, where, and when of quantitative research. Hence, the need is for smaller but focused samples rather than large and random samples.

有很多定性分析的方法,最具代表性的是德尔菲法,也是最常用的预测方法。它是由兰德公司的研究小组首创的。所谓德尔菲法是指试图通过"小组意见的一致性"来进行预测的方法。在应用中,专家小组的所有成员被自然地分离开,而且彼此互相不相识,他们被要求回答一系列的调查问题。对第一轮问题的答复进行统计分析,并用它来准备第二轮的调查问题。第二轮的问题中容纳了整个小组的信息和意见,因此根据已经给出的小组信息和意见,小组成员上一轮的每个答复都有可能需要重新考虑和修改。这种过程不断继续,直到协调人感到专家小组成员的意见达到某种程度的一致性为止。这种方法产生的不是单一的答案,而是形成考虑了大多数专家意见的一个宽度不大的范围。

定性分析还有另一种方法,即专家判断法。它是根据一个专家的判断或者一个专家小组的一致意见进行定性预测。预测时,要保证每一位专家独立考虑他们认为会影响预测对象的信息,然后,将他们的结论进行汇总,最后得到预测结果。

利用定性分析方法预测汇率,考虑的因素比较全面,即包括可定量因素,也包括不可定量因素,即可以包括已经十分了解其作用原理的具有充分历史资料的因素,也可以包括缺乏历史资料的新出现的因素,因而定性分析使用范围十分广。但是定性分析也存在着缺陷,即判断结果中包含了较多的主观任意性。

(2) 定量分析(quantitative research)

定量分析依赖于统计技术,其关键是利用理论或经验建立恰当的预测模型。

Quantitative research is the systematic scientific investigation of quantitative properties and phenomena and their relationships. Quantitative research is widely used in both the natural and social sciences, including physics, biology, psychology, sociology, geology, education, and journalism. The objective of quantitative research is to develop and employ mathematical models, theories and hypotheses pertaining to natural phenomena. The process of measurement is central to quantitative research because it provides the fundamental connection between empirical observation and mathematical expression of quantitative relationships.

定量分析可以概括为以下步骤:

第一步,分析者根据汇率理论或经验,判断影响汇率或汇率变化的可定量因素,初步建立这些因素与汇率之间的联系模型。例如,分析者根据理论和经验观察,认为通货膨胀率差异、利率差异、国民生产总值增长率差异三个因素对某外币的汇率变化产生重要的影响,于是设定分析模型中的自变量分别为:本国与该外国通货膨胀率差异 I;本国与该外

国利率差异 i；本国与该外国国民生产总值增长率差异 N；汇率标价为直接标价法；模型中的因变量为该外币的汇率变化率 s。该分析者建立了一个线性回归方程为：

$$s = a + b_1 I + b_2 i + b_3 N + \mu$$

式中：a 为常数；b_1、b_2 和 b_3 分别为三个自变量的系数，衡量各自变量对汇率变化率的影响程度；μ 为误差项，表示预测值与实际值之间存在的差异。

第二步，分析者取得该外币历史上连续的同一长度各期间的汇率变化数据并代入该线性回归方程，运用统计技术求出方程中的常数数值和各个系数的数值，得到预测模型。例如，该分析者选取历史上连续 24 个季度的汇率变化以及相应季度的通货膨胀率差异、利率差异和国民生产总值增长率差异数据，代入回归方程求出。a，b_1，b_2 和 b_3 的数值，得到预测模型为：

$$s = 0.001 + 0.6 I + 0.8 i - 0.01 N$$

该模型表示外汇汇率变化与通货膨胀率差异和利率差异成正比关系。本国的通货膨胀率和利率越高，外汇汇率升高，本币贬值幅度越大；外汇汇率与国民生总值增长率差异呈反比关系，当本国国民生产总值增长较快时，外汇汇率降低，本币升值幅度越大。

该模型的系数还需要进行统计上的显著性检验，以证实这些系数的确存在。

同时还需要了解预测值可能的变化范围，也就是方差的大小，分析者得到的预测结果不是一个数值，而是一个可能的范围。最后还要检验预测模型的预测效果，只有效果较好的模型才具有实践上的意义。

第三步，分析者将未来一个季度预期的通货膨胀率差异、利率差异以及国民生产总值增长率差异代入该模型，就可以得到下个季度即期汇率的变化幅度。例如，该分析者预期下季度通货膨胀率差异为 2%，利率差异为 3%，国民生产总值增长率差异为 20%，则根据第二步中的方程预测下季度即期汇率变化率为：

$$s = 0.001 + 0.6 \times 2\% + 0.8 \times 3\% - 0.01 \times 20\% = 3.5\%$$

下季度即期汇率变化预期为 3.5% 左右，外汇汇率提高 3.5%，本币贬值。

Of course, quantitative research can have many forms, every forecaster tries to develop a special form. According to the definition of market, if a forecasting form was known by the market, the rate will be adjusted by the form at once that the forecaster cannot get any thing from it. Thus, every forecaster tries to keep it a secret, and further its research to get benefit before the changes of the exchange rate.

定量分析的优势在于预测结果的数量化,可以为分析者提供汇率变化的具体预测数值,便于分析者使用。但是定量分析也有一定的缺陷,即它只考虑能够定量的因素对汇率的影响,而这些定量因素在实际中对汇率的影响可能并不是同期的,比如通货膨胀差异对外汇汇率的影响可能发生时滞,时滞的时间到底有多长则较难确定。因此定量分析的结果并不能作为唯一准确的预测结果马上加以应用,还需要结合定性的方法分析没有被考虑在该定量模型中的其他因素可能的影响程度,调整定量预测的结果。另外,定量分析模型的构建是建立在历史资料基础上的,因此,在缺乏历史资料的情况下就无法采用该方法。同时,定量分析所得到的因素对汇率的影响程度都是历史上存在的,在未来的时间里,这些因素的影响程度可能会发生变化,导致预测的准确性逐渐下降。因而分析人员必须密切注意模型有效性的改变情况,在应用中需要经常调整模型。

3. 因素分析法的局限性

因素分析法考虑到了影响因素与币值间的基本关系,但存在以下局限性:

(1) 难以确认影响时间;

(2) 需要对即时影响因素进行预测;

(3) 模型中略去了其他相关的因素;

(4) 货币波动对每个因素的敏感度不断变化。

第一,某些因素对币值影响的确切时间难以确定。通货膨胀对汇率的影响有可能在两个、三个或四个季度后才会完全产生。回归预测模型应做相应的调整。

第二,一些因素会对汇率产生立竿见影的影响,所以,只有取得它们的预测值,把它们纳入基本预测模型中才会有用。对这些因素的预测应确定在某个期间,此期间应与需要预测汇率的期间一致。这种情形下,汇率预测的准确性将在一定程度上取决于对这些因素预测的准确性。即使企业确切了解这些因素的走向如何影响汇率,但如果不能预计这些因素的数值,它们对汇率的预测也可能是不准确的。

第三个局限性是在基本预测过程中,有可能存在需考虑但难以量化的因素。例如,如果日本一家大出口企业突遇罢工,导致商品短缺,那么会怎么样呢？这会减少美国消费者所能得到的日本商品,从而减少美国对日元的需求。这种情形会给日元币值产生下跌压力,通常却未被考虑进预测模型。

(三) 技术分析法

技术分析法是指利用汇率变化的历史数据来预测未来的汇率。技术分析专家认为：第一,汇率受各种经济信息的影响,新信息的出现会导致汇率的变化；第二,在下一个新信息到来之前,汇率会延续原来的变化趋势；第三,历史会重演,汇率过去的变化模式将来可能会出现。因此,使用一定的分析工具,可以根据汇率过去变化模式中推测将来汇率的变化状况。预测人员有时可以不依赖统计技术,靠主观判断进行预测。For example, the value of certain foreign currency goes up steadily for successive days, which may show its change the fifth day, but in most cases, technological analysis can not go without statistics.

预测人员通过运用检验移动平均数的时间序列模型,找出一些汇率变化的规律。时间序列的模式大致分为3种：

● 稳定型。它假设未来汇率的变化比较稳定,基本围绕某个中间值随机涨落,通过消除历史数据中的极端值,就可以得到未来的预测值。稳定性时间序列模式的具体预测方法包括简单算数平均法、加权平均法、移动加权平均法以及在此基础上变形的指数平滑法。

● 趋势型。它假定未来汇率的变化与时间有关,即未来汇率是时间的函数。

● 自回归型。它假定未来汇率的变化与过去汇率的某个函数存在函数关系。

图表曲线分析法是技术分析的主要方法。图表分析以三个前提为理论基础：(1)影响汇率的全部因素都自动地反映在汇价中；(2)价格将按一定的趋势变动；(3)历史不断重现其自身。

在图表曲线分析法中,线图为最经常使用的分析工具。线图包括日线图、周线图和月线图等。以日线图为例,将每一天的最高价、最低价描绘在图上,在最高价和最低价之间连一条线,在最高价和最低价的连线上用一条小横线表示当天收盘价,如图2-4所示。把每一天的价格用曲线连接起来形成价格线,如图2-4中的曲线。价格线表示了一段时间内外汇价格的变化模式。但是由于每一天的价格随机性较大,所以使用每天价格所形成的价格线可能会在一定程度上掩盖了外汇价格的趋势变化。

From the point of financial management, technological analysis has a better accuracy in the short term, but the long-term tendency should also be noticed, so the technological analysis itself is not enough.

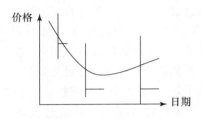

图 2-4 汇率的趋势变化

技术因素有时被看做是改变投机头寸的主要原因。这些头寸引致美元币值的调整。例如，由于以下原因，常会见到美元币值的剧烈变动：

(1) 技术因素超过经济信息；

(2) 技术因素触发抛售美元；

(3) 技术因素显示美元最近超卖，从而触发买进美元。

这些例子说明技术预测法被投机者广泛地采用，他们频繁尝试在每日的汇率波动中敛财。

技术预测模型在不同时期的外汇市场中曾帮助过一些投机者，然而，在某个期间起作用的模型不见得会在另一个期间起作用。就目前大量的技术模型而言，其中一些模型注定在任何期间都会产生投机利润。

许多外汇买卖的参与者认为，即使某一技术预测模型被证明总能产生投机利润，但其他参与者一旦也使用时这一模型便不会再有用。依据它所推介的买卖会立即将货币价值推向新的价位；频繁买卖会使得使用技术预测法的投机者发生较大的交易成本。还有，在监测货币走向以寻找币值变动的系统模式时会耗费掉大量的时间。另外，投资者需要有足够的资本承受可能发生的损失。

从企业的角度看，技术预测法有其局限性，表现在其着眼点是近期，从而不利于企业制定政策。另外，技术预测法很少提供点估计数字或一套未来币值变动的可能范围。因为技术预测法一般不能准确地估计未来汇率，所以其本身对跨国公司的财务主管来说并非完美的预测工具。

(四) 混合预测法

由于还没有发现哪个预测法一直好于其他预测方法，一些跨国公司便综合地运用汇率预测方法。这一方法被称为混合预测法。它运用不同预测方法得出某一外币价的不同预测值。预测时,给不同的方法分配权重,使总权重为100%,更可靠的方法给予较高的权重。如此一来,跨国公司的实际预测值便成了各种预测值的加权平均值。

三、汇率预测与政策(Exchange Rate Forecasts and Policy)

Selecting or implementing a currency forecasting program raises a number of challenging policy issues. It will be useful to divide these into two broad categories: problems facing "consumers" of forecasts and problems facing "producers of forecasts."

(一)消费者的汇率预测

Perhaps the first problem facing the consumer is which forecasting method to follow or which foreign exchange advisory service forecasts to purchase. Our earlier discussion suggests that before this question can be asked, consumers must decide on their forecasting horizon. Different forecasting techniques will often be more successful for different horizons. Then consumers must assess their loss function. Will the forecasts be used primarily for hedging decisions, asset and liability portfolio management or longer-run strategic planning? Once this is decided, consumers can determine whether to measure forecasting performance using accuracy, usefulness, or some combination of the two. And, after the performance criteria have been established, consumers can consider whether any forecasting approach adds value relative to naive decision rules, and whether marginal gains obtained from using more than one forecast outweigh the cost of additional forecasters.

After a forecast method is adopted, consumers face the problem of how to integrate currency forecasts into their business decisions. We have not stressed the role that forecast uncertainty might play for consumers. For example, suppose our forecasts predict that £ will appreciate by +0.2 percent and ¥ will depreciate by -0.2 percent against the US$. Are these really different forecasts, or should both be considered as forecasts of no change? If these are considered as precise forecasts with little estimation error, managers will he encouraged taking extreme speculative positions. In this case, a manager will go long £ and short ¥ in amounts conditioned only by his or her capital stock and risk preferences. This position is extremely risky if the exchange rate forecasts are uncertain. In general portfolio allocations and hedging decisions depend on the accuracy of exchange rate forecasting and many services present forecasts without standard errors.

(二) 生产商的汇率预测

Like consumers, producers of forecasts must first settle on the desired forecasting horizon before selecting a forecasting approach. Technical models have shown greater success in forecasting short-term horizons. Economic fundamentals appear to have greater reliability over longer horizons.

Producers of forecasts face the problem of operating in a competitive industry. To be successful, it is not enough for a forecaster to forecast well by some arbitrary standard; it is necessary to forecast better than "the market" as a whole. However, even if a forecaster succeeds in doing this, he or she faces the "speculative efficiency" problem; namely, that market prices will come to incorporate his or her forecasts, rendering them without any further value. To continue adding value, a forecaster must have access to a superior model, superior data, or superior assumptions about the future course of exogenous variables than other forecasters in the industry.

Forecasters also, face numerous econometric problems. One worth commenting on is the decision to revise a forecasting model as time passes. It is common to assume that econometric modeling improves as sample observations accumulate. This may be true, but as the market learns more, the ability of the model to produce valuable forecasts will decline. It also is argued that the performance of an econometric model may actually decline as the sample period expands. This would be expected if the new sample observations are drawn from a different period that reflects a different economic policy regime.

本章小结 (Summary)

汇率有两种标价方法：直接标价法和间接标价法。前者是以一标准数量的外国货币折合成一定数量的本国货币的标价方法。后者是以一标准数量的本国货币折算成一定数量的外国货币的标价方法。

汇率的种类是多种多样的,从不同的角度有不同的划分方法。按汇率制定的不同方法划分,可分为基础汇率和套算汇率;从银行买卖外汇的角度出发,可分为买入汇率、卖出汇率和中间汇率;从外汇交易的支付工具来考察,可分为电汇汇率、信汇汇率和票汇汇率;按外汇买卖的交割期限,可分为即期汇率和远期汇率;按外汇管理的严格程度,可分为官方汇率和市场汇率。

汇率制度是指一国货币当局对本国汇率变动的基本方式所做的一系列安排或规定。传统上,汇率制度可以分为固定汇率制和浮动汇率制两种。浮动汇率制度从不同的角度区分,可分为自由浮动汇率制度和管理浮动汇率制度;同时,也可分为单独浮动汇率制度、盯住浮动汇率制度和弹性浮动汇率制度。

汇率的决定方面,存在市场干预与管制汇率。市场干预的方式包括中央银行买卖外汇和官定汇率。

费雪效应(Fisher Effect)讨论的是国家之间利息率与通货膨胀之间的关系。利息率是资金使用者的收入。由于存在通货膨胀,投资者利息收入中有一部分是通货膨胀造成的,因此投资者的实际获得的利息收入应等于用通货膨胀调整后的名义收入。

国际费雪效应理论,结合了费雪效应和购买力平价理论,用利率解释汇率变化。根据费雪效应理论,两国名义利率的差异反映了两国预期通货膨胀的差异。如果联系购买力平价理论,两国即期汇率的预期变动等于两国预期通货膨胀的差异。将这两者结合起来就可以得到估计费雪效应理论,即两个国家货币即期汇率的预期变动应该与两国间名义利率的差异一致。

利率的变动,对国际资本的流动和汇率的变化都有重要的影响。通过利率,两个国家之间的资金转移、直接和间接投资才得以发生。

人们的普通看法是,国际收支的平衡与否,是影响汇率的直接因素。由于国际收支是一国对外经济活动的综合反应,国际收支的差额是一个国家外汇供给与需求的直接体现。

汇率预测对国际企业的重要性主要体现在:对筹资、投资、运营过程的影响。国际上常见的汇率预测的方法通常可以分成四类:市场分析法、因素分析法、技术分析法以及混合分析法。

思考题

1. 在纽约,直接标价法下英镑与美元的汇率是 1.8751。那么,在纽约,500000 英镑价值多少美元? 在伦敦,直接标价法下的美元汇率是多少?
2. 在 20 世纪 90 年代以前,东欧集团国家的货币不能兑换成美元。假定这些国家的货币是用美元来确定价值的,但过一段时间后,这些国家发生了很高的通货膨胀,用购买力平价解释这些国家的货币价值会受到怎样的影响。
3. 假定加拿大元的即期汇率为 0.9459 美元,加拿大与美国的通货膨胀率是相同的。然后假定加拿大经受 4% 的通货膨胀,而美国经受 3% 的通货膨胀。根据购买力平价,按照通货膨胀变化进行调整后,加拿大元的新价值会是多少?
4. 假定澳大利亚元的即期汇率是 0.8767 美元,而澳大利亚与美国一年期的利率开始为 6%。然后假定澳大利亚一年期的利率上涨了 5%,而美国一年期的利率仍然没变。利用这些信息和国际费雪效应理论,预测一年后的即期汇率。
5. 在第 4 个问题中,澳大利亚元的利率从 6% 上升到 11%。根据国际费雪效应理论,造成这种变化的主要因素是什么? 根据国际费雪效应解释引起澳大利亚元变化的因素。如果美国投资者相信国际费雪效应,他们会利用澳大利亚较高的利率赚钱吗? 请解释说明。

案例 2-2　Flame 装置器公司在企业应用购买力平价

Flame 装置器公司是美国亚利桑那州生产和销售台灯装置器的一家小企业。它的成本和收入在长期内非常稳定。它的利润是充足的,但是 Flame 公司一直寻找在将来增加利润的方式。它最近正和一家名叫 Coron 的墨西哥公司谈判,准备从那里购买必需的零部件。Coron 公司每三个月送来特定数目的零部件以及用墨西哥比索计价的账单。零部件由 Coron 公司生产,Flame 公司可以省下 20% 的生产成本。如果 Coron 公司只有确信在以后十年中每三个月可收到最低限量的订单才达成交易,要求 Flame 公司用资产来抵押以防它不能履行义务。零部件的价格随着生产成本的变化而变化。Flame 公司认识到由于墨西哥非常高的通货膨胀率,Coron 公司的成本会大大增加,因此,以比索标明的价格可能三个月大涨一次。然而,Flame 公司认为由于购买力平价理论,对 Coron 公司的美元付款将会非常稳定。根据购买力平价理论,如果墨西哥的通货膨胀高于美国的通货膨胀,比索会对美元贬值相应的差额。由于 Flame 公司的流动性不强,如果费用比预期的要高的话,它会出现严重的现金短缺。对 Flame 公司产品的需求一直很稳定,而且会持续下去。由于美国通货膨胀率预期很低,Flame 公司会继续以目前的价格(用美元)对台灯进行定价。它相信,通过节约 20% 的生产成本,会大大增加它的利润。它准备同 Coron 公司签订合同。

(1) 解释一下可能使 Flame 公司节省的生产成本超过 20% 的原因。

(2) 解释一下可能使 Flame 公司比在美国生产零部件所花生产成本更高的可能原因。

(3) 你认为从长期看,Flame 公司对 Coron 公司会有稳定的美元付款支出吗?请解释(假定所订购的零部件的数目长期不变)。

(4) 你认为由于同 Coron 公司的新型关系,Flame 公司的风险会发生变化吗?请解释。

案例 2-3　俄罗斯通货膨胀对汇率的影响

俄罗斯市场的开放鼓励许多美国企业利用那里的各种机会。然而,这种开放会对在俄罗斯经营的麦当劳、IBM 和其他美国公司带来很多问题,尤其是,俄罗斯货币(卢布)的价值一直波动得很厉害。事实上,它在一天中下跌了 15%,卢布持续疲软的一个主要原因就是俄罗斯的通货膨胀。俄罗斯的通货膨胀率每个月超出 20%,俄罗斯的利率一般超过 150%,但这比估计为 800% 年通货膨胀率低多了。

(1) 解释为什么俄罗斯约 800% 通货膨胀率会对俄罗斯卢布的币值施加严重压力。

(2) 俄罗斯通货膨胀对卢布币值下跌产生的影响支持了购买力平价理论吗?俄罗斯的政治状况怎样扭曲了这种关系?

(3) 从俄罗斯消费者的角度看,俄罗斯商品价格同美国商品价格一样吗(在考虑汇率以后)?请解释。

(4) 在通货膨胀率为 800% 和卢布暴跌的情况下,对美国进口商来说,影响相互抵消了吗?也就是说,美国进口俄罗斯商品的商人怎样受到这种状况影响?

第三章 外汇市场
Foreign Exchange Market

第一节 外汇基本知识 Basic Knowledge of Foreign Exchange Market

一、外汇的概念(Concept of Foreign Exchange Market)

外汇(Foreign Exchange)是国际汇兑的简称。从动态的角度来看,外汇是指以本国货币兑换成外国货币并转移到国外的活动。从静态来看,外汇是指以外国货币表示的并可用于国际结算的信用票据、支付凭证、有价证券、特别提款权和外币现钞等。

Foreign Exchange is currency—literally foreign money—used in settlement of international trade between countries. Trading in foreign exchange is the means by which values are established for commodities and manufactured goods imported or exported between countries. Creditors and borrowers settle the resulting international trade obligations, such as bank drafts, bills of exchange, bankers' acceptances, and letters of credit, by exchanging different currencies at agreed upon rates.

国际货币基金组织把外汇定义为:"外汇是货币行政当局(中央银行、货币机构、委员会平准基金组织及财政部)以银行存款、财政部库券、长短期政府债券等形式所保有的、在国际收支逆差时可以使用的债权。"这个定义把外汇作为一种储备资产,是从外汇储备的政府角度所下的定义,而没有从更广泛的角度来解释,没有包括其他形态的外汇资金,例如,银行的各项外汇存款、国外同业存款以及其他外汇资金。可见,国际货币基金组织所下的定义是静态的。这里的外汇,即为外汇储备。

我们认为,外汇是指以外币表示的可以用作国际清偿的支付手段和资产。在我国,按照1996年1月国务院发布的《中华人民共和国外汇管理条例》的规定,外汇包括:

(1) 外国货币,包括纸币、铸币等;

(2) 外币有价证券,包括政府债券、公司债券、股票等;

(3) 外币支付凭证,包括票据、银行存款凭证、邮政储蓄凭证等;

(4) 特别提款权(Special Drawing Rights, SDR)、欧洲货币单位(European Currency Unit, ECU);

(5) 其他外汇资产。

应该指出,外汇必须是以外币表示国外资产,要具有国际性;必须是在国外能得到偿付的货币债券(空头支票、拒付的汇票不能视为外汇),要具有可偿性;必须具有可兑换性,即可以兑换成其他支付手段的外币资产,不能兑换成其他国家的货币不能视为外汇。

迄今为止,尚没有统一的世界货币,但有区域性的统一货币,如欧元。美元本是美国的法定货币,但因其具有的完全自由兑换性质,成了当今国际贸易中各国普遍认可的计算货币。目前,可自由兑换的货币有70余种,但使用最多的不到10种。

在当前国际贸易中,使用最多的自由兑换货币,如下表所示:

发行者	货币名称	国际符号	缩略符号
美国	美元 US Dollar	USD	$
欧盟	欧元 EURO	EURO	EUR
英国	英镑 Pound, Sterling	GBP	£(Stg)
日本	日元 Japanese Yen	JPY	¥
瑞士	法郎 Swiss Franc	CHF	SF
加拿大	加元 Canadian Dollar	CAD	Can $

二、外汇的作用(Roles of Foreign Exchange)

随着社会生产力、社会分工和商品经济的发展,国际间的贸易、支付关系急剧膨胀,资本输出的意义日益重要。国际间商品贸易、借贷活动或国外投资,以及各国间发生的政治、军事、社会、科学技术等方面的往来和交流,都会引起国际间的债权债务关系,需要办理国际结算和货币收支,进而产生对外汇的需求。作为一种重要的国际收支手段和清偿工具,外汇对于一国的国际经济往来和对外经济地位及自身经济实力的提高具有重要作用。主要有以下三个方面:

(1) 外汇作为国际结算的计价手段和支付工具,便利了国际结算,极大地促进了国际贸易的发展。

外汇是国际间清偿债权债务的重要结算工具,用外汇清偿国际间的债权债务,不仅能够节省运送现金的费用,避免现金在转移过程中的风险,缩短支付时间,加速资金周转。更为重要的是,外汇作为一种信用工具,使国际贸易中进出口商之间的收授信用成为现实,从而相应地扩大了资金融通的范围,极大地促进了国际贸易的发展。

Foreign exchanges are methods and instruments used to adjust the payment of debts between two nations that employ different currency systems. A nation's balance of payment has an important effect on the exchange rate of its currency. Bills of exchange, drafts, checks, and telegraphic orders are the principal means of payment in international transactions. The chief demand for foreign exchange within a country comes from importers of foreign goods, purchasers of foreign securities, government agencies purchasing goods and services abroad, and travelers.

(2) 通过国际汇兑可以是吸纳购买力的国际转移,使国与国之间的货币流通成为可能,从而调解国际间资金供求的不平衡,促进国际资本流动。

由于不同国家之间经济发展水平的不同,各国资金的富裕程度存在较大差异,这就在客观上产生了国际资金调剂的必要。外汇的支付手段使得国际间资金调剂成为可能。借助于各种外汇支付工具办理各种长短期国际信贷,促进国际投资和资本的移动,从而实现国与国之间的资本转移,调节国际间资金供求关系,活跃国际资金市场。

The rate of exchange is the price in local currency of one unit of foreign currency and is determined by the relative supply and demand of the currencies in the foreign exchange market. Buying or selling foreign currency in order to profit from sudden changes in the rate of exchange is known as arbitrage.

(3) 外汇作为国际储备,有平衡国际收支的功能,它衡量和反映了一国的经济地位。

外汇储备是一国国际储备的重要组成部分。国际收支顺差的增加将使一国外汇储备相应增加,从而促使该国货币币值坚挺,对外支付能力得到明显改善,对外经济地位也将得到提高。与此相反,外汇储备随国际收支逆差的出现而不断减少时,将直接影响到该国的对外支付能力,并将最终影响到其对外经济地位。从国内经济均衡的角度看,过量的外汇储备对于国际收支平衡也有消极的影响,外汇储备的增加将导致本国货币的坚挺,而本国货币的坚挺又将不利于本国出口贸易的发展。由此可见,保持适度的外汇储备对于一国经济的发展就显得至关重要。

三、外汇的分类(Classification of Foreign Exchange)

根据不同的标准,外汇可分为若干不同的种类,目前常用的有以下三种分类方法:

(一)根据可否向其他国家支付的不同,可分为自由外汇和记账外汇。

1. 自由外汇

自由外汇是指不需要经外汇管理当局批准,可以自由兑换成其他货币或者是可以向第三国进行支付的外国货币。目前世界上广泛流通和使用的自由外汇主要有:美元、日元、英镑、瑞士法郎、港元、加拿大元、澳大利亚元、新西兰元、新加坡元、欧元等。

2. 记账外汇

记账外汇是指未经债务国外汇管理当局批准,不能自由兑换成其他货币或向第三国进行支付的外汇。换言之,它是一种根据有关的双边政府协定,仅限于两国之间使用的国际债权。记账外汇还可以是对方国家的货币或第三国货币,如国际货币基金组织内使用的特别提款权(SDRS),它通常由双方指定的银行所确定的货币借记、贷记因有关的经济贸易往来或者转入次年使用或者以对方愿意接受的现金和实物加以轧平。这种存在于双方银行账户上的外汇一般不能用以对第三国支付,也不能兑换成自由外汇,故称作记账外汇。

(二)根据来源和用途的不同,可分为贸易外汇和非贸易外汇。

1. 贸易外汇

贸易外汇是指商品的进出口贸易及其从属费用的收付相关的外汇。这里的从属费用主要包括与商品进出口直接有关的运费、保险费、广告宣传和推销费等等。

2. 非贸易外汇

非贸易外汇是指商品进出口贸易以外的其他对外经常往来相关的外汇。主要涉及侨汇、旅游、宾馆饭店、铁路、海运、航空、邮电、港口、海关、银行、保险、对外承包工程等方面的国际收入和支出,还涉及非贸易性的个人和团体出国旅费及图书、电影、邮票、外轮代理等服务引起的各项外汇收支。

第二节 外汇市场结构 Structure of Foreign Exchange Market

一、外汇市场的类型(Type of Foreign Exchange Market)

(一) 外汇市场的定义

Broadly defined, the foreign exchange (FX or FOREX) market encompasses the conversion of purchasing power from one currency into another, bank deposits of foreign currency, the extension of credit denominated in a foreign currency, foreign trade financing, trading in foreign currency options and futures contracts, and currency swaps.

(二) 外汇市场的分类

外汇市场分为有形市场和无形市场。有形外汇市场是指有固定的建筑物、交易大厅或交易柜台的外汇交易场所。无形外汇是指没有固定的交易场所,交易各方通过现代化的通信方式沟通买卖意向完成交易的开放式市场。目前除少数国家外,大部分外汇市场都是无形外汇市场。

In a geographically dispersed market, it is relatively difficult to learn the best available price of foreign exchange. There are nearly 1200 trading banks in the world and perhaps as many as 10000 traders at 10:00 A. M. in New York. More than 900 banks in North America and Europe may be open for business. How can a trader be confident that he or she is locating the best price amid this sea of counterparties? Electronic screens are used to display foreign exchange quotation for each of these banks, but the price are usually "for indication only," meaning that actually transactions may or may not be possible at these price. In this dispersed market setting, the role of brokers—agents who canvass the market for buyers and sells, thereby reducing the economic costs of search — is very important. Because search costs are present, and some price dispersion is possible.

二、世界主要外汇市场简介(Brief Introduction of the Primary Global Foreign Exchange Market)

世界外汇市场是由各国际金融中心的外汇市场构成的,这是一个庞大的体系。目前世界上有外汇市场 30 多个,其中最重要的有伦敦、纽约、巴黎、东京、瑞士、新加坡、香港等,它们各具特色并分别位于不同的国家和地区,相互联系,形成了全球的统一外汇市场。

The foreign exchange market is an excellent example of a dispersed, broker-dealer market. Trading takes place 24 hours per day between banks located around the world. Bank traders act as market makers; they have financial capital committed to trading, they take position, and they are exposed to the risks of price changes. In comparison, other major financial markets are centralized in a single physical place, such as the New York Stock Exchange (NYSE) using a specialist in an auction market format, and the Chicago Mercantile Exchange (CME) using an open-outcry system among many pit traders.

The physical differences among these markets correspond to important economic differences. In centralized markets, learning the price of a security is relatively easy; it is printed on the consolidated tape of all transaction on the NYSE, or posted above the floor of CME. The record of this transaction is transmitted electronically world-wide, by funneling all orders to a single place; the system hopes to achieve efficient order execution as well as a kind of market democracy — anonymous orders that are executed at the best available price.

(一)伦敦外汇市场

伦敦外汇市场是一个典型的无形市场,没有固定的交易场所,只是通过电话、电传、电报完成外汇交易。

在伦敦外汇市场上,参与外汇交易的外汇银行机构约有 600 家,包括本国的清算银行、商人银行、其他商业银行、贴现公司和外国银行。这些外汇银行组成伦敦外汇银行公会,负责制定参加外汇市场交易的规则和收费标准。

在伦敦外汇市场上,有250多个指定经营商。作为外汇经纪人,他们与外币存款经纪人共同组成外汇经纪人与外币存款经纪人协会。在英国实行外汇管制期间,外汇银行间的外汇交易一般都通过外汇经纪人进行。1979年10月英国取消外汇管制后,外汇银行间的外汇交易就不一定通过外汇经纪人了。

伦敦外汇市场的外汇交易分为即期交易和远期交易。汇率报价采用间接标价法,交易货币种类众多,最多达八十多种,经常有三四十种。交易处理速度很快,工作效率高。伦敦外汇市场上外币套汇业务十分活跃,自从欧洲货币市场发展以来,伦敦外汇市场上的外汇买卖与"欧洲货币"的存放有着密切联系。欧洲投资银行积极地在伦敦市场发行大量欧元债券,使伦敦外汇市场的国际性更加突出。

伦敦证券交易所

The London Stock Exchange (LSE) is a stock exchange located in London, England. Founded in 1801, it is one of the largest stock exchanges in the world, with many overseas listings as well as UK companies. It traces its history to 1697 when John Castaing, stationed at an office in Jonathan's Coffee-House, published the prices of stocks and commodities called The Course of the Exchange and other things.

(二)纽约外汇市场

纽约外汇市场是重要的国际外汇市场之一,其日交易量仅次于伦敦。纽约外汇市场也是一个无形市场。外汇交易通过现代化通讯网络与电子计算机进行,其货币结算都可通过纽约地区银行同业清算系统和联邦储备银行支付系统进行。

由于美国没有外汇管制,对经营外汇业务没有限制,政府也不指定专门的外汇银行,所以几乎所有的美国银行和金融机构都可以经营外汇业务。但纽约外汇市场的参加者以商业银行为主,包括50余家美国银行和200多家外国银行在纽约的分支机构、代理行及代表处。

纽约外汇市场上的外汇交易分为三个层次:银行与客户间的外汇交易、本国银行间的外汇交易以及本国银行和外国银行间的外汇交易。其中,银行同业间的外汇买卖大都通过外汇经纪人办理。纽约外汇市场有8家经纪商,虽然有些专门从事某种外汇的买卖,但大部分还是同时从事多种货币的交易。外汇经纪人的业务不受任何监督,对其安排的交易不承担任何经济责任,只是在每笔交易完成后向卖方收取佣金。

纽约外汇市场交易活跃,但和进出口贸易相关的外汇交易量较小。相当部分外汇交易和金融期货市场密切相关。美国的企业除了进行金融期货交易而同外汇市场发生关系外,其他外汇业务较少。

Most of the time natural buyers and sellers meet in a market that provides efficient price discovery in an auction environment that is designed to produce the fairest price for both parties. The human interaction and expert judgment as to order execution differentiates the NYSE from fully electronic markets.

纽约外汇市场是一个完全自由的外汇市场,汇率报价既采用直接标价法(指对英镑)又采用间接标价法(指对欧洲主要货币和其他国家货币),便于在世界范围内进行美元交易。交易货币主要是欧洲大陆、北美加拿大、中南美洲、远东日本等国货币。

纽约证券交易所

The New York Stock Exchange (NYSE), nicknamed the "Big Board," is a New York City-based stock exchange. It is the largest stock exchange in the world by dollar volume and the second largest by number of companies listed. Its share volume was exceeded by that of NASDAQ during the 1990s, but the total market capitalization of companies listed on the NYSE is five times that of companies listed on NASDAQ. The New York Stock Exchange has a global capitalization of $21 trillion, including $7.1 trillion in non-US companies.

The NYSE is operated by NYSE Group, which was formed by merger with the fully electronic stock exchange Archipelago Holdings. The New York Stock Exchange trading floor is located at 11 Wall Street, and is comprised of five rooms used for the facilitation of trading. The main building listed on the National Register of Historic Places and is located at 18 Broad Street, between the corners of Wall Street and Exchange Place.

(三)巴黎外汇市场

巴黎外汇市场由有形市场和无形市场两部分组成。其有形市场主要是指在巴黎交易所内进行的外汇交易,其交易方式和证券市场买卖一样,每天公布官方外汇牌价,外汇对法郎汇价采用直接标价法。但大量的外汇交易是在交易所外进行的。在交易所外进行的外汇交易,或者是交易双方通过电话直接进行买卖,或者是通过经纪人进行。

在巴黎外汇市场上,名义上所有的外币都可以进行买卖,但实际上,目前巴黎外汇市场标价的有:美元、英镑、欧元、瑞士法郎、加元等货币。

原则上,所有银行都可以中间人身份为它本身或客户进行外汇买卖,实际上,巴黎仅有较大的100家左右银行积极参加外汇市场的活动。外汇经纪人约有20名,参与大部分远期外汇交易和交易所外的即期交易。

欧洲证券交易所

Euronext N. V. is a pan-European stock exchange with subsidiaries in Belgium, France, Netherlands, Portugal and the United Kingdom. In addition to equities and derivatives markets, the Euronext group provides clearing and information services. As of January 31, 2006 markets run by Euronext had a market capitalization of USD $ 2.9 trillion, making it the 5th largest exchange on the planet.

Euronext was formed on September 22, 2000 in a merger of the stock exchanges of Amsterdam, Brussels Stock Exchange and Paris Bourse, in order to take advantage of the harmonization of the European Union financial markets. In December 2001 Euronext acquired the shares of the London International Financial Futures and Options Exchange (LIFFE), which continues to operate under its own governance. Beginning in early 2003, all derivatives products traded on its affiliated exchanges trade on LIFFECONNECT, LIFFE's electronic trading platform. In 2002 the group merged with the Portuguese stock exchange Bolsa de Valores de Lisboa e Porto (BVLP), renamed Euronext Lisbon.

(四)东京外汇市场

东京外汇市场是一个无形市场,交易者通过现代化通讯设施联网进行交易。东京外汇市场的参加者有五类:一是外汇专业银行,即东京银行;二是外汇指定银行,指可以经营外汇业务的银行,共340多家,其中日本国内银行243家,外国银行99家;三是外汇经纪人8家;四是日本银行;五是非银行客户,主要是企业法人、进出口企业商社、人寿财产保险公司、投资信托公司、信托银行等。

东京外汇市场上,银行同业间的外汇交易可以通过外汇经纪人进行,也可以直接进行。日本国内的企业、个人进行外汇交易必须通过外汇指定银行进行。汇率有两种,一是挂牌汇率,包括了利率风险、手续费等的汇率。每个营业日上午 10 点左右,各家银行以银行间市场的实际汇率为基准各自挂牌,原则上同一营业日中不更改挂牌汇率。二是市场连动汇率,以银行间市场的实际汇率为基准标价。

东京证券交易所

The Tokyo Stock Exchange, or TSE, is the second largest stock exchange market in the world by monetary volume located in Tokyo, Japan, second only to the New York Stock Exchange. It currently lists 2,271 domestic companies and 31 foreign companies, with a total market capitalization of over 4 trillion USD.

（五）瑞士外汇市场

瑞士苏黎世外汇市场是一个有历史传统的外汇市场,在国际外汇交易中处于重要地位。这一方面是由于瑞士法郎是自由兑换货币;另一方面是由于二次大战期间瑞士是中立国,外汇市场未受战争影响,一直坚持对外开放。其交易量原先居世界第四位,但近年来被新加坡外汇市场超过。

在苏黎世外汇市场上,外汇交易是由银行自己通过电话或电传进行的,并不依靠经纪人或中间商。由于瑞士法郎一直处于硬货币地位,汇率坚挺稳定,并且瑞士作为资金庇护地,对国际资金有很大的吸引力,同时瑞士银行能为客户资金严格保密,吸引了大量资金流入瑞士。所以苏黎世外汇市场上的外汇交易大部分是由于资金流动而产生的,只有小部分是出自对外贸易的需求。

瑞士证券交易所

SWX Swiss Exchange is Switzerland's stock exchange, based in Zürich. The exchange also trades other securities such as Swiss government bonds and derivatives such as stock options.

The main stock market index for the SWX Swiss Exchange is the SMI, the Swiss Market Index. The index comprises of the 30 most significant equity-securities based on the free float market capitalization.

（六）新加坡外汇市场

新加坡外汇市场是在 20 世纪 70 年代初亚洲美元市场成立后,才成为国际外汇市场。新加坡地处欧亚非三洲交通要道,时区优越,上午可与香港、东京、悉尼进行交易,下午可与伦敦、苏黎世、法兰克福等欧洲市场进行交易,中午还可同中东的巴林、晚上同纽约进行交易。根据交易需要,一天 24 小时都同世界各地区进行外汇买卖。新加坡外汇市场除了保持现代化通讯网络外,还直接同纽约的 CHIPS 系统和欧洲的 SWIFT(环球银行金融电信协会)系统连接,货币结算十分方便。

新加坡外汇市场的参加者由经营外汇业务的本国银行、经批准可经营外汇业务的外国银行和外汇经纪商组成。其中外资银行的资产、存放款业务和净收益都远远超过本国银行。

新加坡外汇市场是一个无形市场,大部分交易由外汇经纪人办理,并通过他们把新加坡和世界各金融中心联系起来。交易以美元为主,约占交易总额的 85% 左右。大部分交易都是即期交易,掉期交易及远期交易合计占交易总额的 1/3。汇率均以美元报价,非美元货币间的汇率通过套算求得。

(七) 香港外汇市场

香港外汇市场是 20 世纪 70 年代以后发展起来的国际性外汇市场。自 1973 年香港取消外汇管制后,国际资本大量流入,经营外汇业务的金融机构不断增加,外汇市场越来越活跃,发展成为国际性的外汇市场。

香港外汇市场是一个无形市场,没有固定的交易场所,交易者通过各种现代化的通讯设施和电脑网络进行外汇交易。香港地理位置和时区条件与新加坡相似,可以十分方便地与其他国际外汇市场进行交易。

香港外汇市场的参加者主要是商业银行和财务公司。该市场的外汇经纪人有三类:当地经纪人,其业务仅限于香港本地;国际经纪人,是 70 年代后将其业务扩展到香港的其他外汇市场的经纪人;香港本地成长起来的国际经纪人,即业务已扩展到其他外汇市场的香港经纪人。

70 年代以前,香港外汇市场的交易以港币和英镑的兑换为主。70 年代后,随着该市场的国际化及港币与英镑脱钩与美元挂钩,美元成了市场上交易的主要外币。香港外汇市场上的交易可以划分为两大类:一类是港币和外币的兑换,其中以和美元兑换为主;另一类是美元兑换其他外币的交易。

香港证券交易所

The Hong Kong Stock Exchange is the stock exchange of Hong Kong. With a total market capitalization of more than HK$10 trillion (US$1.3 trillion), the Hong Kong Stock Exchange ranks 8th in the world by market capitalization of listed companies.

三、我国外汇市场简介（Brief Introduction of the Primary Domestic Foreign Exchange Market）

1994年1月1日我国对外汇管理体制进行了改革，外汇交易市场无论从结构、组织形式、交易方式和交易内容都与国际规范化的外汇市场更加接近。我国外汇交易市场有以下几个特点：

（1）运用现代化的通讯网络和电子计算机联网为各金融机构提供外汇交易与清算服务。在交易方式和内容上，实行联网交易。外汇市场只进行人民币与美元、人民币与日元、人民币与港币之间的现汇交易。

（2）在市场结构上，可分为两个层次：一是客户与外汇指定银行之间的交易；二是银行间的外汇交易，包括外汇指定银行之间的交易和外汇指定银行与中央银行之间的交易。

（3）决定市场汇率的基础是外汇市场的供求情况。银行每日公布基准汇率，各外汇指定银行在规定的浮动范围内自行决定挂牌汇率，汇率浮动范围在0.25%以内。

（4）中国人民银行对外汇市场进行宏观调控和管理。央行主要运用货币政策进行干预。

在我国，同样值得注意的是，我国外汇市场上存在着两大板块，即人民币兑外币市场和外币兑外币市场。下面我们简单介绍一下这两大板块：

（1）人民币兑外币市场。这一市场因涉及人民币业务，对国内经济的冲击较大，存在着许多的交易限制。例如，目前只能从事人民币兑美元、港币、日元的即期交易。

（2）外币兑外币市场。参与者不仅包括公司企业，还包括持有外汇的居民个人，市场发展的较为完善。随着开放型经济的发展，我国国内外汇市场融入国际外汇市场是必然的趋势，两大板块合二为一是必然的趋势。

四、外汇市场的功能（Function of Foreign Exchange Market）

（一）通货之间的兑换

这是外汇市场存在的最基本的理由。国际间的经济交往，需要以最有效的方式在国际间实现资金的转移和货币兑付。由于各国货币不同，必须将本国货币在外汇市场兑换成外汇来进行清偿,这使得外汇市场得以产生并生存。

(二)信用的中介与调节

国际贸易的进行,买卖双方并不一定认识,对于彼此的信用也并不十分了解,外汇银行的信用中介与调节,成为贸易顺利进行的辅助条件。例如,进口商可要求银行开出信用证给出口商,使交易的进行流畅迅速。

(三)减少汇兑风险

由于各国汇率经常变动,经济主体常常面临汇率波动的风险。而在外汇市场存在的条件下,各经济主体可以通过运用外汇市场的操作技术,如外汇掉期业务、外汇期货业务等,减小或消除单一经济体的汇率风险。

(四)提供投机机会

外汇市场的参与者,可依据对汇率升值或贬值的预测而购买某种外汇,或抛售此外汇资产,若外汇果真如其预测,则投机者获得利润;反之,则遭受损失。虽然,投机者往往因为对未来汇率走势预测正确而获利,或因预测错误而损失,但投资者众多,预测不易相同,可以产生抵消作用而有助于汇市的调节稳定。

五、外汇市场的构成(Structure of Foreign Exchange Market)

外汇市场的主要参与者是中央银行、外汇银行、买卖外汇的客户,以及外汇经纪人。

According to the BIS study Triennial Central Bank Survey 2004:

53% of transactions were strictly interdealer (i.e. interbank);

33% involved a dealer (i.e. a bank) and a fund manager or some other non-bank financial institution; and only 14% were between a dealer and a non-financial company.

(一)中央银行

中央银行是指在一国金融体系中居于主导地位,负责制定和执行国家的金融政策,调节货币流通与信用活动,对国家负责,在对外金融活动中代表国家,并对国内整个金融体系和金融活动实行管理与监督的金融中心机构。其特殊职能是:垄断货币发行权;集中商业银行的存款准备金,并对他们提供信贷,通过有效手段调节货币供应量;组织全国票据清算;管理国家外汇和黄金;代理国库,代国家发行公债券,并对国家提供贷款。除个别国家外,一般不对企业和个人办理银行业务;它只对国家和金融机构办理业务。因此,中央银行是发行银行、银行的银行、政府的银行。

中央银行产生于17世纪后半期,到19世纪初,形成中央银行制度。中央银行的形成有其客观的经济基础。随着资本主义工业的迅速发展和资本主义银行业的进一步发展,给金融市场带来一系列的矛盾,在客观上需要有一个资金雄厚的具有权威的银行,能统一发行在全国流通的货币,统一从事票据交换和债权债务清算,统一存储各银行的准备金,同时,政府需要有一个专门机构对金融事业和金融活动进行有效的管理和监督。

Systematic intervention member states of the European Union through the Exchange Rate Mechanism is key ingredient in the operation of the European Monetary System, whose purpose to maintain stability in the exchange rates between member states.

Central banks of major industrialized countries also frequently intervene in foreign exchange market to influence the value of their currency relative to a trading partner.

(二) 外汇银行

指经中央银行批准的可以经营外汇业务的商业银行和其他金融机构。主要包括:专营外汇业务的本国银行;兼营外汇业务的本国商业银行;在本国开设的外国银行分行;经营外汇业务的其他金融机构,如财务公司,信托公司等。

International banks provide the core of the FX market. Approximately 100 to 200 banks worldwide actively "make a market" in foreign exchange, that is, they stand willing to buy or sell foreign currency for their own account. These international banks serve their retail clients, the bank customers, in conducting foreign commerce or making international investment in financial assets that require foreign exchange. Bank customers broadly include MNCs, money managers, and private speculators.

According to 1998 BIS statistics, retail or bank client transactions account for approximately 18 percent of FX trading volume. The other 82 percent of trading volume is from interbank trades between international banks or nonbank dealers. Nonbank dealers are large nonbank financial institutions such as investment banks, whose size and frequency of trades make it cost-effective to establish their own dealing rooms to trade directly in the interbank market for their foreign exchange needs. In 1998, nonbank dealers accounted for 19 percent of interbank trading volume.

Part of the interbank trading among international banks involves adjusting the inventory positions they hold in various foreign currencies. However, most interbank trades are speculative or arbitrage transactions, where market participants attempt to correctly judge the future direction of price movements in one currency versus another or attempt to profit from temporary price discrepancies in currencies between competing dealers. Market psychology is a key ingredient in currency trading, and a dealer can often infer another's trading intention from the currency position being accumulated.

(三) 买卖外汇的客户

在远期市场上,根据参与市场的目的不同,市场参与者可分为套利者、交易者、套期保值者。市场套利者参与市场的目的是为了获取无风险收益。他们旨在寻求各国市场和各种货币交易中的不均衡性,从而从中获利,并以远期合约规避风险。交易者参与市场的目的,是对已经存在的出口或进口合同进行汇率风险管理。套期保值者参与市场的目的是对其用外币表示的资产和负债进行套期保值。

(四) 外汇经纪人

大量的银行间交易是通过外汇经纪人进行的。外汇经纪人为外汇交易的各方牵线搭桥,方便并活跃了外汇交易。外汇经纪人的收入为交易佣金,佣金数额只占交易额的很小一部分。

FX brokers match dealer orders to buy and sell currencies for a fee, but do not take a position themselves. Brokers have knowledge of the quotes offered by many dealers in the market. Consequently, interbank traders will use a broker primarily to disseminate as quickly as possible a currency quote to many other dealers. In recent years, since the introduction and increased usage of automated dealing systems, the use of brokers has declined because the computerized systems duplicate many of the same services much lower fees. In 1998, 24 percent of the FX trading volume in the United States was brokered and 13 percent was done through automated trading systems.

第三节 外汇交易方式 Approaches of Exchange Transactions

一、即期外汇交易(Spot Exchange Transactions)

（一）即期外汇交易的概念

即期外汇交易(spot exchange transaction)也称现汇交易或现汇买卖。是指交易双方成交后，与当日或两个营业日之内按照成交时的汇率进行交割的交易方式。由于交割时间很短，一般风险较小。

A spot contract represents a binding commitment for an exchange of funds, with normal settlement and delivery of bank balances following in two business days or one day.

即期外汇交易的汇率是银行当天挂牌的汇率，一天之内各银行可能会根据市场动态和自身的头寸状况调整买入和卖出汇率。另外，对不同的客户，银行的报价可能略有不同，这需要考虑客户与银行的关系以及交易金额的大小。

（二）即期外汇交易的报价

1. 直接报价

直接报价是以每单位外国货币作为标准，折算为一定数额的本国货币。有些国家货币单位的价值量较低（如日本的日元等），对于这些货币的报价有的是以高于100个单位作为标准。在直接报价方式下，外国货币数额不变，本国货币的数额则随着外国货币或本国货币币值的变化而改变。在绝大多数国家的外汇市场上均采用直接报价。

2. 间接报价

间接报价是用一个单位或100个单位的本国货币作为标准，折算为一定数量的外国货币。在间接报价方式下，本国货币的数额保持不变，外国货币的数额则随着本国货币或外国货币币值的变化而改变。在英国和美国外汇市场上，习惯上采用间接报价方式。

二、远期外汇交易(Forward Transaction)

（一）远期外汇交易的概念

远期外汇交易(forward transaction)也称期汇交易或期汇买卖，是指交易双方达成交易后，按合同约定的日期和约定的汇率进行交割的外汇买卖交易。

远期外汇交易中双方签订的合同称为远期合约。

A forward contract is an agreement made today for an obligatory exchange of funds at some specified time in the future. The most common maturities for forward contract is determined by first determining the spot settlement date, and then picking the same day of the months forward. The buyer (or seller) of a forward contract may settle his or her position by taking (or making) delivery of foreign exchange, or making a cash settlement based on the different original forward rate and the present spot rate. Nonstandard maturities (such as 37 and 81 days) are available, but transaction costs make them more expensive. No cash changes hands when a forward contract is arranged or at any time until the settlement date. Corporate customers gain access to the forward market on the basis of their credit standing; typically, there is no margin or collateral requirement.

Forward contracts make up a small fraction of foreign exchange trading volume. Forward contracts typically involve a bank and a corporate counterparty and are used by corporations to manage their exposures to foreign exchange risk.

(二)远期外汇交易的报价方法

1. 完全报价法

这种报价法与即期汇率报价相同,直接报出汇率的全部数字,也就是一般在报纸上或银行对一般顾客所报的远期汇率数字。例如,某日报纸远期汇率表中,所列 90 天期美元,银行买入远期汇率为￥6.8620/$,卖出汇率为￥6.8660/$,其中￥0.0040 的差价,就是外汇银行所赚取的利润。

2. 点数报价法

也称远期差价报价法,指报出即期汇率和远期差价(forward margin)点数来标明远期汇率的办法。

远期差价指远期汇率与即期汇率的差额,其大小用基本点(basic points)表示。

如纽约某银行报出欧元的买卖价为:

即期汇率 USD/EUR ＝0.653

1 个月远期差价 6/4

3 个月远期差价 13/12

远期差价有升水、贴水和平价三种：

（1）如果以某种货币表示的远期外币价格大于即期价格，则此外币的以这种货币表示的远期汇率称为升水或溢价（at premium）；反之，则称贴水或折价（at discount）。例如，即期汇率 USD/EUR＝0.653，如果一个月后的远期汇率为 USD/EUR＝0.651，则表明远期美元为贴水，而远期欧元为升水。

（2）如果远期汇率与即期汇率相同，则称为平价（at par or flat）。

（3）就两种货币而言，一种货币的升水必然是另一种货币的贴水。

银行报出远期差价点数时通常并不标明升水还是贴水。

判断原则：

如果远期差价点数数字前小后大，则基准货币远期为升水；如果远期差价点数数字前大后小，基准货币远期为贴水。

计算远期汇率的规则：

远期汇率＝即期汇率＋远期差价点数（远期差价点数前小后大）

远期汇率＝即期汇率－远期差价点数（远期差价点数前大后小）

三、掉期交易（Swap Transaction）

掉期交易（swap transaction）又称时间套汇，是指交易者在买进或卖出即期外汇的同时，卖出或买进同额同种币种的远期合约的交易方式。

与套汇交易的目的不同，掉期交易不是为了投机获利，而是通过交易，避免外汇汇率变动的风险，实现资金的保值。

国际企业是否需要利用掉期交易进行保值还要看对未来汇率的预测，只有当预测的未来汇率变化会给企业带来超过掉期交易成本的损失时，掉期交易才有意义。

四、外汇期货交易（Exchange Futures Transaction）

外汇期货交易是指在有形的期货交易市场内，交易双方通过公开喊价买进或卖出某种货币，同时要签订一个在未来某一时间根据协议价格交割标准数量货币的合约。外汇期货交易是在一个有形的、集中的交易市场中进行，该市场有严格的组织管理，只有会员才能进入交易所进行交易，但是非会员可以通过委托会员代理买卖。外汇期货合约是标准化的，合约都是以各种货币的一定金额作为订约单位，期货交易按订约单位或其整数倍数进行，并且交割日期、交割地点也由交易所统一规定。

外汇期货交易实际上是一种买卖保证金的交易,客户无须按合约规定的面额全部付清,而是只需按一定的比例交足保证金。通常情况,保证金不超过交易金额的1%。最后结算时一般采用根据汇率变化和盈余亏损计算差额,多退少补的方式,也可采用现货交易。

外汇期货交易的基本作用是套期保值(hedging)。套期保值是指在已经发生一笔即期外汇交易的基础上,为防止汇率变动发生损失,在外汇期货市场上作一笔相反的等量的外汇期货合约。套期保值交易分为买进套期和卖出套期。买进套期(long hedge)也称多头套期,是指在预期将来某一时间会买入某种外币的情况下,在期货市场上预先买入同一外币的期货合约。卖出套期(short hedge)也称空头套期,是指在预期将来某一时间会卖出某种外币的情况下,在期货市场上预先卖出同一外币的期货合约。

In finance, a hedge is an investment that is taken out specifically to reduce or cancel out the risk in another investment. Hedging is a strategy designed to minimize exposure to an unwanted business risk, while still allowing the business to profit from an investment activity. Typically, a hedger might invest in a security that he believes is underpriced relative to its "fair value" (for example a mortgage loan that he is then making), and combine this with a short sale of a related security or securities. Thus the hedger doesn't care whether the market as a whole goes up or down in value, only whether the underpriced security appreciates relative to the market.

五、外汇期权交易(Exchange Options Transaction)

外汇期权交易是指根据合约条件,权利的买方有权在未来的一定时间内按照约定的汇率,也就是执行价格向权利的卖方买进或卖出约定数额的外币,同时权利的买方也有权利不执行上述买卖合约,也就是权利的买方有执行或不执行合约的选择权利。

In finance, an option is a contract whereby one party (the holder or buyer) has the right but not the obligation to exercise a feature of the contract (the option) on or before a future date (the exercise date or expiry). The other party (the writer or seller) has the obligation to honor the specified feature of the contract. Since the option gives the buyer a right and the seller an obligation, the buyer has received something of value.

外汇期权分为买入期权(call option)和卖出期权(put option)两种。买入期权的买方有权在未来的一定时间内按约定的汇率向期权的卖方买进约定数额的某种外汇;卖出期权的卖方有权在未来一定时间内按约定的汇率向期权的买方卖出约定数额的某种外汇。

A call option is a financial contract between two parties, the buyer and the seller of this type of option. Often it is simply labeled a "call". The buyer of the option has the right, but not the obligation to buy an agreed quantity of a particular commodity or financial instrument (the underlying instrument) from the seller of the option at a certain time (the expiration date) for a certain price (the strike price). The seller (or "writer") is obligated to sell the commodity or financial instrument should the buyer so decide. The buyer pays a fee (called a premium) for this right.

A put option (sometimes simply called a "put") is a financial contract between two parties, the buyer and the seller of the option. The put allows the buyer the right but not the obligation to sell a commodity or financial instrument (the underlying instrument) to the seller of the option at a certain time for a certain price (the strike price). The seller has the obligation to purchase at that strike price, if the buyer does choose to exercise the option.

(一) 外汇期权交易的种类

外汇期权交易从不同的角度可以分为不同的类型。

(1) 外汇期权交易按照行使方式分可以分为美式期权(American option)和欧式期权(European option)。

美式期权是指期权的买方可以在合约到期之日前的任何一天行使选择是否履行合约的权利。欧式期权是指期权的买方只能在合约到期之日行使选择是否履行合约的权利。

(2) 外汇期权交易按照交易的方向可分为看涨期权和看跌期权。

看涨期权是指从期权买方角度看,当某种货币的未来汇率预期将上涨时,买入这类期权可由汇率上涨中获利,但如果下跌,则放弃权利也只是损失一笔期权费;看跌期权是指从期权买方角度看,当某种货币的未来汇率预期将下跌时,买入这类期权可由汇率下跌中获利,一旦上涨,则放弃权利,损失一笔期权费。

(3) 外汇期权交易按照合约标的不同分为外汇现货期权交易（options on spot exchange）和外汇期货期权交易（options on foreign currency future）。

外汇现货期权交易是指期权的买方向卖方购买按照约定的价格购入或卖出一定数量的某种外汇现货的权利。外汇期货期权交易是指期权的买方向卖方按照约定的价格购入或卖出一定数量的某种外汇期货的权利。

（二）外汇期权的价格

外汇期权的价格是指为了获取买卖的权利，期权的买方必须向期权的卖方支付一定的费用，称作期权费或保险费（premium）。因为期权的买方获得了今后是否执行买卖的决定权，期权的卖方则承担了今后汇率波动的可能带来的风险，期权费就是为了补偿汇率风险可能造成的损失。

外汇期权的价格和以下因素有关：

1. 期权的期限。期权到期的时间越长，外汇的汇率就越有机会向执行价格靠近，期权的购买方越有可能使用该权利，因此期权的价格越高。

2. 市场即期汇率与期权合同中约定的清算价格之间的差别。如果相对于执行价格来说，即期价格越高，买入期越有价值，买入期权的价格越高；相反，买入期价值越低，卖出期期权的价格越低。如果相对与执行价格来说，即期汇率越低，买入期权越有价值，卖出期权的价格越高，相反则价格越低。

3. 汇率预期波动的程度。汇率波动的可能性越大，即期汇率靠近执行价格的可能性就越大，期权的价格就会越高。相对稳定的货币的买入和卖出期权的价格则较低。

第四节 外汇市场的运作方法 Operation Methods of Exchange Market

一、外汇套汇（Arbitrage）

套汇交易是指交易者利用两个或两个以上外汇市场上某些货币的汇率差异，通过在这几个市场上同时贱买贵卖该种货币，从中获取汇率差额收益的交易行为。套汇交易按照出现汇率差异市场的多少，分为直接套汇(direct arbitrage)和间接套汇(indirect arbitrage)两种形式。

（一）直接套汇

直接套汇又称为两地套汇(spatial arbitrage)，是指交易者利用两个不同地点外汇市场上某种货币出现的利率差异同时进行买卖获取汇率差额收益的交易行为。

For example, purchasing EUR in Frankfurt at a rate of 0.7841£/EUR and selling EUR in London at a rate of 0.7950£/EUR illustrates a profitable spatial arbitrage.

Because all currency traders are not housed in a centralized location, it is unlikely that they will quote exactly the same prices at the same instant. We define these price differences across traders as price dispersion in geographically dispersed market like for favorable prices and the uncertainty that expected arbitrage profit may disappear before all transaction can be completed.

（二）间接套汇

间接套汇又称三地套汇或三角套汇(triangular arbitrage)，是指交易者利用三个或三个以上不同地点的外汇市场中三种或多种不同货币之间汇率地差异同时进行买卖获取汇率差额收益地交易行为。

例如：某日伦敦、法兰克福、香港三地外汇市场的行情如下：

伦敦市场：1 英镑＝1.2590 欧元

法兰克福：1 欧元＝12.2850 港元

香港市场：1 英镑＝15.4420 港元

根据这三个市场上的汇率，如果先在伦敦市场上用 1 英镑买入 1.2590 欧元，同时在法兰克福市场上卖出 1.2590 欧元，买入 15.4668 港元(1.2590×12.2850)，并在香港市场上卖出 15.4668 港元，买入 1.0016 英镑(15.4668÷15.4420)。通过这一系列交易，每一英镑可以获得 0.0016 英镑的收益。

（三）无风险利率套汇

判断是否存在套利机会，可以采用汇率套算的方法。它是通过几个市场的汇率套算和比较，判断出市场中是否存在差价的方法。如在上面的例子中，可以根据伦敦市场和法兰克福的汇率套算出英镑与港币之间的汇率，得到 1 英镑＝15.4668 港币，就可以发现与香港市场上英镑与港币之间的汇率存在差异，因此可以套利。

但是，现代通讯设备迅猛发展，各大外汇市场已经由国际卫星网络紧密联系起来,加之电脑和互联网的广泛应用,外汇市场信息传递十分迅速,货币在不同市场上出现汇率差的幅度也非常小,即使出现差异,持续的时间也十分短暂,所以通过套汇行为取得差价收益的机会已经明显减少。

二、外汇投机(Foreign Exchange Speculation)

外汇投机问题的提出。由于外汇市场上存在汇率的波动,汇率的波动既有使外汇交易者遭受损失的可能,同样也有使其收益的可能。这就产生了把外汇风险当成赚钱的机会而加以利用的情况,这就是外汇的投机交易。外汇投机是好是坏并不能一概而论,外汇市场存在风险,而进出口商和银行大多不愿意承担风险,而愿意将风险转嫁于投机者,投机者从而成为外汇市场上一个重要的组成部分。总体而言,有利有弊,外汇投机者一方面对阻止汇率过分波动与维护市场活力起了积极的作用;另一方面,过度投机又容易扰乱金融秩序。如新加坡里森投机失误导致巴林银行倒闭。所谓外汇投机,就是指在预测外汇汇率将要下降的先卖出后买进或在预测外汇汇率上升时先买进后卖出某种外汇(如美元)的行为。

Currency speculation is considered a highly suspect activity in many countries. While investment in traditional financial instruments like bonds or stocks often is considered to contribute positively to economic growth by providing capital, currency speculation does not, according to this view; it is simply gambling, that often interferes with economic policy. For example, in 1992, currency speculation forced the Central Bank of Sweden to raise interest rates for a few days to 150% per annum, and later to devalue the krona. Former Malaysian Prime Minister Mahathir Mohamad is one well-known proponent of this view. He blamed the devaluation of the Malaysian ringgit in 1997 on George Soros and other speculators.

外汇投机的形式与方法。外汇投机总体说来只有两种形式:第一种,先买后卖,即"买多"。当投机者预期某种货币将升值,就在外汇市场上趁该外币价格相对较低时,先买进该种货币,待该货币汇率上升时,将其卖出。如:美元在二月份兑日元是1美元等于110日元,投机者认为4月份美元将升值,则他花110万日元买进10000美元;4月份如他所料,1美元兑日元为120日元,投资者将手中的美元卖出,获得120万日元,则他赚了120－110＝10万日元。第二种,先卖后买,即"卖空"。当投机者预期某种货币将贬值,就在外汇市场上趁该外币价格相对较高时,先行卖出该货币,到该货币真正下跌时,再买进该货币,赚取差价。如:上例中,投机者认为4月份美元将贬值,投资者将手中的1万美元卖出,获得110万日元;4月份如他所料,1美元兑100日元,投资者将手中的日元卖出,买进11000美元,则他赚了11000－10000＝1000美元。

三、远期外汇市场保值(Forward Exchange Hedge)

在远期外汇市场上,除了投机者可以进行投机获利外,投资者、融资者、进出口商等还可以利用它来减少外汇风险。具体做法是利用远期外汇合同、货币期货交易和期权交易进行保值。

(一)远期外汇交易的保值(forward exchange hedge)

利用远期外汇交易进行保值(也叫做套期保值)的做法是通过远期外汇合同来消除汇率变动对将来外汇收支价值的影响。例如:假设环球公司现在需要100万美元的资金来解决生产经营上的需要,它可以从一家英国银行以年利率8%借到250万英镑,借款期限为1年,外汇市场上英镑的即期汇率是GBP/USD＝1.9820,环球公司借入250万英镑后,立即兑换成美元,可以得到495.5万美元(1.9820×250)。1年后,环球公司可以用美元购买英镑偿还贷款,借款利息是20万英镑,环球公司共需270万英镑(250＋20)。但是1年后,英镑的即期汇率是多少? 是升值还是贬值? 用多少美元兑换英镑可以偿还贷款? 尚无可知。这就出现了汇率风险。为了消除这一风险,环球公司可以通过远期外汇合同来进行保值。假如英镑1年期的远期汇率是GBP/USD＝2,环球公司可以用这个汇率现在签订1年期的远期外汇合同,买进270万英镑,1年后贷款到期时,用这笔钱来偿还贷款,用汇率GBP/USD＝2来计算,购买270万英镑需要540万美元(2×270),和原来需要的495.5万美元之间的差额44.5万美元(540－495.5),是借入这笔资金的成本。1年以后,不管英镑与美元汇率如何变化,环球公司都将用2美元的价格购买1英镑,这样在贷款偿付日以前汇率的变动所造成的风险就被消除了。利用远期外汇合同进行保值的范围比较广,使用合同的日期和金额也比较灵活,各种币种都可以使用,尤其对进口商比较合适。但远期合同一旦签订,就必须履行,如果取消就需要支付很重的罚金,它不具有可转移性。

（二）货币期货交易的保值(future exchange hedge)

货币期货交易主要有两个功能：一是投机功能，二是套期保值功能。在货币期货交易活动中，交易者可以分为两大类：一类为投机者，这类交易者主要根据汇率变动的趋势，在货币期货市场买空卖空，或看涨买进，或看跌卖出，以获取投机利润；另一类为保值者，这类交易者的交易目的在于转移汇率变动所带来的风险，以保证经营和生产的顺利进行，从而获取正常的盈利。这是从交易者参加货币期货交易的目的来分。但一旦到了交易场上，就无法分清谁是投机者谁是保值者，况且有的交易者往往根据行情变化，从单纯的保值转为投机，或从投机转为保值，这对整个交易过程丝毫不发生影响。

If you primarily trade in futures, you hedge your futures against synthetic futures. A synthetic in this case is a synthetic future comprising a call and a put position. Long synthetic futures means long call and short put at the same expiry price. So if you are long futures in your trade you can hedge by shorting synthetics, and vice versa.

（三）期权交易的保值(option hedge)

外币期权交易是20世纪80年代初期才出现的，它的产生要是为了弥补远期外汇交易只保现在值而不保将来值的不足。外币期权交易正是为了解决这类问题而产生的。外币期权是买卖远期外汇双方缔结的一种买卖外汇选择的合约。现举例说明外币期权交易的保值功能。假定有一英国进口商从美国用美元进口商品，3个月后到期付款。购买商品按进口时$1.60/£的汇率计算，合10万英镑，为了防止汇率波动造成的损失，该进口商在外汇市场上用10万英镑购买了一笔16万美元的3个月期的欧洲式买方期权，协定汇率为$1.60/£，期权费为0.1万英镑。3个月后可能出现三种不同的情况：

第一种情况：美元汇率从$1.60/£上升到$1.50/£。出现这种情况，如果当初该进口商没有购买这笔买方期权，这时应支付大约10.67万英镑(16万美元÷1.5)才能获得16万美元。由于当初该进口商已购买了这笔期权，在汇价对其有利时，执行合约，因此，只需支付10万英镑就能买到16万美元。再加上当初支付的0.1万英镑期权费，该进口商实际花费10.1万英镑(10+0.1)，这样就比不做期权交易的情况下节省0.57万英镑(10.67-10.10)。

第二种情况：美元汇率从$1.60/£下降到$1.70/£。出现这种情况，该进口商就不执行期权合约。他只需用大约9.41万英镑(16万美元

÷1.7)就可买到16万美元,再加上当初支付的0.1万英镑期权费,总共花去9.51万英镑(9.41+0.1),这与按签订合同时的汇率计算的10万英镑相比,仍然可盈利0.49万英镑(10-9.51)。

第三种情况:美元对英镑的汇率仍然维持在$1.60/£的水平。这时该进口商既可执行期权合约,也可不执行期权合约。但不管如何,该进口商只损失0.1万英镑的期权费。由此可见,外币期权交易在外汇风险管理方面具有灵活性、主动性及风险先知性(不论汇率如何变化,期权合约持有者所遭受的损失,不会超过期权费的数额)等。因而,这种交易活动作为避免外汇汇率风险的有效手段,正为越来越多的客户所重视。

本章小结(Summary)

外汇(foreign exchange)是国际汇兑的简称。我们认为,外汇是指以外币表示的可以用作国际清偿的支付手段和资产。

作为一种重要的国际收支手段和清偿工具,外汇对于一国的国际经济往来和对外经济地位及自身经济实力的提高具有重要作用:(1)便利了国际结算,极大地促进了国际贸易的发展。(2)调解国际间资金供求的不平衡,促进国际资本流动。(3)它衡量和反映了一国的经济地位。

根据不同的标准,外汇可分为若干不同的种类,目前常用的分类方法有:根据可否向其他国家支付的不同,可分为自由外汇和记账外汇;根据来源和用途的不同,可分为贸易外汇和非贸易外汇;按照持有者的不同,可分为官方外汇和私人外汇;按交割期限的不同,可分为近期外汇和远期外汇。

外汇市场分为有形市场和无形市场。目前除少数国家外,大部分外汇市场都是无形外汇市场。

外汇市场主要有通货之间的兑换、信用的中介与调节、减少汇兑风险、提供投机机会四种功能。

外汇市场的主要参与者是中央银行、外汇银行、买卖外汇的客户,以及外汇经纪人。

在远期市场上,根据参与市场的目的不同,市场参与者可分为套利者、交易者和套期保值者。

大量的银行间交易是通过外汇经纪人进行的。外汇经纪人为外汇交易的各方牵线搭桥,方便并活跃了外汇交易。外汇经纪人的收入为交易佣金,佣金数额只占交易额的很小一部分。

外汇交易方式主要包括即期外汇交易、远期外汇交易、掉期交易、外汇期货交易、外汇期权交易五种。

外汇市场的运作方法主要有外汇套汇、外汇投机、远期外汇市场保值等。

思考题

1. 试述外汇市场的构成主体及各主体在外汇市场的作用。
2. 举例说明远期外汇交易的保值与投机原理。
3. 举例说明外汇期货交易、期权交易的交易原理。

第四章
风险管理
Exposure Management

案例 4-1　Shrewsbury Herbal Products, Ltd.

Shrewsbury Herbal Products, located in central England close to the Welsh border, is an old-line producer of herbal teas, seasonings, and medicines. Their products are marketed all over the United Kingdom and in many parts of continental Europe as well.

Shrewsbury Herbal generally invoices in British pound sterling when it sells to foreign customers in order to guard against adverse exchange rate changes. Nevertheless, it has just received an order from a large wholesaler in central France for 320,000 of its products, conditional upon delivery being made in three months time and the order invoiced in French francs.

Shrewsbury's controller, Elton Peters, is concerned with whether the pound will appreciate versus the franc over the next three months, thus eliminating all or most of the profit when the French franc receivable is paid. He thinks this an unlikely possibility, but he decides to contact the firm's banker for suggestions about hedging the exchange rate exposure.

Mr. Peters learns from the banker that the current spot exchange rate in FFII is FF7.8709; thus the invoice amount should be FF 2,518,688. Mr. Peters also learns that the 90-day forward rates for the pound and the French franc versus the US dollar are $1.5458/f1.00 and FF 5.0826/$1.00, respectively. The banker offers to set up a forward hedge for selling the franc receivable for pound sterling based on the FF/f cross forward exchange rate implicit in the forward rates against the dollar.

What would you do if you were Mr. Peters?

第一节　经济风险管理 Economic Exposure Management

一、经济风险的概念与特点 (Concept and Feature of Economic Exposure)

经济风险也称经济敞口,经济暴露,是指长期现金流量的本币现值(企业价值)对汇率未预见的变动的敏感性。由于汇率的变动会对企业的产销数量、价格、成本等经济指标产生影响,从而使得企业在未来一定时期利润和现金净流量减少或是增加,引起企业价值的变化。这是一种潜在的风险。企业的价值主要取决于它能够带来的现金流量。

Economic exposure can be defined as the extent to which the value of the firm would be affect by unanticipated changes in exchange rates. Any unanticipated changes in exchange rates would have been already discounted and reflected in the firm's value. In addition, changes in exchange rates can have a profound effect on the firm's competitive position in the world market and thus on its cash flows and market value.

Economic exposure is the change in value of a company that accompanies an unanticipated change in exchange rate.

经济风险的影响力是一种长期性质的,而交易风险和折算风险都是一次性的。评价一个企业的长期经营能否健康的发展,经济风险的意义比交易风险和折算风险更为重要,因为它所要测量的正是汇率的变动对企业效益的长期影响。

经济风险的涉及面十分的广,它不仅包括财务的内容,而且还涉及市场营销、供应和生产等各个方面,因此,经济风险的计量和管理是整个企业经营管理的重大责任。

二、经济风险的计算 (Counting of Economic Exposure)

计算经济风险,主要计算由于汇率变动引起销售量、销售价格、销售成本的变化,进而对企业现金流量的影响。可以假定:所有变数保持不变;汇率变动影响销售量的变动;汇率变动影响销售单价的变动;汇率变动影响销售量、销售单价、销售成本等的变动。

经济风险的计量要运用经济学的分析方法,是一种概率分析,是企业从整体上进行预测、规划和进行分析的过程。

经济风险的预测不可避免地存在着主观的成分,因为要估计汇率的变动对未来一段时期经济财务成果的影响。经济风险的分析在很大程度上取决于公司的预测能力,预测的准确程度将直接影响该公司在融资、销售以及生产方面的战略决策。

下面我们举例子说明经济风险对现金流量的影响。

假设我国的某公司在 A 国有一家自己的子公司(叫 A 公司)。该子公司利用当地的原料、人工进行生产,其产品一半内销,一半外销,所有的销售均以 A 元进行计价。应收账款为年销售总量的 1/4(即平均收账期为 90 天)。其存货也等于年销售总量的 1/4,并且按照直接成本进行计值。该公司可以扩大或者缩小其生产量而不致影响其单位直接成本和一般及行政费用总额。厂房设备的折旧每年为 1200000A 元,公司所得税的税率为 50%,该公司 2006 年 12 月 31 日的资产负债表为表 4-1。

表 4-1　A 公司的资产负债表

资产	金额	负债及资本	金额
现金	4000000	应付账款	2400000
应收账款	10000000	银行借款(短期)	3200000
存货	6000000	长期负债	4800000
厂房及设备净值	12000000	股本	8000000
		保留盈余	13600000
总计	32000000	总计	32000000

货币单位:A 元

2006 年 10 月预测,该子公司在 2007 年内将会产生的利润和现金流量,见表 4-2。

表 4-2　A 公司预期 2007 年损益及现金流量

项目	金额
销售收入(4000000 单位,每单位售价 10A 元)	40000000
销售成本(4000000 单位,每单位成本 6A 元)	24000000
现金营业费用	6800000
折旧	1200000
税前利润	8000000
公司所得税	4000000
税后利润	4000000
加回折旧	1200000
一年营业所获现金净流量(A 元)	5200000
一年营业所获现金净流量(人民币)	20800000

在2007年1月1日该子公司尚未开始任何营业活动之前，A元出人意料地贬值25%，由原来的1 A元＝4元人民币，变为1 A元＝3元人民币，汇率的这一变化对该子公司的现金流量将产生何等的影响，这要看新的汇率对销售量、售价和营业成本的影响情况而定。

第一，对产品销售量的影响。如果A公司的产品价格不上升，则A国可以减少产品的进口，增加国内的销售，同时还可以增强A国产品在国际市场上的竞争力，使得A公司的产品的外销量增加。

第二，对产品价格的影响。A公司可以维持按照A元计算的价格不变，也可以适当的提高价格，两者之间如何去选择，取决于该产品的市场需求价格弹性。

第三，对产品成本的影响。A公司生产产品所用的原材料或零部件如果有一部分是来自A国以外进口而来的，汇率变动后，以A元表示的价格会相应的升高。A元贬值之后，A国的劳动力价格和物价也可能会随之上升。A元贬值之后，对A公司未来的各项经济指标、利润和现金流量产生一系列的影响，并存在多种可能的结果，对我国的母公司是否有利呢？为了简化，下面我们只从5个可能的情况测定汇率变动后导致销售量、价格、成本3个变量的变化，从而造成对利润和现金流量的影响。在这里假设所考虑的时间为5年。

(1) 销售量，售价和成本都不变。在这种情况之下，只需将原来第一年的预期净现金流量5200000 A元按照新的汇率折算成人民币，即5200000×3＝15600000元，此数额与原来的20800000元相差5200000元，假设今后5年情况都相同，5年共减少的现金流量为26000000元。

(2) 销售量增加，售价和成本不变。预测销售量增加到6000000个单位，在这种情况之下，该子公司的预期损益以及现金流量见表4-3。

表4-3　A公司预期2007年损益以及现金流量表

项目	金额
销售收入(6000000单位，每单位售价10 A元)	60000000
销售成本(6000000单位，每单位成本6 A元)	36000000
现金营业费用	6800000
折旧	1200000
税前利润	16000000
公司所得税	8000000
税后利润	8000000
加回折旧	1200000
一年营业所获现金净流量(A元)	9200000
一年营业所获现金净流量(人民币)	27600000

在上述情况下，年末应收账款应为 $60000000 \times 1/4 = 15000000$（A 元）。

比年初增加 5000000 A 元（即 $15000000 - 10000000$）

年末存货将为 $36000000 \times 1/4 = 9000000$（A 元）。

比年初增加 3000000 A 元（即 $9000000 - 6000000$）

共需增加营运资金投资 8000000 A 元。

根据以上的数据，A 公司在未来的 5 年现金流量估计见表 4-4。

表 4-4 A 公司在未来的 5 年现金流量估计表

年份	项目	A 元	人民币
第 1 年	来自营业的现金流量 9200000 A 元 减：新增运营资金投资 8000000 A 元	1200000	3600000
第 2 年	来自营业的现金流量	9200000	27600000
第 3 年	来自营业的现金流量	9200000	27600000
第 4 年	来自营业的现金流量	9200000	27600000
第 5 年	来自营业的现金流量	9200000	27600000
第 5 年（年末）	运营资金回收	8000000	24000000

（3）销售量不变，售价提高，成本不变。A 公司预测，A 元贬值以后，全部销售产品的价格将适当的提高。由 10 A 元升为 14 A 元，其预期损益和现金流量见表 4-5。

表 4-5 A 公司预期的 2007 年损益及现金流量

项 目	金 额
销售收入（4000000 单位，每单位售价 14A 元）	56000000
销售成本（4000000 单位，每单位成本 6A 元）	24000000
现金营业费用	6800000
折旧	1200000
税前利润	24000000
公司所得税	12000000
税后利润	12000000
加回折旧	1200000
一年营业所获现金净流量（A 元）	13200000
一年营业所获现金净流量（人民币）	39600000

在上述的情况下，年末应收账款应为 $56000000 \times 1/4 = 14000000$（A 元）。

比年初增加 4000000 A 元（即 $14000000 - 10000000$），需增加运营资金的投资。

年末存货将为 24000000×1/4＝6000000(A 元)

与年初相比,存货未增加,无需增加运营资金。

根据以上的资料,A 公司未来 5 年现金流量估计表见 4-6。

表 4-6　A 公司未来 5 年现金流量估计表

年份	项目	A 元	人民币
第 1 年	来自营业的现金流量 13200000A 元 减:新增运营资金投资(应收账款增加)4000000A 元	9200000	27600000
第 2 年	来自营业的现金流量	13200000	39600000
第 3 年	来自营业的现金流量	13200000	39600000
第 4 年	来自营业的现金流量	13200000	39600000
第 5 年	来自营业的现金流量	13200000	39600000
第 5 年(年末)	运营资金回收	4000000	12000000

(4) 销售量不变,部分产品售价提高,成本不变。假如国内的售价不变,出口价按照 A 元贬值的幅度相应的调整,但是国内外的总体销售量保持不变,成本也不变,在此种情况下,其预期损益和现金流量见表 4-7 所示。

表 4-7　A 公司预期的 2007 年损益及现金流量

项目	金额
销售收入	48000000
国内(2000000 单位,售价 10A 元)	20000000
国外(2000000 单位,售价 14A 元)	28000000
销售成本(4000000 单位,每单位成本 6A 元)	24000000
现金营业费用	6800000
折旧	1200000
税前利润	16000000
公司所得税	8000000
税后利润	8000000
加回折旧	1200000
一年营业所获现金净流量(A 元)	9200000
一年营业所获现金净流量(人民币)	27600000

在上述的情况下,年末应收账款应为 48000000×1/4＝12000000(A 元)

比年初增加 2000000 A 元(即 12000000－10000000),需要增加运营资金投资。

年末存货仍为 24000000×1/4 = 6000000（A 元）

与年初相比,存货无变动,无需增加运营资金。

根据以上的资料,A 公司未来 5 年现金流量估计见表 4-8。

表 4-8　A 公司未来 5 年现金流量估计表

年份	项目	A 元	人民币
第 1 年	来自营业的现金流量 9200000A 元 减：新增运营资金投资（应收账款增加）2000000A 元	7200000	21600000
第 2 年	来自营业的现金流量	9200000	27600000
第 3 年	来自营业的现金流量	9200000	27600000
第 4 年	来自营业的现金流量	9200000	27600000
第 5 年	来自营业的现金流量	9200000	27600000
第 5 年（年末）	运营资金回收	2000000	6000000

(5) 销售量不变,售价提高,成本上升。假如产品的售价在 A 元贬值之后,随产品的成本上升而提高,销售量维持不变,在这种情况下,A 公司的预期损益和现金流量见表 4-9 所示。

表 4-9　A 公司预期的 2007 年损益及现金流量

项目	金额
销售收入（4000000 单位,每单位售价 14A 元）	56000000
销售成本（4000000 单位,每单位成本 8.4A 元）	33600000
现金营业费用	9520000
折旧	1200000
税前利润	11680000
公司所得税	5840000
税后利润	5840000
加回折旧	1200000
一年营业所获现金净流量（A 元）	7040000
一年营业所获现金净流量（人民币）	21120000

在上述的情况下,年末应收账款应为 56000000×1/4 = 14000000（A 元）

比年初增加 4000000 A 元（即 14000000 － 10000000）,需要增加运营资金投资。

年末存货仍为 33600000×1/4 = 8400000（A 元）

与年初相比,存货增加了 2400000A 元（即 8400000 － 6000000）,需要增加运营资金。

根据以上的资料,A公司未来5年现金流量估计表见4-10。

表 4-10 A公司未来5年现金流量估计表

年份	项目	A元	人民币
第1年	来自营业的现金流量7040000A元 减:新增运营资金投资(应收账款增加)6400000A元	640000	1920000
第2年	来自营业的现金流量	7040000	21120000
第3年	来自营业的现金流量	7040000	21120000
第4年	来自营业的现金流量	7040000	21120000
第5年	来自营业的现金流量	7040000	21120000
第5年(年末)	运营资金回收	6400000	19200000

汇率变动后,销售量、售价以及成本的变动可以有多种的组合情况,以上我们只分析了5种情况。在上述的5种情况里,经济风险的计量步骤如下所示:

第一,估计5年内各年的现金流量。前述5种情况的5年内各年现金流量见表4-11。

表 4-11 预期现金流量　　　　　　　　　　　　　单位:千元

年份	不贬值	情况1	情况2	情况3	情况4	情况5
第1年	20800	15600	3600	27600	21600	1920
第2年	20800	15600	27600	39600	27600	21120
第3年	20800	15600	27600	39600	27600	21120
第4年	20800	15600	27600	39600	27600	21120
第5年	20800	15600	27600	39600	27600	21120
第5年(年末)	0	0	24000	12000	6000	19200

第二,估计5年内各年的现金流量的变动额。将5种情况下的现金流量与不贬值时的现金流量相减求得变动额,见表4-12。

表 4-12 预期现金流量变动额　　　　　　　　　　单位:千元

年份	情况1	情况2	情况3	情况4	情况5
第1年	−5200	−17200	6800	800	−18880
第2年	−5200	6800	18800	6800	320
第3年	−5200	6800	18800	6800	320
第4年	−5200	6800	18800	6800	320
第5年	−5200	6800	18800	6800	320
第5年(年末)	0	24000	12000	6000	19200

第三，估计5年内各年的现金流量变动额的现值。假设母公司投资办子公司所要求的最低报酬，即资本成本为15%，现金流量变动额现值的计量见表4-13。

表4-13 预期现金流量变动额现值   单位：千元

年份	复利现值系数	情况1	情况2	情况3	情况4	情况5
第1年	0.87	−4524.0	−14964	5916	696	−16425.6
第2年	0.756	−3931.2	5140.8	14212.8	5140.8	241.92
第3年	0.658	−3421.6	4474.4	12370.4	4474.4	210.56
第4年	0.572	−2974.4	3889.6	10753.6	3889.6	183.04
第5年	0.497	−2584.4	3379.6	9343.6	3379.6	159.04
第5年(年末)	0.497	0	11928	5964	2982	9542.40
总计	—	−17435.6	13848.4	58560.4	20562.4	−6088.64

从中可以看出，在第1种和第5种情况之下，公司面临着经济的损失，但是其他的情况下公司将面临经济的收益。可见，经济风险的大小在很大的程度上取决于汇率的变动对产销量、价格和成本等经济指标的影响情况。

Note that we distinguish anticipated from unanticipated. Anticipated changes in exchange rate are already reflected in market value of the firm. If we do business with Spain, the anticipation might be that the paste will weaken relative to the dollar. The facts that weaken should not impact market value; however, if it weakens more or less than expected, this will affect value. Economic exposure does not lend itself to as precise a description and measurement as either transaction, translation exposure. Economic exposure depends on what happen in expected future cash flow, so subjectivity is necessarily involved.

三、经济风险的管理(Economic Exposure Management)

（一）经济风险管理的策略

经济风险管理的目的，就是预测实际汇率改变对企业未来现金流量可能造成的变动影响。为了达到这个目的，企业的管理者在信息不均衡状态发生时，不仅需要知道，而且更要准备好在这种情况下企业所要做出的最佳反应。如果说企业可以通过国际运作，分散其运营与财务基础,则风险管理的工作就可以说已经作了一大半了。

Since a firm is exposed to exchange risk mainly though the effect of exchange rate changes on its competitive position, it is important to consider exchange exposure management in the content of the firm's long-term strategic planning.

根据不同的管理者对风险偏好的不同,管理经济风险的策略一般来说有两种。

1. 积极性策略

积极性策略就是指当风险发生的时候,企业的管理者积极的从事分散风险的工作(比如移动资本等等),以期望最大限度地避免损失或是获得利益。

2. 消极性策略

消极性策略就是指企业的管理者只是在事先设定一个投资或者是运营的组合,一旦风险发生的时候,其损益就会自动地相抵消,而企业的价值变异,小到几乎可以不关心的地步。也就是说,企业的管理者只要在风险发生的时候有所认识即可,不需要去从事预期不平衡状态的工作。

(二) 经济风险管理的原则

1. 分散营运

如果企业已经通过国际化分散了其自身的运营,那么对于企业的管理者而言,可以说是已经处于一种能马上认识不平衡的状态,以及立刻表现竞争性反应的地位。我们以购买力平价理论临时性失衡来看,虽然不平衡状态无法进行事先的预测,但是,当它发生的时候,企业的管理者可以从各国的子公司的营运变化上,察觉其发生的迹象,进而确知它的发生。例如,企业的管理者可以从各国的子公司之间比较成本的变化而注意到,也可以从价格的弹性、所得弹性与竞争者的反应而定的边际利益以及销售量的比较之中看出。

It is sometimes argued that the firm can reduce currency exposure by diversifying across different business lines. The idea is that although each individual business may be exposed to exchange risk to some degree, the firm as a whole may not face a significant exposure. It is pointed out, however, that the firm should not get into new lines of business solely to diversify exchange risk because conglomerate expansion can bring about inefficiency and losses. Expansion into a new business should be justified on its own right.

认识世界竞争状况的临时性改变,可以使企业的管理者对其运营策略做出某种程度的改变。例如,企业的管理者可以将材料资源、零件或产成品做边际移动;此外,假如企业有准备资本,企业的管理者还可以将各国的子公司之间的生产量进行重新的分配,增加一国的生产或是减少另外一国的生产。而不均衡的状态也可能造成企业的产品更具有价格的竞争力,使得其自身的销售能力大大地加强。

当汇率改变的时候,即使企业的管理者不愿意积极地从事避免风险的工作,企业也应该设立一些有利的组合,使得经济风险中立化。例如,不均衡情况下造成汇率的变动时,如果因为国际化的分散生产、资源和销售,而使得企业的现金流量减少的时候,则它在某些市场的竞争力就有可能加强,从而抵消了现金流量中减少的部分。

2. 分散财务基础

分散财务基础的问题,我们可以从以下两个方面来进行分析。

(1) 积极移动资本

如果企业分散融资的来源,那么就可以获得依照国际费雪效应分散风险的好处。例如,当利率的差距不等于预期汇率应有的变动的时候,就会有降低资本成本的机会。这种分散的政策只能在跨国公司之中才能办得到,因为企业要能够打通各种融资渠道,其首要的条件就必须是这个公司已经十分熟悉国际投资系统,而且已经比较稳固地建立起来了银行关系;而这些对于只局限在一个资本市场进行融资的国内企业而言,就根本没有选择其他融资渠道的机会。

(2) 以配合为基础分散财务来源

除了上述分散资本市场来源,可以获得预期利率差距带来的好处之外,国际企业还可以用配合的方法,配合预期运营收入可以得到的货币组合与借入资金必须付出的货币组合,使得经济风险中立化,同时还可以帮助消除交易风险和折算风险。但是,这个方法在实践之中,有时会遇到许多实际的困难,因为作为一家企业来讲,它是无法准确地预测长期的现金流量的。

(三) 避免经济风险的对策

1. 销售方面

在销售策略方面,国际企业的销售经理应该预先定制好,一旦汇率发生变动时,其定价、产品、促销以及销售渠道等销售政策的变动方案都要起到作用,在汇率真正发生重大的变动的时候,在仔细研究当时的情况,做出必要的、符合当时情况的政策修改。例如,某一家跨国公司在英国设厂进行生产,而英镑一直在不断地升值,使得该子公司的产品出口能力大打折扣,甚至于在英国内部进行销售时,都会因为他国比较便宜的产品进口而丧失其竞争能力,这个时候,该子公司应该考虑:

(1) 加大研发力度,更改产品的样式,推出新的产品品种,或是扩大自己产品的生产线等等。

Investment in R&D activities can allow the firm to maintain and strengthen its competitive position in the face of adverse exchange rate movements. Successful R&D efforts allow the firm to cut costs and enhance productivity. In addition, R&D efforts can lead to the introduction of new and unique products for which competitors offer no close substitutes. Since the demand for unique products tends to be highly inelastic, the firm would be less exposed to exchange risk. At the same time, the firm can strive to create a perception among consumers that its product is indeed different from those offered by competitors. Once the firm's product acquires a unique identity, its demand is less likely to be price-sensitive.

(2) 市场多元化

Another way of dealing with economic exposure is to diversify the market for the firm's products as much as possible. Suppose that General Electric (GE) is selling power generators in Mexico as well as in Germany. Reduced sales in Mexico due to the dollar appreciation against the peso can be compensated by increased sales in Germany due to the dollar depreciation against the mark. As a result, GE's overall cash flows will be much more stable than what would be the case if GE sold only in one foreign market, either Mexico or Germany. As long as exchange rates do not always move in the same direction, the firm can stabilize its operating cash flows by diversifying its export market.

2. 生产方面

在生产方面,跨国公司应该考虑以下的一些因素:

(1) 最大限度地降低生产成本

When the domestic currency is strong or expected to become strong, eroding the competitive position of the firm, it can choose to locate production facilities in a foreign country where costs are low due to either the undervalued currency or underpriced factors of production. Recently, Japanese car makers, including Nissan and Toyota, have been increasingly shifting production to US manufacturing facilities in order to mitigate the negative effect of the strong yen on US sales. German car makers such as Daimler Benz and BMW also decided to establish manufacturing facilities in the United States for the same reason. A real world example is provided by the *International Finance in Practice Box* on page 303, "The Strong Yen and Toyota's Choice."

Also, the firm can choose to establish and maintain production facilities in multiple countries to deal with the effect of exchange rate changes. Consider Nissan, which has manufacturing facilities in the United States and Mexico, as well as in Japan. Multiple manufacturing sites provide Nissan with a great deal of flexibility regarding where to produce, given the prevailing exchange rates. While the yen appreciated substantially against the dollar, the Mexican peso depreciated against the dollar in recent years. Under this sort of exchange rate development, Nissan may choose to increase production in the United States, and especially in Mexico, in order to serve the US market. This is, in fact, how Nissan has reacted to the rising yen in recent years. Maintaining multiple manufacturing sites, however, may prevent the firm from taking advantage of economies of scale, raising its cost of production. The resultant higher cost can partially offset the advantages of maintaining multiple production sites.

（2）灵活的外包策略

Even if the firm has manufacturing facilities only in the domestic country, it can substantially lessen the effect of exchange rate changes by sourcing from where input costs are low. In the early 1980s when the dollar was very strong against most major currencies, US multinational firms often purchased materials and components from low-cost foreign suppliers in order to keep themselves from being priced out of the market.

Facing the strong yen in recent years, many Japanese firms are adopting the same practices. It is well known that Japanese manufacturers, especially in the car and consumer electronics industries, depend heavily on parts and intermediate products from such low-cost countries as Thailand, Malaysia, and China. Flexible sourcing need not be confined just to materials and parts. Firms can also hire low-cost guest workers from foreign countries instead of high-cost domestic workers in order to be competitive. For example, Japan Airlines is known to heavily hire foreign crews to stay competitive in international routes in face of the rising yen.

(3) 减少向硬货币国购买原料和零件,而转向软货币国进行购买,从而获得较低成本的利益。

假如说东道国的货币有长期升值的潜力,该公司就应该考虑在该国进行生产缩减,转而在一些软货币国家进行生产。生产地点的分散化,除了可以获得接近生产因素以及市场的好处之外,也可以分散币值变动的风险。因为,如果某跨国公司的子公司,都设立在币值有一致变化的国家(比如美国和加拿大,葡萄牙和西班牙),则一旦这些国家货币的币值变动的话,该企业将蒙受惨重的损失。相反的,如果将子公司分散的设立在不同的国家或地区,也就可以减少不小的风险。

3. 财务方面

在财务策略方面,跨国公司应该谨慎地评估每一笔长期外币的借款,虽然原则上借入软货币为最佳,但是作为一家企业毕竟无法十分准确地确定何种货币将贬值,因此,将长期的外币借款的外币种类予以分散也会极大的降低汇率的风险。

Managing operating exposure is thus not a short-term tactical issue. The firm can use the following strategies for managing operating exposure.

(1) Selecting low-cost production site.
(2) Flexible sourcing policy.
(3) Diversification of the market.
(4) Product differentiation and R&D efforts.
(5) Financial hedging.

一般来说,人们都会认为降低汇率风险只是企业财务部门的工作,与生产和销售部门毫无关系。然而在事实上,企业的财务部门所能减少的汇率风险,只是交易风险和折算风险。对于经济风险来说,如果单靠企业的财务部门,则会一筹莫展。这就必须要求企业的各个部门齐心协作,通力合作,才能达到避险的效果。

第二节 交易风险管理 Transaction Exposure Management

(1) 交易风险的类型和计算(Kinds and Counting of Transaction Exposure)

交易风险,也称交易敞口,交易暴露。它产生于企业已经发生的将用外币结算交易,在结算时,外币币值的变动导致交易的本币价值增加或者减少。只要存在未结清余额的债权或债务,企业就有可能面临交易的风险。

Transaction exposure can be denied as the sensitivity of "realized" domestic currency values of the firm's contractual cash flows denominated in foreign currencies to unexpected exchange rate changes. Since settlements of these contractual cash flow affects the firm's domestic cash flows. Transaction exposure is sometimes regarded as a short-term economic exposure. Transaction exposure rises from fixed-price contracting in a world where exchange rates are changing randomly.

Transaction exposure involves the gains or the loss that occurs when settling a specific foreign transaction. The transaction may be the purchase or sale of a product. The lending or borrowing the funds or some other transactions involving the acquisition of asset or the assumption of liability denominated in a foreign currency. While any transactions will do, the term "transaction exposure" is usually employed in connection of foreign trade, that is, specific exports and imports on open account credit.

(一) 交易风险的类型

国际企业中可能产生交易风险的交易主要包括:以信用方式进行的国际贸易;外汇贷款;远期外汇交易。

1. 国际贸易信用买卖中的交易风险

国际企业进行国际间商品或劳务买卖时如果采用的是信用交易方式,就可能存在暴露于外汇风险之下的余额,如果结算时外汇汇率改变,这些余额的本币价值就会发生增加或者减少。对于国际企业而言,其减少带来的损失更应该引起注意。

（1）出口业务中信用交易的交易风险。出口业务中交易风险可能给企业带来的损失存在于所收到外汇的贬值损失。

例如，我国进出口公司向美国出口一批标价为100万美元的产品，将在3个月后收到美元货款。当时预期3个月后的即期汇率为1美元＝7.50元人民币，这些商品折合人民币价值750万元人民币（100×7.50）。但是，当该公司于3个月后收到100万元货款时，美元突然发生贬值，即期汇率为1美元＝6.85元人民币，则该公司得到货款的人民币价值只有685万元人民币（100×6.85），汇率变化造成的交易损失为65万人民币（750－685）。

（2）进口业务中信用交易的交易风险。进口业务中交易风险可能给企业带来的损失存在于所支付外汇的升值损失。

例如，我国某进出口公司从美国进口一批标价100万美元的产品，将在3个月后支付美元货款。当期预期3个月后的即期汇率为1美元＝7.50元人民币。这些商品折合人民币价值750万元人民币（100×7.50）。但是当该公司于3个月后支付100万美元货款时，美元突然发生升值，即期汇率为1美元＝7.70元人民币，则该公司支付货款的人民币价值变为770万元人民币（100×7.70），汇率变化造成的交易损失为20万人民币（770－750）。

2. 外汇借款和投资中的交易风险

When a multinational corporation borrows foreign exchange or makes investment by foreign exchange, if the exchange rate changes, the corporation may pay more than its expectation. Generally speaking, multinational corporation cares more about transaction exposure.

（1）外汇借款中的交易风险。国际企业借入外汇本息后如果外币升值，将增加未来支付现金的本币价值，导致企业发生损失。

例如，我国某跨国公司从中国银行借入1000万欧元贷款，期限1年，固定利率6％，到期一次偿还本金，本息合计1060万欧元[1000×(1＋6％)]。由于该跨国公司没有欧元收入，因此到时需要用人民币购买欧元。借款时预计1年后欧元的即期汇率为1欧元＝10元人民币，该跨国公司预计需要归还本息的人民币价值为10600万人民币[1000×(1＋6％)×10]。1年后还款时，欧元意外升值，当时的即期汇率变为1欧元＝10.5元人民币，则该跨国公司需要用11130万人民币[1000×(1＋6％)×10.5]才能兑换1060万欧元归还借款本息。欧元升值给跨国公司带来的损失为530万元人民币(11130－10600)。

(2)外汇投资中的交易风险。国际企业利用外汇对外投资后如果发生外币贬值,企业将来收到的外汇本息的本币价值将低于预期,企业实际发生损失。

例如,我国某跨国公司将暂时闲置的1000万欧元作为定期储蓄存入中国银行,期限为1个月,固定年利率为6%,预计将获得本息1005万欧元[1000×(1+6%/12)],投资时预计1个月后欧元的即期汇率为1欧元＝11.0元人民币,预计本息折合11055万元人民币(1005×11.0)。当该公司到期收回投资时,汇率为1欧元＝10元人民币,实际本息折合10050万元人民币[(1000×(1+6%/12)×10)],损失了相当于1005万元人民币的价值(11055－10050)。

3. 远期外汇交易的交易风险

国际企业购买远期外汇合约或外汇期货合约时,相当于承诺在未来的特定时间可用特定汇率购买特定数量的外汇。履行合约时如果即期汇率高于或低于合约上签订的汇率,企业需要支付的本币就可能高于或低于根据当时即期汇率计算的价值。如果外汇的即期汇率低于合约上的汇率,企业履行合约就需要比当时购买外汇多支付本币,对企业而言,这就是远期外汇交易带来的损失。

例如,我国某跨国公司与中国银行签订了购买5000万日元的3个月远期日元合约,远期汇率为100日元＝6.256元人民币。3个月后履行合约时,市场即期日元汇率为100日元＝6.200元人民币,该跨国公司按照远期汇率履行合约,须支付312.8万人民币(5000×6.256÷100)。如果该公司当初没有签订远期合约,则按照即期汇率购买日元只需支付310万元人民币(5000×6.20÷100)。该公司购买日元损失了2.8万元人民币(312.8－310)。

如果交易风险确实存在,企业就面临着三个主要任务,一是确定交易风险的大小;二是决定是否为该风险进行套期保值;三是一旦决定为该风险部分或全部进行套期保值,那么该选择何种方法。

(二)交易风险的计算

1. 交易风险的分项测量

交易风险就是指企业以外币计价的各种交易过程,由于汇率的变动使得折算为本币的资金数额增加或是减少的风险。各种交易包括:以信用方式进行的商品进出口交易,外汇贷款交易,外汇买卖,远期的外汇交易,以外汇进行投资等等。

(1) 商品进出口交易的汇率风险

The foreign exchange rate risk of imports and exports is that when corporations make imports and exports, and use foreign currency to complete the transaction, if the exchange rate changes, the corporation may pay more than its expectation. And here exists a risk.

● 出口交易的汇率风险。如果出口以美元来计价结算,当人民币贬值的时候,收回人民币货款折合为人民币的数额会增加,而当人民币升值的时候,则收回的美元货款折合为人民币的数额就会减少。

● 进口交易的汇率风险。进口交易的外汇风险,其原理和出口是相同的,不过方向是相反的。如进口以美元进行结算,当美元升值的时候,付出的人民币就会增多。而当美元贬值的时候,付出的人民币就会减少。

如果我国的企业在进口商品的时候,用一种外币进行计价,用另一种外币进行支付,这样就存在着某种外汇和另一种外汇之间的外汇风险与人民币和外汇之间的外汇风险。例如,中外合资的甲公司从日本进口原料,以日元计价结算,货款 30000 万日元,而甲公司只有美元,用美元来支付这笔款项。在成交的时候汇率的比价是 1 美元 = 110 日元,1 美元 = 6.87 人民币。这笔货款折合 272.73 万美元(30000÷110),折合人民币 1873.66 万元(272.73×6.87)。但是,在支付的时候,汇率变化为 1 美元 = 100 日元,1 美元 = 6.98 元人民币。要付清这笔货款需要美元 300 万元(30000÷100),而需要人民币 2094 万元(300×6.98)。汇率风险损失美元 27.27 万元,即 300 − 272.73。损失人民币 220.34 万元,即 2094 − 1873.66。

在出口的贸易之中,如果以出口商所在国的货币来计价结算的话,则出口商没有汇率风险,而是由进口商来承担所有的汇率风险。反之的话,汇率风险就全部由出口商来进行承担。如果以第三国的货币来进行结算的话,例如日本的出口商和英国的进口商都以美元来进行结算的话,那么双方就都同时承担汇率风险。

(2) 外汇借款的汇率风险

Debt in foreign currency risk is when corporations borrow certain foreign currency, if the exchange rate changes, the corporation may pay more than its expectation. Generally speaking, the corporation may face the following three situations: no change in foreign exchange rate, appreciation of foreign currency, and depreciation of foreign currency.

(3) 外汇买卖的汇率风险

企业买入外汇,在持有一段时间之后要将其卖出,由于买入到这一时期之内汇率发生变动从而使本币的数额存在增加或是减少的风险。例如,某公司在1月买进了一笔美元,当时的汇率为1美元=6.90元人民币,也就是说用690万元的人民币买入100万元的美元存入银行,美元存款的年利息率为6%,人民币存款的年利息率是8%。该公司在7月初将103万美元卖出(包括3万的利息),这时候的汇率变为1美元=6.86元人民币。那么,这笔交易的损失就为:$100\times(1+6\%/2)\times6.86-690\times(1+8\%/2)=-11.02$万元人民币。

其中,

A 本金的汇率风险损失为:
$$100\times(6.86-6.90)=-4\text{万元人民币}$$

B 利息的汇率风险损失为:
$$100\times6\%/2\times(6.86-6.90)=-0.12\text{万元人民币}$$

C 利息率差异损失为:
$$100\times6\%/2\times6.90-690\times8\%/2=-6.9\text{万元人民币}$$

(4) 远期外汇交易的汇率风险

远期外汇交易的汇率风险是指在远期的外汇交易之中,由于合约规定的远期汇率与合约到期日的即期汇率不一致,因此使按远期汇率付出的货币的数额多于或是少于按照即期汇率付出的货币的数额而发生的风险。例如,某企业在2007年6月10日与银行签订用人民币买美元的远期外汇交易合约,其期限为半年,远期汇率为1美元=7.50元人民币,也就是说,金额为750万元的人民币可以买到100万美元。12月10日合约到期,即期汇率为1美元=7.38元人民币。如果该企业不签订远期外汇交易合约的话,按照即期的汇率,用738万元人民币可以买到100万的美元,所以可以看出如果进行了远期外汇的交易,反而多付了12万元的人民币(750-738)。但是,如果12月10日的即期汇率是1美元=7.55元人民币的话,按照此汇率买下100万美元要花费755万元的人民币,而该企业如果要进行远期的外汇交易就可以支付738万元的人民币,从而节省了17万元的人民币(755-738)。

(5) 对外投资之中的外汇汇出、利润汇率和原本撤回的利率风险

企业以外汇对境外进行投资,在外汇汇出到会回利润和原本这一期间,汇率的变动会使得企业产生以外的汇率风险。例如,我国某公司在

2008年1月初的时候购买了一笔美元,汇率为1美元=7.29元人民币,就是用729万的人民币可以购买到100万的美元,该公司对国外进行投资,获得的利润是10万美元,此年的1月初汇回的投资资本和利润之和就是110万美元(100+10),而此时的汇率却是1美元=7.25人民币,折合人民币797.5万元,共获得投资收益68.5万元人民币(即797.5-729)。

其中:获得的利润是10万美元,如果汇率是不变的,应该为:10×7.29=72.9万元人民币;投资本金的汇率风险损失为:100×(7.25-7.29)=-4万元人民币;利润的汇率风险损失为:10×(7.25-7.29)=-0.4万元人民币。

(6) 其他获得外币资产或是带来外币债务的交易活动的汇率风险。这些饱含着十分多的因素,在这里就不进行一一赘述了。

2. 企业交易风险的综合测量

在前面,我们比较详细地说明了如何去计量某一项交易的汇率风险。而在实际的工作之中,不仅仅要计量交易过程中的每一笔外币的应收款、应付款、外汇借款以及汇率风险,而且还要注意综合计量整个企业交易中的全部的外币债权和外币债务相抵押之后净债权和净债务的汇率风险。当一家企业的外币债权超过其外币负债之时(假如外币债权是800万美元,外币债务是700万美元,两者相减之后该企业的外币净债权就是100美元)。

这时,如果企业预测外币将贬值的时候,例如外币由原来的1美元=6.9元人民币改变为6.8元人民币。在这种情况之下,企业将发生汇率的损失10万元[即100×(6.8-6.9)]。当企业的外币债权少于外币债务的时候,假如外币债权是700万美元,外币债务却是800万美元,两者相减之后该企业的外币净债务为100万美元。如果企业预测外币即将升值的话,比如外币由原来的1美元=6.9元人民币改变为7.0元人民币,在这种情况之下,企业将发生汇率风险损失10万美元[即100×(6.9-7.0)]。当然,假如上述两种情况之中汇率发生变换方向的互换,则企业都将在这里获得收益。

3. 跨国公司对交易风险的综合计量

跨国公司对交易风险的综合计量一般包括以下的4个步骤,即预测外汇的净流量,预测汇率的变动,分析汇率变动的相关性,分析公司的整体风险。

(1) 预测外汇的净流量

跨国公司为了综合的计量全公司的交易风险,首先就要先必须测量各个子公司的外汇净流入或净流出,并且加以合并。例如,香港一家公司拥有两家子公司C和D,某一个时期C公司与其有一笔100万欧元的资金流入,D公司预计有104万的欧元流出,将这两家公司的外汇流入和流出合并的结果是外汇净流出4万欧元。如果欧元在流入或是流出之前贬值,这将不利于C公司,因为欧元在兑换成港元之前就已经贬值,流入C公司的欧元就只能兑换成数额比较少的港元;但是这种情况是有利于D公司的,因为它可以用比较少的港元就满足流出欧元的需要量。而从整个公司来看,汇率变动的净影响是很小的,因为各个子公司的外汇流入和外汇流出之间可以互相抵消。净流入或净流出比较小,汇率风险也就比较小。

预测外汇的净流入或净流出,可以避免各个子公司重复保值,因而节省了交易费用。

(2) 预测汇率的变动

预测汇率的变动包括估计预期汇率和汇率变动幅度。

● 估计预期汇率。估计预期汇率就是预测一定的时期(例如一个月或是一年)后可能出现的汇率。预期汇率这一信息数据可以由跨国公司的财务人员来自己进行预测,也可以从企业外部的专门的汇率预测公司来购买。在得到这个数据之后,企业可以将外汇的净流入或净流出乘预期汇率,就可以得到以本币表示的净流入或净流出。

● 估计预期汇率变动幅度。跨国公司在估计预期汇率变动幅度的时候,应该参考历史上各期汇率变动的标准差。例如英镑2.47%,瑞士法郎3.18%,日元2.63%,加元0.99%,应该注意到不同时期各种货币汇率变动标准差是变化的,通过各种货币汇率变动标准差历史资料的比较,可以看出哪种货币的变动性比较大,哪些货币的变动性比较小。将外汇的净流入或净流出乘上预期汇率变动幅度,就可以求出以本币表现的某一外币净流入或净流出的可能范围。

(3) 分析汇率变动的相关性

交易风险的大小不仅仅取决于外汇流量的规模和汇率变动幅度,而且还要取决于汇率变动的相关性。

例如,香港一家公司的两家子公司E和F,E公司预计有欧元的流入和瑞士法郎的流出,F公司预计有一笔加元的流入。从表面上来看,E公司有较大的交易风险,因为欧元和瑞士法郎这两种货币对港元的汇率变动性比较大。而F公司则面临着比较小的交易风险,因为加元对港元的汇率变动性比较小。但是,以上的这种看法就是忽略了汇率变动的相关性问题。如果欧元和瑞士法郎与港元的汇率变动是高度正相关，上述的看法就不正确了。

所谓正相关就是指如果欧元对港元升值了，瑞士法郎也将会对港元以相同的幅度升值；反之，如果欧元对港元贬值，瑞士法郎也将会对港元以相同的幅度贬值。而对于 E 公司来说，如果欧元和瑞士法郎这两种货币对港元同时升值，瑞士法郎流出时，E 公司将要付出更多的港元，但是在欧元的流入时，E 公司又可以收获更多的港元，这可见两种高度正相关的货币在同一个时间一位流入另一为流出的情况下，其风险可以互相抵消。

但是，在实际中，各种货币的汇率变动不可能是完全的正相关，因此，风险一般只能是部分抵消。各种货币汇率的相关性用相关系数进行表示。正相关用正数来表示，当系数为 1 的时候，表示完全的正相关；负相关用负数表示，当系数为 -1 的时候，表示完全的负相关。

(4) 分析公司的整体风险

分析公司的整体风险就是要求公司在一个整体的平台上去仔细分析外币净流入和净流出的风险状况，然后进行综合的风险分析。例如，如果一家公司外币的流向情况是：欧元净流出 4 万元，英镑净流出 25 万英镑，瑞士法郎净流出 3 万瑞士法郎，加元净流入 5 万元。我们可以看到，欧元、英镑以及瑞士法郎都是净流出，由于他们自身都是欧洲的货币，其汇率是高度的正相关，这样一来，该公司将面临很大的风险。如果这三种外币对港元都升值的话，则公司就需要较多的港元才能支付这三种欧洲货币的流出，而公司又没有其他的正相关的货币流入作为抵消。可以看到，这时候公司只有加元是流入方，而加元对港元的升值很小或是根本就不升值，甚至贬值，这样，加元的流入对上述交易的抵消，其影响能力很小。

(三) 是否值得套期保值

在跨国公司采取不同技术为其采取套期保值措施之前，必须要考虑是否值得套期保值。例如，企业在决定是否为其将来定期地用外币表示的应付账款套期保值时，通常首选是远期合约。如果到期的即期汇率超过签订的远期汇率，那么跨国公司对其净受险应付账款通过套期保值而节约了资金；反之，如果到期的即期汇率低于签订的远期汇率，那么跨国公司对其净受险应付账款通过套期保值法反而多支付了资金。远期汇率作为未来即期汇率的无偏估计量可能会高估或低估未来即期汇率。在这种情况下，用远期汇率定期套期保值可能会导致一段时期内成本高,另一段时期内成本低,平均来讲,不会减少跨国公司的成本。因此,有人认为套期保值是不值得的。

但是有些跨国公司只有在预期货币朝某一方向变化时,才可能采取套期保值。也就是说,如果这些公司预测应付账款的标价货币升值。他们才对未来的应付账款套期保值;如果他们预测应收账款的标价货币贬值,就可能对其将来的应收账款套期保值。

一些跨国公司倾向于对大部分或全部的外币净头寸套期保值,而还有一些公司倾向于对它的外币交易,包括任何交易额超过 $250000 的外币交易套期保值,这项政策在于确保汇率变化不会对其业绩有重大的影响。

总之,决策是否进行套期保值,对受险额保值多少,以及采用什么样的保值工具,这些都要取决于跨国公司管理层对风险的厌恶程度以及对汇率的预测。跨国公司更稳健地趋向于大多数风险进行套期保值。

(四) 交易风险的交易管理方法

A transaction exposure arises whenever a company is committed to a foreign currency denominated transaction. Since the transaction will result in a future foreign currency cash inflow or outflow, any change in the exchange rate between transactions is entered into and the time it is settled in cash will lead to a change in the dollar amount of the cash inflow or outflow. Protective measures to guard against transaction exposure involve entering into foreign currency transactions whose cash flows exactly offset the cash flows of the transaction exposure.

当跨国公司的交易风险在公司内不能完全相互抵补时,公司财务管理人员就要对净受险额进行套期保值。由于交易风险是由契约来确定的,因此,未来现金流易于确定,在金融市场上运用金融工具进行套期保值较为便捷。常用的金融工具包括:外币远期、货币市场上的套期保值、货币期权。

1. 远期市场套期保值

远期市场套期保值,是指一个外币头寸多头的公司将卖出外币远期,而一个外币头寸空头的公司将买入外币远期,以这种方式,公司就可以固定未来的外币流量的本币价值。

Perhaps the most direct and popular way of hedging transaction exposure is by currency forward contracts. Generally speaking, the firm may sell (buy) its foreign currency receivables (payables) forward to eliminate its exchange risk exposure.

远期套期保值涉及一个远期合约以及用收到的资金去履行合约。

2. 期货市场套期保值

期货市场套期保值类似于远期合约套期保值。只是期货合约大都在固定的交易所交易,并且合约金额和到期日也是固定的。另外,期货合约双方都得交纳保证金,采取盯市原则,每天结清市场差价。当保证金降至一定限度时,需要追加保证金。此外,采用期货合约套期保值还得考虑基差风险,即期货市场价格与即期市场价格变动幅度不一致而导致套期保值的不完整。所以大部分公司更喜欢利用远期外汇市场对外汇风险进行套期保值。

有时,公司准备以期货合约防范外汇风险,它可能会发现并没有恰好可以满足其要求的合约。比如一个出口商有一笔欧元(EUR)标价的应收账款,但他却找不到合适的欧元的期货合约。尽管找不到一个刚好相匹配的期货合约。但该出口商可能找到一些相近的办法。因为欧元和英镑这两种货币对美元价值的变动趋向于一致,出口商可以用英镑期货合约来进行交叉套期保值,从而确保其欧元头寸的价值。

假设,该出口商在 1 月 15 日完成交易,可望在 4 月 15 日收到 EUR500 万的应收款。出口商可以在 4 月 15 日即期市场上卖出欧元,但要承担这 3 个月内欧元贬值的风险。因此,出口商的财务人员可根据过去 3 个月内每天都从《华尔街日报》上采集的欧元和英镑的即期汇价进行回归分析,并且估计出如下关系式:

$$EUR/\$ = 0.775(\triangle £/\$)$$

其中,$\triangle = e_t - e_{t-1}$ 代表第 t 天的即期汇率(即 $\triangle$ 是汇率的变化)。

根据这个关系式,英镑价值每变动 1 美分,就相当于欧元价值变动 0.775 美分。要对即将收到的 EUR 进行交叉套期保值,4 月 15 日 1 单位 EUR 的受险头寸为 EUR500 万,该出口商就要售出 £387.5 万的期货合约。而一份英镑的期货合约金额为 £12.5 万,则要卖出 31 份英镑期货合约(3875000/125000)。这个例子说明,英镑期货合约可以被用来有效地抵消欧元应收账款的风险。

交叉套期保值包括的意思是:如果我们无法找到一个关于受险货币的期货合约或远期合约,我们可以用另一种相关货币的期货合约或远期合约来进行套期保值。

4. 货币市场套期保值

货币市场套期保值与远期市场套期保值一样,只不过货币市场套期保值的成本是两国利率之差决定的,而远期套期保值的成本是由远期汇率决定的。在有效市场上,利率平价可使二者的差异相近,但是实际上,市场并不总是有效的。可能在两个不同国家市场上,企业借款利率就与政府债券的无风险利率有所不同,这种差异就与利率平价定理有关。

Transaction exposure can also be hedged by lending and borrowing in the domestic and foreign money market. Generally speaking, the firm may borrow in foreign currency to hedge its foreign currency receivables, thereby matching its assets and liabilities in the same currency.

因此,货币市场套期保值的基本思想就是:现在借钱投资,然后用将来收到的钱偿还贷款。

当然,套期保值在事实上存在着交易成本:远期合约的买卖汇差以及借入和借出的利差。这些交易成本在比较远期合约套期保值与货币市场套期保值的时候都应该考虑到。

5. 期权市场套期保值

至此,我们前面讨论的对已知的外币交易风险进行套期保值时,都主要考虑汇率的变化朝某一方向时所采取的保值措施。但是,在许多情况下,公司对未来汇率变化方向是无法确定的,或公司无法确定进行了套期保值的外币流量是否会实现,比如,公司参与竞标。这种不确定性对于选择适当的套期保值行为有重要的影响。解决这一问题的最好办法就是采用期权套期保值。

One possible shortcoming of both forward and money market hedges is that these methods completely eliminate exchange exposure. Consequently, the firm has to forgo the opportunity to benefit from favorable exchange rate changes.

在实践中,期权的运用范围是较广的。比如,当一家公司以固定的外币价格出价来购买一项国外资产,但又不确定能否中标时,看涨期权是很管用的。通过买进一份外币看涨期权,该公司就可以锁定其标价的最高本币价格,而一旦未中标,它的损失风险又被限制在看涨期权费范围内。

在另一些情况下,货币期权也是一种很有用的风险管理手段。大多数公司都有一项政策,为了避免使客户和销售人员产生混淆,他们一般并不因为汇率的变动而及时地修改价目表。那么一旦外币价格变化,未进行套期保值的公司的利润率就会下降。然而由于预期销售收入或采购支出的不确定,远期合约并不是进行套期保值的理想工具。例如,一家公司承诺其外币价目表在3个月内有效,那么该公司就存在外币风险,该风险的大小取决于在期间内以此外币价格标价的未知销售量。由此,公司不知其应该签订多少金额的远期合约才能保证它这些销售收入的边际利润。然而,货币看跌期就可以使该公司确保其利润率,从而免遭外币反向运动带来的损失,而且公司能保证对外国客户报价维持固定。若没有期权,该公司就可能被迫提高它的外币价格而不能继续保持这种更具有竞争力的地位。

（五）交易风险的非交易管理方法

如果企业发现以上介绍的各种可供保值交易方式费用太高,或市场上不存在这些可供保值的交易,那么企业就需要采用一些非交易的管理方法。尽管它们可能无法全部消除交易风险,但还是可能在一定程度上减少风险,可供企业减少交易风险的非交易管理方法应该在交易发生前就采用,因此也可称为办事前的管理方法。

1. 提前和滞后

交易风险可以通过安排公司内部现金流量的时间支付来降低风险,这就是提前和滞后。

Another operational technique the firm can use to reduce transaction exposure is leading and lagging foreign currency receipts and payments. To "lead" means to pay or collect early, whereas to "lag" means to pay or collect late. The firm would like to lead soft currency receivables and lag hard currency receivables to avoid the loss from depreciation of the soft currency and benefit from the appreciation of the hard currency. For the same reason, the firm will attempt to lead the hard currency payables and lag soft currency payables.

To the extent that the firm can effectively implement the lead/lag strategy, the transaction exposure the firm faces can be reduced. However, a word of caution is in order. Suppose, concerned with the likely depreciation of sterling, Boeing would like British Airways to prepay £10 million. Boeing's attempt to lead the pound receivable may encounter difficulties.

具体来讲,提前和滞后是指外汇结算时,在预测汇率将朝某一方向变化时加速或推迟外汇结算,以便尽可能减少外汇风险,从而得到汇价上的好处。例如,一家跨国公司有许多分支机构或子公司在世界各地,在英国的子公司要从在日本的子公司购买原材料或零部件,假设合同货币用日元,英国的子公司预期英镑相对于日元要贬值,因此,英国子公司可安排在英镑贬值前将货款支付,这样以较少的英镑换取日元。这种经营策略就是提前。

假如英国子公司预期英镑相对于日元将升值,在这种情况下英国子公司就试图拖延贷款的支付,在英镑升值后以较少的英镑换取日元。这种经营策略就是滞后。很多大型跨国公司都经常采用这种方法避免外汇风险。

一般来说,跨国公司下属子公司和分支机构之间的定期支付有很多形式,其中既有对商品和服务的支出,又有股利分配之类的资金转移,在整个集团内部采用提前和滞后的方式相对容易。但是,如果是集团内部与外部之间的支付活动,采用该种方式则需要增加一些附加条件,如给予一些折扣等。

虽然,提前和滞后对公司作为一个整体是有利的,但是也歪曲了各子公司所获得的收益率。从实质上讲,提前或滞后创造了一家子公司向另一家子公司提供的一笔贷款。解决由提前或滞后带来问题的一个最好的办法就是调整公司之间借贷的利率水平。

此外,一些国家对提前和滞后的时间长度有所限制,以避免资金流入和流出对该国金融市场的影响。例如,日本对进出口双方在提前和滞后支付上限制为360天;大多数拉丁美洲国家和许多亚洲国家对提前和滞后有更多的限制,而在美国、英国、加拿大则对提前和滞后没有限制。因此,在国际经营中,使用提前和滞后的经营策略时,必须了解东道国对资金流入和流出的限制。

The lead/lag strategy can be employed more effectively to deal with intra-firm payables and receivables, such as material costs, rents, royalties, interests, and dividends, among subsidiaries of the same multinational corporation. Since managements of various subsidiaries of the same firm are presumably working for the good of the entire firm, the lead/lag strategy can be applied more aggressively.

2. 再开票中心

再开票中心是跨国公司为了避免外汇风险而建立的一个中介机构,把外汇风险交给再开票中心集中管理。产品由生产地或仓库直接运往购买者所在地,但是在母公司和子公司之间的货物销售或向第三方销售的所有货物都冠以该再开票中心的名义销售。该中心向售货单位支付,并收取采购单位的贷款。当报价都是来自于同一地时,就比较容易迅速确定价格以反映货币价值的变化。在这种方式下,跨国公司可以避免从一种货币转换成另一种货币所产生的费用。一般再开票中心都设在金融市场发达和税收较低的国家和地区。

但是,使用再开票中心也可能会付出很大的代价。由于营销和销售与生产中心在地理位置上的分离,可能会大量增加通讯费用。另外,当地税务当局也会对避税港子公司的交易产生怀疑。

3. 净额支付

由于跨国公司生产经营网络导致公司内部原材料、零部件、半成品和成品等频繁的物质流动要产生相当大的成本,包括兑换外汇成本,转移资金所需时间导致的机会成本及交易费用等。据保守估计,这些费用约占转移资金额的 0.25%~1.5%。因此,有效地减少公司内部资金转移的次数以及金额,对于跨国公司来讲具有十分重要的意义。国际多元化经营的好处在于公司的现金流入和流出发生在多个国家和多种货币,跨国公司的多元化经营提供了公司内部对交易风险进行套期保值的便利。也就是当一种货币贬值时,另一种货币一定升值。如,可口可乐和百事可乐公司由于他们的现金流入和流出使用了很多货币,因而他们都有相对较低的交易风险。同样,跨国公司地理位置的多元化、经营地区的多元化通过一些内部经营策略的调整也为跨国公司提供了降低公司交易风险的机会。因此,净额支付系统可减少交易风险。所谓净额支付是指在公司内部相互冲销货币风险,将公司作为一个整体考虑其净受险情况。

4. 合同货币的选择

在对外经济交易中,如商品进出口、劳务输出、资本借贷等都需要交易双方签订合同。合同中要表明支付条款、计价结算的货币或计算清偿的币种,即合同货币。选择何种货币计价结算或计值清偿,直接关系到交易主体是否将承担汇率风险。因此,合同货币一般在本国货币、交易对方国和第三国之间选择,所选合同货币应是可以自由兑换的货币,这样便于双方日后结算或清偿,便于转移外汇风险。

第三节 折算风险管理 Accounting Exposure Management

一、折算风险(Accounting Exposure)

(一)折算风险的概念和形成因素

1. 折算风险的概念

Translation accounting relates to the accounting treatment of changes in exchange rate. Statement No. 52 of the financial accounting standard board deals with the translation of foreign currency changes on the balance sheet and income statement. Under these accounting rules, a UC company must determine a "functional currency" for each of its subsidiaries. If the subsidiaries are the stand-alone operation that is integrated within a particular country. The "functional currency" may be the local currency, otherwise the US dollar. Where high inflation occurs, the "functional currency" must be the US dollar regardless of the conditions given.

折算风险也叫会计风险。所谓折算是指将国外附属公司的外币会计报表,采用一定的方法,按照一定的汇率进行折算,依照母公司所在国的货币来表示,以便汇总编制整个公司的合并会计报表。折算风险就是指由于汇率的变动,报表的不同项目采用不同的汇率进行折算,而产生损失或利得的风险。

2. 折算风险的形成因素

(1) 国外业务的参与程度。企业只从事进出口业务,未向国外投资办公司,就不会有折算的风险。但是还是存在交易风险和经济风险。如果在国外设有自己的子公司,其业务在跨国公司的总业务量中占的比例越高,财务报表项目越容易受到汇率变动的影响。

(2) 子公司所在国货币的变动性。子公司的会计报表通常是以所在国的货币进行计值的,子公司所在国货币汇率变动性越大,以母公司所在国货币进行表示的会计报表上各项目价值所受的影响就越大。

(3) 暴露在汇率风险之下的资产和负债项目的差额以及汇率的变动方向。如果暴露在汇率风险之下的各资产项目金额与各负债项目的金额相等,那么无论外币升值或是贬值,资产项目的折算损益都会被负债项目的折算损益所抵消,但是事实上这种情况是极少的。如果暴露在汇率风险之下的各资产项目金额大于各负债项目的金额,当外币升值的时候,就会产生利得,外币贬值是会产生损失。如果暴露在汇率风险之下的各资产项目金额小于各负债项目的金额,当外币升值时会产生损失,当外币贬值时会产生利得。

(二) 折算风险的测量

折算风险是通过对境外企业外币会计报表折算的结果来测量的。

下面用我国甲公司对其境外子公司会计报表的折算作为例子来说明折算风险的计量方法。

设我国甲公司在 A 国设立一家子公司，该公司使用 A 元记账，2008年初，甲公司将其子公司的 2007 年会计报表之中的 A 元按照适当的汇率折算为人民币，设有关汇率如下：

2007 年 12 月 31 日现行汇率为 1A 元＝0.5 元人民币，

2007 年的平均汇率为 1A 元＝0.44 元人民币。

股票发行日汇率为 1A 元＝0.45 元人民币。

固定资产购置日汇率为 1A 元＝0.43 元人民币。

股利支付日汇率为 1A 元＝0.46 元人民币。

在折算的时候，应该根据公司的具体情况，选用适当的折算方法。这个例子之中，我们为了对不同的折算方法加以比较，在表中列出现行汇率法和时态法两种折算方法。资产负债表的折算见表 4-14，损益表折算见表 4-15。

表 4-14 资产负债表的折算

金额单位：千元

项目	A 元	现行汇率法折算		时态法折算	
		汇率	人民币	汇率	人民币
现金	600	0.5	300	0.5	300
应收账款	1200	0.5	600	0.5	600
存货（市价）	2400	0.5	1200	0.5	1200
固定资产	5200	0.5	2600	0.43	2236
长期应收票据	2200	0.5	1100	0.5	1100
资产合计	11600	—	5800	—	5436
应付账款	1600	0.5	800	0.5	800
短期借款	1400	0.5	700	0.5	700
长期负债	2000	0.5	1000	0.5	1000
股本	4000	0.45	1800	0.45	1800
留存收益	2600		1080		1136
折算调整额			420		—
负债以及股东权益合计	11600	—	5800	—	5436

表 4-15　损益表的折算

金额单位：千元

项目	A 元	采用现行汇率法		采用时态法	
		汇率	人民币	汇率	人民币
销货收入	16000	0.44	7040	0.44	7040
销货成本	13000	0.44	5720		5488
折旧费用	400	0.44	176	0.43	172
费用	1400	0.44	616	0.44	616
折算损益	—	—	—		200
税前利润	1200		528		564
所得税	400	0.44	176	0.44	176
税后利润	800		352		388
留存收益（2006.12.31）	2500		1050		1070
股利分配	700	0.46	322	0.46	322
留存收益（2007.12.31）	2600		1080		1136

上述的两种折算方法由于所用的汇率和折算损益处理方法有所不同,因而折算损益以及留存收益也就不尽相同。按照现行汇率法折算的结果利得为 420 千元人民币,但是不列做当期的损益,而是以折算调整额项目列于资产负债表之中,做递延处理,年末留存收益为 1080 千元人民币。按照时态法折算的结果为损失 200 千元人民币,作为当期的损益,列于损益表之内,年末留存收益为 1136 千元人民币。流动/非流动法和货币/非货币法的折算方法以及折算损益处理方法与时态法基本相同,只是某些项目的折算汇率有所不同罢了。

The "functional currency" used is important because it determine the translation process, if the local currency is used, all assets and liabilities are translated at the current rate of exchange. However, translation gains or loss are not reflected in the income statement but rather are recognized in owner's equity as a translation adjustment. The fact that such adjustments do not affect accounting income is appealing to many companies. If the "functional currency" is the dollar, however, this is not the case, gains or loss are reflected in the income statement of the parents country, using what is known as temporal method. Generally, the use of dollar as the "functional currency" results in greater fluctuation in accounting income but in smaller fluctuation in balance sheet items than dose the use of the local currency.

二、各种折算方法的比较(Comparison of Various Accounting Means)

折算风险的大小,除了取决于上述各种因素之外,还取决于所选用的折算方法。由于各种折算方法的折算原理有所不同,例如对同一报表项目,有的方法用现行汇率折算,而有的方法用历史汇率折算,因此,不同方法的计算结果也必然是有差别的。

为了具体地了解会计折算风险,需要对会计折算方法做一些说明。损益表之中的项目通常是按照该表所包括的时期内的平均汇率折算;资产负债表之中的项目则有4种折算方法可以使用,即流动/非流动法,现行汇率法,货币/非货币法,以及时态法四种。

(一) 流动/非流动折算法

所有的流动资产(现金,应收账款,存货等等)和流动负债都按照现行的汇率进行折算,(现行的汇率也叫做当前汇率,是指在编制资产负债表时的汇率。)其他的资产和负债则统一按照历史汇率进行折算(历史汇率是指在资产和负债项目发生时第一次记在企业账上所采用的汇率)。此法缺点主要是存货,现金和应收账款一样将因当地的通货贬值而出现外汇损失,不甚合理。

The current & noncurrent method of foreign currency translation was generally accepted in the United States from the 1930s until 1975, when FASB 8 (Financial Accounting Standards Board 8,《第8号财务会计准则公告》。) became effective. The underlying principle of this method is that assets and liabilities should be translated based on their maturity. Current assets and liabilities, which by definition have a maturity of one year or less, are converted at the current exchange rate. Noncurrent assets and liabilities are translated at the historical exchange rate in effect at the time the asset or liability was first recorded on the books. Under this method, a foreign subsidiary with current assets in excess of current liabilities will cause a translation gain (loss) if the local currency appreciates (depreciates). The opposite will happen if there is negative net working capital in local terms in the foreign subsidiary.

Most income statement items under this method are translated at the average exchange rate for the accounting period. However, revenue and expense items that are associated with noncurrent assets or liabilities, such as depreciation expense, are translated at the historical rate that applies to the applicable balance sheet item.

(二) 货币/非货币折算法

所有金融资产及一切的负债(包括流动负债和长期负债)都按照现行汇率进行折算,而物质或非货币资产则按照历史汇率进行折算。如果所有物质资产均以历史成本表示,则此方法比较的合理。但是如果物质资产已经按照当前的市价重新估价,则此方法将不能表示真正的情况。

According to the monetary & nonmonetary method, all monetary balance sheet accounts (for example, cash, marketable securities, accounts receivable, notes payable, accounts payable) of a foreign subsidiary are translated at the current exchange rate. All other (nonmonetary) balance sheet accounts, including stockholders' equity, are translated at the historical exchange rate in effect when the account was first recorded. In comparison to the current noncurrent method, this method differs substantially with respect to accounts such as inventory, long-term receivables, and long-term debt. The underlying philosophy of the monetary/nonmonetary method is that monetary accounts have a similarity because their value represents a sum of money whose currency equivalent after translation changes each time the exchange rate changes. This method classifies accounts on the basis of similarity of attributes rather than similarity of maturities.

Under this method, most income statement accounts are translated at the average exchange rate for the period. However, revenue and expense items associated with nonmonetary accounts, such as cost of goods sold and depreciation, are translated at the historical rate associated with the balance sheet account.

(三) 现行汇率法

这个方法是将所有的资产和负债都按照现行的汇率进行折算。

Under the current rate method, all balance sheet accounts are translated at the current exchange rate, except for stockholders' equity. This is the simplest of all translation methods to apply. The common stock account and any additional paid-in capital are carried at the exchange rates in effect on the respective dates of issuance. Year-end retained earnings equal the beginning balance of retained earnings plus any additions for the year. A "plug" equity account named cumulative translation adjustment (CTA) is used to make the balance sheet balance, since translation gains or losses do not go through the income statement according to this method.

Under the current rate method, income statement items are to be translated at the exchange rate at the dates the items are recognized. Since this is generally impractical, an appropriately weighted average exchange rate for the period may be used for the translation.

（四）时态法

此方法与货币/非货币折算法唯一一点不同的地方就是，在于对物质资产的处理：如果物质资产是以当前的市价进行表示的，就将按照现行的汇率进行折算；如果物质资产是以历史成本表示的，则按照历史汇率进行折算。如果全部物质资产均以历史成本进行表示，都按照历史汇率进行折算，则时态法和上述的货币/非货币折算法是完全一样的。而如果全部的物质资产均以当前市价表示，都按照现行汇率折算，则此方法和现行汇率法相同。

Under the temporal method, monetary accounts such as cash, receivables, and payables (both current and noncurrent) are translated at the current exchange rate.

Other balance sheet accounts are translated at the current rate, if they are carried on the books at current value; if they are carried at historical costs, they are translated at the rate of exchange on the date the item was placed on the books. Since fixed assets and inventory are usually carried at historical costs, the temporal method and the monetary/nonmonetary method will typically provide the same translation. Nevertheless, the underlying philosophies of the two methods are entirely different. Under current value accounting, all balance sheet accounts are translated at the current exchange rate.

Under the temporal method, most income statement items are translated at the average exchange rate for the period. Depreciation and cost of goods sold, however, are translated at historical rates if the associated balance sheet accounts are carried at historical costs.

上述 4 种折算方法的异同见表 4-16。

表 4-16 4 种折算方法的比较

折算用汇率	流动/非流动法	货币/非货币法	时态法	现行汇率法
现行汇率	流动资产，流动负债	金融资产，所有债务	金融资产，按照市价计算的物质资产	所有资产，所有负债
历史汇率	固定资产，长期负债，普通股	物质资产，普通股	按照历史成本计算的物质资产，普通股	普通股

在以上 4 种方法之中，现行汇率法属于单一的汇率法，其他的 3 种方法属于多种汇率法。目前来讲，现行汇率法是目前世界上最流行的折算方法。在美国，1967 年之前主要采用流动/非流动法，美国公司还可以自由的选择折算方法，许多公司结合流动/非流动法和货币/非货币法两种方法。此后，根据财务会计准则委员会第八号公告的规定，采用货币/非货币法。1981 年 12 月美国财务会计准则委员会第 52 号公告发布之后，才开始使用现行汇率法。我国的财政部 1995 年 2 月颁布的《合并会计报表暂行规定》中规定我国企业对子公司外币会计报表折算采用现行汇率法。

三、各种折算方法的实例说明（Illustration of Various Accounting Means）

我们以 3 种方法举例说明管理折算风险方法的实例运作。

假设大众美国子公司的资产负债表，以现行汇率进行计算该子公司有 1200000 美元的净风险资产。当时即期汇率为 1 美元＝7.0 元人民币，母公司预期一年后将贬值到 1 美元＝6.8 元人民币，因而母公司预期将会发生 240000 元人民币的折算损失。公司为了避免这项预期的损失，可以采取的方法如下：

（一）资产负债表避险法

资产负债表避险法主要是让合并报表之中，风险资产和风险负债金额相当。如果对每一种外币都能够做到这样，则企业的净折算风险就为零。因为无论汇率如何变动，其对风险资产的影响与对风险负债的影响均是相等，且方向相反的，所以可以互相进行抵消。

要想消除本例之中的净风险资产1200000美元的方法有两种：
(1) 减少风险资产，风险负债不变。
(2) 增加风险负债，风险资产不变。

子公司可以将1200000美元的资产兑换成人民币，作为营运资金，去购买非风险资产，偿还其他货币的负债，或者是把这些人民币以股利或是费用的形式汇回母公司，再由母公司去兑换成人民币。如果子公司的美元现金不足的话，则可以先借款，同时增加风险资产和负债，在将借得的美元换成非风险性的资产，如购买存货、厂房或是设备等等。

(二) 远期外汇市场避险法

子公司可以在远期外汇市场，预售远期风险货币，到期时在即期市场买回该货币，以远期契约处理交割。至于远期契约的大小，则由下列公式来决定：

$$预售外汇金额 = TL/[FR - ER(S)]$$

公式之中，TL——换算成报表货币可能产生的折算损失。
　　　　　FR——报表货币对当地通货的远期汇率。
　　　　　$ER(S)$——预期报表货币对当地通货未来的预期汇率。

以大众美国公司的例子而言，其折算损失为240000元人民币，应用了上列公式避险所需的预售外汇金额如下：

$$预售外汇金额 = 240000(人民币)/(¥7.0/\$ - ¥6.8/\$) = 1200000(美元)$$

如果大众公司以1美元＝7.0元人民币卖掉近期的美元，而后来成功地在即期市场以他们所预期的即期汇率1美元＝6.8元人民币再买回，则每一美元可以赚到0.2元的人民币，以1200000美元对冲的总利润就如下：

以今日远期汇率卖掉美元的收入：1200000(美元)×7.0＝8400000(人民币)

减：到期以即期汇率买回的美元的成本：1200000(美元)×6.8＝8160000(人民币)

远期市场避险净利：240000元(人民币)

预售外汇金额公式导出：

因为：TL,FR为已知，而$ER(S)$为预期数字，所以唯一未知的就是应该预售多少远期的外汇。

假设应该预售 x，

在外汇市场预售的利得＝预期折算损失
$$FRx - ER(S)x = TL$$

解得：
$$x = TL/[FR - ER(S)]$$

（三）货币市场避险法

上例之中的大众公司，也可以运用货币市场规避折算风险。大众公司可以在货币市场上借入美元，兑换成人民币来投资，在借款到期的时候再用人民币换成美元以偿还借款。应该注意的是，用人民币投资的到期日，必须要与美元的借款到期日相配合。借款金额的大小决定如下：
$$B = TL/[(1+ic)SR - (1+ius)ER(S)]$$

公式中：B——借款金额

ic——人民币利率

ius——美元利率

SR——现在的即期汇率

TL 和 $ER(S)$ 表示的内容同前。

本例子之中，大众公司的预期折算损失为 240000 人民币。

当时的即期汇率为 1 美元＝7.0 元人民币，预测未来的即期汇率为 1 美元＝6.8 元人民币，假定人民币的存款利率为 6％，美元的借款利率为 8％，则应该借款的数额为：

B＝￥240000/[(1+6％)×7.0－(1+8％)×6.8]＝＄3157894.74

其计算步骤如下所示：

1. 今天，借入＄3157894.74 换成人民币存入中国银行一年：
   3157894.74（美元）×7.0＝22105263.18（人民币）

2. 一年后到期时：

（1）收到中国银行存款本利和：
   22105263.18×1.06＝23431578.97（人民币）

（2）支付向美国借款本利和所需人民币金额：
   3157894.74（美元）×1.08×6.8＝23191578.97（人民币）

货币市场避险净利＝23431578.97－23191578.97＝240000（人民币）

借（贷）款额度公式导出：

假定应借金额为 B

在货币市场的利得＝预期的折算损失
$$BSR(1+ic)-B(1+ius)ER(S)=TL$$
解得：$B=TL/[(1+ic)SR-(1+ius)ER(S)]$

Firms have three available methods in managing the translation exposure:(1) adjusting fund flow. (2) Entering into forward contract. (3) Exposure netting. The basic hedging strategies for reducing the translation exposure are shown before. Essentially, the strategy involving increasing the hard currency assets or decrease the soft currency assets. While decreasing the hard currency liabilities, creasing the soft currency liabilities. For example, if devaluation appears likely, the basic hedging strategy will be executed as follow: Reduce the level of cash, tighten credit terms to decrease account receivable, increase IC borrowing, delay accounts payable and sell the weak currency forward.

四、折算风险的管理(Accounting Exposure Management)

(一)管理折算风险的基本观念

当跨国公司的境外子公司,以当地的货币作为单位的财务报表,折算成以母公司所在国货币计价时,就会产生折算风险。企业的管理者在对折算风险进行管理之前,首先要具备一个清楚的简单的观念,这个观念就是：对于硬货币的资产项目要增加,负债项目要减少;而对于软货币的资产项目要减少,负债项目要增加。

例如,某一跨国公司的母公司的汇率预算报告,说明美元即将贬值,人民币即将升值。两者的汇率将由原来的1美元＝7.0元人民币变为1美元＝6.8元人民币。根据上述的观念,企业要对于软货币(美元)的资产要减少,负债要增加,作为企业的管理者,可以增加自己对美元的借款额(即负债增加),并将美元兑换为人民币,(软货币资产项目减少,硬货币资产项目增加)。如果企业向银行借款100000美元,我们将它在1美元＝7.0元人民币的时候借入,兑换成人民币则有700000元。如果真如预测,汇率要是变为1美元＝6.8元人民币的时候,我们暂不考虑利息支付的情况下,企业只要用680000元人民币就可以换回100000美元来还款,这时就有20000美元的差额赚取。

当然,还有许多避免风险和管理风险的方法,上例只是折算风险管理的一个观念。

（二）管理折算风险的基本方法

一般来说，折算风险管理和交易风险管理的方法大同小异，如远期外汇市场避险，提早或延后运营资金调整等等。如果以这些方法的本质来划分的话，我们将其分类如下：

1. 主动策略

主要包括远期外汇市场和货币市场避险。

2. 防卫性方法

这个方法最主要的是运营资金的调整。母公司对子公司的净营运资金项目，如应收账款和应付账款的提早或延期交付，要适时地调整。

例如，预测子公司所用功能货币即将贬值时，母公司的防卫性方法应该是：

- 减少子公司当地货币以及有价证券的持有比例。
- 紧缩信用，并且对当地货币的应收账款应该加速催收。
- 延迟支付当地货币的应付账款。
- 延迟收取硬货币的应收账款。
- 加速支付硬货币的应付账款。

而母公司与子公司之间，以及各个子公司之间的处置，原则上要遵循下列条款：

- 子公司加速支付股利、费用等应付账款给母公司。
- 子公司加速支付应该给予其他相关联企业的应付账款。
- 子公司延后收取其他关联企业的应收账款。

（三）进出口策略

进出口策略主要包括：

（1）以国外货币（硬货币）作为出口的计量单位。

（2）以子公司当地货币（即将贬值的软货币）作为进口计量单位。

（3）加速进口以硬货币计价的货物和设备。

There is something to be noted, risk comes from the desire to make profit; every corporation hopes to eliminate risk, but there will still be some cost when trying to reduce risk.

例如，子公司所在国货币贬值的时候，企业可以预售当地远期货币或者延后收取硬货币的应收账款，此时就可能会发生建议成本和利息损失。所以，企业采取各种方法避免风险的时候，也必须要考虑相应的成本的问题。

本章小结(Summary)

经济风险就是指由于汇率的变动对企业的产销数量、价格、成本等经济指标产生影响,从而使得企业在未来一定时期利润和现金净流量减少或是增加,引起企业价值变化的一种潜在的风险。

经济风险管理的目的,就是预测实际汇率改变对企业未来现金流量可能造成的变动影响。根据不同的管理者对风险偏好的不同,管理经济风险的策略一般来说有积极性策略和消极性策略两种。

经济风险管理的原则包括分散营运、分散财务基础等。

避免经济风险的对策在销售策略方面,国际企业的销售经理应该预先定制好,一旦汇率发生变动时,其定价、产品、促销以及销售渠道等销售政策的变动方案都要起到作用。

交易风险产生于企业已经发生的、将用外币结算交易的业务。

国际企业中可能产生交易风险的交易主要包括:以信用方式进行的国际贸易;外汇贷款;远期外汇交易。

在跨国公司采取不同技术为其采取套期保值措施之前,必须要考虑是否值得套期保值。

折算风险是指由于汇率的变动、报表的不同项目采用不同的汇率进行折算,而产生损失或利得的风险。

折算风险的形成因素包括国外业务的参与程度、子公司所在国货币的变动性、暴露在汇率风险之下的资产和负债项目的差额以及汇率的变动方向。

折算风险是通过对境外企业外币会计报表折算的结果来测量的。

一般来说,折算风险管理和交易风险管理的方法大同小异,如远期外汇市场避险,提早或延后运营资金调整等等。如果以这些方法的本质来划分的话,我们将其分类为:主动策略、防卫性方法、进出口策略。

思考题

1. 应从哪些方面避免经济风险?具体对策有哪些?
2. 理解并熟练掌握运用各种交易风险的交易管理方法。
3. A公司是一家美国公司,它打算运用货币市场套期保值的方法为一年后的应付澳大利亚商品款 3000000 澳大利亚元套期保值。美元利率为 7%,澳大利亚元利率为 12%,澳大利亚元即期汇率为 0.85 美元,一年远期汇率为 0.81 美元。若运用货币市场套期保值的话,一年后所需的美元金额为多少?

4. 根据上题的资料,A 公司是用货币市场套期保值还是用远期套期保值好?

5. B 公司每月都购买英国商品(以英镑标价)。该公司每月初都预签一个月的远期合约以对应付账款套期保值。假使英镑在以后 5 年内连续升值,那么,B 公司会受到影响吗?请说明。

6. C 公司三个月后会收到 2000000 欧元,它认为 3 个月的远期汇率即是未来汇率的准确预测。3 个月欧元远期汇率为 1.500 美元。现有卖出期权的执行价格为 1.532 美元,期权费为 0.03 美元。请说明 C 公司应该选择卖出期权套期保值还是选择不套期保值?

7. 某公司是一家美国公司,在英国拥有子公司。该公司预计本年英镑会贬值。说明此公司的折算风险。该公司应如何对折算风险套期保值?

8. D 公司在墨西哥生产的 80% 的产品出口到拉美国家。而 E 公司将生产的产品全部在美国销售,但 E 公司在西班牙有一家子公司能创造该公司 20% 的收益。比较这两家美国公司的折算风险。

第五章

国际融资
International Financing

所谓国际融资是指通过各种方式到国际金融市场上筹措或贷放资金,是国际间的一种资金借贷方式。资金的融通是跨国公司资金运动的起点,也是跨国企业财务管理的一项重要内容。

国际融资的方式是多种多样的。按照国际融资的渠道来分,可以分为内部融资和外部融资。跨国企业的内部融资主要来自于企业的留存收益,外部融资则又可分为外部债权融资和外部股权融资。

按照国际融资的期限区分,可以分为短期融资和长期融资。跨国短期融资是指期限在1年以内的国际融资。跨国长期融资则是指期限在1年以上或没有固定期限的国际融资。国际商业银行中的长期贷款、国际租赁、出口信贷等都属于跨国长期融资。

按照国际融资时融资人和筹资人之间的权利关系,国际融资可分为跨国债权融资和跨国权益融资。跨国债权融资是指筹资人到期必须归还本金,并对融资人支付固定回报的资金融通。跨国权益融资是指一国的筹资人通过发行权益性有价证券或与他国融资人签订合资经营的契约,并因此而形成共同承担投资风险,共同分享投资收益的投、融资关系。跨国权益筹资下,筹资人虽然无须归还融资人本金,但是要筹资人与融资人按比例分配收益。

第一节 国际信贷融资 International Loans

一、国际信贷融资的来源(Source of International Loans)

In the case of a company, managerial finance or corporate finance is the task of providing the funds for the corporations' activities. It generally involves balancing risk and profitability. Long term funds would be provided by ownership equity and long-term credit, often in the form of bonds. These decisions lead to the company's capital structure. Short term funding or working capital is mostly provided by banks extending a line of credit.

信贷,是货币持有者将约定数额的资金按约定的利率暂时借出,借款者在约定期限内,按约定的条件还本付息的信用活动。跨国信贷融资则是指国际企业向国际金融机构或国际间其他经济组织借款的一种信用活动。

随着世界经济的发展和世界经济一体化的加强,各国在全球范围内开展了金融创新活动。国际信贷也随之发展,国际信贷的种类也越来越多。总的看来主要有以下几个种类:

(1) 按贷款的利率,可分为无息贷款、低息贷款、中息贷款和高息贷款。

(2) 按贷款的期限,可分为短期贷款、中期贷款和长期贷款。短期贷款的期限在1年以内,中期贷款的期限一般在1年以上、5年以下,长期贷款则是指5年以上的贷款。

(3) 按贷款的性质和来源,分为政府贷款、国际商业银行贷款、国际金融机构贷款等等。

(一) 国际商业银行贷款

1. 国际商业银行贷款的分类

国际商业银行贷款按照贷款期限的长短可以分为短期信贷、中期信贷和长期信贷。

(1) 短期信贷(short term loan):A loan for an amount of money that is to be repaid within twelve months

短期信贷又有两种方式:银行与银行之间的同业拆放和银行对非银行客户的信贷。在短期信贷时,不必签订贷款协议,只需通过电话、电传承交,事后以书面确认即可。借款人借款一般是现款,而且利息较高。

(2) 中期信贷(medium term loan):在国际商业银行贷款中,双边中期贷款是中期贷款的主要形式。所谓双边中期贷款是指一家银行对另一家银行提供的金额为1亿美元以下的贷款。其贷款的期限为3年到5年。中期信贷时,借贷双方银行要签订贷款协议。有时贷款方银行甚至会要求借款方提供担保。

(3) 长期信贷(long term loan)：国际商业银行贷款的银团贷款是长期信贷的一种形式。所谓银团贷款是指由一家银行牵头、多家银行参与的共同提供贷款金额较大、期限较长的贷款。

2. 商业银行贷款的利息和费用

国际商业银行贷款的利率是按国际金融市场的利率计算的。而国际金融市场利率水平又是通过借贷资本的供需状况所决定的。它的确定一般是由伦敦银行间同业拆放利率加上加息构成。加息一般为0.25%~0.75%。

国际商业银行贷款不仅要支付利息,借款人在筹措资金时还要支付各种费用。主要的费用有:管理费、代理费、承诺费和杂费等。

(1) 管理费。管理费是借款人向贷款方支付的贷款方为筹措资金而做的大量准备工作的费用。它是按贷款总额的一定比例计算的,费用率一般在贷款总额的 0.1%~0.5%之间,一次或分次支付。

(2) 代理费。代理行在联系贷款业务时会发生各种费用开支,如差旅费、电传费、办公费等。所发生的这些费用需要由借款人承担。

(3) 承诺费。借款方与贷款方签订贷款协议后,贷款银行承担全部贷款资金的义务。而如果借款人未能按期支用该款项,致使贷款银行筹措的资金闲置,借款方就要支付承诺费。承诺费按未支用金额和实际未支用天数计算。

(4) 杂费。杂费主要是签订贷款协议前贷款方与借款方进行联系、磋商、谈判时发生的费用,如差旅费、律师费以及签订贷款协议后的宴请费等等。杂费凭贷款方的账单一次支付。

3. 国际商业银行贷款的特点

International commercial bank is the term used for a normal bank to distinguish it from an investment bank. After the great depression, the US Congress required that banks only engage in banking activities, whereas investment banks were limited to capital markets activities. Since the two no longer have to be under separate ownership, some use the term "international commercial bank" to refer to a bank or a division of a bank that mostly deals with deposits and loans from corporations or large businesses.

与下面即将介绍的政府贷款的特点相比,国际商业银行贷款的特点有:

（1）国际商业银行贷款的贷款额不受数额限制。国际商业银行贷款与政府贷款不同，政府贷款会受到一定数额的限制，而国际商业银行则不受数额限制。

（2）国际商业银行贷款的借款人可自由使用贷款，而不受到贷款银行的限制。政府贷款有时会对采购的商品加以限制，国际金融机构的贷款也有专款专用的限制。而国际商业银行贷款因为商业的性质，银行不会对借款人使用贷款作任何的限制，而可以由借款人自由使用。

（3）国际商业银行贷款容易获得。国际商业银行贷款的手续较简便，相对政府贷款或国际金融机构贷款，更容易获得。

（4）国际商业银行贷款的利率较高。因为国际商业银行的盈利性质，虽然国际商业银行的贷款容易获得，但是贷款的利率却比较高。国际商业银行贷款的利率以国际金融市场利率为基础，而政府贷款和国际金融机构贷款的利息相对较低，甚至可能无息。

（二）政府贷款

Government loan is the loan to a developing country lent by a developed country. It is often because the loaner country's support of the export of its goods, and also a type of capital export.

1. 政府贷款的主要类型

（1）纯软贷款。纯软贷款也称作国际开发协会贷款，由国际开发协会向会员国中较贫穷的发展中国家提供条件较宽、期限较长并部分使用当地货币偿还的贷款。

（2）混合贷款。混合贷款有三种类型：一种是赠款加出口信贷，第二种是软贷款加出口信贷，第三种是混合贷款。

（3）纯赠款。外国政府在财政合作基金项下为资助发展中国家的某些特别项目而提供的纯粹赠款。

2. 企业利用政府贷款的一般程序

（1）企业根据企业发展的需要，提出利用外国政府贷款项目。

（2）企业编制项目建议书等报给国家有关部门进行审批。

（3）国家有关部门向贷款国提出政府贷款，双方进行谈判磋商，承诺后签署协议。

（4）转贷机构对备选项目进行评估。

（5）国内转贷银行或代理银行同国外金融机构签署贷款的项目金融协议；之后，再同项目单位签署转贷协议。政府贷款协议的签订基本上有两种做法：一种是签订年度贷款协议，另一种是签订项目贷款协议。

（6）项目单位使用贷款，并根据转贷协议还本付息。政府贷款的偿还有三种形式：国家统借统还，即由国家统一对外借款，并统一还款；统借自还，即由国家对外统一借款，而由项目使用单位负责偿还贷款；自借自还，是指地方、部门和企业通过金融机构或自行对外筹措资金，并自行偿还贷款。

3. 政府贷款的特点

政府贷款具有强烈的政治色彩。无论接受政府贷款的项目单位是国有企业还是私营企业，政府贷款必须由贷款国政府和借款国政府签订贷款协定。因此贷款能否按时还本付息将关系到借款国政府在国际上的信誉。

政府贷款是项目贷款，所贷款项的使用必须是协定所规定的建设项目，且政府贷款不提供自由外汇。

政府贷款带有限制性。发达国家发放政府贷款时，一般都要规定一些附加条件以便取得一定的政治和经济利益。

条件优惠。在各类信贷中，政府贷款是其中优惠程度最高的一种贷款。它提供长期低息贷款，有的政府贷款还有宽限期。外国政府贷款中一般至少要包含全部贷款金额 25% 以上的赠与成分，而且除赠与部分外，利率一般为 1% 至 3% 的低息或无息。它属于援助性的中长期贷款，一般期限很长，通常在 10～30 年左右，宽限期也很长，期限为 5～10 年。

（三）世界银行贷款

1. 世界银行简介

International Bank for Reconstruction and Development or World Bank, specialized United Nations agency established at the Bretton Woods Conference in 1944. A related institution, the International Monetary Fund (IMF), was created at the same time. The chief objectives of the bank, as stated in the articles of agreement, are to assist in the reconstruction and development of territories of members by facilitating the investment of capital for productive purposes and to promote private foreign investment by means of guarantees or participation in loans and to supplement private investment by providing, on suitable conditions, finance for productive purposes out of its own capital.

世界银行（The World Bank Group）是于 1945 年 12 月 27 日与国际

货币基金组织一起正式宣布成立的国际金融机构。世界银行在1946年12月25日开始营业,并于1947年11月起成为联合国的一个专门机构。

它共包括五个成员组织:国际复兴开发银行(The International Bank for Reconstruction and Development)、国际金融公司(The International Finance Cooperation)、解决投资争端国际中心(The International Centre for the Settlement of Investment Dispute)和多边投资担保机构(The Multilateral Investment Agency)。

世界银行作为一个国际性的开发投资金融机构,它不同于一般的商业银行,其宗旨不仅在于向其成员国中的发展中国家提供比市场利率优惠的贷款,更在于它在提供贷款的同时,给发展中国家提供技术和政策援助,促进其成员国得到发展。世界银行的成立是为了有利于战后欧洲的经济复兴,而后其宗旨转向全球性的发展援助,即为成员国生产性投资提供长期贷款和技术援助。目前主要是向发展中国家提供以政府名义担保的项目贷款,资助兴建周期长、利润偏低但又是该国经济和社会发展必需的建设项目。

2. 世界银行的贷款程序

世界银行贷款项目的执行包括以下程序:项目选定、项目准备、项目评估、项目谈判、项目执行和项目总结评价。

项目的选定。世界银行贷款项目的选定极其重要。能否从借款国众多的项目中选出可行的项目,直接关系到世界银行贷款业务的成败。世界银行对项目的选定主要采取以下几种方式:与借款国开展各个方面的经济调研工作;制定贷款原则,明确贷款方向;与借款国商讨借款计划;派出项目鉴定团。

项目的准备。世界银行派出由各方面专家组成的代表团,与借款国一起开始准备工作,为下一阶段的可行性分析和评估做好准备。

项目的评估。项目准备完成之后,即进入评估阶段。项目评估基本上是由世界银行自己来完成的。世界银行评估的内容主要有五个方面:技术、经济、财务、机构、社会和环境方面。

项目的谈判。世界银行和借款国就贷款协议和项目协定两个法律文件的条款进行确认,并就有关技术问题展开讨论。

项目的执行。项目谈判结束后,借款国和项目受益人要对谈判达成的贷款协定和项目协定进行正式确认。在此基础上,世界银行管理部门根据贷款计划,将所谈项目提交世界银行执行董事会批准。项目获批准后,世界银行和借款国在协议上正式签字。协议经正式签字后,借款国方面就可根据贷款生效所需条件,办理有关的法律证明手续并将生效所需的法律文件送世界银行进行审查。如手续齐备,世界银行宣布贷款协议正式生效,项目进入执行阶段。

项目的总结评价。在一个项目贷款的账户关闭后的一定时间内,世界银行要对该项目进行总结,即项目的后评价。通过对完工项目执行清款,进行回顾,总结项目前几个周期过程中得出的经验和教训,评价项目预期受益的实现程度。

3. 世界银行贷款的特点

与其他贷款相比,世界银行贷款有以下特点:

The bank grants loans only to member nations, for the purpose of financing specific projects. Before a nation can secure a loan, advisers and experts representing the bank must determine that the prospective borrower can meet conditions stipulated by the bank. Most of these conditions are designed to ensure that loans will be used productively and that they will be repaid.

世界银行贷款对象为会员国官方、国有企业、私营企业,并且如果借款人不是政府,一般需要政府的担保。贷款的主要对象是特定工程项目,该项目必须在会员国的领土范围内,但不提供贷款项目的全部费用,而是配套贷款,要求借款国提供部分配套资金。

世界银行贷款的期限长,利率优惠。期限一般在20~30年左右,宽限期为5~10年。世界银行的贷款利率参照资本市场利率,但是一般低于市场利率。收取的杂费也较少,只对签约后未支付的贷款额收取0.75%的承诺费用。

借款国要承担汇率变动的风险。世界银行的贷款都是以美元计值的。借款国如使用其他货币时,银行以它所持有的某种货币支付,按支付日的适用汇率折合成美元,并从贷款承诺额中减除;借款国还款时计算还本付息,按货币总库制度执行,即以十种货币折成美元计价,并按当日的适用汇率折合美元。这样,借款国就要承担汇率变动的风险。

手续严格,费时长,并收取承诺费。为保证贷款的经济效益,世界银行贷款手续严格,除上述规定的贷款原则外,从立项提出到取得贷款,一般需要世界银行对项目的评估、考察和严格的审订贷款手续,为此要进行多方面的可行性研究。一般来说,从提出项目,经过选定、评定等阶段,到取得贷款,一般需要1年半至2年时间。

The bank requires that the borrower be unable to secure a loan for the particular project from any other source on reasonable terms and that the prospective project be technically feasible and economically sound. To ensure repayment, member governments must guarantee loans made to private concerns within their territories. After the loan has been made, the bank requires periodic reports both from the borrower and from its own observers on the use of the loan and on the progress of the project.

世界银行贷款一般不带附加条件,项目建设和采购都采取国际招标方式,世界银行各会员国都有权进行投标。按规定,参加投标国的厂商在价格方面可享受15%的优惠。世界银行的国际招标项目是严格按照世界银行编写的采购指南进行的,并且从刊登广告到最终谈判签约,都在世界银行的监督下实施,体现了世界银行贷款的严密性和公正性的原则。

二、国际贷款融资成本测算和风险规避(Cost Estimation and Risk Aversion of International Loans)

（一）国际贷款融资的成本测算

国际贷款融资的成本是指国际企业从国外筹借外汇资金所付出的代价,包括支付的利息、费用和外币折合差额等。外汇借款的成本与借款余额的百分比,就是国际贷款实际融资率。对国际贷款实际融资成本进行预测,是外汇借款筹资决策的需要。企业的实际融资成本只有低于企业资金利润率的时候,才会获得财务杠杆利益,提高企业经济效益。

1. 决定国际贷款融资成本的因素

在现实中,国际企业在国际金融市场上所借货币的币值很可能随借款人的本国货币变动而不断变化。影响企业实际融资成本的因素有:贷款银行收取的利息率;所借货币的币值在贷款期内的波动;所得税税率的高低。

2. 预测国际实际融资成本的方法

国际实际融资成本计算公式为：

$$K = (1+i)[1+(S_1/S_0)] - 1$$

公式中,K 表示实际融资率,i 表示利率,S_1 期末即期汇率,S_0 期初即期汇率。

（二）国际贷款融资风险的规避

Multinational corporation can get some financial benefits form the international loans, but there is still some risks, such as project risk, market risk, technology risk, management risk, political risk and exchange risk. The use of mix foreign currency can often reduce the risk.

三、国际贷款货币的选择(Choice of International Loans' Currency)

（一）影响国际贷款货币选择的主要因素

在国际融资中，常常会涉及以什么货币作为面值货币的问题。如国际商业银行信贷所采用的货币就有三种：借款国货币、贷款国货币和第三国货币。在国际贷款融资中涉及的贷款货币的选择问题，是国际财务管理中所遇到的一个特殊问题。由于各国之间的不同货币存在汇率风险，大幅度的汇率波动，会使成本高昂的融资坐地损失其价值，会改变外币偿付流量的价值，会使可盈利的跨国公司的经营不能获利，结果影响到财务的稳定性。所以在融资决策中，当决定从哪些渠道筹集资金后，一定要正确选择面值货币，它是国际财务管理者的一个重要决策。借款人在取得国际贷款面临货币选择时，必须考虑货币软硬（汇率升降）和利率高低两个因素。如果顾此失彼，就可能发生错误，导致损失。一般来说，借贷双方的利益是对立的。对于借款人来说取得借款时选用软货币较为有利，因为借款人能从软货币汇率下跌中得到好处，可以减轻债务负担。对于贷款银行来说，发放贷款时使用硬货币比较有利，因为贷款银行能从硬货币汇率的上升中得到好处，增加债权收入。因此在银行借贷中，如果使用软货币，贷款银行为了弥补软货币汇率下跌时发生的损失，就会提高贷款利率；如果使用硬货币，借款人为了预防硬货币汇率上升时发生的损失，就会要求降低贷款利率。因此，在国际金融市场上，以软货币借贷的利率高，以硬货币借贷的利率低，两种货币借贷的利率有时相差很大。

（二）国际贷款货币选择的原则

一个借款人要从国际商业银行借款，借取什么货币呢？有哪些原则应当考虑呢？

（1）借取的货币要与使用方向相衔接。

例如：如果借款是为了从日本进口某项机械设备，则最好从商业银行借日元，以防止从商业银行借了美元，再到日本以日元计价来购买机械设备。

(2) 借取的货币要与其购买设备后所生产产品的主要销售市场相衔接。

因为借款的偿还,主要依靠购买设备后所生产产品的销售收入。如上例所述,如果借的是日元,从日本购买设备,设备产品也主要在日本销售,这样销售后的日元收入正好偿付日元借款,避免汇价风险。

(3) 借款的货币最好选择软币,即具有下浮趋势的货币,但是利率较高。

因借软币,将来偿还贷款就能取得汇价下浮的利益,但是软币利率较高,利息负担重。因硬币升值,将来偿还贷款时,借款人就要吃亏。但是,硬币的利率低,利息负担较轻。

(4) 如果在借款期内硬币上浮的幅度小于硬币与软币的利率差,则借取硬币也是有利的;否则,借软币。

上述这些原则应综合考查计算。为便于理解,下面举一案例,重点说明第4原则,同时也加深对第3原则的理解。

案例 5-2 某公司的国际贷款货币选择

某公司欲从欧洲货币市场借款,借款期限为3年,当时瑞士法郎的利率为3.75%,美元的利率为11%,而两种货币的利差为7.25%;美元与瑞士法郎的汇率为1美元=1.63瑞士法郎。当时一权威机构预测:3年以内,瑞士法郎增值幅度不会超过7.25%(即软币与硬币的利率差)。某公司决定借入硬币瑞士法郎,结果该公司没有吃亏,反而有利。

硬币升值幅度小于软币与硬币的利率差,借硬币也是有利的。根据上述案例,粗略推算如下:

(1) 某公司借入5000万瑞士法郎,3年的本利和为:
    5000万×(1+3.75/100×3)= 5562.50万(瑞士法郎)

(2) 某公司将借入的5000万瑞士法郎,按1∶1.63瑞士法郎的比率折成美元,存入美国有关银行,3年套取较高的美元利息收入,这样5000万瑞士法郎折成美元后3年的本利和为:
    (5000万÷1.63)×(1+11/100×3)= 4079.75万(美元)

(3) 在瑞士法郎3年不上浮的情况下,该公司把3年存的本利和折成瑞士法郎,用以偿还原借款5000万瑞士法郎及3年的利息,这样可赚取:
    4079.75万×1.63−5562.50万
    =1087.49万(瑞士法郎)

(4) 如果瑞士法郎 3 年后上浮 1%,则美元与瑞士法郎的比率为 1∶1.61,该公司把 3 年存美元的本利和折成瑞士法郎,用以偿还原借款 5000 万瑞士法郎及 3 年的利息后可以赚取:

$$4079.75 万 \times 1.61 - 5562.50 万$$
$$= 1005.90 万(瑞士法郎)$$

(5) 如果瑞士法郎 3 年后上浮 7%,则美元与瑞士法郎的比率为 1∶1.52,该公司把 3 年存美元的本利和折成瑞士法郎,用以偿还原借款 5000 万瑞士法郎及 3 年的利息,这样还可赚取:

$$4079.75 万 \times 1.52 - 5562.5 万$$
$$= 638.72 万(瑞士法郎)$$

可见,利率差额为 7.25%,而瑞士法郎汇率上浮 7%,瑞士法郎浮升的幅度小于利率差(7%<7.25%),该公司借用硬币还是有利可图的。

第二节 国际债券融资 International Bond Financing

一、国际债券市场的功能(Function of International Bond Market)

(一)证券市场的特征和结构

Securities market(证券市场): A place or places where securities are bought and sold, the facilities and people engaged in such transactions, the demand for and availability of securities to be traded, and the willingness of buyers and sellers to reach agreement on sales. Securities markets include over-the-counter markets, the New York Stock Exchange, the Chicago Board of Trade and the American Stock Exchange.

1. 证券市场的特征

证券市场具有以下三个显著特征:

第一,证券市场是价值直接交换的场所。有价证券都是价值的直接代表,它们本质上只是价值的一种直接表现形式。虽然证券交易的对象是各种各样的有价证券,但由于它们是价值的直接表现形式,所以证券市场本质上是价值的直接交换场所。

第二,证券市场是财产权利直接交换的场所。证券市场上的交易对象是作为经济权益凭证的股票、债券、投资基金等有价证券,它们本身仅是一定量财产权利的代表,所以,证券市场实际上是财产权利的直接交换场所。

第三,证券市场是风险直接交换的场所。有价证券既是一定收益权利的代表,同时也是一定风险的代表。有价证券的交换在转让出一定收益权的同时,也把该有价证券所特有的风险转让出去。所以,从风险的角度分析,证券市场也是风险的直接交换场所。

2. 证券市场的结构

证券市场的结构可以有许多种,但最基本的结构有两种:

(1) 纵向结构关系

这是一种按证券进入市场的顺序而形成的结构关系。按这种顺序关系划分,证券市场的构成可分为发行市场和交易市场。证券发行市场又称"一级市场"或"初级市场",是发行人以筹集资金为目的,按照一定的法律规定和发行程序,向投资者出售新证券所形成的市场。在发行过程中,证券发行市场作为一个抽象的市场,其买卖成交活动并不局限于一个固定的场所。证券交易市场又称"二级市场"或"次级市场",是已发行的证券通过买卖交易实现流通转让的场所。

(2) 横向结构关系

这是依有价证券的品种而形成的结构关系。这种结构关系的构成主要有股票市场、债券市场、基金市场等。

股票市场是股票发行和买卖交易的场所。股票市场的发行人为股份有限公司。股份有限公司通过发行股票募集公司的股本,或是在公司营运过程中通过发行股票扩大公司的股本。股份公司在股票市场上筹集的资金是长期稳定、属公司自有的资本。股票市场交易的对象是股票,股票的市场价格除了与股份公司的经营状况和盈利水平有关外,还受到诸如政治、社会、经济等多方面因素的综合影响。因此,股票价格经常处于波动之中。

A stock market is a market for the trading of company stock, and derivatives of same; both of these are securities listed on a stock exchange as well as those only traded privately.

Although common, the term "the stock market" is a somewhat abstract concept for the mechanism that enables the trading of company stocks. It is also used to describe the totality of all stocks and sometimes other securities, with the exception of bonds, commodities, and derivatives. The term is used especially to apply within one country as, for example, in the phrase "the stock market was up today", or in the term "stock market bubble".

债券市场是债券发行和买卖交易的场所。债券的发行人有中央政府、地方政府、金融机构、公司和企业。债券发行人通过发行债券筹集的资金一般都有期限,债券到期时债务人必须按时归还本金并支付约定的利息。债券是债权凭证,债券持有者与债券发行人之间是债权债务关系。

The bond market refers to people and entities involved in buying and selling of bonds and the quantity and prices of those transactions over time. Participants in the market trade bonds issued by corporations and various government bodies.

债券市场交易的对象是债券。债券因有固定的票面利率和期限,其市场价格相对股票价格而言比较稳定。

基金市场是基金证券发行和流通的市场。封闭式基金在证券交易所挂牌交易,开放式基金通过投资者向基金管理公司申购和赎回以实现流通。

(二) 证券市场的产生与发展

1. 证券市场产生的历史必然

(1) 证券市场是社会化大生产和商品经济发展的产物

在自给自足的小生产社会中,受生产水平的限制,生产所需的资本极其有限,单个生产者的积累就能满足再生产的需要,不需要也不可能存在证券和证券市场。

在从自然经济向商品经济发展的初期,由于社会分工不发达,生产力水平低下,社会生产所需的资本除了自身积累外,可以通过借贷资本来筹集生产发展资金,但那时的信用制度仍是简单落后的,证券市场也无从形成。

随着生产力的进一步发展,社会分工的日益复杂,商品经济的日益社会化,社会化大生产需要巨额的资金,依靠单个生产者自身的积累难以满足,即使依靠银行借贷资本也不能解决企业自有资本扩张的需要,因此,客观上需要有一种新的筹集资金的手段以适应社会经济进一步发展的要求。在这种情况下,证券和证券市场就应运而生了。

(2) 证券市场的形成与股份公司相联系

股份制度是证券市场之母。要了解证券市场的发展,首先需要了解股份制度的产生和发展。随着人类社会分工的日益发达,社会化大生产逐渐取代了自给自足的小生产。这时,无论是生产者自身的资本积累,还是有限的借贷资本,都难以满足企业从事社会化大生产所需要的巨额资金。于是股份公司和股份制度应运而生。

A joint stock company is a type of business partnership in which the capital is formed by the individual contributions of a group of shareholders. Certificates of ownership or stocks are issued by the company in return for each contribution, and the shareholders are free to transfer their ownership interest at any time by selling their stockholding to others.

股份公司通过面向社会发行股票,迅速集中大量资金,实现生产的规模经营;而社会上分散的资金盈余者本着"利益共享、风险共担"的原则投资股份公司,谋求财富的增值。最早的股份公司产生于17世纪初荷兰和英国成立的海外贸易公司。这些公司通过募集股份资本而建立,具有明显的股份公司特征:具有法人地位;成立董事会;股东大会是公司最高权力机构;按股分红;实行有限责任制……。股份公司的成功经营和迅速发展,使更多的企业群起效仿,在荷兰和英同掀起了成立股份公司的浪潮。到1695年,英国成立了约100家新股份公司。

(3) 证券市场的形成离不开信用制度的发展

只有当货币资本与产业资本相分离,货币资本本身取得一种社会性质时,公司股票和债券等信用工具才会被充分运用。随着信用制度的发展,商业信用、国家信用、银行信用等融资方式不断出现,越来越多的信用工具随之出现。信用工具一般具有流通变现的要求,而证券市场为有价证券的流通转让创造了条件,因而随着信用制度的发展,证券市场的产生成为必然。

2. 证券市场的产生过程

证券市场的产生大概可以分为三个阶段。

(1) 在16世纪股票作为筹集资金、分散风险的一种手段而进入远航贸易领域。

The Dutch started joint stock companies in 1602, when the Dutch East India Company issued the first shares on the Amsterdam Stock Exchange. It was the first company to issue stocks and bonds.

在15世纪,意大利的航海家哥伦布发现了南美洲新大陆,随后葡萄牙的航海家麦哲伦又完成了第一次环球航行。这些地理上的大发现开通了东西方之间的航线,使海外贸易和殖民地掠夺成为暴富的捷径。而要组织远航贸易就必须具备两大条件,其一是组建船队需要巨额的资金;其二是因为远航经常会遭到海洋飓风和土著居民的袭击,要冒很大的风险。

而在当时,没有一个投资者能拥有如此庞大的资金,且也没有谁甘愿冒这么大的风险。为了筹集远航的资本和分摊经营风险,就出现了以股份集资的方法,即在每次出航之前,招募股金,航行结束后将资本退给出资人并将所获利润按股金的比例进行分配。为保护这种股份制经济组织,英国、荷兰等国的政府不但给予它们各种特许权和免税优惠政策,且还制订了相关的法律,从而为股票的产生创造了法律条件和社会环境。

在1553年,英国以股份集资的方式成立了莫斯科尔公司,在1581年又成立了凡特利公司,其采取的方式就是公开招买股票,购买了股票就获得了公司成员的资格。这些公司开始运作时是在每次航行回来就返还股东的投资和分取利润,其后又改为将资本留在公司内长期使用,从而产生了普通股份制度,相应地形成了普通股股票。

与此相适应,证券交易也在欧洲的原始资本积累过程中出现。17世纪初,为了促进包括股票流通在内的筹集资本活动的顺利开展,在里昂、安特卫普等地出现了证券交易场所,当时进行交易的是国家债券。

1602年,在荷兰的阿姆斯特丹成立了世界上第一个股票交易所,正式印制了世界上最早的股票——东印度公司股票。

The Amsterdam Stock Exchange is considered the oldest in the world. It was established in 1602 by the Dutch East India Company (Vereenigde Oostindische Compagnie, or "VOC") for dealings in its printed stocks and bonds. It was subsequently renamed the Amsterdam Bourse and was the first to formally begin trading in securities.

因为在贸易航行中获取的利润十分丰厚,这类公司就迅速膨胀,相应地股票也得到发展。在1660年之前,股东若要转让其所持股票,就要在本公司内找到相应的人员来接受,或设法依公司章程规定将本公司以外的承购者变为公司的成员,股票的转让相当不便。但从1661年开始,股票开始可以任意转让,购买了公司股票的人就具有公司的股东资格,享有股东权。

到1680年,此类公司在英国已达49家,这就要求用法律形式确认其独立的、固定的组织形式。在17世纪上半叶,英国就确认了公司作为独立法人的观点,从而使股份有限公司成为稳定的组织形式,股金成为长期投资。股东凭借公司制作的股票就享有股东权,领取股息。

1698年,在英国已有大量的证券经纪人。

(2) 17世纪后,随着资产阶级革命的爆发,股票逐渐进入金融和工业领域。

从17世纪末到19世纪中叶,英国、法国先后爆发了资产阶级革命,大机器工业生产代替手工生产的产业革命迅猛崛起,导致了商品经济的极大发展。股份有限公司因适应了大工业的要求而迅速发展起来,股票也相应地得到发展。出于生产对于扩大资金来源和进行远距离运输以扩大市场的需要,银行、运输业急需大量筹集资金,而通过发行股票来筹集资金、建立股份有限公司就成为当时的一种普遍方式。1694年成立的第一家资本主义国家银行——英格兰银行及美国在1790年成立的第一家银行——合众美国银行都是以发行股票为基础成立的股份有限公司。由于股份制银行既可发行银行券,又能吸收社会资金来发放贷款,其盈利非常可观。而相对于远航贸易来说,银行股票是金融业股票,不但股息多,且风险小,所以股票和股份制在金融业得到了迅速的发展。

During the period of industry revolution, the joint stock company was a financing model that allowed companies to raise large amounts of capital while lowering risk by diversifying contributed capital among multiple ventures. Europeans, initially the British, trading with the Near East for goods, pepper and calico for example enjoyed spreading the risk of trade over multiple sea voyages. The joint stock company became a more viable financial structure than previous guilds or state regulated companies.

在18世纪,蒸汽机的发明和推广应用导致了工业革命。

此时,资本主义的主要工业部门从手工业逐渐地过渡到机器大工业生产。不但纺织业使用了大机器,且推广到轮船和机车,改变了整个工业的交通状况,大大地促进了生产力的发展。这时的生产规模,已经远远不是单个资本家的小规模投资所能适应,它不但需要专业化生产和分工协作,还要求在交通能源、原材料、基础设施等方面进行巨大的投资,而这些投资却不是少数资本家或当时政府的财力所能承担的。而股份有限公司和股票正好提供了一条用资本社会化来集中资金的出路。

在18世纪70年代到19世纪中期,英国利用股票集资这种形式共修建了长达2200英里的运河系统和5000英里的铁路。美国在18世纪初的50年里建成了约3000英里的运河及2800英里的铁路。

到了 19 世纪 60 年代以后,由于资本主义大工业生产要求扩大企业规模、改进生产技术和提高资本的有机构成,独资或合伙办企业就难以适应。这时资本主义国家政府就采取各种优惠措施来鼓励私人集资兴建企业。股份有限公司开始在工业系统确立统治地位。于是,股票的自由转让,特别是利用股票价格进行投机,刺激了人们向工业企业进行股票投资的兴趣。股份有限公司在各个工业领域都迅猛发展,成为主要的企业组织形式,且通过股票筹措的资本额越来越大。如 1799 年杜邦创立的杜邦火药公司就是用每股 2000 美元的股票筹措了 18 股资本创办的;而 1902 年成立的美国钢铁公司则用股票筹措了多达 14 亿美元的股金资本,成为第一个 10 亿美元以上的股份有限公司。

The joint stock company was a forerunner of contemporary corporate entities such as the American business corporation, the British public limited company, the French société anonyme, the German Aktiengesellschaft and the Japanese kabushiki kasha. In some countries, "joint stock company" is used as an English translation for business forms that more closely resemble corporations.

While traditional joint stock companies still exist in some areas, they are generally considered an unattractive alternative to limited liability entities. Joint stock companies have recently been used in some fraudulent asset protection schemes in Texas.

(3) 随着证券交易的发展,其相应的法规及手段日益完善。

随着股份有限公司的发展和股票发行数量的日益增多,证券交易所也在逐步发展。1773 年,股票商在伦敦的新乔纳咖啡馆正式成立了英国第一家证券交易所(现伦敦证券交易所的前身),并在 1802 年获得英国政府的正式批准和承认。它最初经营政府债券,其后是公司债券和矿山、运河股票。到 19 世纪中叶,一些非正式的地方性证券市场也在英国兴起。

美国的证券市场从费城、纽约到芝加哥、波士顿等大城市开始出现,逐步形成了全国范围的证券交易局面。这些证券市场开始经营政府债券,继而是各种公司股票。1790 年美国的第一个证券交易所——费城证券交易所诞生。1792 年纽约的 24 名经纪人在华尔街 11 号共同组织了"纽约证券交易会",这就是后来闻名于世的"纽约证券交易所"。随着股票交易的发展,在 1884 年,美国的道和琼斯发明了反映股票行情变化的股票价格指数雏形——道·琼斯股票价格平均数。

股票在近代和现代的高速发展,要求法律制度不断完备。各个西方国家均通过制定公司法、证券法、破产法等来维护股份有限公司和股票的发展,以保护股东的权益。美国根据1929年经济危机的经验,于1933年颁布了《证券法》,主要规定了股票发行制度。1934年又颁布了《证券交易法》,用于解决股票交易问题,并依该法成立了证券委员会作为股票市场的主管机关。1970年,为了保护投资者的利益、减少投资风险,颁布了《证券投资者保护法》。另外,在各国的股票交易市场上形成了反映股票行情变化的股票价格指数。比如,美国的道·琼斯公司编制的道·琼斯股票价格平均指数,是美国目前最有代表性的大工业垄断公司股票的价格指数。有关证券(股票)法律的公布和股票价格指数的产生,促进了股份有限公司和股票制度的发展。

3. 证券市场产生过程中的重大事件

1602年在荷兰的阿姆斯特丹成立了世界上第一个股票交易所。

1685年德国柏林证券交易所成立。目前在德国的法兰克福证券交易所是最大的证券交易所,也是欧洲证券交易中心之一。

1724年,法国巴黎证券交易所成立。

1773年,英国第一个证券交易所在伦敦柴思胡同的"乔纳森咖啡馆"成立,1802年获得英国政府的正式批准。这家证券交易所即为现在伦敦证券交易所的前身。该交易所最初交易政府债券,以后是公司债券和矿山、运河股票。

1790年,美国成立了第一家证券交易所——费城证券交易所。

1792年5月17日,24名经纪人在纽约华尔街的一棵梧桐树下聚会,商订了一项名为"梧桐树协定",约定每日在梧桐树下聚会,从事证券交易,并订出了交易佣金的最低标准及其他交易条款。1793年一家名为汤迪的咖啡馆在华尔街落成,于是露天的证券市场就移进咖啡馆经营。1817年,参与华尔街汤迪咖啡馆证券交易的经纪人通过一项正式章程,并定名为"纽约证券交易会",1863年改名为"纽约证券交易所"。

1877年,瑞士苏黎世证券交易所成立。

1878年,日本东京、名古屋成立了股票交易所。战后,1948年东京证券交易所重建和恢复。

1891年,香港成立了香港股票经纪协会,后发展为香港证券交易所。1914年,香港证券交易所成立。其后20世纪60年代末、70年代初,又成立了远东、金银、九龙等证券交易所。1980年,上述四家交易所合并成立香港联合证券交易所。

1956年,韩国达议股票交易所成立。

1971年,美国"全美证券交易商协会自动报价系统"即纳斯达克市场成立。

1973年,新加坡证券交易所成立。

4. 我国的证券市场

（1）最早的证券交易市场

1872年设立的轮船招商局是外国在华机构发行的债券最早的股份制企业。

1891年由上海外商经纪人组织了"上海股份公所"和"上海众业公所"。交易对象为外国企业股票、公司债券、南洋一带的橡胶股票、中国政府的金币公债。

1914年北洋政府颁布《证券交易法》,推动证券交易所的建立。

中国人自己创办的第一家证券交易所是1918年夏天成立的北平证券交易所。

（2）新中国的证券市场

① 萌芽初建期

建国初期的证券市场仅仅刚刚起步。1950年2月1日成立北京证券交易所,积极利用国债市场筹措资金。1950—1958年,北京证券交易所发行人民胜利折实公债和国家建设公债。1959—1978年,停止发行全国性公债,但允许各地在必要时候发行地方建设公债。不久该所破产。

② 探索起步期

20世纪70年代,我国的经济体制、投融资体制发生变化。

当时,证券市场的主要品种一是债券,二是股票大额可转让存单。其特征：一是国库券是主要品种；二是股票发行和股份制的发展具有自发性；三是股份制和证券市场的发展具有波动性；四是股票的公开发行还不规范。因当时是恢复和起步阶段,市场结构不合理,运作不规范,法制建设起步较晚,但是对国民经济起了积极的作用,既拓宽了投融资渠道,又促进了股份制和股份经济的发展,同时还促进了多元化投融资主体、多要素市场的发展。

③ 快速发展期

这一阶段交易所市场日趋形成,证券市场发展迅速。十三届七中全会肯定了证券市场的地位；邓小平南巡统一了思想；十四大明确了地位。1990年12月和1991年7月上海证券交易所和深圳证券交易所分别开业,标志着证券市场进入快速发展阶段。1992年国务院证券委员会及其监管机构证券监督管理委员会成立,标志着全国证券市场统一监管机构的产生。1993年国务院颁发了《股票发行与交易管理暂行条例》和《企业债券管理条例》。1993年以后股票市场由点到面,并且B股、H股开始发行。

这一阶段我国证券市场的特征主要表现为:一是市场规模扩大,发行方式多样化;二是债券品种多样化,规模逐年增加;三是建立了统一有序的交易所市场;四是培育了一定规模和实力的中介机构;五是建立了集中统一的监管体系;六是法律法规体系逐步形成。

④ 法制规范期

20世纪90年代后期,亚洲金融危机以及证券市场投机气氛加重。为此,国家颁布实施了一系列法律法规,加大对扰乱证券市场秩序行为的处罚力度,理顺证券市场监管体制,完善上市公司治理结构,大力培育机构投资者,完善股票发行制度,规范扶持证券经营机构。1998年4月国务院证券委撤销,职能并入中国证监会。1998年12月全国人大常委会通过《中华人民共和国证券法》,1999年7月1日正式实施,这标志着新中国证券市场进入有序发展的法制阶段。2003年开始,证监会制定并实施了《中华人民共和国投资基金法》。

⑤ 稳步发展期

2004年1月31日国务院颁发《关于推进资本市场改革开放和稳定发展的若干意见》,肯定成就、明确任务、提出政策。2004年8月和2005年11月,全国人大两次对《中华人民共和国证券法》进行修订。2004年5月深交所主板市场内设立了中小企业板,上海证券交易所和深圳证券交易所分别推出交易型开放式基金(ETFs)和上市开放式基金(LOFs)、权证等。2005年4月证监会发布了《关于上市公司股权分置改革试点有关问题的通知》。从此,新中国的证券市场改革深化稳步进行。

(三)证券市场的地位与功能

1. 证券市场在金融市场体系中的地位

The securities markets can be divided into the primary markets and the secondary markets. Primary markets (also known as capital markets) comprise of new securities to their first holders. The issue of new equity securities is commonly known as an Initial Public Offering (IPO). Issuers usually retain investment banks to assist them in finding buyers for these issues, and in many cases, to buy any remaining interests themselves. This arrangement is known as underwriting.

金融市场是资金融通市场。金融市场的构成十分复杂,它是由许多不同的市场组成的一个庞大的体系。但是,一般根据金融市场上交易工具的期限,把金融市场分为货币市场和资本市场两大类。货币市场是融通短期资金的市场,资本市场是融通长期资金的市场,包括中长期信贷市场和证券市场。中长期信贷市场是金融机构与企业之间的贷款市场;证券市场是通过证券的发行与交易进行融资的市场。证券市场在整个金融市场体系中具有非常重要的地位,是现代金融体系的重要组成部分。从金融市场的功能看,证券市场通过证券信用的方式融通资金,通过证券的买卖活动引导资金流动,促进资源配置的优化,推动经济增长,提高经济效益。从金融市场的运行看,金融市场体系的其他组成部分都与证券市场密切相关。

(1)证券市场与货币市场关系密切

证券市场是货币市场上的资金需求者。证券发行通常要由证券经营机构的垫款,垫款所需要的资金通常依赖于货币市场的资金供给。当证券市场上买卖兴旺、证券价格上涨时,又需要更多的资金来补助交易的完成,引起货币市场上的资金需求增长,利率上升。

(2)长期信贷的资金来源依赖于证券市场

在资本市场内部,长期信贷市场的发展也必然依赖证券市场。作为金融机构的长期信贷资金,在很大程度上通过证券市场来筹集的,比如金融机构通过证券市场发行股票筹集资本金、通过证券市场发行金融债券筹集信贷资金等。

(3)任何金融机构的业务都直接或间接与证券市场相关

在现实中,任何金融机构的业务都直接或间接与证券市场相关,而且证券金融机构与非证券金融机构在业务上有很多交叉。

2. 证券市场的基本功能

The financial system performs three main tasks: first, it handles transfer of payments; second, it channels savings to investments with a good return for future consumption; and third, it spreads and reduces (local enterprise) economic risks in relation to the players' targeted returns (but note that systemic risk is not thereby reduced—it merely becomes less concentrated and uneven). Moreover, unforeseen risks, or catastrophic risks (such as the complete collapse of the financial system or government institutions), may not be capable of being spread, or insured against.

（1）筹资功能

证券市场的筹资功能是指证券市场上为资金需求者筹集资金的功能。这一功能的另一作用是为资金供给者提供投资对象。在证券市场上交易的任何证券，既是筹资的工具，也是投资的工具。在经济运行过程中，既有资金盈余者，又有资金短缺者。资金盈余者为了使自己的资金价值增值，就必须寻找投资对象。在证券市场上，资金盈余者可以通过买入证券而实现投资；而资金短缺者为了发展自己的业务，就要向社会寻找资金。为了筹集资金，资金短缺者就可以通过发行各种证券来达到筹资的目的。

In finance, investment means buying securities or other monetary or paper (financial) assets in the money markets or capital markets, or in fairly liquid real assets, such as gold as an investment, real estate, or collectibles. Valuation is the method for assessing whether a potential investment is worth its price.

（2）资本定价

证券市场的第二个基本功能就是为资本定价。证券是资本的存在形式，所以，证券的价格实际上是证券所代表的资本的价格。证券的价格是证券市场上证券供求双方共同作用的结果。证券市场的运行形成了证券需求者竞争和证券供给者竞争的关系，这种竞争的结果是：能产生高投资回报的资本，市场的需求就大，其相应的证券价格就高；反之，证券的价格就低。因此，证券市场是资本的合理定价机制。

（3）资本配置

证券市场的资本配置功能是指通过证券价格引导资本的流动而实现资本的合理配置的功能。在证券市场上，证券价格的高低是由该证券所能提供的预期报酬率的高低来决定的。证券价格的高低实际上是该证券筹资能力的反映。而能提供高报酬率的证券一般来自于那些经营好、发展潜力巨大的企业，或者是来自于新兴行业的企业。由于这些证券的预期报酬率高，因而其市场价格也就相应高，从而其筹资能力就强。这样，证券市场就引导资本流向能产生高报酬率的企业或行业，从而使资本产生尽可能高的效率，进而实现资本的合理配置。

二、国际股票融资(International Equities Financing)

跨国股权融资股票的认购和销售都是在发行公司所在国之外进行的,即通过由国际性银行和证券交易所参与的国际资金市场进行交易。

(一)普通股(common stock)和优先股(preferred stock)

1. 普通股的特征和功能

普通股是随着企业利润变动而变动的一种股份,是股份公司资本构成中最普通、最基本的股份,是股份企业资金的基础部分。

Financial loss or gain can be greater with common stock than with preferred stock. Holders of common stock have residual equity in a corporation. This means they have the last claim on the earnings and assets of a company, and they may receive dividends only at the discretion of the company's board of directors and after all other claims on profits have been satisfied. For example, if the company is dissolved, stockholders share in what is left only after all other claims have been settled. Because dividends and equity do not have fixed dollar values, holders of common stock can reap greater benefits when a company is prosperous or lose more when a company is doing poorly than holders of preferred stocks.

普通股的基本特点是其投资收益(股息和分红)不是在购买时约定,而是事后根据股票发行公司的经营业绩来确定。公司的经营业绩好,普通股的收益就高;反之,若经营业绩差,普通股的收益就低。普通股是股份公司资本构成中最重要、最基本的股份,也是风险最大的一种股份,是股票中最基本、最常见的一种。在我国上交所与深交所上市的股票都是普通股。

一般可把普通股的特点概括为如下四点:

(1)持有普通股的股东有权获得股利,但必须是在公司支付了债息和优先股的股息之后才能分得。普通股的股利是不固定的,一般视公司净利润的多少而定。当公司经营有方,利润不断递增时普通股能够比优先股多分得股利,股利率甚至可以超过50%;但赶上公司经营不善的年头,也可能连一分钱都得不到,甚至可能连本也赔掉。

(2)当公司因破产或结业而进行清算时,普通股股东有权分得公司剩余资产,但普通股股东必须在公司的债权人、优先股股东之后才能分得财产,财产多时多分,少时少分,没有则只能作罢。由此可见,普通股股东与公司的命运更加息息相关,荣辱与共。当公司获得暴利时,普通股股东是主要的受益者;而当公司亏损时,他们又是主要的受损者。

(3) 普通股股东一般都拥有发言权和表决权,即有权就公司重大问题进行发言和投票表决。普通股股东持有一股便有一股的投票权,持有两股者便有两股的投票权。任何普通股股东都有资格参加公司最高级会议——每年一次的股东大会,但如果不愿参加,也可以委托代理人来行使其投票权。

Common stock typically has voting rights in corporate decision matters, though perhaps different rights from preferred stock. In order of priority in a liquidation of a corporation, the owners of common stock are near the last. Dividends paid to the stockholders must be paid to preferred shares before being paid to common stock shareholders.

(4) 普通股股东一般具有优先认股权,即当公司增发新普通股时,现有股东有权优先(可能还以低价)购买新发行的股票,以保持其对企业所有权的原百分比不变,从而维持其在公司中的权益。比如某公司原有10000股普通股,而你拥有100股,占1%,现在公司决定增发10%的普通股,即增发1000股,那么你就有权以低于市价的价格购买其中1%即10股,以便保持持有股票的比例不变。

在发行新股票时,具有优先认股权的股东既可以行使其优先认股权,认购新增发的股票,也可以出售、转让其认股权。当然,在股东认为购买新股无利可图,而转让或出售认股权又比较困难或获利甚微时,也可以听任优先认股权过期而失效。公司提供认股权时,一般规定股权登记日期,股东只有在该日期内登记并缴付股款,方能取得认股权而优先认购新股。通常这种在登记日期内购买的股票又称为附权股,相对地,在股权登记日期以后购买的股票就称为除权股,即股票出售时不再附有认股权。这样在股权登记日期以后购买股票的投资不再附有认股权。这样在股权登记日期以后购买股票的投资者(包括老股东),便无权以低价购进股票,此外,为了确保普通股权的权益,有的公司还发行认股权证——即能够在一定时期(或永久)内以一定价格购买一定数目普通股份的凭证。一般公司的认股权证是和股票、债券一起发行的,这样可以更多地吸引投资者。

由普通股的前两个特点不难看出,普通股的股利和剩余资产分配可能大起大落。因此,普通股股东所担的风险最大。既然如此,普通股股东当然也就更关心公司的经营状况和发展前景,而普通股的后两个特性恰恰使这一愿望变成现实——即提供和保证了普通股股东关心公司经营状况与发展前景的权力的手段。然而还值得注意的是,在普通股和优先股向一般投资者公开发行时,公司应使投资者感到普通股比优先股能获得较高的股利,否则,普通股既在投资上冒风险,又不能在股利上比优先股多得,那么还有谁愿购买普通股呢?一般公司发行优先股,主要是以"保险安全"型投资者为发行对象,对于那些比较富有"冒险精神"的投资者,普通股才更具魅力。总之,发行这两种不同性质的股票,目的在于更多地吸引具有不同兴趣的资本。

2. 优先股的特征与功能

优先股是"普通股"的对称,是股份公司发行的在分配红利和剩余财产时比普通股具有优先权的股份。优先股也是一种没有期限的有权凭证,优先股股东一般不能在中途向公司要求退股(少数可赎回的优先股例外)。优先股的主要特征有三:一是优先股通常预先定明股息收益率。由于优先股股息率事先固定,所以优先股的股息一般不会根据公司经营情况而增减,而且一般也不能参与公司的分红,但优先股可以先于普通股获得股息,对公司来说,由于股息固定,它不影响公司的利润分配。二是优先股的权利范围小。优先股股东一般没有选举权和被选举权,对股份公司的重大经营无投票权,但在某些情况下可以享有投票权。

Holders of preferred stock take precedence over holders of common stock. Preferred stock shareholders are usually entitled to receive a fixed dividend before any payments are made to common stockholders. Holders of preferred stock typically receive a share of the proceeds from the dissolution of a company before holders of no preferred stock. Some stocks have both preferred dividends and preferred assets. Stock with first preference in the distribution of dividends or assets is called first preferred or, sometimes, preferred A; the next is called second preferred or preferred B, and so on.

优先股的索偿权先于普通股,而次于债权人,优先股的优先权主要表现在两个方面:(1)股息领取优先权。股份公司分派股息的顺序是优先股在前,普通股在后。股份公司不论其盈利多少,只要股东大会决定分派股息,优先股就可按照事先确定的股息率领取股息,即使普遍减少或没有股息,优先股亦应照常分派股息。(2)剩余资产分配优先权。股份公司在解散、破产清算时,优先股具有公司剩余资产的分配优先权,不过，优先股的优先分配权在债权人之后，而在普通股之前。只有还清公司债权人债务之后，有剩余资产时，优先股才具有剩余资产的分配权。只有在优先股索偿之后，普通股才参与分配。

Although holders of preferred stock may have to forego a dividend during a period of little or no profit, this is not true for two types of preferred stock. One is cumulative preferred stock, which entitles the owner to cumulative past due and unpaid dividends. Another type is protected preferred stock, which the corporation issues after paying the preferred-stock dividends and placing a specified portion of its earnings into a reserve, or sinking, fund in order to guarantee payment of preferred stocks.

3. 优先股的种类

设置不同类型的优先股是为了适应一些专门想获取某些优先好处的投资者的需要。优先股有各种各样的分类方式，主要有以下几种：

（1）累积优先股和非累积优先股。累积优先股是指在某个营业年度内，如果公司所获的盈利不足以分派规定的股利，日后优先股的股东对往年应付给的股息，有权要求如数补给。对于非累积的优先股，虽然对于公司当年所获得的利润有优先于普通股获得分派股息的权利，但如该年公司所获得的盈利不足以按规定的股利分配时，非累积优先股的股东不能要求公司在以后年度中予以补发。一般来讲，对投资者来说，累积优先股比非累积优先股具有更大的优越性。

Cumulative Preferred Stock—If the dividend is not paid, it will accumulate for future payment.

Non-cumulative Preferred Stock—Dividend for this type of preferred stock will not accumulate if it is unpaid. This type is very rare, because the payment of dividends is always at the discretion of the board of directors.

（2）参与优先股与非参与优先股。当企业利润增大，除享受既定比率的利息外，还可以跟普通股共同参与利润分配的优先股，称为"参与优先股"。除了既定股息外，不再参与利润分配的优先股，称为"非参与优先股"。一般来讲，参与优先股较非参与优先股对投资者更为有利。

Participating preferred stock is capital stock which provides a specific dividend that is paid before any dividends are paid to common stock holders, and which takes precedence over common stock in the event of a liquidation. It is typically used by private equity investors and venture capital firms. In the event of a sale of the company, holders of ordinary convertible preferred stock get to choose between a return of their money (plus interest) or the money distributable with respect to the common stock into which their preferred shares can be converted. Holders of participating preferred stock get both their money back (with interest) and the money that is distributable with respect to the common shares into which their preferred stock can convert.

（3）可转换优先股与不可转换优先股。可转换的优先股是指允许优先股持有人在特定条件下把优先股转换成为一定数额的普通股。否则，就是不可转换优先股。可转换优先股是近年来日益流行的一种优先股。

Convertible stock provides the stockholder with the option of exchanging preferred stock for common stock under specific conditions, such as when the common stock reaches a certain price or when the preferred stock has been held for a particular time.

（4）可收回优先股与不可收回优先股。可收回优先股是指允许发行该类股票的公司，按原来的价格再加上若干补偿金将已发生的优先股收回。当该公司认为能够以较低股利的股票来代替已发生的优先股时，就往往行使这种权利。反之，就是不可收回的优先股。

Redeemable stock is issued with the stipulation that the corporation has the right to repurchase it.

优先股的收回方式有三种：

① 溢价方式：公司在赎回优先股时，虽是按事先规定的价格进行，但由于这往往给投资者带来不便，因而发行公司常在优先股面值上再加一笔"溢价"。

② 基金方式：公司在发行优先股时，从所获得的资金中提出一部分款项创立"偿债基金"，专用于定期地赎回已发出的一部分优先股。

③ 转换方式：即优先股可按规定转换成普通股。虽然可转换的优先股本身构成优先股的一个种类，但在国外投资界，也常把它看成是一种实际上的收回优先股方式，只是这种收回的主动权在投资者而不在公

司里,对投资者来说,在普通股的市价上升时这样做是十分有利的。

(二)国际股票的基本内容

In financial markets, stock is the capital raised by a corporation through the issuance and distribution of shares.

A person or organization which holds shares of stocks is called a shareholder. The aggregate value of a corporation's issued shares is its market capitalization.

1. 股票的票面要素

股票票面上必须记载有一些表明其权益的事项,以便使购买者对该股票有明确的了解,这些事项即为票面要素。一般情况下,一张合格的股票具备下列票面要素:

(1)标明股票字样。

(2)该股票发行公司的名称、法定地址、公司注册成立日期、董事长、财务经理与转户机构负责人的签名。

(3)该股票的类别、股票的编号、发行日期、股票的面额、代表的股份数、每股金额;批准发行机关的名称、批准发行的日期及文号。

(4)股票持有人的姓名。

(5)转让、挂失、过户的规定及办理机构名称。

(6)收益分配方式。

(7)公司认为应当说明的其他事项。

2. 股票的价格

(1)股票的面值。有面值股在票面上都标明了股票金额,此金额即股票的面值。股票的面值代表着股票持有者对股份公司所拥有的所有权的多少。比如,一股份公司发行100万股股票,每股面额为100元,则一张100元的股票代表着该股东拥有公司一万分之一的所有权。

(2)股票的发行价格。股票的发行价格是股票发行单位在股票发行时的首次出售价格,通常由股票发行人根据股票市场价格水平和其他有关因素决定。股票的发行价格与股票面值不一定相同,但无非有三种情况:一是发行价格高于股票的面值,即溢价发行;二是发行价格低于股票的面值,即折价发行;三是发行价格等于股票的面值,即等价发行。

(3)股票的市场价格。股票的市场价格就是我们所熟悉的股票市场行情,即股票在交易市场上的买卖价格。股票的市场价格受许多因素的影响,经常上下波动。这些因素主要有宏观经济状况、利率的高低、企业的经营状况、股民的心理等。

3. 股票价格指数(stock market index)

所谓股票的价格指数(也称股价指数或股市行情指标)是指以百分比表示的一种股价波动相对数,以"点"为单位,它可反映各种股价的平均变化情况和股票市场的趋势。

A stock market index is a listing of stocks, and a statistic reflecting the composite value of its components. It is used as a tool to represent the characteristics of its component stocks, all of which bear some commonality such as trading on the same stock market exchange, belonging to the same industry, or having similar market capitalizations. Many indices compiled by news or financial services firms are used to benchmark the performance of portfolios such as mutual funds.

国际上比较常用的、比较有影响力的股票价格指数有:

(1) 道·琼斯股票价格指数(Dow Jones Averages)。它是美国历史最悠久的,也是目前最常用的一种股价指数。道·琼斯股票价格指数是反映美国股票价格变动的指标,是由《华尔街日报》出版者道·琼斯公司所计算和公布的 4 种股票价格指数的总称,它们是 30 种工业股票平均指数、20 种运输业股票的平均指数、15 种公用事业股票平均指数和上述 65 种股票的综合平均指数。现在常用的道·琼斯股票价格指数指的是道·琼斯工业平均数,该指数是以 1928 年 10 月 1 日为基期,并定基期的股票价格为 100,以后各期股票价格同基期相比计算出的百分比,即成为各期的股票价格指数。

Dow Jones Averages are a group of daily and weekly indexes of selected stock and bond prices. Dow Jones & Company, Inc. of New York City calculates and publishes the indexes in their flagship newspaper, the *Wall Street Journal*. Investors and economists watch the Dow Jones Averages to monitor the performance of sectors of the stock market, the stock market as a whole, and the economy. Movements of the indexes up or down influence when and how investors buy or sell securities, and may also influence national economic policy. Average prices are listed in points rather than dollar amounts, where one point equals one dollar.

(2) 标准·普尔股票价格指数(Standard & Poor's 500 Index)。它是由美国最大的证券研究机构标准·普尔公司计算并发表的 137 项证券价格指数中最为重要的一项指数。该指数是选择500种中小企业的股票进行编制,其中工业股票400种,运输业股票20种,公用事业和金融业股票各40种,其市价总值约占纽约证券交易所全部股票价值的80%。

The S&P 500(Standard & Poor's 500 Index) is a list of 500 US corporations and a stock market index, owned and maintained by Standard & Poor's. The S&P 500 forms part of the S&P 1500 and the S&P Global 1200.

All of the companies are large publicly-held companies which trade on major US stock exchanges such as the New York Stock Exchange and NASDAQ. The market-value weighted performance of the stocks of these companies is known as the S&P 500 index. After the Dow Jones Industrial Average, the S&P 500 is the most widely-watched index of large-cap US stocks and is considered to be a bellwether for the US economy. It is often quoted using the symbol GSPC or SPX, and may be prefixed with a caret.

Many index funds and exchange-traded funds track the performance of the S&P 500 by holding the same stocks as the S&P 500 index, attempting to match its performance. Partly because of this, a company which has its stock added to the list may see a boost in its stock price as mutual fund managers are forced to purchase that company's stock in order to match their index funds' composition to that of the S&P 500 index.

In stock and mutual fund performance charts, the S&P 500 index is often used as a baseline for comparison. The chart will show the S&P 500 index, with the performance of the target stock or fund overlaid.

(3) 纽约股票交易所股票价格指数(NYSE Composite Index)。它是由纽约股票交易所根据在交易所上市的股票进行计算和编制的一种指数,除了综合指数外,还编制了980种工业股票价格指数,136种公用事业股票价格指数,76种运输业股票价格指数和75种金融业股票价格指数。

(4) 恒生指数(HSI)。它是反映香港股票市场价格变动情况的综合性指标,1969年11月24日起由香港恒生银行编制。恒生指数采用上市公司中的 33 个有代表性的公司的股票作为计算对象。从 1984 年元月份起恒生指数增加分类指数,并将指数基日从 1964 年 7 月 31 日调整为 1984 年 1 月 13 日。恒生指数是香港股票市场历史最久、影响最大的一个股价指数。

Hang Seng Index (abbreviated:HSI,Chinese:恒生指数) is a capitalization-weighted stock market index in the Hong Kong Stock Exchange. It is used to record and monitor daily changes of the largest companies of the Hong Kong stock market and as the main indicator of the overall market performance in Hong Kong. These companies represent about 70% of capitalization of the Hong Kong Stock Exchange.

HSI was started on November 24, 1969, compiled and maintained by HSI Services Limited, which is a wholly-owned subsidiary of Hang Seng Bank, the second largest bank listed in Hong Kong in terms of market capitalization.

It is responsible for compiling, publishing and managing the Hang Seng Index and a range of other stock indexes, such as Hang Seng Composite Index, Hang Seng HK MidCap Index, etc.

(5) 日经平均指数(SGX Nikkei 225)。它是由日本经济新闻社每天公布的 225 种(现 500 种)股票的平均价格指数,是日本经济活动的晴雨表。日本经济新闻社每年 4 月根据前 3 年的成交量、买卖金额和现价总额对股票牌号进行一次调整,以便真实地反映日本的股市行情和经济变化。

Nikkei 225 (日经平均指数,日经 225) is a stock market index for the Tokyo Stock Exchange (TSE).

The Nikkei Averages is the most watched index of Asian stocks. It has been calculated daily by the Nihon Keizai Shimbun newspaper since 1971. It is a price-weighted average (the unit is Yen), and the components are reviewed once a year.

The Nikkei Averages hit its all-time high on December 29, 1989 when it reached an intra-day high of 38,957.44 before closing at 38,915.87.

Another major index for the Tokyo Stock Exchange is the Topix.

(6) 金融时报指数(The British FTSE 100,有时也称伦敦证券交易所的股票价格指数)。它是由英国《金融时报》编制的30种英国普通股的价格指数,以1935年10月1日上述30种股票平均价格为基数。金融时报指数反映了英国股票市场行情。

The FTSE 100 Index (pronounced footsie) is a share index of the 100 largest companies listed on the London Stock Exchange, begun on January 3, 1984. Component companies must meet a number of requirements set out by the FTSE Group, including having a full listing on the London Stock Exchange with a Sterling or Euro dominated price on SETS, and meeting certain tests on nationality, free float, and liquidity. Trading lasts from 0800-1629 (when the closing auction starts), and closing values are taken at 1635. The highest value of the index to date was 6950.6, set on December 30,1999.

The index is seen as a barometer of success of the British economy and is the leading share index in Europe. It is maintained by the FTSE Group, a now independent company which originated as a joint venture between the Financial Times and the London Stock Exchange (hence the abbreviation Financial Times Stock Exchange). According to the FTSE Group's website the FTSE 100 companies represent about 80% of the UK share market.

Related indices are the FTSE 250 Index (which lists the next largest 250 companies), FTSE SmallCap, FTSE Fledgling, the FTSE 350 Index (which is the aggregation of the FTSE 100 and 250), and the FTSE All-Share Index (which aggregates the FTSE 100, FTSE 250 and FTSE SmallCap).

(三) 国际股票的交易方式

1. 现货交易

股票的现货交易也称现金交易,它是指股票的买卖双方达成交易以后,在短期内完成交割的一种买卖方式。现货交易的交割时间一般为成交的当天,但也可以是当地股票交易市场的习惯日,如美国纽约股票交易所现货交易的交割时间是成交后的第五个营业日,东京股票交易所是成交后的第四个营业日。股票的现货交易是属于一手交钱一手交货的实物交易,即买方付出价款,卖方交付股票。

2. 期货交易

股票的期货交易是指股票的买卖双方成交以后,交割和清算可以按契约所规定的价格在未来某一时间进行,即股票期货交易的双方在签订交易合同之后,买方不用立即付款,卖方也不需及时交出股票,而是在双方约定的未来某一时间进行。这样可使买方在手中资金不足时购买股票,卖方可在没有股票的情况下出售股票,买卖双方便可以利用这一机会,按照预期的价格变动进行远期股票买卖,以从中谋取买卖差价。在实际操作中,股票的买卖双方往往都以相反的合同进行冲抵,只清算买卖差价。预计在交割前股价上涨,将买入期货合同,称为多头;预计在交割前股价下跌,将卖出期货合同,称为空头。此外,投资者进行期货交易的另一个目的是为了套期保值,以防范价格变动的风险。

3. 期权交易

股票期权交易实际上是一种股票权利的买卖,即某种股票期权的购买者和出售者,可以在规定期限内的任何时候,不管股票市价的升降程度,分别向其股票的出售者和购买者,以期权合同规定好的价格购买和出售一定数量的某种股票。期权一般有两种:一是看涨期权,即投资者按协议价格购买一定数量的某种股票的权利;二是看跌期权,即投资者按协议价格卖出一定数量的某种股票的权利。当股价看涨时,投资者愿意购买看涨期权,当股价有下降的趋势时,投资者往往愿意购买看跌期权。在期权的买者认为行使期权对自己不利时,可以放弃期权,但期权的购买费不予退还,期权合同一般随着有效期的结束而失效。期权交易一般对买卖双方均有好处,买方可以利用期权保值或赚取股票的买卖差价,而卖方则可以赚取期权的出售费。

In short selling, the trader borrows stock (usually from his brokerage which holds its clients' shares or its own shares on account to lend to short sellers) then sells it on the market, hoping for the price to fall. The trader eventually buys back the stock, making money if the price fell in the meantime or losing money if it rose. Exiting a short position by buying back the stock is called "covering a short position." This strategy may also be used by unscrupulous traders to artificially lower the price of a stock. Hence most markets either prevent short selling or place restrictions on when and how a short sale can occur. The practice of naked shorting is illegal in most (but not all) stock markets.

In margin buying, the trader borrows money (at interest) to buy a stock and hopes for it to rise. Most industrialized countries have regulations that require that if the borrowing is based on collateral from other stocks the trader owns outright, it can be a maximum of a certain percentage of those other stocks' value. In the United States, the margin requirements have been 50% for many years (that is, if you want to make a \$1000 investment, you need to put up \$500, and there is often a maintenance margin below the \$500). A margin call is made if the total value of the investor's account cannot support the loss of the trade. Upon a decline in the value of the margined securities, additional funds may be required to maintain the account's equity, and with or without notice the margined security or any others within the account may be sold by the brokerage to protect its loan position.

4. 保证金交易

保证金交易也称信用交易或垫头交易,它是指客户买卖股票时,向经纪人支付一定数量的现款或股票,即保证金,其差额由经纪人或银行贷款进行交易的一种方式。如果经纪人为交易者垫付的是部分款项被称为融资;如果经纪人借给交易者的是股票被称为融券。保证金交易也是从事证券投资活动的一种手段,从事该种交易的交易者是想利用股票价格在短期内的变动牟取暴利,即投资者在预测某种股价将要上涨时,便以保证金的形式购买股票,以待股价上涨后再卖出。保证金交易属于多头或买空交易,它要求交易者必须有足够的信誉和实力,以凭此开设保证金账户。在交易的过程中,投资者用保证金购买的股票全部用于抵押,客户还要向经纪人支付垫款利息。

5. 股票价格指数期货交易

股票价格指数期货交易是投资者以股票价格指数为依据进行的期货交易。在股价指数期货交易中,买进和卖出均为股票期货合同。股票价格指数期货交易是1982年2月问世的一种股票交易,交易者买卖的不是具体的某一种股票,而是买卖股票价格的平均指数,当股票整数到期时,以现金结算,其价格为指数数值的500倍,即指数每上下一个点,价格就相应升降500美元,而不是进行股票的转移。

(四)国际股票的发行方式

国际股票是指由股票市场所在地的非居民股份公司发行的股票。它是发行人在国际资本市场上筹措长期资金的工具。

Corporations issue stock in order to finance their business activities. This method of raising funds is only available to business firms organized as corporations; it is not available to sole proprietorships and partnerships. The corporation can use the proceeds of a stock offering in a variety of ways. Depending on the type of company, this might involve increasing research and development operations, purchasing new equipment, opening new facilities or improving old ones, or hiring new employees. When a corporation first makes stock available for public purchase, it works with an investment banking firm to arrange an initial public offering (IPO). The investment bank acquires the first issue of stocks from the corporation at a negotiated price, and then makes the shares available for sale to its clients and other investors. Corporations that have IPOs are usually young companies in need of large amounts of capital.

A corporation can only have one IPO—the first time it makes stock available to the public. After its IPO, a company is said to be public. Public corporations that need additional financing for further business development may choose to issue more stock at a later time. This is called a subsequent, or follow-on, offering.

跨国股权融资有很多方式。下面以我国企业为例来说明我国企业进行跨国股权融资可以采取的方式。

1. 发行B股融资

B股是境内上市外资股的简称。是指以人民币为面值，以外币认购和交易，专供境外法人和自然人以外汇采取记名股票形式进行买卖的人民币特种股票，它是境内居民买卖的人民币普通股票（即A股）的对称。

B股的发行审批权在我国证券监督机构，但在国外发行却不必经过国外证券监管机构的审批，只需要经过国际会计师事务所进行财务调查审核、资产评估，并根据国际惯例将公司改组为股份有限公司即可。

B股的投资者仅限于：外国的自然人、法人和其他组织机构；中国香港、中国台湾、中国澳门地区的自然人、法人和其他组织；定居在国外的中国居民；中国证券监督管理委员会规定的境内上市外资股其他投资人。

B股的主承销商一般为国内的知名证券公司，由其选择一家境外券商担任国际协调人，再组织承销团包销所有的B股股票。

2. 境外直接上市融资

境外直接上市是指我国的股份有限公司向境外投资人发行股票,并申请到境外证券交易所上市。境外直接上市的股票称为境外上市外资股。

我国企业在海外发行股票并上市的审批权在国家证券监管机构。上市企业必须经境外市场监督机构同意,并要符合一系列相应的法规、条例的要求。

目前,我国发行的境外上市外资股主要有 H 股和 N 股两种。H 股是在香港联合证券交易所上市的人民币特种股票,专门供中国香港和海外投资者以港元交易。N 股则在美国纽约公开的证券交易所上市,供美国和海外投资者以美元认购及买卖。

3. 境外间接上市融资

境外间接上市融资的方式有以下几种:

(1) 通过控股公司在境外间接上市。通过控股公司在境外间接上市是大陆企业先在境外注册一家控股公司,成为境外法人。国内希望上市的企业可以先由该控股公司对其控股,该控股公司再公开发股上市。上市所筹资金被用于投资于国内企业,从而达到对国内企业融资的目的,也就是通过境外间接上市融资。

通过控股公司间接上市比较容易获得上市资格。但是以这种方式上市时由于成立控股公司需要将国内资产转移到境外,因此必须得到国家主管机关的严格审批;并且控股公司上市所筹资金应投资于国内企业,才能起到间接上市融资的目的。

(2) 境外借壳间接上市。是指国内企业股票不直接在境外上市,而是通过收购已在境外证券交易所上市或能够较容易在境外证券交易所上市的空壳公司的全部或大部分股权,达到间接上市的目的。

借壳上市时国内企业可避开境外股票上市的严格规定,避开申请、注册招股、上市等繁杂的手续,避开国内外体制、会计制度及有关法律方面的差异,较快取得上市资格。但是借壳上市也会因为"壳"资源较少,以及各证券交易所对这种上市形式的审查的愈趋严格而有一些限制。

(五) 国际股票发行价格的确定

1. 影响股票市场价格的因素

股票市场价格的高低,取决于两个因素:一是股利;二是存款利息率。

可用公式表示为:$SP=D/I$

公式中：SP——股票市场价格；
D——年股利；
I——年存款利息率。

例如，某公司股票面值 200 美元，年股利 25 美元，银行存款年利息率 10%，则该股票的市场价格为：

$$25/10\% = 250（美元）$$

上列公式中仅仅表明影响股票市场价格的基本因素。在实际中，由于股利水平和利率高低受许多因素影响，股票价格的形成并非如此简单。一般来说，股利水平是股份公司经营状况变化的反映，一切影响企业经济效益的行为和现象，最终都会影响到企业的净收益大小和股利派发的多少，从而影响股票价格。银行利息率高低则是金融市场环境变化的结果，凡是引起金融市场环境改变的因素，也都会影响股票价格的波动。影响股票市场价格波动的因素，除了经济因素以外，还有政治因素和心理因素等。

2. 确定发行价格的方法

（1）市盈率法

市盈率又称本益比，是指股票市场价格与盈利的比率。计算公式为：

$$市盈率 = 股票市价/每股收益$$

通过市盈率法确定股票发行价格，首先应根据经审核后的盈利预测计算出发行人的每股收益；然后可根据二级市场的平均市盈率、发行人行业情况（同类行业公司股票的市盈率）、发行人的经营状况及其成长性等拟定发行市盈率；最后依发行市盈率与每股收益之乘积决定发行价。

按市盈率法确定发行价格的计算公式为：

$$发行价 = 每股收益 \times 发行市盈率$$

$$每股收益 = 税后利润/发行前总股本数$$

Investors use several techniques to determine whether a particular stock should be purchased. Some investors examine a stock's fundamentals such as its earnings per share or its price-to-earnings ratio. Earnings Per Share is calculated by dividing the corporation's total earnings or income by the number of shares the corporation has outstanding. A corporation's price-to-earnings ratio is calculated by dividing the current price of a share of the company's stock by its earnings per share. These calculations represent fundamentals in the sense that they reflect the effectiveness of a company's business operation (Earnings Per Share) and the market's current assessment of the company's worth in relation to its earnings (price-to-earnings ratio).

In making a decision to buy or sell a particular stock, expectations are formed regarding future fundamentals. If expectations about the corporation's operations improve and investors expect higher earnings per share, then the price of the stock is likely to rise. Investors expect that more people will want to buy shares to participate in the increased profitability. If, however, expectations turn pessimistic and shareholders anticipate lower earnings per share, then holders of the stock will try to sell their shares, reducing the stock's price.

（2）净资产倍率法

净资产倍率法又称资产净值法，指通过资产评估和相关会计手段确定发行人拟募股资产的每股净资产值，然后根据证券市场的状况将每股净资产值乘以一定的倍率，以此确定股票发行价格的方法。其公式是：

发行价格＝每股净资产×溢价倍率

净资产倍率法在国际上常用于房地产公司或资产现象要重于商业利益的公司的股票发行。以此种方式确定每股发行价格不仅应考虑公平市值，还需考虑市场所能接受的溢价倍数。

（3）现金流量折现法

现金流量折现法通过预测公司未来盈利能力，据此计算出公司净现值，并按一定比例的折扣率折算，从而确定股票发行价格。该方法首先是用市场接受的会计手段预测公司每个项目未来若干年内每年的净现金流量，再按照市场公允的折现率，分别计算出每个项目未来的净现金流量的净现值。由于未来收益存在不确定性，发行价格通常要对上述每股净现值折让20%～30%。

国际主要股票市场对新上市公路、港口、桥梁、电厂等基建公司的估值和发行定价一般采用现金流量折现法。这类公司的特点是前期投资大，初期回报不高，上市时的利润一般偏低，如果采用市盈率法发行定价则会低估其真实价值，而对公司未来收益（现金流量）的分析和预测能比较准确地反映公司的整体和长远价值。用现金流量折现法定价的公司，其市盈率往往远高于市场平均水平，但这类公司发行上市时套算出来的市盈率与一般公司发行的市盈率之间不具有可比性。

（六）目前我国股票融资存在的问题

The stock market, as any other business, is quite unforgiving of amateurs. Inexperienced investors rarely get the assistance and support they need. In the period running up to the recent Nasdaq crash, less than 1 percent of the analyst's recommendations had been to sell (and even during the 2000—2002 crash, the average did not rise above 5%). The media amplified the general euphoria, with reports of rapidly rising share prices and the notion that large sums of money could be quickly earned in the so-called new economy stock market.

目前我国股票融资中存在的最大问题就是企业过度偏好股票融资。

自从我国内地设立股票市场以来，公司上市几乎成了企业融资的唯一方式，股市出现了众多企业争过"独木桥"的现象。成熟市场企业的资金来源一般是先依靠自身积累，其次是发行债券，最后才是发行股票。成熟市场的债券融资比重往往数倍于股票融资的比重。在这样的市场上，债券发行占据主要位置，股票发行只是配角。而我国的上市公司偏好股票融资，忽视债务融资，这种不正常的融资方式带来的问题是多方面的。其中资金使用效率不高、经营业绩下滑、持续盈利能力趋弱最为突出。上市公司对股票融资的过度偏好已经影响到公司的经营业绩和持续盈利能力。

企业对股票融资的偏好性，突出表现为以下几个方面的特征：

1. 未上市公司偏好股票的发行与上市

资金是宝。自从我国内地设立股票市场以来，上市几乎已经成为一些企业融资的唯一模式，股市出现了众多企业争过"独木桥"的现象。不少企业似乎特别热衷于股票发行与上市，为了达到发行股票并上市的目标，个别企业甚至不惜采用非法手段，编造虚假财务报表和经营业绩。这些企业把上市作为主要目的，忽视企业的经营管理，模糊了企业发展的根本目标。

2. 已上市公司将配股作为再融资的首选方案

由于历史原因，我国国有企业的负债率普遍较高，因此，利用股票融资来降低负债率是无可厚非的。但是，我国的上市公司通过发行上市，其资产负债率已经大为降低，仍然特别推崇股票融资，出现大面积配股的现象，就不太正常了。按照证监会的规定，上市公司连续3年的净资产收益率平均达到10%（目前调整为6%），即符合配股条件。符合配股条件的公司，其实不一定要配股。现在，上市公司一旦符合条件，不管有没有合适的项目,甚至没有项目,都要配股。从历史数据看,1998年共有153家上市企业实施了配股,首次超过了同期发行新股家数(94家),募集资金343.45亿元,占当年股票市场融资额(840亿元)的41%;2000年更有166家上市公司进行了配股(新股发行141家),筹集资金527.42亿元,占当年募集资金总额的34%。然而,上市公司的业绩并不是一"配"就灵的,许多上市公司的业绩在配股后并没有得到持续增长,反而出现急剧恶化,甚至走向亏损。

3. 增发新股是上市公司近年来比较热衷的股票融资方式

由于增发新股条件较为宽松,定价较高,同时发行规模也相对较大,不受规定的比例限制,一次可以募集到更多的资金,因此,增发新股的方式受到众多上市公司的欢迎。而这种模式避免了国有股东的尴尬,不用拿出资产或现金参与新股配售、认购,就可以获得权益的增加和资产的增值,因此更受国有股股东青睐。1994年沪深两市有24家上市公司增发股票,募集资金219.38亿元,平均每家募集资金9.14亿元,远高于每家公司配股可募集的平均资金额3.18亿元。这样的"好事",对于以国有股占主导的我国上市公司来说,何乐而不为?因此这种融资数量与规模估计还会有进一步的提高。然而,事实是,增发并没有给所有上市公司带来盈利,吉林化工就出现每股亏损达0.25元的状况。应该引起重视。

4. 股票融资比重大大高于债券融资

根据中国人民银行调查统计司的统计,从1995年到1997年,我国债券融资额在当年融资总额(发生额)中的比例分别为1.9%、2%和1.7%,而股票融资额的相对比重则从1995年的1.3%增加到1996年3.2%,1997年的8.7%,而近年来股票融资的比例更高。统计又显示,作为我国资本市场最活跃、最重要的参与者的上市公司,对企业债券市场的参与程度是很低的:1997年以前上市公司发行企业债券的极少,在1998年发行的142亿元企业债券中,也只有不到2%是由上市公司发行的。从二级市场看,债市与股市的差距更加明显。同国际上成熟市场相比,债券融资的规模显然偏小。股票融资规模和比重的快速增长,客观上是大力发展证券市场、上市公司大量增加的结果,但也说明了这样一个事实,即企业在选择融资方法的时候,较为偏爱股票融资。

这种不正常的融资模式带来的问题是多方面的,其中资金使用效率不高、经营业绩下滑、持续盈利能力趋弱是最突出的表现。

首先,在股票市场上进一步融资的低成本,使上市公司感到可以很轻松地融资，股本扩张对上市公司经营者也不构成额外的压力，因此许多上市公司募股资金都没有好好利用。

我们看到，不少上市公司的募股资金投资并不符合公司的长远利益。它们轻易地把资金投到自己毫不熟悉、与主业毫不相关的产业中；在项目环境发生变化后，又随意地变更投资方向。可以说是低成本的股票融资助长了它们的这种行为，而以国有股为主导的股权结构使其无障碍地按照自己的意志行事，中小股东的利益则少有顾及。

其次，不少上市公司把通过发行股票、配股、增发募集的大量资金，直接或间接地投入到证券市场，参与股市的投机炒作，获取投资收益，弥补主业的不足。由于去年股市整体运行较好，许多上市公司通过参与股市，获得可观的短期收益，使其财务报表得到修饰，这种情况在2000年报中表现得特别突出。由于这些资金没有按照招股说明书的承诺投向相应项目，使得资金没有真正发挥其功能，造成资源的巨大浪费，同时也扭曲了证券市场的资源配置功能。再次，我国上市公司的经营业绩下滑是偏好股票融资的必然结果。

Other research has shown that psychological factors may result in exaggerated stock price movements. Psychological research has demonstrated that people are predisposed to "seeing" patterns, and often will perceive a pattern in what is, in fact, just noise. (Something like seeing familiar shapes in clouds or ink blots.) In the present context this means that a succession of good news items about a company may lead investors to overreact positively (unjustifiably driving the price up). A period of good returns also boosts the investor's self-confidence, reducing his (psychological) risk threshold.

In one paper the authors draw an analogy with gambling. In normal times the market behaves like a game of roulette; the probabilities are known and largely independent of the investment decisions of the different players. In times of market stress, however, the game becomes more like poker (herding behavior takes over). The players now must give heavy weight to the psychology of other investors and how they are likely to react psychologically.

根据财务理论，当投资项目预期收益率较高时，股票融资的成本较高，这时应该选择债务融资。而当项目的预期收益率较低时，应该选择股票融资。但上市公司的配股说明书中却几乎百分之百宣传说配股项目有相当高的内部收益率。根据可配股公司原有净资产收益率不低于10%的规定,很显然,预期的净资产收益率要远远高于银行贷款利率。在这种情况下,为什么上市公司还要选择股票融资而不是债务融资呢?

一种解释是原有的净资产收益率和内部收益率是不真实的,因而预测数据是不可靠的。另一种解释是在对未来的分配上,控股股东可以控制公司的股利分配政策尤其是现金红利的派发,从而在事实上获取极其廉价的配股资金。还有一种解释就是公司的融资决策者并不在乎公司长远的利益分享问题,而只考虑或者说主要只考虑公司短期的资金筹集问题。这三种情况都程度不同地存在。由于上市公司不按基本的经济规律行事,其结果必然是企业经营业绩的下滑。

最后,从长期来看,上市公司偏好股票融资的行为对企业的最大影响是持续盈利能力的下降。

这是我国上市公司表现出来的普遍问题,所谓的"一年优、两年平、三年亏"是对我国上市公司持续盈利较弱的写照。从整体看,我国上市公司持续盈利能力呈逐年下降的趋势。

1984年,经济学家梅耶斯(Myers)提出了行为金融学中著名的融资顺序理论——啄食理论,认为经营者在面对新项目需要融资时,首先选择的是运用自身盈利积累完成融资,即所谓内源性融资(即留存收益),其次是选择贷款等间接融资方式,最后才会选择发行股票的融资方式。这种融资顺序理论在西方发达国家得到了普遍的印证。在股票市场最发达的美国,股票融资比例最低。在1984~1990年,美国大部分公司已基本停止股票融资,并通过发行债券来回购自己的股份,股票融资对新投资来源的贡献成为负值。公司中只有约5%的公司发售新股,平均每20年才配售一次新股。

我国上市公司的融资顺序与西方发达国家则恰恰相反,融资顺序表现为股权融资、短期债务融资、长期债务融资和内源融资,即我国上市公司的融资顺序与现代资本结构理论关于融资顺序原则存在明显的冲突。无论是经济效益好的企业还是经济效益差的企业,无论是负债累累的企业还是拥有大量现金的企业都竞相选择股权融资,从而形成了上市公司"配股热"和"增发热",这表现为配股和增发筹资的企业日益增多,筹资金额也越来越大。上市公司在进行长期融资决策时普遍存在"轻债务重股权"的股权融资偏好以及资产负债率偏低。

我国上市公司这种狂热的股权融资偏好,不仅没有给其带来预期的高回报率,没能有效地改善公司融资后的经营业绩,反而还会导致一系列影响公司运作和发展的不良后果的出现。比如,导致资本使用效率低下,影响投资者的利益与长期投资的积极性,束缚了公司成长和公司治理,不利于货币政策的有效实施,降低了其资产的整体收益率水平,进而对其持续盈利能力带来不利影响。

三、国际债券融资(International Bond Financing)

所谓国际债券是指国际金融机构和一国政府的金融机构、企事业单位,在国际市场上以外国货币为面值发行的债券。它是一种国际有价证券。如,近年来中国银行、中国国际信托投资公司、财政等金融机构分别在国际金融市场上发行了日元债券、欧洲美元债券和武士债券等等。跨国债券融资在一国对外融资中占据着很重要的位置。

Within finance, a bond is a debt security, in which the issuer owes the holders a debt and is obliged to repay the principal and interest (the coupon). Other stipulations may also be attached to the bond issue, such as the obligation for the issuer to provide certain information to the bond holder, or limitations on the behavior of the issuer. Bonds are generally issued for a fixed term (the maturity) longer than one year.

A bond is just a loan, but in the form of a security, although terminology used is rather different. The issuer is equivalent to the borrower, the bond holder to the lender and the coupon to the interest. Bonds enable the issuer to finance long-term investments with external funds.

(一)国际债券的特点

国际债券的特点同国内债券相比,国际债券具有下述特点:(1)资金来源的广泛性;(2)计价货币的通用性;(3)发行规模的巨额性;(4)汇率变化的风险性;(5)国家主权的保障性。

(二)国际债券的分类

国际债券主要可分为两大类:外国债券(Foreign Bond)和欧洲债券(Euro Bond)。

(1)外国债券,是国际债券发行人通过外国金融市场所在地国家的银行或其他金融机构发行的以该国货币为面值的债券。如我国中信公司在日本发行的日元债券就属于外国债券。

(2)欧洲债券,是国际债券发行人通过银行或其他金融机构在债券面值货币所属国以外的另一个国家发行并推销的债券。也就是说,在别国发行的不以该国货币为面值的债券。如中国银行在伦敦发行美元债券就属于欧洲债券。

欧洲债券发行的为不记名的实物债券,它的发行手续简便,发行时机、发行价格、利率、手续费等可由当事各方自由决定。

欧洲债券产生于20世纪60年代,是随着欧洲货币市场的形成而兴起的一种国际债券。60年代以后,由于美国资金不断外流,美国政府被迫采取一系列限制性措施。1963年7月,美国政府开始征收"利息平衡税",规定美国居民购买外国在美发行的证券,所得利息一律要付税。1965年,美国政府又颁布条例,要求银行和其他金融机构限制对国外借款人的贷款数额。这两项措施使外国借款者很难在美国发行美元债券或获得美元贷款。另一方面,在60年代,许多国家有大量盈余美元,需要投入借贷市场获取利息,于是,一些欧洲国家开始在美国境外发行美元债券,这就是欧洲债券的由来。

欧洲债券最初主要以美元为计值货币,发行地以欧洲为主。70年代后,随着美元汇率波动幅度增大,以德国马克、瑞士法郎和日元为计值货币的欧洲债券的比重逐渐增加。同时,发行地开始突破欧洲地域限制,在亚太、北美以及拉丁美洲等地发行的欧洲债券日渐增多。欧洲债券自产生以来,发展十分迅速。1992年债券发行量为2761亿美元,1996年的发行量增至5916亿美元。在国际债券市场上,欧洲债券所占比重远远超过了外国债券。欧洲债券之所以对投资者和发行者有如此巨大的魅力,主要有以下几方面原因:

第一,欧洲债券市场是一个完全自由的市场,债券发行较为自由灵活,既不需要向任何监督机关登记注册,又无利率管制和发行数额限制,还可以选择多种计值货币。

第二,发行欧洲债券筹集的资金数额大、期限长,而且对财务公开的要求不高,方便筹资者筹集资金。

第三,欧洲债券通常由几家大的跨国金融机构办理发行,发行面广,手续简便,发行费用较低。

第四,欧洲债券的利息收入通常免交所得税。

第五,欧洲债券以不记名方式发行,并可以保存在国外,适合一些希望保密的投资者需要。

第六,欧洲债券安全性和收益率高。欧洲债券发行者多为大公司、各国政府和国际组织,他们一般都有很高的信誉,对投资者来说是比较可靠的。同时,欧洲债券的收益率也较高。

(三)世界主要债券市场

1. 美国的外国债券市场

美国的外国债券叫"扬基债券(Yankee Bond)"。

A Yankee bond is a US Dollar-denominated bond that is issued in the United States by a foreign institution or government.

它有以下特点:

(1) 发行额大,流动性强。20世纪90年代以来,平均每笔扬基债券的发行额大体都在7500～15000万美元之间,有些大额发行甚至高达几亿美元。扬基债券的发行地虽在纽约证券交易所,但实际发行区域遍及美国各地,能够吸引美国各地的资金。同时,又因欧洲货币市场是扬基债券的转手市场,因此,实际上扬基债券的交易遍及世界各地。

(2) 期限长。70年代中期扬基债券的期限一般为5～7年。80年代中期后可以达到20～25年。

(3) 债券的发行者为机构投资者,主要为外国政府和国际组织。投资人主要是美国的商业银行、储蓄银行和人寿保险公司等。

(4) 无担保发行数量比有担保发行数量多,美国政府对其控制较严,申请手续远比一般债券繁琐。

(5) 由于评级结果与销售有密切的关系,因此非常重视信用评级。

扬基债券存在的时间已经很长,但在20世纪80年代以前,扬基债券的发行受到美国政府十分严格的控制,发行规模不大;80年代中期以后,美国国会顺应金融市场改革潮流,通过了证券交易修正案,简化了扬基债券发行手续之后,扬基债券市场有了一定的发展。

2. 日本的外国债券市场

日本的外国债券叫武士债券(Samurai Bond)。

A Samurai bond is a Japanese Yen-denominated bond that is issued in Japan by a foreign institution or government.

日元债券最初是1970年由亚洲开发银行发行的,1981年后数量激增,1982年为33.2亿美元,1985年为63.8亿美元,超过同期的扬基债券。

日本公募债券缺乏流动性和灵活性,不容易作美元互换业务,发行成本高,不如欧洲日元债券便利。目前,发行日元债券的筹资者多是需要在东京市场融资的国际机构和一些发行期限在10年以上的长期筹资者,再就是在欧洲市场上信用不好的发展中国家的企业或机构。发展中国家发行日元债券的数量占总量的60%以上。

3. 瑞士外国债券市场

瑞士外国债券是指外国机构在瑞士发行的瑞士法郎债券。瑞士是世界上最大的外国债券市场，其主要原因是：

(1) 瑞士经济一直保持稳定发展，国民收入持续不断提高，储蓄不断增加，有较多的资金盈余。

(2) 苏黎世是世界金融中心之一，是世界上最大的黄金市场之一，金融机构发达，有组织巨额借款的经验。

(3) 瑞士外汇完全自由兑换，资本可以自由流进流出。

(4) 瑞士法郎一直比较坚挺，投资者购买以瑞士法郎计价的债券，往往可以得到较高的回报。

(5) 瑞士法郎债券利率低，发行人可以通过互换得到所需的货币。

The Switzerland's bond market is one of the world's most technologically advanced bond market. Though firmly rooted in Switzerland's strong financial centre, the SWX resolutely pursues a strategy focused on internationality. In transnational collaboration, the Switzerland's bond market works with select partners to provide top-rate securities exchange services. A significant factor in this regard is its broad ranges of products, but perhaps even more so its integrated, fully electronic trading, clearing and settlement system. With a single click of the mouse, securities orders are executed, cleared, settled and confirmed.

瑞士法郎外国债券的发行方式分为公募和私募两种。瑞士银行、瑞士信贷银行和瑞士联合银行是发行公募债券的包销者。私募发行没有固定的包销团，而是由牵头银行公开刊登广告推销，并允许在转手市场上转让。但是至今为止，瑞士政府不允许瑞士法郎债券的实体票据流到国外，必须按照瑞士中央银行的规定，由牵头银行将其存入瑞士国家银行保管。

4. 欧洲债券市场

(1) 欧洲美元债券市场。欧洲美元债券是指在美国境外发行的以美元为面额的债券。欧洲美元债券在欧洲债券中所占的比例最大。

欧洲美元债券市场不受美国政府的控制和监督，是一个完全自由的市场。欧洲美元债券的发行主要受汇率、利率等经济因素的影响。欧洲美元债券没有发行额和标准限制，只需根据各国交易所上市规定，编制发行说明书等书面资料。和美国的国内债券相比,欧洲美元债券具有发行手续简便、发行数额较大的优点。欧洲美元债券的发行由世界各国知名的公司组成大规模的辛迪加认购团完成,因而较容易在世界各地筹措资金。

(2)欧洲日元债券市场。欧洲日元债券是指在日本境外发行的以日元为面额的债券。欧洲日元债券的发行不需经过层层机构的审批,但需得到日本大藏省的批准。发行日元欧洲债券不必准备大量的文件,发行费用也较低。

欧洲日元债券的主要特点是:

债券发行额较大,一般每笔发行额都在200亿日元以上。

欧洲债券大多与互换业务相结合,筹资者首先发行利率较低的日元债券,然后将其调换成美元浮动利率债券,从而以较低的利率获得美元资金。

80年代以来,欧洲日元债券增长较快,在欧洲债券总额中的比例日益提高。Despite intervention, market pressures caused the yen to continue climbing in value, peaking temporarily at an average of ¥271 per US$1 in 1973 before the impact of the oil crisis was felt. The increased costs of imported oil caused the yen to depreciate to a range of ¥290 to ¥300 between 1974 and 1976. The reemergence of trade surpluses drove the yen back up to ¥211 in 1978. This currency strengthening was again reversed by the second oil shock, with the yen dropping to ¥227 by 1980.

欧洲日元债券不断增长的原因除了日本经济实力强、日元一直比较坚挺、日本国际贸易大量顺差、投资欧洲日元债券可获利外,还在于日本政府为了使日元国际化,使日元在国际结算和国际融资方面发挥更大的作用,从1984年开始,对非居民发行欧洲日元债券放宽了限制:

第一,扩大发行机构。将发行机构由原来的国际机构、外国政府扩大到外国地方政府和民间机构。

第二,放宽了发行条件。将发行公募债券的信用资格由AAA级降到AA级。

第三,放宽了数量限制。在发行数量上,取消了对发行笔数和每笔金额的限制。

第四,扩大主办银行的范围。除了日本的证券公司外,其他外国公司可以担任发行债券的主办机构。

（3）欧洲欧元债券市场。欧洲货币单位（ECU），系欧洲单一货币，是 European Currency Unit 的简称。自1999年1月1日欧元诞生之后，欧洲货币单位自动以1∶1的汇价折成欧元（EUR）。近年来，欧元债券市场迅速发展，欧洲公司为获得发展资金及进行合并与兼并活动而大举发行欧元债券。但是，这些资金主要投向不是欧元区，而是美国。美国经济增长强劲，激发欧洲企业大量投资美国，从而增加了美元的需求。

（4）特别提款权市场。特别提款权（Special Drawing Rights，简称SDR）亦称"纸黄金"（Paper Gold）。特别提款权是由国际货币基金组织（IMF）及其成员国所创立的一种特殊形式的货币，用以补充基金组织现有货币储备，并分配给成员国。它是基金组织分配给会员国的一种使用资金的权利。会员国在发生国际收支逆差时，可用它向基金组织指定的其他会员国换取外汇，以偿付国际收支逆差或偿还基金组织的贷款，还可与黄金、自由兑换货币一样充当国际储备。特别提款权的价值根据一揽子主要交易货币——美元、欧元和日元来计算，并随这些货币汇率的波动而变化。特别提款权是 IMF 和一些国际组织的记账单位。它不是一种可流通的货币，也不能向 IMF 直接要求兑换，但特别提款权的持有者可将特别提款权向其他会员国交换上述主要交易货币。也就是说，它只是一种记账单位，不是真正货币，使用时必须先换成其他货币，不能直接用于贸易或非贸易的支付。因为它是国际货币基金组织原有的普通提款权以外的一种补充，所以称为特别提款权。

（四）国际债券的发行步骤

Bond issuers can sell bonds directly through an auction process or use investment banking services. The investment banker buys the bonds from the issuer and then sells them to the public.

Corporate bonds are issued by private utilities, transportation companies, industrial enterprises, or banks and finance companies. These corporate bonds can be divided into two additional categories: mortgage bonds, which are secured by the issuer's assets, and debentures, which are backed only by the issuer's credit. Most companies try to establish a financial structure based on a combination of stocks, representing distributed ownership, and bonds, representing debt obligations.

1. 美元债券

发行美元债券的主要步骤如下：

(1) 发行人首先向美国的资信评定公司提供资料,以便调查和拟定发行人的债券资信级别。同时,发行人还要办妥向美国政府"证券和交易所委员会"呈报注册文件的草稿。

(2) 债券发行人完成向美国证券和交易所委员会呈报注册文件工作。同时,资信评定公司也会提出债券资信级别的初步意见。如果债券发行人对此无异议,则正式资信级别的等级意见书成立,如果债券发行人不接受,则考虑不定级发行。

(3) 美国政府证券和交易所委员会收到债券发行人呈报的注册文件后,要进行审查,审查完毕后发出一封关于文件的评定书。债券发行人应就评定书里提出的问题做出答复。

(4) 债券发行人根据证券和交易所委员会在评定书中提出的意见,完成注册文件的修改工作。

(5) 债券发行人应选择一名管理包销人,管理包销人则组织包销集团,负责包销及有关工作。管理包销人提出发行债券的初步方案,广泛征求意见,以期债券发行人和债券投资者双方都能满意。

The US government issues bonds through the Department of the Treasury. These bonds, known as government securities, are backed by the unlimited taxing power of the federal government. Federal agencies and government-sponsored enterprises also issue bonds of their own. Generally, all of these federal bonds are considered to be among the safest investments.

Municipal bonds are issued by state and local governments and other public entities, such as colleges and universities, hospitals, power authorities, resource recovery projects, toll roads, and gas and water utilities. Municipal bonds are often attractive to investors because the interest is exempt from federal income taxes and some local taxes. There are two types of municipal bonds: general obligation bonds and revenue bonds. Like a government security, a general obligation municipal bond is secured by the issuer's taxing power. Revenue bonds are used to finance a particular project or enterprise. Income generated by the project provides funds to pay interest to bondholders.

(6) 正式在债券市场上发行债券。

2. 日元债券

发行日元债券的主要步骤有：

（1）取得临时信用评级，在缴款前签订承购合同后，取得试评级。

（2）选定证券公司。

（3）指定法律顾问。

（4）制定各种发行文件。召集发行者、受托银行及证券公司研究各种合同的准备文本，起草文件。主要有：有价证券呈报书、发行说明书、外汇法规定的呈报书、债券条款、担保条款、承购合同书、承购团合同书、募集委托合同书、本利支付事务代办合同书、登记事务代办合同书、有价证券报告书等。

（5）债券发行人取得国内有关部门的批准。

（6）向日本大藏省提出有价证券申报书，征得日本政府的批准。

（7）组织承购团。

（8）发行条件谈判。召开发行者、委托银行及证券公司三方会议，协商发行条件，签订承购合同。

（9）有价证券申报书生效后，开始募集，招募时间一般为7～10天。

（10）债券资金交款。认购人向发行单位支付债券发行款项。

（11）提交外汇报告书。

（12）债券在东京证券交易所上市。

3. 欧洲债券

欧洲债券的发行是在国际银行组织下进行的。这种国际银行叫主办银行，主办银行邀请几个合作银行组成发行管理集团，发行量过大时，要由几个主办银行联合进行。这种发行方式叫辛迪加集团发行。主办银行为发行债券做准备，规定一些条件，包销人的推销集团中某一个主办行专作付款代理人和财政代理人。所发行债券的大部分由发行管理集团所认购，有贷款(募集)能力的包销者将参加债券的发行。包销者由世界各地的国际银行和大公司构成，数量在30～300家。发行集团和包销者共同保证借款者以确定债券价格募集资金。

推销集团的责任是把债券卖给公众。公众也包括主办行、包销者和有销售基础的银行。主办行、包销者、推销者就是债券市场的参加者，这些参加者要得到一定的佣金。

欧洲债券市场不受政府的管制，能比较容易地在3周内募集到资金。发行债券的程序是决定发行欧洲债券、宣布发行债券、上市日、结束日、推销集团支付债券。具体程序如下：

(1) 主办者和借款者一起决定发行债券的条件(数额、期限、固定或浮动利息率、息票),在这个阶段主办行组建发行管理辛迪加,准备各种文件,最主要的文件是说明书,在这个阶段叫初步说明书。

(2) 宣布日。主办行通过电传对债券的发行进行说明,并邀请银行参加包销和推销集团,向可能包销者送初步说明书,在一两周之内,制定出发行债券的最终条件,辛迪加集团的借款者承担责任。

(3) 上市日。发行最终说明书,债券公开上市,公众募集阶段大约是两周。

(4) 结束日。认购结束,债券和现金交换,借款者实际卖出债券,取得现金。在各大报纸上登醒目的广告,公开宣传这次债券的发行成功,并列出主办银行和合办银行名单。

(5) 债券交易日结束后债券就可以上市交易。

(五) 国际债券的评级

在国际债券发行中,通常需要有债券评级机构对拟发债券进行债信评级。对于初次进入国际债券市场的发行人来说这乃是必要条件,牵头经理人在决定组织承销其债券之前往往要求对该债券先行评级;而对于已进入该国际债券市场的发行人来说,获得高等级债信评级显然可提高其债券发行条件。目前国际间公认的债信评级机构主要包括美国摩迪投资服务公司(Moody's Investors Services Inc.)、美国标准普尔公司(Standard and Poor's Corp.)、加拿大债务级别服务公司、英国艾克斯特尔统计服务公司、日本社团债务研究所等奉行"非利害关系宗旨"的独立机构,它们的债券评级在债券市场上通常受到投资者的信任和重视。从实践来看,许多国家债券的发行人往往委托两家以上的债券评级机构对其债券进行评级。如债券评级机构所作的评级结果不令发行人满意时,发行人可以要求其不公布评级结果;但如果债券发行人接受该评级结果,债券评级机构将有权向投资者公布其评估结果和资料,并且在所发行的债券得到完全清偿前有责任定期或随时对债券发行人进行审查,如发行人的偿债情况发生变化,债券评级机构将对其债券等级降级或升级,并将向投资人公布。

(六) 发行国际债券的策略

发行国际债券是一项风险性、技术性、经验性的工作。企业所具有的雄厚资本、知名度以及国家的声望,都将有助于债券的发行。在债券的发行过程中,应采取一些策略,以使债券的发行事半功倍,减少风险。

1. 慎重选择发行代理者和发行时机

在筹划债券的发行过程中，首先要注意选择代理发行的代理者。要选择资金雄厚、信用昭著、经验丰富、有广泛的业务联系并且收费低廉的投资银行或证券公司作为经理公司。通过它的出色工作，可以使各方面工作顺利进行，降低发行成本。选择时可以用投标竞争的方式进行挑选。选择好代理者之后，要与主经理公司和承购集团签订好发行债券的协议书，并作好发行债券的各种准备工作。在签订协议的过程中，重要的是需要研究影响债券市场的各种因素：包括市场利率和汇率的变动趋势、其他种类债券的发行价格、二级市场同种债券的买卖价格，以确定债券的发行条件，并商定最佳发行时期。一般认为，发行债券的最佳时间是市场利率处于下降趋势，接近谷底，但还没有立即回升的征兆的时候。这时，不仅能以低利率的水平发行债券，而且还能使销售状况良好。如果市场利率走势不稳，难以把握，可采用阶段性、连续发行的方法。另外，若利率处于下降趋势，还可以采用发新的低利率债券，提前购回原来发行的较高利率债券的办法来进行弥补。

2. 分散发行市场，争取有利的发行条件

发行国际债券，应熟悉国际金融市场，包括欧洲债券市场和主要国家的国内市场，以便使债券能分散地发行于各个市场。分散发行市场，可以充分利用国际投资银行和证券公司之间的竞争，争取更有利的发行条件，另外有利于吸取各种外汇资金，减少发行的风险。

3. 合理配置发行债券的币种，减少外汇风险

发行国际债券，债券票面选择哪种货币作为面值货币，需要进行正确决策。因为在国际金融市场上存在着汇率变动的风险，应该正确预测汇率的变动方向和各国货币变动的趋向，以决定债券的面值货币。原则上面值货币应选择汇率处于下降趋势的"软货币"。其好处在于还本付息时可以减少债务负担，节约外汇支出。但是债券市场是"硬货币"的市场，"软货币"作为面值货币将难以销售，并且需要承担较高的利率。所以要密切研究各国货币的未来发展趋势，综合各种因素，权衡利弊，选择有利的货币作为面值货币。从整体角度出发，如果分散发行市场，发行债券的币种最好多样化，进行"软"、"硬"货币之间的搭配，这样就可以分散和抵补外汇风险。

4. 预测利率的变动趋势，决定债券计息方式和偿还年限

能够正确掌握利率的变动趋势是确定计息方式的主要根据。如果所发行债券货币的利率在未来处于下降趋势，则债券可以采用浮动利率

来计息,这样可以减轻利息负担。如果处于上升趋势,则可以采用固定利率。另外,对利率的预测也是确定偿还期限的根据。如果利率处于下降的趋势,债券的偿还年限应缩短,债券期限不宜太长。

四、负债互换融资(Liabilities Turnover Financing)

(一) 负债互换的含义

货币调换(swaps)是在一定时期内按照一定条件交换现金流的协议。按是否涉及货币交易,互换分为利率互换(interest rate swaps)和货币互换(currency swaps)。

Swaps involve firms swapping one set of payments for another. For example, an American firm may agree to make a series of dollar payments to a Japanese bank, while the bank in return promises to make a series of yen payments.

(二) 负债互换的类型

负债调换从整体上分为两种类型,利率互换和货币互换。利率互换是指债务人为了达到规避债务风险的目的,通过对固定利率和浮动利率的不同选择,实现其债务最小化;货币互换是指债务人通过利用不同货币之间的互换,实现其债务利率最低的目的。

1. 利率互换

利率互换,也称利率调期、利率套购。是指多家银行或公司之间的交易,借贷人将浮息贷款转换为另一个国家的定息贷款,两项贷款可以是同一货币或不同的货币。利率互换实质上是指协议双方交换同一种货币相对于名义货币(notional principal)数额的两种不同利息现金流。交换的利息按照名义货币来计算,但是所交换的现金流中并不包括名义货币,只是一个计算的基础。因此,利率互换也称为票息互换(coupon swaps)。利率调换的期限从不足1年到超过5年不等,但大多数互换的期限介于2至15年之间。典型的票息互换,或者称为大众互换(plain vanilla swaps),所涉及的利息现金流,一个是固定利率现金流,另一个是浮动利率现金流。还有一种利率调换,即交换两个基于不同基准计算的浮动利息现金流,称为基点互换(basis swaps)。

In the field of derivatives, a popular form of swap is the interest rate swap, in which one party exchanges a stream of interest for another party's stream. Interest rate swaps are normally 'fixed against floating', but can also be 'fixed against fixed' or 'floating against floating' rate swaps. Interest rate swaps are often used by companies to alter their exposure to interest-rate fluctuations, by swapping fixed-rate obligations for floating rate obligations, or swapping floating rate obligations to fixed-rate obligations. By swapping interest rates, a company is able to synthetically alter their interest rate exposures and bring them in line with management's appetite for interest rate risk.

利率互换是一项常用的债务保值工具，用于管理中长期利率风险。客户通过利率互换交易可以将一种利率形式的资产或负债转换为另一种利率形式的资产或负债。一般地说，当利率看涨时，将浮动利率债务转换成固定利率较为理想；而当利率看跌时，将固定利率转换为浮动利率较好。从而达到规避利率风险，降低债务成本，同时还可以用来固定自己的边际利润，便于债务管理。

利率可以有多种形式，任何两种不同的形式都可以通过利率互换进行相互转换，其中最常用的利率互换是在固定利率与浮动利率之间进行转换。

2. 货币互换

货币互换指两种货币之间根据协议本金额所产生的利息以及本金现金流之间的差额所进行的交换合约。所谓协议本金额，是指合约双方同意交换的，按照当前即期汇率计算等值的两种不同货币的金额。通过货币互换，合约双方能够在将来将一种货币标值的系列现金流兑换成以另一种货币标值的系列现金流。因此，货币互换类似于长期外汇远期合约。另外，与利率调换相区别，货币互换总是要涉及本金交换。

A currency swap is a foreign exchange agreement between two parties to exchange a given amount of one currency for another and, after a specified period of time, to give back the original amounts swapped.

Currency swaps can be negotiated for a variety of maturities up to at least 10 years. Unlike a back-to-back loan, a currency swap is not considered to be a loan by United States accounting laws and thus it is not reflected on a company's balance sheet. A swap is considered to be a foreign exchange transaction (short leg) plus an obligation to close the swap (far leg) being a forward contract.

货币互换是一项常用的债务保值工具,主要用来控制中长期汇率风险,把以一种外汇计价的债务或资产转换为以另一种外汇计价的债务或资产,达到规避汇率风险、降低成本的目的。早期的"平行贷款"、"背对背贷款"就具有类似的功能。但是无论是"平行贷款"还是"背对背贷款"仍然属于贷款行为,在资产负债表上将产生新的资产和负债。而货币互换作为一项资产负债表外业务,能够在不影响资产负债表的情况下,达到同样的目的。

例如,公司有一笔日元贷款,金额为10亿日元,期限7年,利率为固定利率3.25%,付息日为每年6月20日和12月20日。2000年12月20日提款,2007年12月20日到期归还。

公司提款后,将日元买成美元,用于采购生产设备。产品出口得到的收入是美元收入,而没有日元收入。

从以上的情况可以看出,公司的日元贷款存在着汇率风险。具体来看,公司借的是日元,用的是美元,2007年12月20日时,公司需要将美元收入换成日元还款。那么到时如果日元升值,美元贬值(相对于期初汇率),则公司要用更多的美元来买日元还款。这样,由于公司的日元贷款在借、用、还上存在着即期汇率不统一性,就存在着汇率风险。

公司为控制汇率风险,决定与中行续做一笔货币互换交易。双方规定,交易于2000年12月20日生效,2007年12月20日到期,使用汇率为USD1=JPY113。这一货币互换,表示为:

(1)在提款日(2000年12月20日)公司与中行互换本金:

公司从贷款行提取贷款本金,同时支付给中国银行,中国银行按约定的汇率水平向公司支付相应的美元。

(2)在付息日(每年6月20日和12月20日)公司与中行互换利息:

中国银行按日元利率水平向公司支付日元利息,公司将日元利息支付给贷款行,同时按约定的美元利率水平向中国银行支付美元利息。

(3)在到期日(2007年12月20日)公司与中行再次互换本金:

中国银行向公司支付日元本金,公司将日元本金归还给贷款行,同时按约定的汇率水平向中国银行支付相应的美元。

从以上可以看出,由于在期初与期末,公司与中行均按预先规定的固定汇率(USD1=JPY113)互换本金,且在贷款期间公司只支付美元利息,而收入的日元利息正好用于归还原日元贷款利息,从而使公司完全避免了未来的汇率变动风险。

(三) 负债互换市场

负债互换市场,也称货币和利率互换市场(currency swaps and interest rate swaps),是在欧洲货币市场上发展起来的。它集外汇市场、证券市场、短期货币市场与长期资本市场于一身,既是融资工具的创新,又是金融风险管理的新手段。这个市场出现于 20 世纪 80 年代初期,是 70 年代后期高利率和利率多变环境下的产物,一开始是保护利润不受利率波动损害的风险管理方法,很快就成为流行的保值工具,加强了市场的流动性。多数货币互换是通过中介人安排的。中介人通常是商业银行或投资银行。银行积极参与互换市场,它们首先利用互换市场管理资产负债表的到期日的结构不一致,并且筹集到用其他方法得不到的较低成本的资金。同时,银行也作为中介人和市场制造者(market maker)安排和担保互换交易,从而大大推动了该市场的发展。中介人是同参与互换的每一方签订合同,而不是直接连接每笔互换的双方,因而银行承担了每笔交易的每一方的违约风险。市场制造者的存在使得交易时间短、交易量大。但是为了保持成本最低化,市场制造者必须随时能找到潜在的互换对方,若未能立即找到,则须凭经验管理尚未结清的头寸。在货币和利率互换市场中,美元互换量最大;其次有英镑、日元,以及其他几种货币。债券也参加互换,美元面值债券和日元面值债券分别占互换总价值的 30%。80 年代以来,货币和利率互换市场发展很快,1981 年市场交易额只有 1000 万美元,1996 年已达 25 万亿美元左右,近几年每年以约 3.5 万亿美元的速度递增。在多种多样的资金需求和供应的融资方式、期限和成本等结构中,作为调换交易中心的中介银行可以为各种资金的需求者和供应者提供借款、投资、保值和套利等相互调换的机会和选择。货币和利率互换交易是个方便、迅速、有效的金融市场。

第三节 特定方向的融资 Specific Direction's Financing

一、国际贸易融资(International Trade Financing)

(一) 进出口贸易融资

1. 托收汇票(collective draft)

托收是指在进出口贸易中,出口方在货物装运后,开具以进口方为付款人的汇票,委托出口地银行通过它在进口地的分行或代理行代为其向进口方收款的一种支付方式。托收的信用根据是商业信用。

(1) 托收方式的关系人。托收方式的当事人有委托人、托收行、代收行和付款人。委托人(principal),也称为出票人(drawer),通常为出口人,即开出汇票委托银行向国外付款人代收货款的一方;托收行(remitting bank)指接受出口人的委托代为收款的出口地银行;代收行(collecting bank),即接受托收行的委托代付款人收取货款的进口地银行;付款人(payer 或 drawee),通常为进口人,是指托收业务的付款方。

上述关系人中,委托人与托收行之间、托收行与代收行之间都是委托代理关系,它们之间不存在任何法律关系。在银行办理托收业务时,只是作为委托人的代理人身份行事,付款人是根据买卖合同付款。银行无检查货运单据是否齐全或正确的义务。对委托人能否收到货款,以及汇票和附属单据等邮寄时的遗失,代收行与托收行均不承担责任。如果付款人借故拒不赎单提货,除非事先约定,银行没有代为保管货物的义务,不同于常见的托收承付业务。

(2) 办理托收的程序。办理托收的基本做法是:出口方根据买卖合同运出货物,然后开出汇票并连同有关货运单据,委托出口地银行通过其在进口地的分行向进口人收取货款。在办理托收业务时,委托人向托收行递交一份托收委托书,在该委托书中托收方可以给出各种指示,托收行和代收行均按照委托的指示向付款人代收货款。

(3) 托收的分类。根据汇票是否跟随其他货运单据,托收可以分为光票托收和跟单托收。

● 光票托收(clean bill for collection)指出口人开具汇票通过银行向出口人收款,不跟踪任何货运单据。这种方式常用于佣金、货款尾数、其他贸易从属费用等交易,金额一般不大。

● 跟单托收(documentary bill collection)指出口人在装运货物后开立汇票并跟随货运单据、发票及其他单据,委托托收行通过进口国的代收行向出口人收取货款。跟单托收根据交单条件的不同还可以分为付款交单和承兑交单。付款交单(简称 D/P)情况下,进口人必须在付清全部货款的条件下,代收行才把货运单据和其他单据交给进口人。承兑交单(简称 D/A)是进口人承兑汇票后,即可向银行取得货运单据和其他单据,而待汇票到期时才付款。对出口人来说付款交单比承兑交单风险要小。

2. 信用证(letter of credit)

Letter of Credit is a document issued by a bank authorizing the bearer to receive money from one of its foreign branches or from another bank abroad. The order is nonnegotiable, and it specifies a maximum sum of money not to be exceeded. Widely used by importers and exporters, the letter of credit is also made available to tourists by their home banks so that they may draw foreign currency while traveling abroad. When the instrument is directed to more than one agent, it is called a circular letter of credit.

(1) 信用证业务主要由六部分构成：关于信用证本身：包括开证行名称、信用证号码、开证日期与地点、开证申请人、信用证形式等；关于汇票：包括出票人、付款人、金额和期限等；关于货运单据：包括商业发票、提单、保险单和其他单据或证书；关于商品：包括商品名称与规格、数量、单价等；关于运输：包括装运港、卸货港或目的地、装运期等；其他有关事项。

(2) 信用证的当事人

信用证的当事人主要涉及以下几种：

● 开证申请人(applicant)。开证申请人又叫开证人(opener)，指向银行申请开立信用证的人，一般是进口商或中间商。开证申请人应在合同规定的时间内向银行申请开立信用证，并缴纳一定的费用。

● 开证行(issuing bank/opening bank)。开证行指应开证申请人的要求而开立信用证的银行，一般为进口商所在地的银行。开证行接受了开证申请书后，就要承担开证责任及由此引起的风险。

● 通知行(advising bank)。通知行是指接受开证行委托，将信用证通知给出口商的银行。一般为开证行的分行或代理行。

● 受益人(beneficiary)。受益人指信用证上指定的有权使用该证的人，一般是出口商。

● 付款行(paying bank/drawee bank)。付款行指信用证中指定的，对受益人或汇票的持有人付款的银行。付款行可以是开证行本身，也可以是开证行指定的另一家银行。

● 议付行(negotiating bank)。议付行指根据开证行的付款保证，对受益人交来的符合信用证规定的票据和单据垫款或办理贴现的银行。

● 保兑行(confirming bank)。保兑行指应开证人的要求，在信用证上加注"保证兑付"字样的银行。可以是通知行，也可以是开证行指定的其他银行。

● 偿付行(reimbursing bank)。指开证行指定的对议付行或付款行所垫款项偿付的银行。

(3) 信用证的分类

根据不同的划分方法,信用证有不同的分类。

按是否跟单划分为跟单信用证与光票信用证。跟单信用证是指凭跟单汇票和货运单据付款的信用证;光票信用证是只凭汇票,不要求随附货运单据付款的信用证。跟单信用证在我国对外出口结算中普遍使用。光票信用证较适合用于非贸易结算或从属费用结算。

按能否单方面撤销信用证可划分为可撤销信用证和不可撤销信用证。可撤销信用证指开证行可以不经过受益人同意,也不必事先通知受益人,在议付行议付之前可随时修改信用证内容或撤销信用证。不可撤销信用证是指信用证一经开出,在有效期内,未经受益人及有关当事人许可,开证行不能单方面修改或撤销信用证。不可撤销信用证对受益人较为有利。

按信用证是否有第三者保兑可划分为保兑信用证和不保兑信用证。由于各种原因出口人可要求进口人请开证行委托第三者对付款责任加以保证,即请第三者保兑。这种信用证就成为保兑信用证。保兑行做出保兑行为以后,就要和开证行一样,对受益人承担保证付款的责任。保兑信用证实际上是有双重银行保证。另外,保兑信用证必须是不可撤销的信用证。不保兑信用证是指未经其他银行加以保兑的信用证。

按信用证是否可以转让可划分为可转让信用证和不可转让信用证。可转让信用证是指受益人有权把信用证金额的全部或部分转让给另一个或数个第三者使用。信用证转让一般只准许一次,不允许第二受益人再进行另一次转让。不可转让信用证是指受益人不得将信用证使用权力转让给第三者使用的信用证。凡信用证没有载明"可转让"字样者都视为不可转让信用证。

(4) 信用证业务的程序

信用证因为种类和条款规定的不同,业务程序也会有所不同。但是一般的业务程序如下:

● 进口商根据贸易合同申请开证。

● 开证行根据开证申请书开出信用证。开证行开证后,应及时通知或转给出口商。

● 通知行通知或转递信用证。

● 出口商收到信用证后装运货物。并备齐信用证规定的各种单据,连同汇票和信用证交给出口地银行议付。

- 出口商发货后,凭单据、汇票和信用证要求议付。
- 议付行凭单据要求开证行偿付。
- 进口商付款赎单,提取货物。

案例 5-2　向俄罗斯出口商品试用信用证

北美大洋贸易公司(Ocean Traders of North America)是一个以美孚(Mobile)、阿拉巴马(Alabama)为基础的贸易公司,它专门从事海产品出口,并经常使用信用证以确保付款。然而,它最近遇到一个问题,反映了在那些还不习惯有关信用证责任的国家做生意的潜在危险。俄罗斯一家公司从北美大洋贸易公司订购了 16000 吨的鱼。美国出口商收到一张俄罗斯银行签发的、确保其将鱼发运之后可以收到货款的不可撤销信用证。然而,这家俄罗斯银行收回了它的承诺,原因是它没有被授权担保商业交易。结果,北美大洋贸易公司不得不决定是否采取法律行动或一些其他行动促使俄罗斯银行履行其责任。

(1) 说明正常情况下不可撤销的信用证会如何促进俄罗斯进口商和北美大洋贸易公司(美国出口商)之间的商业交易。

(2) 说明信用证的撤销如何导致美俄公司之间的贸易危机。

3. 预付货款(payment in advance)

预付货款是指进口方先将一部分或全部的货款汇付给出口方,出口方收到货款之后发货的一种结算方式。这种方式对出口商出售货物的收款提供了很大的保障;而对于进口方则可能面临出口方不按合同发出货物的高风险。如果出口方延迟发货或发出的货物质量有问题,若不及时改正,进口方就只能根据合同的约定诉诸法律。

Payment in advance, or simply an advance, is the part of a contractually due sum that is paid in advance, while the balance will only follow after receipt on the counterpart in goods or services.

通常在出口方的商品无法替代或出口方的货物质量很高时,或者进口方所在国不稳定且出口方对进口方不了解的情况下,出口方就可能要求进口方采取预付货款的方式。而对于进口方,预付货款方式可能会有较大的不利。由于提前付款,将导致进口方成本的增加,以及承担出口商不交货的风险,因此,进口方在进出口贸易时会尽量不采取这种方式。

4. 货到付款(payment after arrival of the goods)

货到付款是出口方先发出货物,进口方于收货后一定日期内付款给出口方的方式。通常付款的期限是 30 天、60 天和 90 天。这种方式与预付货款方式相反，它为进口方提供了很大的保障，对出口方则十分不利。因为它使出口方承担着进口方可能在收到货物之后不付款的风险。因此，出口方会慎重地采用这种汇付方式。

货到付款方式下，进口方有充足的时间接收货物和在其市场上销售，并取得销售货款。在取得销售货款之后，进口方再支付给出口方货款，而不用投入其自己的资金。

通常在出口方对进口方十分了解或出口方极欲打开市场的情况下，出口方可能会采取这种方式，否则出口方更愿意选择采用预付货款的结算方式来避免风险。

（二）金融机构融资

1. 汇票预付（advance draft）

在预付方式下，只有在购货方向出口商汇付货款后，出口商才发出货物。货款通常是采用国际电汇方式汇入出口商的银行账户或采用银行汇票方式。这种方式为供货方提供了最大程度的保护。与交易相关的风险基本上全部由购货方承担。它通常由供货方用于首次购货的客户，这些客户的资信程度不被知晓，或其所在国家正处于金融危机之中。然而，大多数购货方并不愿因预付某一个订单的货款而承受全部风险。

2. 银行承兑融资（bank acceptance's financing）

银行承兑汇票是银行在商业汇票上签章承诺付款的远期汇票，是由银行承担付款责任的短期债务凭证，期限一般在 6 个月以内。银行承兑汇票多产生于国际贸易，一般由进口商国内银行开出的信用证预先授权。

银行承兑的作用在于为汇票成为流通性票据提供信用保证。汇票是列明付款人和收款人的双名票据，经银行作为第三者承兑后则成为三名票据。承兑银行成为主债务人，而付款人则成为第二债务人。实际上，银行承兑汇票相当于对银行开列的远期支票。持票人可以在汇票到期时提示付款，也可以在未到期时向银行尤其是向承兑银行要求贴现取得现款。银行贴进票据后，可以申请中央银行再贴现，或向其他银行转贴现，更一般的做法是直接卖给证券交易商，再由其转卖给其他各类投资者。银行承兑汇票的最重要投资者是外国银行和非银行金融机构。

A bank' acceptance starts as an order to a bank by a bank's customer to pay a sum of money at a future date, typically within six months. At this stage, it is like a postdated check. When the bank endorses the order for payment as "accepted", it assumes responsibility for ultimate payment to the holder of the acceptance. At this point, the acceptance may be traded in secondary markets much like any other claim on the bank.

Banks' acceptances are considered very safe assets, as they allow traders to substitute the bank's credit standing for their own. They are used widely in foreign trade where the creditworthiness of one trader is unknown to the trading partner. Acceptances sell at a discount from face value of the payment order, just as US Treasury bills are issued and trade at a discount from par value.

3. 票据贴现(discount of draft)

在进出口贸易中,很多情况下使用远期汇票的付款方式。如果远期汇票得到银行的承兑,出口商可以通过出售银行承兑汇票进行融资。如果远期汇票没有得到银行承兑,出口商仍然可以利用远期汇票进行融资,即汇票贴现。汇票贴现是指出口商将汇票交给愿意接受的银行或者其他金融机构,得到汇票面额与利息和其他成本之差额。汇票贴现有追索性贴现,也有非追索性贴现。所谓追索性贴现,指贴现汇票后,如果汇票到期不能兑现,贴现银行有权向出口商索赔。非追索性贴现,指贴现汇票后,如果汇票到期不能兑现,贴现银行无权向出口商索赔,也就相当于汇票卖断给贴现银行。

4. 出口保付代理(factoring)

(1) 国际保理的概念

国际保理业务起源于18世纪美国东海岸,当时只是一项国内业务。其内容是:由保理商向货物卖主无追索权预付一定货款金额以取得向货物买主收取货款的权利,在付款到期日再向买主收取货款。到20世纪20年代以来,保理业务有了很大的发展,并且广泛应用于国际贸易中。

国际保理是国际保付代理的简称,又称保理、保付代收或承购应收账款等,即在国际贸易中,在以承兑交单、赊销等商业信用出口货物时,出口商交货后把应收账款的发票和装运单据转让给商业银行等保理商,由保理商向出口商提供的一项包括进口商资信调查、信用担保、账款催收、财务管理以及贸易融资等在内的综合性金融服务。

Factoring is often used synonymously with accounts receivable financing. Factoring is a form of commercial finance whereby a business sells its accounts receivable (in the form of invoices) at a discount. Effectively, the business is no longer dependent on the conversion of accounts receivable to cash from the actual payment from their customers, which takes place on typical 30 to 90 day terms. Businesses benefit from the acceleration of cash flow.

(2) 国际保理业务的收费

国际保理业务中保理商同时提供融资及服务,因此收取的费用一般包括以下几项:

融资利息:是出口保理商预垫货款、给予出口商资金融通而收取的费用,它是自保理商买断债权至收回账款为止的融资利息。保理商一般在垫款日征收利息(即利息预扣)。

附加费用主要包括三项:服务佣金,主要是保理商为核算信贷、承担信用风险、进行应收账款管理等方面提供服务而收取的费用;资信调查评估费,是保理商对进口商进行资信调查和评估而收取的费用,在有效期结束而使用同一信用额度则收取一定的保留费;银行转账费用,是按银行实际收费计收。

(3) 国际保理的当事人和运作程序

国际保理业务一般会涉及出口商、出口保理商、进口保理商及进口商四个当事人。

Factoring is considered off balance sheet financing in that it is not a form of debt or a form of equity. This fact makes factoring more attainable than traditional bank and equity financing.

There are usually three parties involved when an invoice is factored:

● Seller of the product or service who originates the invoice.

● Debtor and recipient of the invoice for services rendered who promises to pay the balance within the agreed payment terms.

● Assignee (the factoring company)

其运作程序为:

● 出口商与进口商协商谈判买卖合同,约定采用保付代理结算方式,并与出口保理商签订保付代理协议。

● 出口商向出口保理商提出确定进口商信用额度的申请,出口保理商从进口国的保理商中确定进口保理商。

● 出口保理商将需要核定信用额度的进口商名单提交给进口保理商。

● 进口保理商对进口商进行信用调查评估,并将其信用额度通知出口商,承担起进口商信用额度内百分之百的收取货款的风险担保。

● 出口商根据进口商的信用额度确认是否签约,在信用额度内签约发货,并将发票副本送交出口保理商,由出口保理商负责催收账款。

● 出口保理商将应收账款清单提交给进口保理商,委托其协助催收款项。

● 进口保理商收款后将全部款项转给出口保理商。如果进口商在发票到期日90天后仍然未付款,进口保理商作担保付款。

● 出口保理商将扣除相关费用及预付货款后将款项转入出口商的银行账户。

(4) 国际保理业务的优势

对出口商而言,优势在于:

● 可以为客户提供更有竞争力的付款条件,便于开拓国外市场。

● 出口商将单据卖断给保理机构后,只要商品品质和交货条件符合合同规定,就可以得到100%收汇保障,并且保理机构对其没有追索权,收汇没有信贷风险和汇率风险。

● 将对进口商的资信调查、账务管理和账款追收交由保理商处理,有利于加速资金周转,节约成本。

对进口商而言,优势在于:

● 可以凭借公司的良好信誉和财务表现获得买方信贷。

● 可以利用优惠的付款条件,以有限资金购进更多货物,加快资金流动,扩大营业额。

● 节省了向银行申请开立信用证和支付保证金的手续和费用,在批准信用额度之后即可提货,能及时购进适销商品。

5. 福费廷(forfeiting)

(1) 福费廷业务的概念和特点

福费廷业务产生于20世纪50年代末60年代初。当时世界经济结构发生重大变化,国际贸易发展迅速,国际贸易市场逐步由卖方市场转变为买方市场,进口商延长融资期限的要求越来越高。在此情况下,为满足国际贸易融资日益增长的需要,以长期融资为特点的福费廷融资方式产生了。

Since forfaiting transactions are typically used to finance capital goods, they usually are for amounts of $500,000 or more. Forfaiting began in Switzerland and Germany, but it has now spread throughout most of Western Europe and into the United States. Forfait transactions are typically denominated in Swiss francs and US dollars.

福费廷业务又称为票据包买,作为一种专项融资产品,指的是在延期付款的巨额技术贸易和大型机械设备贸易中,出口商把经进口商承兑的、期限在1个月至10年、金额由10万美元至1亿美元不等、包括所有主要货币的远期汇票,无追索权地贴现给出口商所在地的银行或大金融公司,提前取得现款的一种贸易融资方式。

Forfaiting is a type of medium-term trade financing used to finance the sale of capital goods. Forfaiting involves the sale of promissory notes signed by the importer in favor of the exporter. The forfait, usually a bank, buys the notes at a discount from face value from the exporter. In this way, the exporter receives payment for the export and does not have to carry the financing. The forfait does not have recourse against the exporter in the event of default by the importer. The promissory notes are typically structured to extend out in a series over a period of from three to seven years, with a note in the series maturing every six months.

在福费廷业务中,出口商必须放弃对所出售债券凭证的一切权益,福费廷融资商也必须放弃对出口商的追索权。通常福费廷业务的金额较大,一般可以从10万到上亿美金。期限也较长,融资期从1个月到5年,最长可以达到10年。利率是固定利率。

(2) 福费廷业务的定价

一般来讲,福费廷业务的定价包含贴现利息(discount interest)、承诺费(commitment fee)和宽限期贴息(discount for days of grace)。

贴现利息由票面金额按一定贴现率计算而成。贴现率一般分成复利贴现和直接贴现两种。复利贴现以年利率计算,通常每半年滚利计息一次。贴现公式为:利率×天数/360×100=除数-1,面值/除数=净额。直接贴现是根据面值和到期日得出的百分比贴现率,公式为:利率×面值×天数/360×100=贴现额,面值-贴现额=净额。贴现率一般以LIBOR(伦敦同业拆放利率London Inter Bank Offered Rate)利率为基准,在考虑进口国国家风险、开证行信用风险、贴现期限长短和金额的基础上加一定点数。

从票据到期日到实际收款日的期限称为"付款宽限期",包买商通常将宽限期计算在贴现期中,收取贴息。从出口商和包买商达成福费廷协议到票据实际买入之日的时间为承诺期。在此期间,包买商要筹集资金,形成实际资本成本和机会成本。

(3) 福费廷业务的运作模式

按照福费廷业务项下的结算工具,福费廷业务可分为两种模式:一种是普通票据项下的福费廷业务;另一种是信用证项下的福费廷业务。

① 普通票据项下的福费廷业务

在此运作模式下,包买商直接对出口商提供的已经由出口商银行担保或承兑的商业汇票或本票进行贴现,对出口商无追索权地融资付款。担保行可通过出具单独的银行保函或直接在票据上保付签字,即加有 PER AVAL 字样并加上保付行签字来承担对商业票据的担保责任。此运作模式下的操作流程如图 5-1 所示。

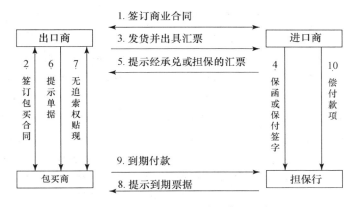

图 5-1　普通票据项下的福费廷业务

② 信用证项下的福费廷业务

信用证项下的福费廷业务的运作模式是在信用证结算方式下进行的,实质上是信用证结算方式的一个环节。如图 5-2 所示,在出口商将单据交给包买商,并提出续做福费廷业务申请后,包买商审单并寄给开证行,开证行在确认单单相符、单证一致的基础上,向出口商出具承兑电单。包买商根据开证行的有效承兑电文向出口商无追索权地贴现付款,完成福费廷交易。

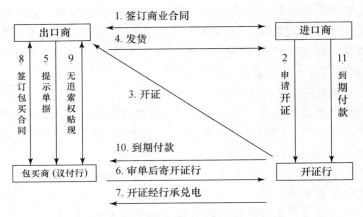

图 5-2　信用证项下的福费廷业务

（三）出口信贷融资

A similar usage is in commercial trade, where credit is used to refer to the approval for delayed payments for goods purchased. Sometimes if a person has financial instability or difficulty, credit is not granted. Companies frequently offer credit to their customers as part of the terms of a purchase agreement.

1. 卖方信贷（supplier's credit）

出口卖方信贷一般包括人民币和外汇贷款。

出口卖方信贷目前主要有以下贷款品种：项目贷款有中短期额度贷款；海外承包工程贷款（包括 BOT、BOO）；境外建厂设点贷款（主要是 CKD、SKD 散件装配厂）；境外设备投资贷款。

贷款对象指凡有法人资格、经国家有关部门批准有权经营机电产品和成套设备出口的进出口企业或生产企业，包括全民所有制、集体所有制、股份制中方实际控股的中外合资、合作企业等等，只要获得机电产品出口经营权或外经权，出口项目符合中国银行规定的条件，无论中央企业还是地方企业，无论大中型企业还是中小型企业，都有资格向中国银行申请出口卖方信贷。

出口卖方信贷的一般做法指出口卖方信贷支持的范围比较广泛，只要单笔出口合同金额超过 30 万美元，设备在我国国内制造部分的比重符合国家规定，出口合同中规定的现汇支付比例符合国际惯例（一般机电产品不低于 15%，船舶不低于 20%，特殊情况例外），或海外工程承包项目在其合同总额中能带动20%机电产品和成套设备出口的,都属于银行出口卖方信贷支持的范围。

2. 买方信贷(buyer's credit)

第二次世界大战后,在机械和成套设备贸易中出口国的银行或金融机构,根据项目的性质、进口商的资信状况以及当时国际金融市场的具体情况,直接向出口商、进口商或进口商银行提供上述各种形式的出口信贷,以扩大本国的设备出口。在各种出口信贷形式中,使用较为广泛的当推买方信贷。其中出口国银行直接将款项贷给进口商银行的这一买方信贷形式,使用尤为集中。

卖方信贷与买方信贷在出口信贷中利用较多。从卖方信贷产生的历史来看,出口商首先以赊销或延期付款方式卖出设备,由于资金周转不灵,才由本国银行给予资金支持,即交易的开端首先从商业信用开始,最后由银行信用给予支持。最近20年来,国际上成套设备及大工程项目的交易增加,由于金额大,期限长,并且商业信用本身存在局限性,出口商筹措周转资金感到困难,因此,由出口商银行出面直接贷款给进口商或进口商银行的买方信贷,迅速发展起来。买方信贷属银行信用,由于银行资金雄厚,提供信贷能力强,高于一般厂商,故国际间利用买方信贷,大大超过卖方信贷。

3. 混合贷款(mixed credit)

混合贷款是出口买方信贷的一种发展方式,它由外国政府和民间银行相联合向进口国贷款,用来购买它的资本商品和劳务。这种方法的使用是由于官方支持的出口信贷利率一再调高,不利于本国资本商品的出口,于是一些国家开始提供有政府赠款、政府贷款与出口信贷、商业信贷混合使用的贷款,以降低贷款利率。由于混合贷款含有政府赠予的成分,使贷款项目带有援助性,因此可以扩大借贷双方国家在政治、经济、科技、金融等各个领域的合作与友好关系。混合贷款的方式一般有以下几种:官方出口信贷机构与商业银行联合提供买方信贷;政府与商业银行联合为某一项目贷款,但政府不出面签订贷款协议,而是利用两国银行间已有的协议,在条件上给予优惠;政府与信贷机构分别为某一项目提供政府贷款和进口买方信贷;政府和商业银行分别为某一项目提供政府贷款和商业信贷,并分别签订贷款协定等。混合贷款的贷款方法与进口买方信贷业务基本相同,又有所区别。由于混合贷款具有援助性质,多用于双边合作项目,所以先由两国政府谈判确定贷款原则,签订会议纪要或议定书,再由各自授权或指定的银行作为政府代理,签订并执行有关的金融协定。这种贷款一般是先有项目,后有贷款。

二、国际租赁融资(International Leasing Financing)

(一)国际租赁融资的概念

跨国租赁是指跨越国境的租赁业务,即一个国家的出租人在一定时期内把租赁物件(机器、设备等)的使用权转让给另一个国家的承租人,承租人分期支付相当于租赁物件总价值(价款、运输费、保险费等各项合计)加利息、利润的租金。租赁期满后,租金支付完毕,租赁物件原则上归出租人所有,由其收回后继续向别的承租人出租,但也可以在承租人支付物件的象征性价格之后,转归承租人所有。

从事跨国租赁融资的租赁机构主要有租赁公司、商业银行、保险公司、国际性租赁组织、制造商、经销商等机构。

(二)国际租赁业的发展

现代意义上的租赁,于 20 世纪第二次世界大战以后 50 年代初创始于美国。当时,美国的许多企业开始军转民生产,由于资金不足,无法获得设备更新,而一些跨国家、跨行业的大垄断企业发了战争财,资本过剩。大量过剩的资本迫切要求找到合适的投资场所,以取得必要的投资收益,于是现代设备租赁业应运而生,并得到迅速发展。20 世纪 50 年代初美国成立了一些租赁公司,到 60 年代,西欧、日本和大洋洲等大部分工业国家也都相继成立了租赁公司。从 60 年代末起,西方各国的租赁业已普遍向海外扩展。70 年代银行加入租赁业,租赁业在西方各国得到急剧发展,并扩大到一些发展中国家。80 年代以来,工业发达国家的租赁业进入成熟期,不少发展中国家的租赁业也有了较大的发展。现在,美国是世界上最大的租赁市场,例如,1993 年美国设备租赁的成交额为 1250 亿美元,全部设备投资的 32 亿是靠租赁方式取得的。日本是世界第二租赁市场,英国是欧洲最大的租赁市场。近年来,国际租赁业在世界经济中起着越来越大的作用,它的发展原因主要有以下几个方面:

1. 新技术革命推动国际租赁业的发展

After the World War 2, the development of science and technology speeded at the emergence of new technology and equipment. All this made companies to purchase new technology and equipments, where comes a huge demand for investment. But the traditional finance and loan can not solve this demand, thus lease industry came out. The modern lease industry comes across the borders and can provide the new equipment for the companies in time. Further more, companies only need to pay the leasing fees, which is far more less than purchasing a new one, thus greatly reduces the risk.

2. 国际租赁业务本身具有的特点是它迅速发展的内在因素

企业如果向银行贷款购买设备,一般的国际银行贷款,包括出口信贷只能提供购买设备款项的一部分资金,最高也只达 85 亿;还款期限严格,一般为 5 年,最长达 10 年;购买设备时需用现金支付一定数额的预付款、运费、保险费、安装费等。而国际租赁则能提供 100％的融资,期限较长,利率固定。租赁公司不仅提供设备的全部资金,还把运费、保险费、安装费等附属费用都包括在租赁费中,作为租金平均分摊偿还;租赁费在财务报表上不列为负债,有助于提高承租人向银行筹措流动资金的资信;利率固定,可以避免利率浮动的风险。以上这些因素促使国际租赁业迅速发展。

3. 政府采用优惠政策支持和扶植租赁业的发展

国际租赁业不论是对出租人所在国还是承租人所在国都起到了推动经济发展的作用。很多国家的政府采用税收优惠和加速折旧的政策扶持租赁业发展。例如,美国实行投资税收抵免:购买设备的投资者,可以从其应纳税额的利润中扣除购买价格的一定比例,以鼓励资本投资。对一些租赁项目,实行减税,减收出租人 10％的应交所得税。当出租人将购买的设备出租给承租人时,将投资减税的一部分好处转让给承租人,承租人可以间接得到减税的利益。在加速折旧法方面,美国允许资本货物的投资者以比正常高得多的折旧率加快折旧,收回投资。英国对于购买资本货物的税收优惠,采用第一年 100％的资本投资减税。在折旧方面,如果租用大型的资本货物,可以得到当年 100％折旧的好处,并允许折旧费作为当年税前利润的减少额。加拿大、澳大利亚等国在税法上允许租赁费用计入生产成本,减少国家税收,减轻用户负担。日本规定现代租赁的租期一般为设备法定耐用年限的 60％～70％,出租人可以在租期内全部收回投资,这就等于缩短了法定年限的 30％～40％,同时日本还实行租赁信用保险制度,来推动租赁的普及。总而言之,由于国际间存在税法的差异,各国的税收优惠政策不同,但出租人和承租人都可以利用租赁得到有利的税收优惠待遇和快速折旧的好处,这些都大大推动了国际租赁业的发展。

(三) 国际租赁的形式

跨国租赁融资的形式有很多种，以下着重讲述融资租赁、经营租赁、杠杆租赁、回租租赁和综合租赁五种形式。

1. 融资租赁(financial lease)

(1) 融资租赁概念

融资租赁又称金融租赁。它是指由出租方融通资金为承租方提供其所需的机器设备，出租给用户的租赁方式。融资租赁具有融资和融物的双重职能。目前它在跨国租赁中是使用最多的一种租赁融资方式。

It is lease in which the service provided by the lesser to the lessee is limited to financing equipment. All other responsibilities related to the possession of equipment, such as maintenance, insurance, and taxes, are borne by the lessee. A financial lease is usually noncancelable and is fully paid out amortized over its term.

《国际会计准则——租赁会计》阐明：判断一项租赁是否属于租赁融资，不在于租约的形式，而在于交易的实质。在一项租赁中，与资产所有权有关的全部风险和报酬，实质上已转移，这种租赁就归类为融资租赁。并确定确有以下情况之一的，在通常情况下可归类为融资租赁：

在租赁期终了时，资产的所有权转让给承租人。

承租人拥有购买资产的选择权，其价格预计将低于行使选择权日的公正价值，在租赁开始日就相当肯定将来会行使此项选择权。

租赁期为资产使用年限的大部分，资产的所有权最后可以转让，也可以不转让。

在租赁开始日，租赁的最低偿付款的现值大于或等于租赁资产的公正价值减去应当给出租人的补贴金和税款减免后的金额。

(2) 融资租赁的特点

融资租赁时出租方根据承租方的要求，与供货方订立购销合同并支付货款，出租方与承租方订立租赁合同，将购买的设备出租给承租方使用。一般说来，这种租赁合同一经签订就不能解约，租期较长，承租人按期向租赁公司缴纳租金。在租赁期内，由承租方按合同规定，分期向出租方交付租金。在租赁期满后承租人对设备有权选择留购、续租或退租三种办法。融资租赁具有以下特点：

融资租赁交易涉及三方面的关系：出租方、承租方和供货方。

租赁资产的所有权和使用权分离。租赁的资产的所有权归出租方占有，承租方享有独占使用权。

租赁资产承租人选定的特定的机器、设备,出租人根据承租人的要求购进有关资产,提供资金融通。出租方对资产的质量、规格、数量、性能等没有责任。

融资租赁以承租人对设备的长期使用为前提。为了保障出租与承租双方的利益,在合同有效期内,承租人不得中途退租,出租人亦不可单方面要求撤销合同。

租赁期结束时,承租人有留购、续租或退租三种选择。

2. 经营租赁(operating lease)

经营租赁又称使用租赁和营业租赁。它是指出租人向承租人提供租赁物的使用权,并向承租人提供有关保养、保险、维修和技术等方面服务的租赁形式。对于承租人来说,利用经营租赁可以获得以下优势:承租人可以获得试用设备的机会;可以解决企业短期资金不足的问题;可以减少设备陈旧过时造成的风险,还可以获得出租人提供的某些低费用的服务等等。

An operating lease is the type of lease, normally involving equipment, whereby the contract is written for a much shorter period of time than the life of the equipment and the lesser handles all maintenance and servicing. This can also be called a service lease. Operating leases are the opposite of capital leases, where the lessee acquires essentially all the economic benefits and risks of ownership

经营租赁时,租赁资产的所有权相关风险和报酬实质上并没有转移,仍然由出租人承担。它与融资租赁有许多不同。经营租赁与融资租赁的主要区别如下:

(1) 承租目的不同。经营租赁方式下,承租人的目的是通过租入资产,以取得短期内的使用权或享受出租人提供的专门技术服务,而融资租赁的目的则是承租人通过融物来进行融资。

(2) 租赁期限不同。经营租赁与融资租赁相比,经营租赁是一种临时性租赁。它可能是承租人因为生产经营的短期需要而向出租人租入所需要的设备的方式,因此它的期限一般比较短。而融资租赁的承租人则因为需要长期的使用某设备,但可能由于资金短缺等因素而无法购买,采用融资租赁方式来取得设备的长期使用权,因此融资租赁的租赁期限则相对较长。

(3) 出租人是否提供服务不同。经营租赁的出租人通常要向承租人提供租后服务,如设备的保养、保修、维修、人员培训和其他专业性技术服务等。而融资租赁的出租人一般不向承租人提供租后服务，而由承租人自行承担租入设备的改良等方面的费用支出。

（4）租赁期满后对租赁资产的处理不同。经营租赁的租赁期满后，设备返回出租人，产权仍归出租人所有。而融资租赁的租赁期满后，租赁双方要办理产权移交手续，并且承租人有优先选择廉价购买资产的权利，或续租或退租。

（5）租赁合同不同。经营租赁在租赁合同期内，承租人按照协议有权发出书面通知取消合同，而融资租赁在租赁合同期内，除非承租人和出租人双方同意，中途不得退租。因此，融资租赁合同的稳定性要高于经营租赁合同的稳定性。

3. 杠杆租赁

杠杆租赁又称衡平租赁、减租租赁和代偿租赁。它是融资租赁的一种特殊形式。所谓杠杆租赁是指租赁公司向设备出租者提供减税及信贷刺激而使租赁公司以较优惠条件进行设备出租的一种方式。在杠杆租赁下，融资租赁公司只需要承担租赁物价款的一部分，通常为20%～40%，其余部分资金则是以租赁物作为抵押物，从银行或非金融机构获得贷款筹得。然后将购进的设备出租给承租人，同时将收取租金的权利转让给对其贷款的金融机构。

杠杆租赁涉及三个方面的经济关系：出租人、承租人、贷款人。它通常适用于金额较大的租赁项目。在租赁公司面临需要巨额资金的项目时，由于融资租赁公司的自身资本有限的限制，而需要从金融机构处获得贷款的支持。杠杆租赁方式享有减税较多的优惠，可以降低租金。出租人只投入20%～40%，但可享受100%的税收优惠，通过这种杠杆作用，能使出租人的投资扩大3～5倍。

杠杆租赁最大的特点是出租人只自筹购买设备所需资金的一部分（通常是20%～40%），其余资金则通过出租设备作为抵押从贷款人处取得贷款。而且，贷款人对出租人无追索权，因此倘若承租人因意外情况付不出租金时，贷款人不能向租赁公司追索欠款，只能会同租赁公司停止租赁，退回设备转租他人。

4. 回租租赁

回租租赁也称返回租赁。它是指设备使用方先把现有的固定资产（机器设备等）按照市价或相当于市价出售给租赁公司，然后再以租赁方式把它租回来重新获取固定资产的使用权。当某一企业资金缺乏又不便得到其他融资时，便可将其拥有的固定资产先卖给租赁公司，然后从租赁公司租回固定资产继续使用。但此时,机器设备的所有权归租赁公司,承租人只拥有使用权。

使用回租租赁融资方式,企业的资产规模没有变化,不影响对其既有资产使用和收益。能在保持正常经营活动的前提下,变固定资产为现金,解决企业资金短缺的问题,提高资产流动性,改善财务状况。

5. 综合租赁

综合租赁是指将租赁与其他贸易形式结合起来的租赁。如将租赁与补偿贸易、加工装配、包销、买方信贷、信托投资、合资合作经营、外汇调剂等方式相结合的综合性租赁。综合性融资租赁按照贸易方式的不同分为三类。

租赁与补偿贸易相结合,即承租人不是以现金支付其向租赁公司租入生产设备的租金,而是以设备投产后生产的产品来抵付租金。

租赁与加工装配贸易相结合,这一方式出租人不但向承租人提供设备,而且还提供原料或零配件,由承租人进行加工装配后,将产品交付租赁公司或它指定的第三方,以加工装配的产品作为租金。

租赁与包销相结合,这一方式下,承租人使用租赁公司提供的设备,生产的全部产品由租赁公司包销,并从包销价款中扣除租金。

综合性租赁其实是租赁与贸易结合的租赁方式,它的优点有很多。首先它能解决企业资金短缺问题,降低企业经营风险。因为采用综合性融资下,承租方用产品支付租金而非用现金支付租金,并且由融资租赁公司负责产品的销售。因此这不仅解决了企业资金短缺的问题,还降低了经营风险。第二,由于融资租赁公司所得的是产品租金,因此融资租赁公司为了自身的利益必然会加强对承租方产品生产的监督管理,从而提高了承租方的生产水平。另外,综合性融资租赁的融资成本较小。这是由于综合性融资租赁的租金是以产品而非现金支付的,因此节约了因支付租金而发生的现金流出,避免企业为筹集租金而发生的融资成本,间接地降低了融资成本。

(四)国际租赁的租金

构成租金的主要项目包括租赁标的物的购置成本、租赁期间的利息和费用、经营开支、税收和利润。其中利息是最关键的一个项目。它和租期有关,租期愈长,相应的利率就愈高;也和租赁公司的资金来源以及所享受的减免税有关。

融资租赁是一次性租赁,故租期最长可与设备使用的有效期一致。但如果承租人有足够的支付能力,在不造成企业负担过重的情况下,缩短租期,有利于减少利息负担。

(五)租赁筹资的优缺点

1. 跨国租赁融资方式具有其他融资方式不可替代的优点:

- Leasing is less capital-intensive than purchasing, so if a business has constraints on its capital, it can grow more rapidly by leasing property than it could by purchasing the property outright.

- Capital assets may fluctuate in value. Leasing shifts risks to the lesser, but if the property market has shown steady growth over time, a business that depends on leased property is sacrificing capital gains.

- Leasing may provide more flexibility to a business which expects to grow or move in the relatively short term, because a lessee is not usually obliged to renew a lease at the end of its term.

- Depreciation of capital assets has different tax and financial reporting treatment from ordinary business expenses. Lease payments are considered expenses, which can be set off against revenue when calculating taxable profit at the end of the relevant tax accounting period.

2. 跨国租赁融资也有一些显著的缺点:

- If circumstances dictate that a business must change its operations significantly, it may be expensive or otherwise difficult to terminate a lease before the end of the term. In some cases, a business may be able to sublet property no longer required, but this may not recoup the costs of the original lease, and, in any event, usually requires the consent of the original lesser. Tactical legal considerations usually make it expedient for lessees to default on their leases. The loss of book value is small and any litigation can usually be settled on advantageous terms. This is an improvement on the position for those companies owning their own property. Although it can be easier for a business to sell property if it has the time, forced sales frequently realize lower prices and can seriously affect book value.

- If the business is successful, lessors may demand higher rental payments when leases come up for renewal. If the value of the business is tied to the use of that particular property, the lessor has a significant advantage over the lessee in negotiations.

三、其他国际融资方式(Others)

（一）国际项目融资

1. 项目融资概述

项目融资（project financing）又叫工程项目筹资。The term "project finance" is generally used to refer to a nonrecourse or limited recourse financing structure in which debt, equity, and credit enhancement are combined for the construction and operation, or the refinancing, of a particular facility in a capitalintensive industry, in which lenders base credit appraisals on the projected revenues from the operation of the facility, rather than the general assets or the credit of the sponsor of the facility, and rely on the assets of the facility, including any revenue-producing contracts and other cash flow generated by the facility, as collateral for the debt.

项目融资有广义和狭义之分。广义上，它是国际间比较普遍采用的大规模筹集资金的一种融资方式，也是目前国际商业银行信贷中的一种相当主要的方式。狭义的概念是指通过项目来融资，即仅以项目的资产、收益作抵押来融资。

举例来进一步解释项目融资的狭义概念。

例：某自来水公司现拥有A、B两个自来水厂。为了增建C厂，决定从金融市场上筹集资金。

方案1：贷款用于建设新厂C，而归还贷款的款项来源于A、B、C三个水厂的收益。如果新厂C建设失败，该公司把原来的A、B三个水厂的收益作为偿债的担保。这时，贷款方对公司有完全追索权。

方案2：借来的钱建C厂，还款的资金仅限于C厂建成后的水费和其他收入。如果新项目失败，贷方只能从清理C厂的资产中收回一部分，除此之外，不能要求自来水公司从别的资金来源，包括A、B两个厂的收入归还贷款，这称为贷方对自来水公司无追索权。

方案3：在签订贷款协议时，只要求自来水公司把特定的一部分资产作为贷款担保，这里称贷款方对自来水公司有限追索权。

方案2和方案3称为项目融资。

项目融资的特点在于：(1)至少有项目发起方、项目公司、贷款方三方参与；(2)项目发起方以股东身份组建项目公司，该项目公司为独立法人；(3)以项目本身的经济强度作为衡量偿债能力大小的依据。

项目融资主要用于交通、能源、采矿、农林业、化工、制造业、冶金等大型资金密集性的工程项目的资金筹集。这种融资方式资金需要量大，风险也大，非一般筹资方式能承受得了。项目建设往往涉及复杂的过程，包括设备置换、新技术应用、经济规模，以及政治的稳定性、通货膨胀、外汇和利率变动等多方面的政治和商业风险，往往使最大的跨国公司也感到难以独揽项目。但项目本身往往又以提供更多的资源和更大的利润前景来吸引各国政府、金融机构和有关企业。所以这一融资方式在国际金融市场上得到了迅速发展，项目筹资规模从20世纪60年代的1~2亿美元发展到今天数十亿美元。

按照这种融资方式，工程项目的主办者或机构一般都专门为项目组成一个独立的法人实体（公司）作为承办单位。贷款人直接把资金贷给承办公司，偿还贷款的义务由工程项目来承担。项目本身的成败和经济效益是偿还贷款的基础。项目融资的参与者比较多，资金来源也很复杂。

In a project financing, the debt terms are not based on the sponsor's credit support or on the value of the physical assets of the project. Rather, project performance, both technical and economic, is the nucleus of project finance.

The term project finance is often misused, owing to a general misunderstanding of the term. In some circles, it refers to raising funds to pay the costs of a project or any project. In others, the term is used to describe a hopeless financial situation remediable only with extreme financing options.

It is important to understand that the term project finance does not necessarily imply that the underlying debt is nonrecourse to the project sponsor. As the definition indicates, project finance debt can be nonrecourse or limited recourse. Project finance transactions can be placed on a continuum, with recourse to project sponsors ranging from nonrecourse to almost complete recourse. Complete recourse is a different financing technique, usually called direct lending.

其主要模式有：

（1）以"产品支付"为基础的项目融资模式

"产品支付（production payment）"是在石油、天然气和矿产品项目中常使用的无追索权或有限追索权的融资方式，产品支付只是产权的转移,而非产品本身的转移。

(2) BOT 项目融资方式

BOT 是 Build-Operate-Transfer 的缩写,即建设—经营—移交。

(3) TOT 项目融资方式

TOT 是 Transfer-Operate-Transfer 的缩写,即移交—经营—移交。

(4) ABS 项目融资模式

ABS 是 Asset-Backed Securitization 的缩写,即资产支持型资产证券化,简称资产证券化。资产证券化是指将缺乏流动性,但能够产生可预见的、稳定的现金流量的资产归集起来,通过一定的结构安排,对资产中风险与收益要素进行分离与重组,进而转换为在金融市场上可以出售和流通的证券的过程。

2. 项目融资的类型

项目融资可以分为有追索权的项目融资和无追索权的项目融资。

(1) 有追索权的项目融资(project financing with limited recourse)

In this form of financing, with operational revenue stream of the project as the source of repayment and property right as guarantee, the lending bank also requires a third party to guarantee the loans. Thus the lending bank has recourse to the third party guarantor. But the guarantor is only liable to the amount of guarantee. So it is referred to as project financing with limited recourse.

在这种方式下,贷款人收回本息的来源是项目本身投产后产生的收益。另外为了保证自己的利益,需在该项目的资产上设立担保权益,同时还要求承办项目公司以外的第三人提供担保。这第三者可以是项目的主办人,项目产品未来的购买者,东道国政府等。当项目不能完工或经营失败,用项目本身的资产不足以清偿债务时,贷款人有权向担保人进行追偿,以他们各自提供的担保金额为限,目前国际上一般都采用这种项目融资方式。

(2) 无追索权的项目融资(project financing without recourse)

Project financing without recourse is also referred to as pure project financing. In this form of financing, repayment of the interest and principal of the loans solely depends on performance of the project operation. At the same time, the lending bank acquires property right of the project assets as collateral for the loan. If the project fails to be completed or suffers operational losses, and if its assets or proceeds are inadequate to repay all the loans, the lending bank will have no recourse to the sponsor of the project.

无追索权的项目融资也叫做纯粹的项目融资。这种融资方式为贷款人提供收回本息的唯一来源是项目的收益,也可以在项目资产上设定担保,贷款人无任何保障。一旦该项目中途停止或经营失败,其资产或收益不足以清偿贷款时,贷款人将无权向该项目的主办人追偿,所以对贷款人来说风险较大,一般不愿采用。

3. 项目融资的参与者

(1) 项目融资的资金来源

一般讲来,要利用项目融资筹集资金,必须组建一个经济实体(或称项目公司)。项目公司的资金由两部分组成,自有资金(或称股本金)和债务(即通过对外负债筹集到的外部资金)。债务又可划分为从属贷款、无担保贷款和担保贷款。这两部分资金主要有如下来源:

① 国际金融机构。世界银行,特别是其下属的国际金融公司以及亚洲开发银行、非洲开发银行、美洲开发银行、欧洲投资银行等地区性开发银行。

② 各国政府出口信贷机构。这些出口信贷机构一般以贷款和提供保证书两种形式为项目融资。

③ 项目所在国政府。

④ 商业银行。商业银行是项目融资的最主要的资金来源,其他来源往往也是从商业银行融资。

⑤ 公共基金机构。这类来源包括人寿保险公司、退休养老基金和慈善基金。在美国,公共基金机构过去提供了巨额长期固定利率资金,还可以向境外提供一定数额的贷款。据伦敦斯特灵出版公司出版的年度报告《1995年亚洲经济和基础设施》中的一篇文章说,"1992—1993年通过资本市场为大型能源和交通项目融资获得了极大成功。这些项目的成功表明,在国际资本市场上,公共机构贷款者拥有的巨额资金,可为世界上许多发展中国家的大多数能源、运输、电讯和其他基础设施项目提供相当可观的一部分资金。"该篇文章还认为,过去50年中,国际大型项目融资中的一个最重要的发展就是公共机构资本市场向大型项目打开了大门。在我国,正在进行的住房制度和社会保障制度的改革所逐步建立起的住房、养老、退休、失业、医疗公积金,将是一笔数额庞大的基金,条件成熟时也可以用于项目融资。

⑥ 短期资金市场。短期资金市场上的资金主要投资于短期债务的

投资项目。现在已有多种办法可将短期资金转化为长期投资。在我国，2007年末城镇居民储蓄已高达17万亿元，农村存款也增幅显著。这种过去被视为"笼中虎"的巨额资金若转化为长期投资，对我国基础设施的建设将做出重要贡献。

⑦ 商业金融公司。大型商业金融公司将是项目融资的重要来源，同商业银行和保险公司相比，金融公司没有存款户和投保人的资金来源，其资金从债务市场上借来，然后再加上一定利差贷放出去。因此，从金融公司借用的资本成本都比较高。某些大商业银行成立有专门的借贷部或子公司从事长期投资贷放业务。

⑧ 租赁公司。基础设施建设往往需用大批施工安装设备。项目发起方或承包商若自行购置不但要占用很大一笔资金，而且在购置之后还要交纳税款。用租赁的方式为项目所需的设备筹资本身就可能转化为项目融资。租赁公司不仅能为项目设备融资，还可以多种方式进行项目融资。租赁公司有的是独立经营，有的是附属于大银行或大金融公司。

⑨ 投资管理公司和风险资金贷放单位。当投资管理公司可以通过认股证、购股权、转换权或其他类似权利享有风险投资权益时，就会以风险资金的形式发放贷款。投资管理公司一般仅提供数额有限的贷款。投资管理公司有的从属于大银行，有的则独立经营。

⑩ 原材料供应商。急于为自己的产品或副产品寻找销路的供应商有时愿意为使用其产品的建设项目提供资金或保证书。

⑪ 新产品的购买者或服务的接受者。需用某种产品或服务的公司愿意为生产此种产品或提供此种服务的建设项目提供帮助。一般来讲，他们采取长期无货亦付款合同或产量合同的形式。无货亦付款合同是特有的担保形式，体现的是项目公司与项目产品购买者之间的长期销售合同关系。该合同可以有不同方式：主要是产品购买方同项目公司签订该合同，项目公司以此为凭进行项目融资；另外，管道和交通项目还通常靠用户"包产量"协议支持项目融资。该合同是长期合同。采用此类合同是所收货款应足以提供服务或产品的项目还债。该合同责任者的义务是无条件的，且不可撤销。因此，该合同实质上是项目产品购买者为项目所提供的一种财务担保，项目公司可以利用其担保的绝对性和无条件性进行融资。无货亦付款或产量合同相当于保证书，可以用作从其他金融机构获得贷款的保证书。

⑫ 承包商。承包商不少都热心于项目融资。他们可以以固定价合同的形式支持项目的长期融资。承包商接受固定价合同相当于为项目

的施工提供担保。有时,承包商还愿意将其应得的一部分酬金投入项目作为股本。由于承包商在同贷款单位、项目发起方和各级政府机构打交道方面十分有经验,因此他们可以在如何进行项目融资方面向其业主提供十分宝贵的建议。

⑬ 设备经营商。为了促进自己设备的销售,许多设备经营商和制造商都有多种融资计划。这类型的融资近年来越来越多,已成为项目融资的一种重要资金来源。

⑭ 项目发起方的贷款和预付款。项目发起方除了为项目注入股本作为项目实体的自有资金外,还可以以项目从属贷款的形式注入资金。所谓从属贷款,是从为项目筹集资金的角度来说,项目发起方为了提高项目主要贷款者的信心,促使他们出资或放松贷款条件而为项目提供的资金。因此,从属贷款是一种吸引主要贷款的种子资金,可以改善项目流动资金状况。项目发起方为项目提供从属贷款可以享受利息和税收方面的好处。在某些情况下,项目发起方提供的贷款或预付款用于支付项目超支部分或其他项目发起方已承诺的不可预见费。

(2) 项目公司。项目发起方在项目融资时一般都成立一个经济实体或项目公司。正是这种做法,可以实现项目借款不体现在项目发起方原有的资产负债表上,因为项目单独建立的经济实体将另行建账,与项目发起方的现有账目脱离。

(3) 财务顾问,项目融资专业性很强,各种关系、法律规定和手续非常复杂。国际上能够从事这类业务的专业人才数目有限,而且还往往将他们办理过的项目融资业务记录作为内部秘密不对外公开。项目融资本身的工作量也大,一般项目发起方的专业知识、经验和精力都有限,难于胜任项目融资财务方面的工作,更何况项目发起方还有许多其他工作要做呢?因此,许多大项目都聘请财务顾问处理项目融资的具体事务。聘请财务顾问当然要花钱,但一般付给财务顾问的佣金要比由于他们的努力而节省下来的资金少得多。财务顾问都积极地促使项目顺利完成,因为只有项目获得成功,他们才能取得咨询酬金。财务顾问的主要任务是进行可行性研究、规划资金来源、安排具体的融资策略以及监督和管理贷款协议。可以充当财务顾问的主要有商业银行、投资银行、大承包商、大金融公司和咨询公司。在选择财务顾问时,要考虑他们的声誉、在金融市场上的地位、有无本行业的知识、过去同项目发起方的关系、专业知识、对项目所在国风险的熟悉程度以及同负责本项目的官员的关系。此外,还要考虑该金融机构是否有能力向项目提供一部分或全部资金。

（4）保证人。项目融资虽然是部分追索权或无追索权的贷款方式，但项目融资的风险并非全由贷款方承担。国际上成功的项目融资大部分都要求与项目有关且有财务能力的某些当事人出具保证书或做出承诺，以便分散贷款方的风险。项目融资没有任何神秘之处，项目融资实际上通过周密的金融安排，将各个同项目有利益关系的承诺和各种形式的保证书结合起来，不使任何一方承担项目的全部风险。对这些承诺统一考虑和审查之后，让项目的主要贷款人放心满意，就可以形成一种让各方均能接受的债务结构，达到项目融资的目的。有关方面提供的保证书必须是可承兑的银行信用。保证书是项目融资的生命线，因为项目公司的资产负债比一般都很低，保证书可以把财务风险转移到一个或多个对项目有兴趣、但又不想直接参与经营或直接提供资金的第三方。保证人主要有两大类：业主保证人和第三方保证人。

业主保证人。当项目公司是某个公司的子公司时，项目公司的母公司是项目建成后的业主。贷款方一般都要求业主提供保证书。

第三方保证人。当项目公司无母公司，或母公司及发起方其他成员不想充当保证人时，可以请他们以外的第三方充当保证人。可以充当保证人的主要有五类：材料或设备供应商、销售商、项目建成后的产品或服务的用户、承包商和对项目感兴趣的政府机构。当这些组织能够直接或间接地从项目受益时，他们就愿意充当第三方保证人。

在中国近十余年利用外资的历史上，日照电厂项目第一次成功地从海外获得无中国政府和金融机构担保的 35 亿美元贷款。这种融资方式第一次被国际金融界称为"项目融资"。

4. 项目融资的成功要素

从前面对风险的分析来看，一个成功的项目融资需有如下要素：

- The project has been approved by competent government authorities.
- The feasibility study report of the project has been reviewed and approved by related government authorities.
- The introduction of foreign technology, equipment, patents and so on have been approved by the economic and foreign trade authorities.
- Project production has reliable source of raw materials and the material supply contract or letter of intent is available.
- The project company can provide guarantee on the completion

of the project and financial arrangement for over-expenditure of capital construction cost to the creditor, and agrees to transfer the insurance interests to the creditor, and mortgages the construction in progress or the already-built fixed assets as well as pledges the proceeds made from the project to the creditor. The shareholders of the projects agree to pledge their equity rights to the creditor.

● Products of the project has good marketing channel preferably with "take or pay" purchases and sales contracts.

● Products of the project are expected to have sound market prospects and good potential of development and profitability.

● The land use right of the project has been secured. Water supply, power supply, communications and other support facilities are available.

由于项目融资是结构化的,经常需要众多团体的参与与保证,以保证项目的现金流和利润流能达到银行信用的衡量标准。其本质就是贷借方与发起方要通盘考虑整个项目卷入的风险。为了拓展考察的视野,我们将先研究项目的各阶段风险及其信用。

项目各阶段的风险及其借方。一般而言,项目可分成三个不同阶段:

(1) 工程与建设阶段。项目一般需经较长时间的计划与建设。预订设备、谈判合同再到实际开始项目,随着需要资金购买原材料、劳工和设备,风险就开始逐步增加。融资结构中的债务也开始积累。

(2) 起始阶段。项目的借贷方并不把项目建设的建成看成项目的结束,他们关注融资计划是否完成,基建有否超过预算,项目产品或服务是否与预算相符,以及能否产生足够的现金支付债务与营运费用。项目的借贷方只有看到项目运作了一段时间并保证项目产品或服务以固定的价格有充足的需求、并按融资时假设的标准运作才会放心。这一起始阶段一般会有几个月或几年。

(3) 营运阶段。一旦进入正常营运阶段,项目的融资计划已经完成,销售产品或服务产生的现金需足够支付债务、营运成本,并为发起人和投资者提供回报。正因为这三个阶段有着不同的风险水平,项目经常在不同的风险阶段有不同的借贷方,他们对风险的好恶程度与承担能力决定了他们对项目融资计划中不同阶段的参与。

有的借贷方喜欢长期借款,有的则中意短期借款;有的专业于建设借款,有的则为项目的工程与建设所需设备提供借款(像美国进出口银行经常为本国的设备出口商提供借款);有的会接受不同阶段、不同发起人的担保,有的则不会;有的则接受项目营运阶段的风险,却不会对建设与起始阶段的高风险感兴趣。项目融资的利率也会随项目不同阶段而存在不同的风险并具有不同水平。建设借贷者会担心他们不能通过融资阶段,因此,他们必须最初就有如何撤资的计划。项目生产的现金流是很重要的指标,好的现金流与差的现金流(导致项目失败)的比较是项目融资成败的衡量条件。

5. 项目融资的历史

The origins of project finance can be traced to the construction of the Panama Canal, although the modern origins are the power projects of the 1970s and 1980s where newly created Special Purpose Corporations (Specs) were created for each project, with multiple owners and complex schemes distributing insurance, loans, management, and project operations. Such projects were previously accomplished through utility or government bond issuances, or other traditional corporate finance structures.

The new project finance structures emerged primarily in response to the opportunity presented by long term power purchase contracts available from utilities and government entities. These long term revenue streams were required by rules implementing PURPA, the Public Utilities Regulatory Policies Act of 1978. Originally envisioned as an energy initiative designed to encourage domestic renewable resources and conservation, the Act and the industry it created lead to further deregulation of electric generation and, significantly, international privatization following amendments to the Public Utilities Holding Company Act in 1994.

6. 项目融资的评估

融资是企业资产形成的重要手段。在现代市场经济环境中,对于任何所有制性质的企业来说,无论从事哪个行业或以何种方式经营,融资活动都是企业经营和发展的核心内容。然而,市场经济处处蕴含风险,只要企业从事融资活动,就一定会面临各种风险。合理评估投资价值,控制融资过程中可能遇到的各类风险,正确把握投资时机,提高风险管理能力,就成为摆在企业和各级政府面前的一个现实而重大的课题。一

般来讲,企业项目融资评估中要考虑以下因素:

(1) 贷款方的要求。在评估 BOT 项目融资目的时,贷款方需在以下方面得到满足,即在假设条件下对现金流动进行合适的感性分析后,证明项目是可行的,在融资计划中为意外事件必须做适当的条款,以保证项目有足够的现金在其特许期限内来满足它的现金需求,包括债务服务,并要求考虑有一定的余度以应付不可预见事件的发生。

(2) 股本投资者的融资要求。私营部门对投资所关心的问题大部分类似于贷款者所关心的问题。然而,对投资者来说,首先关心的是项目的投资能否归还,投资者将从下列角度来评价项目的现金流动:

① 投资回报率(Return on Investment,简称 ROI) ROI 是指内部回报率,或在项目特许期限内所有现金流出和流入的现值的折扣率。如果 ROI 高,这个项目就被认为是可行的及可投资的,理想的 ROI 是比当时银行借款利率高 8~10 个百分点。

② 股本回报率(Return on Equity,简称 ROE) ROE 是指折扣率,等于股本投资的现值与债务在分期还款、利息及所得税后每年剩余现金流的现值。理想的 ROE 是比当时的银行利率高出 10 点以上,如果这样,则该项目是被认为有吸引力的。

③ 税后净现值(Net Present Value,简称 NPV) NPV 是指债务分期偿还、支付利息和所得税后,每年剩余现金流的现值与在规定的折扣率下股本投资的现值。只要 NPV 是正的,这个项目就被认为是可行的和有利润的。

为了具体说明一个国际融资项目在实践中的开展和建设阶段,以建设一个发电厂为例,我们来介绍一下采用国际 BOT 方式进行项目建设的一般程序。

(1) 由项目所在地电力局和愿意承办该项目的发起人签订意向书,之后对发电厂项目进行可行性研究。

(2) 由发起人招商并组建项目公司。项目公司的股东可以包括土建公司和设备供应公司的联合体、商业银行和国际金融公司等。国家电力局也有可能参资入股。

(3) 项目公司和电力局之间签订特许权协议(项目协议、执行协议)。在此协议的基础上,项目公司准备并签订其他有关协议。

(4) 筹措资金阶段。项目公司向银行贷款并签订贷款协议。

(5) 发电厂的建设阶段。

(6) 运营阶段。项目公司自己或通过专业管理公司对电厂进行运营。项目公司通过收取电费回收投资,包括负担经营成本、偿还债务和股东分红等。

(7) 运营期结束。项目公司将所有权转让给国家电力局,由该电力局继续运营。

至此,一个项目的建设、运营和转让的全过程就结束了。

案例 5-3　加州公路项目融资

加州美国第一条全自动收费公路。该公路位于美国加利福尼亚奥兰治县 sr91 号高速公路上最繁忙、经常塞车的第一段,全长 10 英里,1995 年底开通。由于是全自动收费,所以不设收费站卡,靠过往车辆上安装的电子收发机记账。路面上嵌埋传感器计算过往车辆。这项工程将在原有路面上增加 4 个车道。其中两条收费,另两条对搭载多人的车辆收费或不收费。项目发起方由三家公司组成,即内布拉斯加州奥马哈市的施工企业巨头彼特·基维特父子公司、法国收费路建筑公司洛杉矶分公司和加利福尼亚州沃森维尔市的花岩建筑公司。这三家公司为了这个项目专门成立了项目公司 CPTC(加利福尼亚州民营交通公司)。为了取得加利福尼亚州政府的批准,经过了三年半的努力。该工程的施工由花岩建筑公司承包。此项工程费用预算为 12500 万美元,其中 6500 万是施工费用,其余用于设计、施工管理、电子收费系统、交通警控制和系统维护。CPTC 决定利用项目融资解决上述资金需求问题,在国际金融市场进行融资。1993 年 7 月 20 日由美国花旗银行集团、法国巴黎国民银行和法国总公司组成的国际财团决定向 CPTC 发放贷款。CPTC 的资金来源结构如下:由 CPTC 的股东单位投入约合 1900 万美元的股份,占全部资金的 15.2%。主要债务合 1 亿美元,其中国际财团的三大银行借给 6500 万,向各机构投资者发售 3500 万的债券,由基维特多种经营集团公司承销。另外,奥兰治县交通局先前已投入了 600 万的种子资金,权作从属贷款。这笔从属贷款日后由 CPTC 还给奥兰治县交通局。所有的股东红利均由这条全自动收费路的过路费收入偿还或支付。加州政府把 CPTC 的投资年收益率限制在 17% 以下。但是,如果 CPTC 能够降低运营管理费,设法提高车流量,并与当地县政府分配限额以上的收入,则年收益率可望达 23%。

(二) 子公司所在国的金融市场融资

In international finance, multinational corporations can make use of the financial market where their subsidiaries are located to raise the capital for their subsidiaries. If they can use this channel, the cost of capital of the whole company can be lowered. Thus the financial managers must access the different financial market to broaden their finance channels.

1. 跨国公司内部的资本结构

随着跨国公司的发展,跨国公司的组织机构也经历了一系列演变,这些组织机构的演变,其目的在于适应跨国公司全球性的经营战略需要。组织机构的变化影响到公司内部的资本结构的变化。资本结构从其根本上来说是母公司与子公司的经济关系,即子公司是受母公司控制的一个组成部分,还是具有自主经营权的独立企业。一般来讲,能够利用子公司所在国的金融市场进行融资,这种子公司应该是独立经营、独立核算的企业,融资决策权力下放给子公司。只有在这种情况下,当地资金供应者才认为融资结构可行,可以接受,提供资金。但有的跨国公司集中控制融资决策权,它也利用某地子公司当地的金融市场融资,其目的是利用子公司之间的转移渠道,让甲公司为乙公司筹资。例如:它可以让瑞士子公司借款来满足德国子公司资金的需要,这种子公司就不是独立经营的企业。所以要利用子公司当地金融市场融资,首先要看母公司向子公司提供资金的形式。母公司向子公司投资的形式有两种:一种是以股东的形式进行投资,这样母公司就掌握了子公司的控制权;另一种是以债务的形式向子公司投资。这种投资方式便于子公司向母公司偿还贷款时资金的退出,少受外汇管制和政府干预的影响,对母公司有利。现在一些母公司愿以这种方法投资,有时债务形式的投资是子公司股东的 2 倍、3 倍,甚至 4 倍。在这种形式下,母公司对子公司的控制是有限的。如果债务太多,会造成子公司的资本结构不合理,自有资金太少,这时就影响了子公司的筹资。对于当地资金供应者来说,如果没有母公司担保,他们不愿提供贷款。有些母公司则要求自己的子公司有适当的资本结构,这样的子公司可以独立自主经营,具有独立的融资决策权,可以在当地筹资。但这时母公司就放弃了利用跨国优势和利用子公司之间转移资金的机会,不必用一个子公司的资金来为其他子公司服务,然而正是这一点,又恰恰是跨国公司融资的优势所在。

2. 子公司所在国金融市场融资特点

不管是用于子公司本身经营需要,还是成为用于全球筹资的一部分,参与子公司当地的金融市场都是一种融资的方法。要进行这种融资,财务管理者必须懂得在多国金融市场上进行筹资的原则、方法、惯例和差异,比较熟悉应对各国的金融市场。虽然一些国家的金融惯例与本国相似,但受当地经济和文化的影响,各国都有自己的特点。企业的财务管理者必须懂得每一种筹资技术,才能胜任这些工作。下面介绍几种融资形式:

(1) 银行透支

在许多国家,银行用透支的方式放款。它的方法是借款公司允许在其账户上透支到一定的限额,这一限额由企业与银行事先确定。公司只对实际借款数支付利息,通常以日借款余额计算。透支是满足短期资金需要的一种灵活的融资方式,特别是帮助企业解决临时性的资金短缺。

(2) 商业信用

为顾客提供商业信用通常被看做是一种短期资金来源。在许多国家,汇票的贴现相当常见。当然对所有参与者来说,汇票的贴现需要大量的工作。有的发展中国家还不普遍。由于法律和文化的因素,汇票的贴现一直是法国和意大利的普通融资方式。另外购买人在汇票承兑前贴现,这一方法现在也已出现。但同时在很多国家汇票融资的方法已越来越不流行,一般采用贷款和透支两种方式。

(3) 货款方式的差异

银行贷款也是一种普遍的融资方式,但由于各国文化背景的不同,影响到所采用的具体融资方法。例如,长期贷款的抵押因国家而异,取决于当地银行业的惯例。在日本,大部分银行贷款需要担保,而在德国只需签名即可。各国银行对"保留(补偿)余额"的做法也不同。一些国家不采用保留余额的做法,银行从利率里得到补偿,收取与银行相关的手续费。而有些国家,保留余额的方式已制度化,比如墨西哥、巴西、哥伦比亚。

各国贷款利率也不同,取决于当地通货膨胀率和汇率变动的趋势。在通货膨胀特别严重的国家,利率高于200%。虽然利率如此惊人,但通货膨胀抵消这些资产的价值后,靠银行借款来经营仍有利可图。

第四节 资本成本和资本结构 Cost and Structure of Capital

一、资本成本(Cost of Capital)

(一) 资本成本概述

所谓资本成本是指企业为了筹集和使用资金而付出的代价。降低资本成本对企业来说是很重要的。在企业开展一个项目时,如果该项目的资本收益等于其资本成本,那么开展这个项目对公司的价值没有任何影响。如果该项目的资本收益高于资本成本就会增加资本价值,企业会选择开展此项目。反之,则降低公司价值,企业不会开展此项目。

The cost of capital is the minimum rate of return an investment project must generate in order to pay its financing costs. If the return on an investment project is equal to the cost of capital, undertaking the project will leave the firm's value unaffected. When a firm identifies and undertakes an investment project that generates a return exceeding its cost of capital, the firm's value will increase. It is thus important for value-maximizing firm to try to lower its cost of capital.

(二)跨国公司资本成本

1. 跨国公司的资本成本(Cost of Capital of Multinational Corporations)

跨国公司的资本成本与国内公司的资本成本有所不同。这是因为:

(1)公司规模。跨国公司的公司规模通常要比国内公司的规模要大。由于跨国公司经常的大量的借债,债权人可能会对其有一些优惠待遇,因此可以降低它们的资本成本,而且它们大量地发行股票和债券也相应减少了发行费用(以融资额的百分比计算)。但是这些都是因为它们规模大而不是因为它们的国际化业务。如果国内公司的规模足够大,也可获得较低的资本成本。但是如果国内公司不进行跨国经营,它的规模发展也会受到一定的限制。

(2)国际资本市场。不同市场间资本成本是不同的,而跨国公司通常能从国际资本市场获得资金。因而跨国公司能在国际资本市场上以更低的成本来筹集资金。另外,只要子公司所在国市场利率相对较低,子公司也可能在当地获得比母公司在本国所能获得的成本更低的资金。例如,可口可乐公司的年报称其参与全球业务和强大的资金实力使可口可乐能较容易地进入全球重要的金融市场,这使他们能以较低的实际成本筹资。这种优势与他们对于长短期债务创造性的管理相结合使可口可乐总的借款成本更低。

(3)国际多元化。公司资本成本受破产风险的影响。如果一个公司的现金流入来自全世界各地,那么它的现金流量可能会更稳定。由于各国经济彼此独立,来自不同子公司的组合净现金流量会表现出较小的变化,这样就会减少破产风险,降低资本成本。

（4）汇率风险高。由于受到高汇率风险的影响，一个跨国公司的现金流量可能会比国内同行业有更大的变化性。例如，如果母公司在美国，而在国外的所得都要汇回到母公司，这些收入可能就没有美元坚挺时那么值钱了。这样，支付借款利息的能力就降低了，破产风险也会更高。这会迫使股东和债权人要求更高的收益率，从而增加该跨国公司的资本成本。

（5）存在国家风险。如果东道国对子公司资产实行征收且不公平赔偿时，该跨国公司就会增加破产的概率，同时也会增加该跨国公司的资本成本。

2. 资本资产定价模型（Capital Asset Pricing Model）

公司的债务成本较易计量，计算企业财务成本的主要困难在于权益资本成本（Ke）。权益资本成本就是企业投资者要求的投资回报率。而投资回报率通常用资本资产定价（CAPM）模型来评估。资本资产定价模型指出，投资回报率与证券的系统风险呈线形关系。

The capital asset pricing model (CAPM) is used in finance to determine a theoretically appropriate required rate of return (and thus the price if expected cash flows can be estimated) of an asset, if that asset is to be added to an already well-diversified portfolio, given that asset's non-diversifiable risk. The CAPM formula takes into account the asset's sensitivity to non-diversifiable risk (also known as systematic risk or market risk), in a number often referred to as beta (β) in the financial industry, as well as the expected return of the market and the expected return of a theoretical risk-free asset.

它确定的投资回报率是：

$$R_i = R_f + (R_m - R_f)\beta_i$$

其中：R_i——期望收益率

R_f——无风险投资回报率

R_m——市场收益率

β_i——该股票的 β 系数（系统风险）

CAPM 模型表明，股票 I 的期望回报率 R_i 的大小，随着 β 的增加而增加。也就是说，市场风险越大，则要求的投资回报率就越高。

如果国际金融市场是分离的，投资者只能在国内多样化资本。在这种情况下，CAPM 公式下的市场组合将代表国内市场证券组合。对应的风险也是国内市场证券组合的风险。由于来自不同国家的投资者拥有不同的系统风险,因此同样的未来现金流量可能在不同国家中带来不同的定价。

而如果国际金融市场高度一体化,此时 CAPM 公式的市场证券组合就会是包含世界上所有证券的证券组合风险。相关的系统风险也是世界证券组合的系统风险。在一体化的国际金融市场,同样的未来现金流量将在每个地方都有相同的定价。投资者将要求较低的投资回报率,因为在一体化的金融市场中,比分离的市场更能分散风险。

The models states that investors will expect a return that is the risk-free return plus the security's sensitivity to market risk times the market risk premium.

The risk free rate is taken from the lowest yielding bonds in the particular market, such as government bonds.

The risk premium varies over time and place, but in some developed countries during the twentieth century it has averaged around 5%. The equity market real capital gain return has been about the same as annual real GDP growth. The capital gains on the Dow Industrials have been 1.6% 1910 – 2005. The dividends have increased the total "real" return on average equity to the double, about 3.2%.

The sensitivity to market risk (β) is unique for each firm and depends on everything from management to its business and capital structure. This value cannot be known "ex ante" (beforehand), but can be estimated from "ex post" (past) returns and past experience with similar firms.

Note that the cost of retained earnings can also be estimated according to this formula, since investors expect retained earnings to produce the same return as dividends reinvested in the firm.

3. 各国资本成本的差异

(1) 债务资本成本的国家差异

债务资本成本一般来说有两种,一种是长期借款成本,另外一种是债券成本。

● 长期借款成本。长期借款成本包括借款利息和筹资费用。其中借款利息是税前成本费用,可以在交纳所得税前扣除,因此可以起到抵税作用。如果不考虑货币的时间价值,一次还本、分期付息的长期借款的成本为:

$$K_l = I_l(1-T)/L(1-F_l)$$

其中：K_l——长期借款资本成本

I_l——长期借款年利息

T——所得税率

L——长期借款筹资额（借款本金）

F_l——长期借款筹资费用率

● 债券成本。债券成本包括债券利息和发行债券的费用。其资本成本的计算也与长期借款成本相似。借款利息也是可以在所得税前扣除的。若不考虑货币时间价值，一次还本、分期付息的债券的资本成本计算公式为：

$$K_b = I_b(1-T)/B(1-F_b)$$

其中：K_b——债券资本成本

I_b——债券年利息

T——所得税率

B——债券筹资额

F_b——债券筹资费用率

根据上面两种债务资本成本的计算公式可以知道，决定债券资本成本的因素有：债权人要求的利息、债务筹资额、所得税率以及债务筹资费用。

而一些国家的公司债务成本与另一个国家的公司债务成本比较或高或低的原因可能有：

一国债权人要求的利率可能要高于另一国。债务筹资利率差异的原因有很多。It may be related to the policy of that nation. If a country encourages saving, it may raise the interest rate to increase the saving supply. The differences in interest rate are also related to the nation's risk. The higher the risk is, the higher interest rate will be, which may increase the cost of capital. The economic status may also affect interest rate. Generally speaking, interest rate in high inflation country is lower than that in the low inflation country.

除了利率的差异，不同国家的所得税率、筹资成本也会有一定的差异。而且，由于国家人口状况的不同，一国储蓄的供应及所需要的可贷资金数量也会有所不同。

总之，正是因为上述因素存在着不同，各国的债务资本成本也会有所不同。通常认为，美国企业相对其竞争对手尤其是日本和德国来说有更高的资本成本。

(2) 权益成本的国家差异

权益成本一般来说也有两种：保留盈余成本和普通股成本。其中普通股是企业外部权益成本，保留盈余成本是企业的内部权益成本。两种权益成本的形成在企业缴纳所得税之后，因此不同于债务成本，它是不具备税收抵减作用的。

● 留存收益成本。留存收益成本是指企业的留存收益的所有权属于股东。股东将这一部分未分派的税后利润留存于企业，对企业追加投资的一种方式。

计算留存收益成本的方法有很多，主要有以下几种：

① 股利增长模型法下计算留存收益成本的公式为：

$$K_s = D_1/P_0 + G$$

其中：K_s——留存收益成本

D_1——预期年股利额

P_0——普通股市价

G——普通股利年增长率

② 资本资产定价模型法下，留存收益成本计算公式为：

$$K_s = R_s = R_f + \beta(R_m - R_f)$$

其中：R_f——无风险报酬率

β——股票的贝他系数

R_m——平均风险股票必要报酬率

③ 风险溢价法。风险溢价法认为，普通股股东对企业的投资风险要大于债券的投资者，因此普通股股东会在债券投资者要求的收益率上再要求一定的风险溢价。公式如下：

$$K_s = K_b + RP_c$$

其中：K_b——债务成本

RP_c——股东比债权人承担更大风险所要求的风险溢价。

● 普通股成本

新发行的普通股成本计算公式如下：

$$K_{nc} = D_1/P_0 + G$$

其中：K_{nc}——普通股成本

D_1——预期年股利额

P_0——普通股市价

G——普通股利年增长率

根据上面权益成本的计算公式可以看出，权益资本成本的大小决定于股东要求的无风险报酬率、必要报酬率,或者是股东承受的风险溢价。

而由于各国的无风险利率是不同的,权益成本在各国间也会不同。而且,权益成本也取决于相关国家的投资机会。一个有大量投资机会的国家,潜在收益可能会相对较高,这会使资金机会成本较高,因此资本成本也较高。

二、资本结构(Capital Structure)

资本结构是指企业各种资本的构成及其比例关系。广义的资本结构是指全部资金的来源构成,不但包括长期资本,还包括短期负债。狭义的资本结构是指长期资本(长期债务资本与权益资本)的构成及其比例关系,而将短期债务资本列入营运资本进行管理。通常采取狭义的资本结构概念。全球企业的资本结构是存在差异的。

Capital structure refers to the way a corporation finances itself through some combination of equity sales, equity options, bonds, and loans. Optimal capital structure refers to the particular combination that minimizes the cost of capital while maximizing the stock price.

(一)资本结构理论

1. 净收入理论(Net Income Approach)

净收入理论认为,企业利用债务资本筹资,可以降低综合资本成本,提高企业的价值。净收入理论假设企业负债比例提高以后,其权益资本成本率和债务资本成本率不变。净收入理论认为,企业的负债比例达到100%的资本结构为最佳资本结构,此时综合资本成本率最低,等于债务资本成本率,而企业的价值达到最大。因此,企业以债务融资方式为主的资本结构调整,无疑会影响整个企业的资本结构安排。

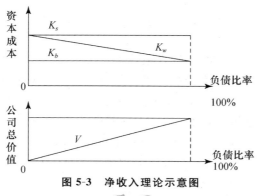

图 5-3　净收入理论示意图

如果用 K_b 表示债务资本成本、K_s 表示权益资本成本、K_w 表示加权平均资本成本、V 表示企业总价值,则净收入理论可用图 5-3 来描述。

从图 5-3 可以看出,随着负债比例的提高,综合资本成本率下降,并逐渐接近债务资本成本率,从而使普通股股票的价格上升,企业的总价值上升。

2. 净营运收入理论(Net Operating Income Approach)

净营运收入理论考虑了负债比例增加对权益资本成本率的影响,认为无论企业的负债比例为多少,其综合资本成本率是不变的,资本结构对企业的价值没有影响。净收入理论的基本假设为,企业负债比例增加后,企业权益资本的风险会增加,股东会要求更高的报酬率,即权益资本成本率会上升,抵消了财务和杠杆作用带来的好处,使综合资本成本率固定不变。净经营收入理论认为企业的价值等于净经营收入按照综合资本成本率进行资本化的价值,因为企业净经营收入和综合资本成本率不变,因此企业的价值不随负债比例的变化而变化,从企业的价值中减去负债的市场价值就得到普通股股票的市场价值。

净收入理论可用图 5-4 来描述。

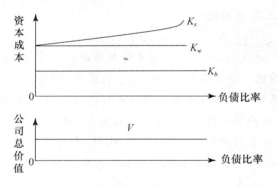

图 5-4 净营运收入理论示意图

按照这种理论推论,不存在最佳资本结构,筹资决策也就无关紧要。可见,净营运收入理论和净收入理论是完全相反的两种理论。

3. 传统理论(Traditional Approach)

传统理论是介于净收入理论和净经营收入理论之间的一种折中理论。它认为,企业在一定的范围内利用负债的财务杠杆作用时,权益资本成本率的上升并不能完全抵消使用资本成本率较低的债务资本的好处,因此综合资本成本率会随着适度负债比例的增加而下降,而此时企业的价值上升,并可能在此范围内达到最高。但是当企业的负债比例超过这个范围时,由于风险明显增大,企业债务资本成本率也开始上升,它和权益资本成本率的上升共同作用,使综合资本成本率上升,企业的价值因此开始下降。负债比例超过这个范围越大,综合资本成本率上升越快。

传统理论可用图 5-5 来描述。

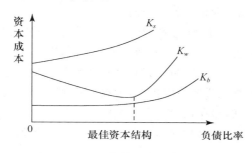

图 5-5　传统理论示意图

4. MM 理论(Modigliani & Miller Approach)

现代资本结构理论研究的起点是 MM 理论。它是两位美国学者默迪利安尼和米勒提出的关于资本成本和资本结构的理论。1959 年 6 月米勒和默迪利安尼在《美国经济评论》上联名发表了题为《资本成本、公司财务和投资理论》的论文提出了最初的 MM 理论。

最初的 MM 理论认为:在没有所得税的完善资本市场下,企业的资本成本不受到资本结构的影响,资本结构的变化不会影响到企业的市场价值。或者说,当公司的债务比率由零增加到 100% 时,企业的资本总成本及总价值不会发生任何变动,即企业价值与企业是否负债无关,不存在最佳资本结构问题。

最初的 MM 理论虽然在理论上很有意义,但是在实践中却有局限性。因为它是在严格的假设条件下得出来的结论。但是在现实中,有些假设条件是不成立的。1963 年,默迪利安尼和米勒在考虑企业所得税的影响下对 MM 理论进行了修正。修正后的 MM 理论认为存在企业所得税时,由于税法允许利息支出作为费用以抵减所得税,因而负债经营会形成税收屏蔽,为企业带来节税价值。企业的市场价值会随着负债的持续增加不断上升,且当全部以负债融资时企业的价值达到最大。也就是说,公司只要通过财务杠杆利益的不断增加,而不断降低其资本成本,负债越多,杠杆作用越明显,公司价值越大。当债务资本在资本结构中趋近 100% 时,才是最佳的资本结构,此时企业价值达到最大。此时,企业的市场价值与企业的负债额的关系为：
$$V_l = V_u + tD_l$$

其中，V_l——有负债企业的市场价值

V_u——无负债企业的市场价值

t——企业所得税率

D_l——企业债务的市场价值。

最初的 MM 理论和修正的 MM 理论是资本结构理论中关于债务配置的两个极端看法。

1977 年米勒再一次对 MM 理论进行了修订。他建立了一个包括公司所得税和个人所得税在内的模型，来探讨负债对企业价值的影响。他认为，个人所得税的存在，会在某种程度上抵消利息的免税利益，但是，在正常税率的情况下，负债的利息节税利益并不会消失。米勒模型的基本公式为：

$$V_l = V_u + [1-(1-T_c)(1-T_B)/(1-T_b)]B$$

其中，T_c——企业所得税率

T_B——个人股票所得税率

T_b——个人债券所得税率

B——企业负债价值

MM 理论经过几次扩展修订，引进了公司所得税的影响和个人所得税的影响。根据 MM 理论，企业应该采用负债融资，企业价值会随着负债的增加而上升，且当 100% 负债时，企业价值达到最大。

5. 权衡理论（Trade-off Theory）

根据 MM 理论，企业的最佳资本结构是 100% 的债务，但 MM 理论的有些假设在现实中并不存在，实际企业经营中由于存在企业的财务风险，而没有这样的资本结构。各种负债成本会随资产负债率的提高而上升，而且，当负债比率达到某一程度时，息税前利润会下降，同时企业破产概率会有所增加。并且破产概率及其引起的律师费和其他成本也随资产负债率的提高而增加。因此，由于资本市场的不完善导致对破产和流动性成本的考虑使得公司不会 100% 负债，而只有适度负债。

随着资本结构理论的发展，出现了税负利益—破产成本的权衡理论。它认为企业最佳资本结构是对因增加债务所获得免税优惠收益和因债务增加陷入财务困境导致的成本的均衡。其中财务困境成本分别为直接成本和间接成本。直接成本主要指破产成本。破产成本的直接成本包括企业破产时的管理费用、法律费用和会计师费用以及支付给资

产评估人、拍卖商等的费用。破产的间接成本包括破产企业在清理变现时由于企业资产处理市场不完善所造成的企业资产低于其经济价值而带来的额外损失。财务困境成本的间接成本主要包括债权人与股东利益冲突所导致的资金投入不足、资金转移、拖延破产时机等隐形成本。

权衡理论可用图 5-6 来描述。

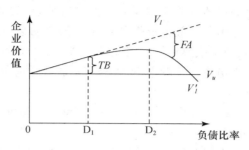

图 5-6　权衡理论示意图

图中：
V_l——只有负债税额庇护而没有破产成本的企业价值（破产成本：指与破产有关的成本）；
V_u——无负债时的企业价值；
V_l'——同时存在负债税额庇护、破产成本的企业价值；
TB——负债税额庇护利益的现值；
FA——破产成本；
D_1——破产成本变得重要时的负债水平；
D_2——最佳资本结构。

图 5-6 说明：(1) 负债可以为企业带来税额庇护利益。(2) 最初的 MM 理论假设在现实中不存在，事实是各种负债成本随负债比率的增大而上升，当负债比率达到某一程度时，息前税前盈余会下降，同时企业负担破产成本的概率会增加。(3) 当负债比率未超过 D_1 点时，破产成本不明显；当负债比率达到 D_1 点时，破产成本开始变得重要，负债税额庇护利益开始被破产成本所抵消；当负债比率达到 D_2 点时，边际负债税额庇护利益恰好与边际破产成本相等，企业价值最大，达到最佳资本结构；负债比率超过 D_2 点后，破产成本大于负债税额庇护利益，导致企业价值下降。

资本结构理论为企业融资决策提供了有价值的参考，可以指导决策行为。但是也应该指出，由于融资活动本身和外部环境的复杂性，目前仍难以准确地显示出存在于财务杠杆、每股收益、资本成本及企业价值之间的关系,所以在一定程度上融资决策还要依靠有关人员的经验和主观判断。

（二）资本结构的管理

1. 融资的每股收益分析

通常通过对公司的每股收益无差别点进行分析来判断公司的资本结构决策的好坏。因为一般情况下债务额度的变动会引起每股收益的变动,继而会影响公司股票价格。因此融资结构是否合理可以通过分析每股收益的变化来衡量。一般来说,能提高每股收益的资本结构是合理的；反之是不合理的。

Earnings per share (EPS) are the earnings returned on the initial investment amount.

因为每股收益不仅受到公司资本结构的影响,而且与销售水平也有关系。因此,可以通过利用每股收益的无差别点来进行每股收益分析。而所谓的每股收益的无差别点,指每股收益不受融资方式影响的销售水平。根据每股收益无差别点,可以分析判断在什么样的销售水平下适于采用何种资本结构。

每股收益 EPS 的计算公式为：

$$EPS=(S-VC-F-I)(1-T)/N=(EBIT-I)(1-T)/N$$

其中：S——销售额

VC——变动成本

F——固定成本

I——债务利息

T——所得税税率

N——流通在外的普通股股数

$EBIT$——息税前盈余

The value used for company earnings can either be the last twelve months' Net income (referred to as trailing-twelve-months, or ttm), or analysts' predictions for the next twelve months' net income (referred to as forward).

The number of shares used for the calculation can either be basic (only shares that are currently outstanding) or diluted (includes all shares that could potentially enter the market).

在分别采用债务融资和普通股融资时,公司所支付的利息和公司普通股股数是不一样的。而无论是采用负债融资,还是采用权益融资,在每股收益无差别点上,每股收益都是相等的。若 EPS_1 代表负债融资,EPS_2 代表权益融资,每股收益无差别,即 $EPS_1 = EPS_2$。当销售额低于每股收益无差别点的销售水平时,增加权益融资减少债务融资能提高每股收益。当销售额高于每股收益无差别点的销售水平时,要提高每股收益则应相应减少权益融资增加债务融资。

例:某跨国公司原有资本 1000 万美元,其中债务资本 300 万美元,每年负担 36 万美元的债务资本利息,普通股资本 700 万美元,发行普通股 70 万股,每股面值 10 美元。该公司的变动成本率为 60%,固定成本为 200 万美元,所得税率为 40%。如果该公司需要追加筹资 100 万美元,其筹资方式有以下两种,那么该跨国公司最好采取哪种追加筹资的方式。

(1) 全部发行普通股,且每股面值 10 美元。
(2) 全部发行长期债券,债务利率为 12%。

根据上述每股收益无差别点的计算公式:

$$(S-0.6S-200-36)(1-40\%)/(70+10)$$
$$=(S-0.6S-200-36-12)(1-40\%)/70$$

根据上面的等式,计算得 $S=830$(万美元)

此时每股收益为 0.72 美元

也即,如果跨国公司的销售额低于 830 万美元时,跨国公司在进行追加筹资决策时最好增加权益融资而减少债务融资;当跨国公司的销售额高于 830 万美元时,跨国公司最好采用债务融资而不是权益融资。

2. 最佳资本结构的确定

通过融资的每股收益分析,公司可以确定在一定销售水平下该采用何种融资。由于财务管理的目标是公司价值最大化,因此最佳资本结构的决定也应该是使公司总价值最高的那个资本结构。此时公司的资本成本最低,资本结构达到最佳。

Choice of the optimal capital structure is important, since a firm that desires to maximize shareholder wealth will finance new capital expenditures up to the point where the marginal return on the last unit of new invested capital equals the weighted marginal cost of capital of the last unit of new financing to be raised. Consequently, for a firm confronted with a fixed schedule of possible new investments, any policy that lowers the firm's cost of capital will increase the profitable capital expenditures the firm takes on and increase the wealth of the firm's shareholders. Internationalizing the firm's cost of capital is one such policy.

The value-maximizing firm would undertake an investment project as long as the internal rate of return (IRR) on the project exceeds the firm's cost of capital. When all the investment projects under consideration are ranked in descending order in terms of the IRR, the firm will face a negatively sloped IRR schedule, as depicted in the exhibit. The firm's optimal capital expenditure will then be determined at the point where the IRR schedule intersects the cost of capital.

公司的总价值：
$$V=S+B$$
如果债券的市场价值等于债券面值，股票的市场价值为：
$$S=(EBIT-I)(1-T)/K_s$$
其中：$EBIT$——息税前盈余

I——年利息额

T——公司所得税率

K_s——权益资本成本

则，采用资本资产定价模型：
$$K_s=R_s=R_f+\beta(R_m-R_f)$$
其中：R_f——无风险报酬率

β——股票的贝他系数

R_m——平均风险股票必要报酬率

此时公司的资本成本为加权平均资本成本。
$$K_w=K_b(B/V)(1-T)+K_s(S/V)$$
其中：K_b——税前的债务资本成本

3. 影响资本结构的因素

跨国公司的资本结构决策会受到公司的特点以及国家特征的影响。

(1) 公司特点的影响。

跨国公司的资本结构受到与公司相关的特性的影响，包括收益的波动性、跨国公司的信用风险以及跨国公司对收益的处理等方面。

因为跨国公司可能具有更稳定的收益，因此也就有更稳定的现金流量。而一个有稳定现金流量的公司可能承担更小的债务成本，因此也就承担更小的财务风险和破产成本。此时，跨国公司可能接受债务更多的资本结构。

另外，如果跨国公司管理水平、经营绩效较高，并且公司在偿还债务方面有很好的信用，那么债权人会倾向于贷给公司一定的债务。也就是说，具有较低信用风险的跨国公司更容易以较低的成本获得债务融资。

盈利较大的跨国公司可以用留存收益来为大部分投资融资，会倾向于采用权益集中的资本结构。相反，留存收益水平较低的跨国公司可能会依靠债务融资。高增长的跨国公司会更多的依靠债务融资，而不是留存收益融资。而低增长的跨国公司不需要新投入的资金，因而也就可能会依靠留存收益融资而不是债务融资。

（2）国家特征的影响

国家因素对跨国公司资本结构的选择也有着很重要的作用。L. P. Shao曾以美国158个跨国公司的子公司为例，通过对影响跨国公司资本结构的几个因素进行考察，得出国外子公司的资本结构主要受母国和东道国资本结构的影响。对跨国公司来说，一方面，公司保持当地化资本结构是为了避免东道国政府的批评和为了签订某些协议，因为当地子公司过多地依赖债权人的资金而必须提供给当地政府同样的投资机会；另一方面，比拟母公司的资本结构，便于取得优于当地公司的竞争优势，这些优势包括大量可获得的母公司资金和较好的风险多样化机会。一般来说，影响跨国公司债务或权益融资的选择的国家特征包括：东道国汇率波动因素、东道国国家风险因素、东道国股票限制因素等等。

当东道国的汇率波动幅度较大时，东道国会比国内公司具有更大的汇率风险。因此，东道国进行融资的成本会相应有所增加。

当东道国国家风险很高时，跨国公司会倾向于利用大量的债务融资。因为如果该跨国公司在东道国的经营被东道国政府限制，采用债务融资所造成的损失会小于债券融资所造成的损失。

如果东道国政府限制投资者投资于国外，投资者的投资机会就会很少，那么跨国公司可能以较少的成本获得权益融资，而更会采用权益融资。

本章小结(Summary)

所谓国际融资是指通过各种方式到国际金融市场上筹措或贷放资金，是国际间的一种资金借贷方式。资金的融通是跨国公司资金运动的起点，也是跨国企业财务管理的一项重要内容。

国际贷款融资的来源包括信贷、政府贷款、世界银行贷款等。

国际贷款融资的成本是指国际企业从国外筹借外汇资金所付出的

代价,包括支付的利息、费用和外币折合差额等。外汇借款的成本与借款金额的百分比,就是国际贷款实际融资率。对国际贷款实际融资成本进行预测,是外汇借款筹资决策的需要。企业的实际融资成本只有低于企业资金利润率的时候,才会获得财务杠杆利益,提高企业经济效益。在现实中,国际企业在国际金融市场上所借货币的币值很可能随借款人的本国货币变动而不断变化。影响企业实际融资成本的因素有:贷款银行收取的利息率;所借货币的币值在贷款期内的波动;所得税税率的高低。

证券市场在整个金融市场体系中具有非常重要的地位,是现代金融体系的重要组成部分。从金融市场的功能看,证券市场通过证券信用的方式融通资金,通过证券的买卖活动引导资金流动,促进资源配置的优化,推动经济增长、提高经济效益。从金融市场的运行看,金融市场体系的其他组成部分都与证券市场密切相关。证券市场的基本功能包括筹资功能、资本定价、资本配置等功能。

资本结构是指企业各种资本的构成及其比例关系。广义的资本结构是指全部资金的来源构成,不但包括长期资本,还包括短期负债。狭义的资本结构是指长期资本(长期债务资本与权益资本)的构成及其比例关系,而将短期债务资本列入营运资本进行管理。通常采取狭义的资本结构概念。

资本结构理论包括净收入理论、净营运收入理论、传统理论、MM理论、权衡理论等。

案例 5-4 体育用品进出口公司的短期融资

当前,体育用品出口公司集中生产足球,并把它们出口给英国的分销商。出口品用英镑标价。业主吉姆·劳甘计划除生产足球外,还开发另一种体育用品,他的全部的拓展业务将集中于英国,并试图在英国为他的公司创出名声。他仍旧关心公司承受的汇率风险,但是不打算让汇率风险影响他的拓展计划,这是由于他相信他的公司能够继续进入英国体育用品市场。他已经与英国一家公司谈判设立合资公司,该公司将生产其他在美国更为流行的体育用品(如篮球),并将产品在英国销售。吉姆将向英国制造商支付英镑。这些产品将被直接运交英国的分销商,而不是交给吉姆,分销商将向吉姆支付英镑。

吉姆的拓展计划将需要很多资金。他现在愿意借入短期资金。吉姆有一个极好的信用等级和附属抵押品,所以他将能够获得短期资金。英国的利率比美国的利率高 0.25%。

（1）吉姆应该为他的合资公司借入美元还是英镑？为什么？

（2）吉姆还能以低于美国或英国的利率借入欧元。欧元和英镑的币值对美元将呈现相同方向的运动，但是并不总是一样的。借入欧元支持英国的合资企业将比借入英镑会导致更多的汇率风险吗？

思考题

1. 解释为什么如此多的国际贸易活动需要由商业银行的国际贸易信贷来促进。
2. 解释出口商的应收账款融资和应收账款让售在风险上的区别。
3. 银行承兑汇票怎样能够对出口商、进口商、银行三方都有益处？
4. M公司对于一项新设备，正考虑采用租赁或融资购买的方式。租赁的花费是每年末支付\$450000，一共5年，但不需负担任何维修支出。若是买入，成本是\$1400000，融资利率为10%，每年末尚需支付\$75000的维修费用，5年后的残值\$200000。M公司适用的边际税率是40%，采用直线法折旧，试问租赁或融资购买何者为佳？
5. 根据上题的资料，若租赁公司所适用的税率是40%，投资于风险等级与租赁契约相同的债券可得到的税前收益率是8.33%，对设备采用直线法折旧，残值与M公司一样。试问租赁公司是否应从事这项租赁行为？
6. 比较跨国公司资本成本与国内公司资本成本的异同。
7. 简述权衡理论。
8. 某跨国公司息税前盈余为400万元，资金全部由普通股资本组成。股票账面价值为1000万元，所得税率为40%。该公司认为目前的资本结构不够合理，准备用发行债券购回部分股票的办法予以调整。目前的债务利率和权益资本的成本情况如下表。试计算最佳资本结构和最小资本成本。

债券的市场价值(百万)	税前债务资本成本	股票β值	无风险报酬率	平均风险股票必要报酬率	权益资本成本
0	—	1.20	10%	15%	14.8%
2	10%	1.25	10%	15%	15.0%
4	10%	1.30	10%	15%	15.2%
6	12%	1.40	10%	15%	15.6%
8	14%	1.55	10%	15%	16.2%

9. 不同债务水平对公司债务资本成本和权益资本成本的影响。

第六章

国际投资管理
International Investment Management

案例 6-1　J.C.彭尼公司的直接对外投资战略

　　J.C.彭尼公司近来评价了它在零售业方面的发展潜力。可以肯定的是,由于它在美国主要的市场有了许多零售店,所以它在美国市场的发展潜力将是有限的。因此,它决定考虑国外市场。它认为在国外发展有许多机会,这包括巴西、希腊、墨西哥、葡萄牙、新加坡和泰国。例如,它计划通过为日本的百货商店提供私用服装标签来扩展其在日本的零售空间。它在欧洲、亚洲、拉丁美洲开了许多新店。J.C.彭尼公司有效地利用市场营销专家策划收购了一家商店,这样它仅依靠面向特定消费者的产品就拥有了消费者群。然而它没有充分了解它想进入的国家的文化传统。J.C.彭尼公司的一个目标是在试图与其他能理解国家间文化差异的人联手。由于这个原因,J.C.彭尼公司与每个能理解当地风俗的当地合伙人进行了合资经营。这样,每个店都能卖最适合当地消费者需要的产品。但是这些店都使用 J.C.彭尼公司商标、依靠 J.C.彭尼公司提供产品、提供市场及收购专家服务。

　　(1) J.C.彭尼公司在国外合作建店与单独建店相比有哪些比较优势?

　　(2) J.C.彭尼公司在全球的扩张会增加或减少哪些风险?

　　(3) J.C.彭尼公司对进入中国前要做哪些投资环境的分析?

第一节 国际投资概述 Overview of International Investment

一、国际投资的类型(Types of International Investment)

（一）国际直接投资(FDI/Foreign Direct Investment)

第二次世界大战后，国际商业活动的形式发生了一个新的根本性的变化，企业的经营活动开始向世界范围内发展，越来越多的跨国企业开始了跨国直接投资活动。按照国际货币基金组织的定义，跨国直接投资是指一国的投资者将资本用于他国的生产或经营，并掌握一定的经营控制权的投资行为。

FDI / Foreign Direct Investment：FDI stands for Foreign Direct Investment, a component of a country's national financial accounts. Foreign direct investment is investment of foreign assets into domestic structures, equipment, and organizations. It does not include foreign investment into the stock markets. Foreign direct investment is thought to be more useful to a country than investments in the equity of its companies because equity investments are potentially "hot money" which can leave at the first sign of trouble, whereas FDI is durable and generally useful whether things go well or badly.

跨国直接投资的方式按照不同的标准可以分为很多种。跨国直接投资按照所有权性质的不同可以分为：国际合资投资、国际合作投资、国际独资投资。

1. 国际合资投资

国际合资投资也称股权式经营。是国外投资者与东道国投资者经东道国政府批准，共同投资创办企业，并且共同经营、共负盈亏、共担风险、按照股权分享收益的一种直接投资方式。

合资企业主要有股份有限公司和有限责任公司两种形式。所谓股份有限公司是指公司的全部资本均分为股份，全体股东就其所认股份尽出资义务，对公司的债务负担有限责任。所谓有限责任公司是指每个投资者对该公司所负的责任以其投资额为限，公司对债务的责任以其注册资本为限，投资者之间互相不负连带责任。

2. 国际合作投资

国际合作投资也称契约式合营企业。是国外投资者根据东道国有关法律,与东道国投资者通过协商,共同签订合同,规定各方的责任、权利、义务,而在东道国境内设立的合作经济组织。

合作投资通常有两种:一种是法人式,另一种是非法人式。法人式是指合作双方在一国设立的具有该国法人资格的合营实体。合作企业双方有独立的财产权,法律上具有民事权利能力和行为能力,并以该法人的全部财产为限对其债务承担责任。非法人式是指合作双方在一国设立的不具备法人资格的经济组织。两国以上合营者作为独立经济实体,通过契约组成松散的合作经营联合体。联合体不具有法人资格,没有独立的财产所有权,只有财产的管理和使用权,合作双方对企业的债权、债务按照合同的规定来承担责任。

合同是合作投资的重要文件,合作双方的权利、责任、利益都是通过双方签订的合同加以规定的。合作合同中一般要对下列事项做出具体说明:合作企业的投资、合作条件及经营项目;合作企业的收益分配、资本回收和资产归属;合作企业的经营管理;合作投资或合同条件的转让;合作企业的期限及其中止。

3. 国际独资投资

国际独资投资是指某一外国投资者依据东道国法律通过在东道国境内设立独资企业的形式所进行的投资。该独资企业由外国投资者所有并独立经营。独资企业一般采用有限责任公司形式。因为采用这种形式,投资者以设立企业时的注册资本为限来承担债务责任。

一般而言,东道国都会对外国投资者在境内投资设立的独资企业有一些限制。比如军事、通讯等行业一般不允许外国投资者独资经营。

Foreign direct investment (FDI) plays an extraordinary and growing role in global business. It can provide a firm with new markets and marketing channels, cheaper production facilities, access to new technology, products, skills and financing. For a host country or the foreign firm which receives the investment, it can provide a source of new technologies, capital, processes, products, organizational technologies and management skills, and as such can provide a strong impetus to economic development.

(二) 国际间接投资

早在自由资本主义时期,国际间接投资就已经出现了。19 世纪末20 世纪初,随着垄断的加强,在少数先进的资本主义国家里出现了大量的"过剩资本",它们为获得高额利润,争夺商品销售市场,把"过剩资本"

输出到国外去。此时期的资本输出主要是以间接投资的形式进行的,即投资者通常采取提供贷款、发行股票和债券形式对外投资。第一次世界大战后,国际投资的格局发生了变化,国际直接投资的规模和比重都大大超过了国际间接投资。同时,国际间接投资的形式也发生了变化,70年代商业银行贷款在国际资本市场上还占主要地位,但从80年代国际债务危机发生后,国际资本市场上的筹资方式发生了重大变化,银行贷款迅速下降,而债券因可随时转让债权,分散所承担的风险,投资相对安全,因此有了较大的发展。

1. 国际间接投资的概念

国际间接投资(international indirect investment)是指以资本增值为目的,以取得利息或股息等为形式,以被投资国的证券为对象的跨国投资,即在国际债券市场购买中长期债券,或在外国股票市场上购买企业股票的一种投资活动。国际间接投资者并不直接参与国外企业的经营管理活动,其投资活动主要通过国际资本市场(或国际金融证券市场)进行。国际间接投资也称为对外间接投资(foreign indirect investment)。

2. 国际间接投资的特征

国际间接投资和国际直接投资相比,二者有很明显的区别。Foreign direct investment is a corporative investment, whatever industry the investor makes his investment in, his aim is to gain control over the company. While foreign indirect investment is a act of holding securities to gain certain benefits, the aim is not to gain control over the company. 由此可看出,两者的基本区别就在于是否拥有对企业经营管理的控制权。除此之外,国际间接投资和国际直接投资的区别即国际间接投资的特征主要有以下几个:

(1) 投资周期短,风险小

国际直接投资一般都要参与一国企业的生产,投资周期长,资金一旦投入某一项目,要抽出就比较困难,流动性较小,因而风险大。与国际直接投资不同,国际间接投资回收期较短,流动性大,风险也就较小。尤其是随着证券二级市场的日益发达和完善,证券的流通更为方便,进一步增强了国际间接投资的流动性,减小了投资者所承担的风险。

(2) 货币形式的资本转移

在资本移动的形式上,国际直接投资不是单纯货币形式的资本转移,它是货币资本、技术设备、经营管理理念和经验等经营资源在国际间的一揽子转移,而且这些转移不一定要通过金融市场来完成。与国际直接投资不同,国际间接投资是以证券(股票和债券)为媒介的投资,是通过货币形式的资本转移来获取利息或股息的,并且这些转移是通过金融市场来实现的。

(3) 灵活性大

国际直接投资一经投资投产很难撤资,建设周期较长,而且经营范围有所限制。但在国际间接投资中,各种有价证券可以在国际上相当方便地转换和易主。例如,因国际间利率的不同而引起的国际资本流动,可以迅速地从低利率国家转移到高利率国家。另外,投资者还可利用汇率的变动及其差价,进行套利套汇投机活动,也可以利用国际证券投资的这种灵活性通过对有价证券的价格变动进行预测,进行期权、期货交易以取得投机性利润。

(4) 流动性强

国际直接投资的投资回收期较长,流动性小,而国际间接投资以获取最多的投机利益或寻找安全的场所为目的,特别是大量的短期国际游资,其流动速度更快,一天之内甚至可以流动几个国家,兑换成几种货币。战后国际资本市场和资金市场的发展和完善,无疑对国际间接投资在国与国之间频繁的流动起了催化作用。

(5) 政策性强

国际直接投资往往是一个企业为追求经济利益而进行投资的,而国际间接投资通常与一国的国际收支状况和国家政策调整有关。比如一个国家为调整本国国际收支的逆差,可能会发行债券筹集外资或动用外汇储备,这些都会引起资本流动。因国家政策调节而引起国际资本流动的情况更是多种多样,如美国在 20 世纪 70 年代后,为了摆脱自身的经济困难,就曾采取吸引"石油美元"的政策。一国政策调节国际资本流动的目的,主要在于鼓励或限制国际资本的流入或流出。

3. 国际间接投资的发展趋势

Foreign Indirect Investment can provide the holder with the benefits which is persistent to the related risk. Besides, it can be sold. Although there is risk in foreign indirect investment, it is still very attractive. 目前看来,证券投资及其市场的发展会有以下趋势:

(1) 证券商品多样化

证券发行者为筹集资金,吸引更多的投资者,不断推出具有吸引力的证券商品。比如,股票除了有普通股外,还有优先股、后配股、无表决权股和转换股等;再如,债券有政府公债、政府保证债、公司债、金融债、抵押债、转股债、附加新股认购权债等多种债券。

(2) 证券交易市场不断创新

20世纪70年代世界性的通货膨胀导致利率和汇率更加剧烈地波动,整个金融市场以不确定性为主要特征,金融风险增加,证券交易市场在人们要求避免和分散风险的形势下,在普通交易的基础上期货交易、期权交易、期权期货交易等应运而生。

(3) 证券投资者队伍不断壮大,并且逐渐法人化

证券投资者不仅有个人,还有法人。法人投资的比例越来越大,参与证券投资的法人范围也不断扩大,以前主要是金融机构,现在越来越多的企业出于有效利用剩余资金、分散经营风险、获取更多收益等目的,尤其是一些跨国公司也加入了证券投资的行列。从前参与投资的个人都是有经济实力的,现在社会上不同阶层、不同职业、不同年龄、不同性别的人们都参与证券市场的投资活动,证券投资的队伍不断壮大起来。

(4) 证券市场国际化

社会分工使生产国际化,也推动了资本的国际化,随之证券交易也逐渐走向国际化。目前,全球出现了许多国际性证券交易所,它们不仅上市大量外国证券,还和其他国家的证券交易所建立越来越多的业务往来;一些大规模的证券公司为在更大范围内招揽客户,诸如纳斯达克在国外建立众多的分支机构和办事处,进行国际性的证券交易;证券发行者为了灵活地进行筹资,越来越多地到国外证券市场发行证券筹集外币资金;投资者不仅在国内证券市场上买卖上市股票和债券,还可以在本国委托本国证券公司购买在国外证券市场上市的外国债券。

(5) 证券交易自由化

二战后,为保护和扶植证券市场,各国政府采取了一些限制措施。进入70年代后,证券市场发展迅速,证券业具备了一定规模,一些中小证券公司也有了较强的竞争能力。这时,保护性措施已失去了意义,甚至妨碍了证券业的进一步发展。美国、日本相继取消了保护性制度,给证券业提供了走向国际化的机会并且提供了更多的自由,吸引更多的外国公司上市。

(三) 国际投资的作用

国际投资是经济发展的结果,反过来又推动了世界经济的发展。无论从宏观还是从微观角度看,国际投资都是促进世界经济发展的启动力量。它的作用表现在以下几个方面:

1. 国际投资促进各国实现宏观经济的发展目标。当今世界各国都把经济发展作为主要的战略目标,并且通过高新技术的开发与应用来实现这一目标。所以各国都把投资的重点用于高科技产业,国际投资有助于高科技产业的发展。而且有相当一部分国际投资是用于技术转让和技术许可上的,这对科技的发展有着巨大的推动作用。

Investment has been essential in promoting collaboration of licensing and tech transfer between the academic and business communities. Ever since legal hurdles were removed that allowed universities to hold title to research and development done in their labs, licensing agreements have helped turned raw technology into finished products that are viable in competitive marketplaces. With some help from a variety of government agencies in the form of grants for R&D as well as other financial assistance for such things as incubator programs, once timid college researchers are now stepping out and becoming cutting edge entrepreneurs. These strategic alliances have had a serious impact in several high tech industries, including but not limited to: medical and agricultural biotechnology, computer software engineering, telecommunications, advanced materials processing, ceramics, thin materials processing, photonics, digital multimedia production and publishing, optics and imaging and robotics and automation. Industry clusters are now growing up around the university labs where their derivative technologies were first discovered and nurtured. Licensing agreements allow companies to take full advantage of new and exciting technologies while limiting their overall risk to royalty payments until a particular technology is fully developed and thus ready to put new products into the manufacturing pipeline.

2. 国际投资推进新技术革命和调整产业结构。近40年来,一些发达国家和地区,通过产业调整的路子,取得经济上的长足发展。它们淘汰"夕阳"产业,发展并构建新技术产业,使经济发展的构成从总量增长型转为质量效益型,并且产业结构日趋软化,物质生产部门比重下降,服务业比重上升。国际投资有助于实现产业调整的目标。

3. 国际投资推进了跨国公司的发展。跨国公司通过国际投资,使得资金、资源和市场在国际间重新分配,从而使生产要素得以优化组合,这样不仅提高了生产的质量,降低了成本,获得了高额利润,而且极大地开辟了国际市场,为生产国际化创造了条件,同时也使跨国公司本身得到发展。

4. 国际投资支援了发展中国家的经济发展。对发展中国家的投资可以为发展中国家提供发展经济所需的资金、先进的技术和设备,帮助它们恢复和发展经济,从而也开拓了发展中国家的新市场,为形成互惠互利的国际大市场创造条件,进一步推进国际经济的区域化和一体化。

The most profound effect has been seen in developing countries, where yearly foreign direct investment flows have increased from an average of less than $10 billion in the 1970's to a yearly average of less than $20 billion in the 1980's, to explode in the 1990s from $26.7 billion in 1990 to $179 billion in 1998 and $208 billion in 1999 and now comprise a large portion of global FDI.. Driven by mergers and acquisitions and internationalization of production in a range of industries, FDI into developed countries last year rose to $636 billion, from $481 billion in 1998. (Source: UNCTAD)

二、国际投资理论(Theories of International Investment)
(一) 垄断优势理论(Monopolistic Advantage Theory)

现代意义的国际直接投资理论发端于美国麻省理工学院1960年斯蒂芬·海默的博士论文《民族国家公司的国际生产经营:对外直接投资研究》。在他的博士论文中首先提出了以垄断优势来解释美国企业的跨国直接投资,并与他的导师金德尔博格一起创立了跨国直接投资的垄断优势理论。

This theory holds that a firm can generate higher rents from the utilisation of firm specific assets which cannot be replicated by other firms (Hymer, 1976). The rents that stem from this quasi monopoly can then be used to offset the higher costs of competing abroad. However, one can argue that this theory has been misnamed. The term "monopolistic rents" suggests that multinational firms achieve above-average returns by restricting their output and creating an exploitable scarcity. This may not be an adequate picture of reality as international firms frequently create and supply new product markets in target countries where none existed before (Buckley, 1989). Given that Hymer did not associate any social costs with the increase of choice brought about by multinationals, these rents are probably best described as "Ricardian rents" which are defined as returns in excess of their opportunity costs. That interpretation would make the monopolistic advantage a predecessor of the resource-based view of the firm (Wernerfelt, 1984; Dierickx and Cool, 1989; Peteraf, 1993). International activities would then be determined by the resources and capabilities that a firm possesses and that allow it to overcome the initial costs of competing in foreign environments. Internationalisation would then be a function of resources, knowledge and capabilities and not primarily determined by age, size or technology intensity.

垄断优势论以产业组织学为基础,认为跨国直接投资的决定性因素是企业拥有垄断优势。垄断优势论认为,由于存在不完全竞争,跨国公司拥有的垄断资源主要有:技术资源、先进管理经验、雄厚的资金实力、信息、国际声望、销售、规模经济等等。

An MNE has and/or creates monopolistic advantages that enable it to operate subsidiaries abroad more profitably than local competitors.

By creating and defending this monopolistic advantage, through FDI, firms extract higher returns than if they hadn't invested. Advantages come through superior knowledge and from economies of scale.

在现实生活中市场是不完全的。正是产品市场、要素市场、资本市场的不完全性促使企业进行跨国直接投资。在不完全市场的条件下,面对同一市场的各国企业之间存在着竞争,若实行集中经营,则可使其他企业难以进入市场,形成一定的垄断,既可获得垄断利润,又可减少由于竞争而造成的损失。在不完全竞争的市场中,厂商通过产品差别、商标、技术垄断以及规模经济等获得竞争优势。厂商之所以进行跨国直接投资,是因为具有比东道国同类厂商更强的垄断优势,拥有这些优势可以使厂商抵消在国外经营中的不利因素,从而战胜竞争对手,获得更多的利润。

垄断优势论的结论是,垄断与优势结合,是跨国公司从事对外投资的主要动机。垄断优势论认为,市场的不完全竞争是跨国公司进行对外直接投资的根本原因。如果产品和生产要素的市场运行是完全有效的,则对外直接投资就不可能发生。海默认为,至少存在四种类型的市场不完全:产品和生产要素市场不完全;由规模经济导致的市场不完全;由政府干预经济导致的市场不完全;由税赋和关税导致的市场不完全。

（二）产品生命周期理论

产品生命周期理论是1966年美国哈佛大学跨国公司研究中心教授维农(R. G. Vernon)提出的。威尔(L. T. Well)等经济学家也发展了这一理论。产品周期理论运用动态分析方法来解释对外投资行为。该理论认为,制造业产品是有生命周期的,这个周期可分为四个阶段:

1. 产品导入期。产品导入期是指新产品刚投入市场阶段。在产品导入期,产品还没有实行大规模的生产,因此产品生产主要集中在国内,此时,企业主要通过出口将产品打入国际市场而较少使用跨国直接投资的方式。

2. 产品成长期。产品处于成长期时,新产品基本定型,生产走向规模化,厂商开始向国外投资。这一阶段的对外直接投资往往是投向市场需求大致相近的发达国家,以占领其市场。

3. 产品成熟期。在产品成熟期,产品已被大多数的潜在购买者所接受,产品的生产已经标准化,公司的技术优势将完全丧失,产品的价格将成为竞争的焦点。此时,厂商开始大规模对外投资,把生产基地转移到生产成本较低的欠发达国家,利用当地生产要素降低成本,从而使企业在竞争中处于有利地位。

4. 产品衰退期。产品衰退期时,产品销售下降的趋势增强,利润也不断下降。而销售下降的原因很多,其中包括技术进步、消费者口味的改变、国内外竞争的加剧等等。所有这些都会导致生产能力过剩和削价竞争。在这个阶段时,有些公司会降低跨国投资力度或选择逐渐退出市场。

（三）内部化理论(Theory of Internalization)

内部化理论也叫市场内部化理论,内部化理论的基本思想是科斯(R. H. Coase)在1937年提出的,其代表人物是英国里丁大学学者巴克莱(P. J. Buckley)、卡森(M. Carsson)和加拿大学者拉格曼(A. M. Rugman)。1976年,巴克莱在与卡森合著的《跨国公司的未来》一书中对传统的国际直接投资理论提出批评,并提出了新的对外直接投资理论,即内部化理论。

内部化是指在公司内部建立市场的过程,以公司内部市场代替外部市场,从而解决市场不完整而带来的供需交换不能保证进行的问题。内部化理论认为:由于市场尤其是中间产品(技术、管理、专利、信息等)市场不完整,公司通过外部市场交易的成本很高。因此,将交易改在公司所属子公司之间进行,把相互信赖的生产经营活动置于统一控制之下,从而形成公司内部市场,就能克服外部市场交易障碍和市场不完整造成的风险和损失。

When external markets for supplies, production, or distribution fails to provide efficiency, companies can invest FDI to create their own supply, production, or distribution streams.

卡森和巴克莱认为,厂商要想实现利润最大化,就必须使中间产品在公司内部自由流动而不是通过市场,以减少贸易壁垒的影响,这是因为内部化贸易可以通过"转移价格"使税收支出最小化。而且由于贸易在本公司内进行,这就可以使买卖双方对商品质量和人格有明确的认识,从而可以减少通过市场进行贸易的风险。当内部化过程超越了国界,便是跨国公司的产生。正是内部化动机,促使企业进行国际直接投资。

（四）国际生产折中理论（Eclectic Theory of International Production）

国际生产折中理论又称国际生产综合理论,是20世纪70年代由英国著名跨国公司专家、里丁大学国际投资和国际企业教授邓宁（John. H. Dunning）提出的。

邓宁认为,自60年代以来,国际生产理论主要沿着三个方向发展：

（1）以垄断优势理论为代表的产业组织理论。

（2）以阿利伯（R. Z. Aliber）的安全通货论和拉格曼（A. M. Rugman）的证券投资分散风险为代表的金融理论。

（3）厂商理论即内部化理论。

但上述三种理论对国际生产的解释是片面的,没有能够把国际生产与贸易或其他资源转让形式结合起来分析。国际生产折中理论吸收了上述三种理论的主要观点,并结合区位理论解释跨国公司从事国际生产的能力和意愿,解释它们为什么在对外直接投资、出口或许可证安排这三种参与国际市场的方式中选择对外直接投资。这一理论目前已成为世界上在对外直接投资和跨国公司研究领域中最有影响的理论,并广泛被用来分析跨国公司对外直接投资的动机和优势。

国际生产折中理论认为,一个企业要从事对外直接投资必须同时具有三个优势,即所有权优势、内部化优势和区位优势：

（1）所有权优势主要是指企业所拥有的大于外国企业的优势。它主要包括技术优势、企业规模优势、组织管理优势、金融和货币优势以及市场销售优势等。

(2) 内部化优势是指企业在通过对外直接投资将其资产或所有权内部化过程中所拥有的优势。也就是说,企业将拥有的资产通过内部化转移给国外子公司,可以比通过市场交易转移获得更多的利益。企业到底是选择资产内部化还是资产外部化取决于理论的比较。

(3) 区位优势是指企业在具有上述两个优势以后,在进行投资区位要素选择上是否具有优势,也就是说可供投资地区是否在某些方面较国内有优势。区位优势包括:劳动成本、市场需求、自然资源、运输成本、关税和非关税壁垒、政府对外国投资的政策等方面的优势。

如果一家企业同时具有上述三个优势,那么它就可以进行对外直接投资。这三种优势的不同组合,还决定了对外直接投资的部门结构和国际生产类型。

(五) 发展水平理论

20 世纪 80 年代初期,邓宁提出了从动态角度解释一国的经济发展水平与国际投资地位关系的投资发展水平理论。他用人均国民生产总值(GNP)代表一个国家经济发展水平,用一国的人均直接投资流出量(ODI)、人均直接投资流入量(IDI)和人均直接投资净流出量(NODI)表示一国对外直接投资水平。他把经济发展水平分为四个阶段:第一阶段人均 GNP 低于 400 美元,这个阶段的国家是世界上最贫穷的国家,对外直接投资处于空白状态;第二阶段人均 GNP 处于 400～1500 美元之间,这个阶段的国家由于经济水平提高,国内市场扩大,对外直接投资处于刚刚起步阶段;第三阶段人均 GNP 在 2000～4750 美元之间,这个阶段的国家,国内企业开始拥有所有权优势和内部化优势,对外直接投资迅速增长;第四阶段 GNP 超过 5000 美元,这一阶段的国家,国内企业拥有强大的所有权优势和内部化优势,对外直接投资达到相当大的规模。

(六) 比较优势理论(Theory of Comparative Advantage)

比较优势理论是日本学者小岛清(Kiyoshi Kojima)教授在 20 世纪 70 年代提出来的。小岛清认为,由于各国的经济状况不同,因此,根据美国对外直接投资状况而推断出来的理论无法解释日本的对外直接投资。日本的对外直接投资与美国对外直接投资相比有三点明显的不同:

(1) 美国的海外企业大多分布在制造业部门,从事海外投资的企业多处于国内具有比较优势的行业或部门;而日本对外直接投资主要分布在自然资源开发和劳动力密集型的行业,这些行业是日本已失去或即将失去比较优势的行业,对外投资是按照这些行业比较成本的顺序依次进行的。

(2)美国从事对外直接投资的多是拥有先进技术的大型企业；而日本的对外直接投资以中小企业为主体，所转让的技术也多为实用技术，比较符合当地的生产要素结构及水平。

(3)美国对外直接投资是贸易替代型的，由于一些行业对外直接投资的增加而减少了这些行业产品的出口；相反，由于日本的对外直接投资行业是在本国已经处于比较优势而在东道国正在形成比较优势或具有潜在的比较优势的行业，所以对外直接投资的增加会带来国际贸易量的扩大，这种投资是贸易创造型的。

比较优势理论的基本内容是：对外直接投资应该以本国已经处于或即将处于比较劣势的产业（边际产业）依次进行。这些产业是指已处于比较劣势的劳动力密集部门以及某些行业中装配或生产特定部件的劳动力密集的生产过程或部门。凡是本国已趋于比较劣势的生产活动都应通过直接投资依次向国外转移。小岛清认为，国际贸易是按既定的比较成本进行的，根据从比较劣势行业开始投资的原则所进行的对外投资也可以扩大两国的比较成本差距，创造出新的比较成本格局。据此小岛清认为，日本的传统工业部门很容易在海外找到立足点，传统工业部门到国外对生产要素和技术水平相适应的地区进行投资，其优势远比在国内对新行业投资要大。

Following this principle, a country can still gain from trading certain goods even though its trading partners can produce those goods more cheaply. The comparative advantage comes if each trading partner has a product that will bring a better price in another country than it will at home. If each country specializes in producing the goods in which it has a comparative advantage, more goods are produced, and the wealth of both the buying and the selling nations increases.

（七）投资诱发要素组合理论

这一理论是近年来西方学者提出的，该理论主要是指跨国直接投资的产生都是由投资直接诱发要素和间接诱发要素产生的。

直接诱发要素是对外直接投资的主要诱发要素。所谓直接诱发要素，主要是指各类生产要素，包括劳动力、资本、技术、管理及信息等。直接诱发要素既包括投资国，也包括东道国。这就是说，如果投资国拥有某种直接诱发要素的优势，那么它们将通过对外直接投资将该要素转移出去。反过来，如果投资国没有某种直接诱发要素的优势，而东道国确有这种要素的优势，那么投资国可以利用东道国的这种要素，进行对外直接投资。因此,东道国的直接诱发要素同样也能诱发和刺激投资国的对外直接投资。

间接诱发要素是指除直接诱发要素之外的其他非要素因素。包括:

(1) 投资国政府诱发和影响对外直接投资的因素:鼓励性投资政策和法规;政治稳定性及政府与东道国的协议和合作关系等。

(2) 东道国诱发和影响对外直接投资的因素:投资硬环境状况,包括交通设施、通讯条件、水电原料供应、市场规模及前景、劳动力成本等;投资软环境状况,包括政治气候、贸易障碍、吸引外资政策、融资条件及外汇管制、法律和教育状况等;还有东道国政府与投资国的协议和关系等。

(3) 世界性诱发要素和影响对外直接投资的因素:经济生活国际化以及经济一体化、区域化、集团化的发展;科技革命的发展及影响;国际金融市场利率及汇率波动;战争、灾害及不可抗力的危害;国际协议及法规等。

对外直接投资就是建立在直接诱发要素及间接诱发要素的组合之上。发达国家的对外直接投资主要是直接诱发要素在起作用,这与它们拥有这种要素的优势有关,如资本、技术及管理知识等。而发展中国家则相反,在很大程度上是间接诱发要素在起作用。值得注意的是,间接诱发要素在当代对外直接投资中已经起着重要作用。

(八) 投资发展周期理论

投资发展周期理论是邓宁在 20 世纪 80 年代提出来的。邓宁研究了 67 个国家 1967～1978 年间直接投资与经济发展水平的关系,认为一国直接投资流量与该国经济发展水平密切相关,从而导出了投资发展周期理论。

邓宁认为,各国国际投资吸引力的大小主要取决于各国人均国民生产总值的高低,即一个国家人均 GNP 越高,那么这个国家对外国资本的吸引越高,国家人均 GNP 越低,该国对外国资本就越缺乏吸引力。他把经济发展水平分为了四个阶段:

第一个阶段为人均 GNP 在 0～400 美元之间。处于这一阶段的国家属于发展比较落后的国家,其跨国直接投资的特征呈现出少有外国直接投资流入,也少有对外直接投资的流出。这个阶段国家的投资环境较差,对外资没有很强的吸引力。

第二个阶段为人均 GNP 在 400～1500 美元之间。在这个阶段,人均 GNP 比前一个阶段有所增加,投资环境有所改变,能吸引较多的国际直接投资,但该国对外投资量仍然很小。直接投资净流出为负值,且负值有增加的趋势。

第三个阶段为人均 GNP 在 2000～4750 美元之间。这个阶段人均 GNP 增大,国内经济发展水平有了新的提高,投资环境也呈现好的态势。这时候国家的对外资本流出也处于稳步增长的阶段,资本流出的速度要快于资本流入的速度,但资本流出的数量仍然会小于资本流入的数量。

第四个阶段为人均 GNP 为 5000 美元以上。处于这个阶段的国家经济比较发达,人均 GNP 已经到了一定的高度,投资环境也比较完善。这时候的直接投资流出迅速上升,增长速度也超过直接投资流入的速度,并且直接投资流出量要高于直接投资流入量。

以上我们分析和介绍了西方学者在研究国际直接投资时提出的几种主要的理论,除此之外还有其他一些理论,如资本化率理论等。理论的发展源于实践的发展和丰富。可以相信,随着各国对外直接投资活动的不断发展,有关这方面的理论研究也必将会不断有所创新。

第二节　国际直接投资 International Direct Investment

一、国际直接投资环境和风险(Environment and Risk of International Direct Investment)

(一)国际直接投资环境

国际投资环境是指外国投资者在一国进行投资活动时的各种条件的综合体。国际投资与国内投资不同,投资者在本国之外,风险很大,因此,国际投资环境的好坏,投资者对国际投资的了解程度与分析评估直接影响着投资效益的高低。

1. 国际投资环境的分类

国际投资环境的分类没有统一的划分标准。从不同的角度出发,可以对国际投资环境作不同的分类。

从国际投资环境包含因素的多少,可以分为狭义的投资环境和广义的投资环境。

Investment environment, in the narrow sense, means the economic environment, including the economic level, economic development strategy, economic system, infrastructure, the market, industry structure, and prices. In the broad sense, it also includes all the other factors that have influence on investment, such as politics, law, society, etc.

从地域范围上划分,可以分为宏观投资环境和微观投资环境。

宏观投资环境是指整个国家范围内影响投资的各种因素的总和。微观投资环境是指一个地区范围内影响投资的各种因素的总合。微观投资环境是一国宏观投资环境的构成部分,微观投资环境因各个地区的经济状况、社会文化、基础设施、优惠政策等的不同而各异,但微观投资环境的改善会促进一国宏观投资环境的改善。

从投资环境表现的形态(物质与非物质性)来看,可以分为硬环境和软环境。

硬环境是指能够影响投资的外部物质条件,如能源供应、交通运输、邮电通讯、自然资源和社会生活服务设施等。软环境是指能够影响投资和各种非物质形态因素,如政策、法规、行政办事效率、政府管理水平以及宗教信仰等。

从投资环境各因素的稳定程度来划分,可以分为自然因素、人为自然因素和人为因素三类。

自然因素是相对稳定因素,主要包括自然资源、人力资源和地理条件等;人为自然资源是中期可变因素,主要包括实际增长率、经济结构和劳动生产率等;人为因素是短期可变因素,主要包括一国的开放程度、投资政策和政策连续性等。

2. 国际投资环境的构成因素

影响国际投资环境的因素很多,一般情况下,我们可以从四个方面来分析,它们是:自然资源、经济状况、政治法律和社会文化。

(1) 自然资源

Natural resources are naturally occurring substances that are considered valuable in their relatively unmodified (natural) form. A commodity is generally considered a natural resource when the primary activities associated with it are extraction and purification, as opposed to creation. Thus, mining, petroleum extraction, fishing, and forestry are generally considered natural-resource industries, while agriculture is not.

Natural resources are often classified into renewable and nonrenewable resources. Renewable resources are generally living resources (fish, coffee, and forests, for example), which can restock (renew) themselves if they are not overharvested. Renewable resources can restock themselves and be used indefinitely if they are used sustainably. Once renewable resources are consumed at a rate that exceeds their natural rate of replacement, the standing stock will diminish and eventually run out. The rate of sustainable use of a renewable resource is determined by the replacement rate and amount of standing stock of that particular resource. Non-living renewable natural resources include soil, as well as water, wind, tides and solar radiation — compare with renewable energy.

自然资源主要研究地理、人口和气候三个方面。

地理因素包括地理位置、面积、地形条件、矿产资源、水资源、森林资源等。地理条件对一国投资者的投资活动会产生直接或间接的影响,比如,投资者以开发利用资源为目的就要考察东道国的各种资源情况,投资者准备投资精密仪器行业就要考察东道国的地形条件是否影响产品的精密程度等。

Geology is the science and study of the solid matter of a celestial body, its composition, structure, physical properties, history and the processes that shape it. It is one of the Earth sciences. Geologists have helped establish the age of the Earth at about 4.6 billion (4.6×10^9) years, and have determined that the Earth's lithosphere, which includes the crust, is fragmented into tectonic plates that move over a rheic upper mantle via processes that are collectively referred to as plate tectonics. Geologists help locate and manage the earth's natural resources, such as petroleum and coal, as well as metals such as iron, copper, and uranium. Additional economic interests include gemstones and many minerals such as asbestos, perlite, mica, phosphates, zeolites, clay, pumice, quartz, and silica, as well as elements such as sulphur, chlorine, and helium.

人口因素对直接投资的影响是非常重大的。人口是构成市场必不可少的条件之一,它既能决定某一产品的需求规模,又能决定需求的种类。例如,教育水平高的人口密集区对书籍、音乐和电影等各种产品的需求就与落后国家和地区有较大的差异。

气候主要研究气温、日照、降雨量、风暴以及台风等。气候因素从不同侧面对许多行业的投资都会产生影响。气候的差异和变化不仅关系到企业的生产、运输，而且还会影响到消费市场的潜力。

（2）经济状况

经济状况在国际投资活动中的众多因素中是最直接、最基本的因素，也是国际投资决策中首先考虑的因素。经济状况主要研究经济发展水平、市场的完善和开放程度、基础设施状况、经济和物价的稳定程度和经济政策等内容。

一般来说，一国的经济发展水平较高，就意味着该国有较大的市场、较多的机会和较好的经营条件，对外国投资者就有较大的吸引力。对经济发展水平的衡量，是根据一国经济的发达程度，把不同的国家划分为发达国家和发展中国家。发展中国家又分为制成品出口国、原料出口国与石油出口国。经济发展水平不同的国家，其投资需求和市场结构方面有着较大的差异。就工业品市场而言，发达国家偏重于资本和技术密集型产品，而发展中国家侧重于劳动密集型产品。就消费品市场而言，发达国家在市场营销中强调产品款式、性能和特色，品质竞争多于价格竞争。而发展中国家则侧重于产品的功能和实用性，销售活动因受到文化水平低和传媒少的限制，价格因素重于产品品质。经济发展水平的高低所引起的市场结构和投资需求的不同，必然引起各个国家对外资利用规模和结构的差异。

正常的生产和运行需要有一个完善和开放的市场环境。市场体系的完善，意味着各类主要市场如商品市场、金融市场、劳动力市场、技术市场、信息市场等已发育齐全，形成了一个有机联系的市场体系。同时，完善的市场体系也意味着该体系内的每个市场都是规范的。市场的开放程度，是指一国允许外国投资者不受限制地进入本国市场的程度。如果在对一国市场的利用方面不存在本国投资者和外国投资者的差别待遇，则可认为该国的市场有较高的开放度，否则，就被认为开放度不够。对外国投资者来说，一国市场的完善和开放是一个很关键的问题。完善和开放的市场是较好投资环境的重要内容，对外国投资者有较大的吸引力。反之，封闭和残缺的市场只会使外商望而却步。外国投资者以后在多数发展中国家遇到的市场问题，一方面是市场不够完善，另一方面是受到较多的限制，从而阻碍了外来投资的进入。

基础设施状况包括两个方面的内容：一是工业基础设施的结构和状况；二是城市生活和服务设施的结构和状况。基础设施的好坏是吸引国际直接投资的基本条件。

Infrastructure, most generally, is a set of interconnected structural elements that provide the framework supporting an entire structure. The term has diverse meanings in different fields, but is perhaps most widely understood to refer to roads, sewers, and the like, the infrastructure of a city or region. These various elements may collectively be termed civil infrastructure, municipal infrastructure, or simply public works, although they may be developed and operated as private-sector or government enterprises. In other applications, infrastructure may refer to information technology, informal and formal channels of communication, software development tools, political and social networks, or shared beliefs held by members of particular groups. Still underlying these more general uses is the concept that infrastructure provides organizing structure and support for the system or organization it serves, whether it is a city, a nation, or a corporation.

基础设施的内容主要包括：

能源，包括基础能源和水力、电力、热力等供应系统和供应状况；

交通运输，包括铁路、公路、水路和航空运输等方面的条件；

通讯设施，包括邮政、广播、电视、电话、电传等方面的设施；

原材料供应系统；

金融和信息服务；

城市生活设施状况，如住房、娱乐、饮食等；

文教、卫生设施和其他服务设施。

基础设施的建设是与国际投资密切相关的外部物质条件，外国投资者是不可能到一个能源供应短缺、交通不便、信息闭塞和生活条件艰苦的地区进行投资的。正因为如此，东道国政府都很重视基础设施的建设和完善。

经济和物价是否稳定，主要看以下几个指标的情况：

经济增长速度是否持续稳定，若出现忽高忽低、大起大伏的情况，则被看成是经济不稳定；

通货膨胀率的高低，通货膨胀率越高，货币贬值程度就越大。西方学者一般把年通货膨胀率是否超过两位数作为币值是否稳定的一个界限；

国家债务规模的大小。如果一个国家债务尤其是净债务规模过大，变成"债务经济"，那么这个国家的经济就是脆弱的，一旦国内或世界经济中出现一些重大的事件，就可能导致该国经济的大波动。由于经济和物价的稳定是保证企业生产经营活动正常进行的基本条件之一，所以外国投资者一般在进行国际投资时，都很重视这一因素。在经济和物价不稳定或经济状况较差的情况下，企业很难达到预期的经济效果和利润水平，因而也很少有投资者愿意在这种条件下进行投资。

一国的经济政策往往和国际经济有着密切的联系，因而对国际投资也有着较大的影响。

（3）政治法律

政治和法律方面的因素直接关系到国际投资本身的安全性。由于国际直接投资是一种长期的投资活动，所以投资者对投资地区的长期政治稳定状况和法律保障程度十分关注。政治法律方面主要包括以下几个因素：

● 政治的稳定性。政治的稳定性表现为政府的稳定性和政策的连续性。

● 政府的对外关系。政府的对外关系，包括与主要贸易伙伴的关系，与他国政府的正常关系等方面。

Diplomacy is the art and practice of conducting negotiations between representatives of groups or nations. It usually refers to international diplomacy, the conduct of international relations through the intercession of professional diplomats with regard to issues of peace-making, culture, economics, trade and war. International treaties are usually negotiated by diplomats prior to endorsement by national politicians.

● 政治体制。政治体制通常指有关政体的制度，包括国家的管理形式、结构形式以及选举制度、公民行使政治权利的制度等。

A political system is a social system of politics and government. It is usually compared to the law system, economic system, cultural system, and other social systems.

● 法律制度的健全性。法律制度的健全状况，主要指法律体系的完善和各项法规实施的情况。

（4）社会文化

由于地理和历史的原因，各国的社会文化背景是不同的，在有些国家里甚至还存在地区间的差别。

Large societies often have subcultures, or groups of people with distinct sets of behavior and beliefs that differentiate them from a larger culture of which they are a part. The subculture may be distinctive because of the age of its members, or by their race, ethnicity, class or gender. The qualities that determine a subculture as distinct may be aesthetic, religious, occupational, political, sexual or a combination of these factors. 社会文化方面的因素主要有：

- 语言和文化传统。
- 教育状况。
- 社会心理。
- 宗教信仰。

3. 国际投资环境的分析方法

(1) 投资环境多因素分析法

对国际直接投资的具体项目进行分析，就是对项目投资环境的评价。具体评价投资环境的方法很多，大都是将众多投资的环境因素分解为若干具体指标，然后综合评价。

多因素分析法（又称为等级尺度法或投资环境等级评分法）是美国经济学家罗伯特·斯托伯提出的。多因素分析法的特点是，根据上述国际投资环境的关键项目所起的作用和影响程度的不同而确定其不同的等级分数，再按每一个因素中的有利或不利的程度给予不同的评分，最后把各因素的等级得分进行加总作为对投资环境的总体评价。总分越高表示其投资环境越好，越低则表明投资环境越差。

(2) 投资环境冷热比较分析法

美国学者伊西阿·利特法克和彼得·班廷根据他们对60年代后半期美国、加拿大等国公商界人士进行的调查资料，通过七种因素对各国投资环境的影响进行综合分析后提出了投资环境冷热比较分析法。

投资环境冷热比较分析法是以"冷"、"热"因素来表述环境优劣的一种评价方法，即把各个因素和资料加以分析，得出"冷"、"热"差别的评价。投资环境冷热比较法把一国投资环境的好坏归结为七大因素：

- 政治稳定性

政府由阶层代表所组成，代表了广大人民群众的意愿，深得人心，而且该政府能够鼓励和促进企业发展，创造出良好的适宜企业长期经营的环境。一国的政治稳定性高时，这一因素为"热"因素，反之，为"冷因素"。

- 市场机会

拥有广大的顾客,对外国投资生产的产品或提供的劳务尚未满足的需求,并且具有切实的购买力。当市场机会大时,为"热"因素,反之,为"冷"因素。

- 经济发展和成就

一国经济的发展程度、效率和稳定形式是制约投资环境的另一因素。经济发展快和成就大,为"热"因素,反之,为"冷"因素。

- 文化一元化

一国国内各阶层的人民,他们之间的相互关系、处世哲学、人生的观念和目标等,都要受到其传统文化的影响。文化一元化程度高,为"热"因素,反之,为"冷"因素。

- 法令阻碍

一国的法令繁杂,并有意或无意地限制和束缚现有企业的经营,影响今后企业的投资环境。若法令阻碍大,为"冷"因素,反之,为"热"因素。

- 实质阻碍

一国的自然资源和地理环境往往对企业的经营产生阻碍,实质阻碍大时,为"冷"因素,反之,为"热"因素。

- 地理及文化差距

两国距离远,文化迥异,社会观念及语言文字的差别有碍思想交流。地理及文化差距大,为"冷"因素,反之,为"热"因素。

除这两种投资环境分析法外,还有许多方法从不同的角度对不同的因素进行分析,以便在最好的投资环境中进行经营。比如,投资环境动态分析法,它是美国道氏化学公司为跨国公司对外直接投资制定的一套分析方法;投资障碍分析法是依据潜在的阻碍国际投资运行因素的多寡与程度来评价投资环境优劣的一种方法。

(二)国际直接投资的风险

1. 影响风险的因素

国际直接投资是一种跨越国界的投资,其风险较之国内投资要大得多。

Risk, in general, is the possibility of sustaining damage, injury, or loss. This is true in the world of investments also, of course. Investments that are termed "high risk" have a significant possibility that their value will drop to zero.

You might say that risk is a measure of whether a surprise will occur. But in the world of investments, positive as well as negative surprises happen. Sometimes a company's revenue and profits explode suddenly and the stock price zooms upward, a very pleasant and positive surprise for the stockholders. Sometimes a company implodes, and the stock crashes, a not very pleasant and decidedly negative surprise for the stockholders.

影响风险的因素有的来自内部,有的来自外部,一般有以下几个方面:

● 投资者制定的目标是否合理。投资项目的目标要求越高,构成越复杂,实际投资效果与预期目标产生差异的可能性就越大,风险也越大,所以要制定合理的目标。

● 项目是否合理。国际投资项目一般都要经过严格的可行性研究,如果经研究各种投资渠道畅通,技术可行,一切可以达到预期的设计方案,那么投资具有较高的合理性,该项投资风险就较小。否则投资项目不合理,投资风险就大。

● 投资者的经营管理水平。如果投资项目管理不善,劳动生产率低下,生产成本过高,出现流动资金不足等问题,就会降低投资收益造成损失。

● 投资项目的寿命周期。在投资过程中涉及的环节很多,各种影响的因素变动很大,所以寿命周期越长,投资风险越大。

2. 国际投资风险的类型

风险通常是指对未来收益率的不确定性。它不仅包括负面效应的不确定性,还包括正面效应的不确定性。国际投资风险是指进行跨国投资时预测收益率与实际收益率之间的偏差。

Investment risk is one of the main genres of financial risk. The term describes the risk that a particular investment might be canceled or stopped somehow, that one may have to find a new place to invest that money with the risk being there might not be a similarly attractive investment available. This primarily occurs if bonds (which are portions of loans to entities) are paid back earlier then expected.

从风险的性质角度看,跨国投资的所有风险可以分为两类:系统风险和非系统风险。

（1）系统风险

系统风险又称市场风险和不可分散风险。它是与整个市场波动相联系的风险，是由于某种因素的变化而对市场上所有同类投资都带来收益波动甚至损失的可能性。如通货膨胀、战争、经济周期循环等等。系统风险的特征是：

- 它对市场上所有投资都有影响。如战争会造成市场上所有的证券价格有不同程度的下跌，那么所有证券持有者的证券投资的收益都会受到其影响，而证券投资收益相应有不同程度的减少。
- 它无法通过多元化投资来加以消除。它之所以不能通过投资分散化来加以消除，是由于系统风险是经济、社会、政治等大系统范围内的一些因素造成的，它是个别人、企业或产业所不能控制的。因此，无论投资者如何分散投资资金都不能有所减少。
- 它与投资收益正相关。投资者承担较高的系统风险，同时他可以获得与之相适应的较高的投资收益。

（2）非系统风险

非系统风险又称为非市场风险，也称可分散风险。它与系统风险不同的是，它不与整个市场的波动有关，而是与某一企业或某一行业有关。具体来说非系统风险是指发生于个别公司的特有事件所造成的风险，如企业的管理能力问题、劳工问题等等。它具有如下的特点：

- 它只影响某种投资的收益。它是某一企业或某一行业特有的那部分风险。例如，"非典"可能对旅游业产生很大的影响，从而影响旅游板块证券的收益。但是它对IT板块证券的投资回报率可能没什么影响。
- 它可以通过投资分散化来加以消除。由于非系统风险属于个别风险，它只影响少数的公司或行业，因此投资者可以通过投资多样化的方式将它分解，并且有效进行防范。如"非典"对旅游业产生了极大的负面影响，但同时对医药业却产生了极大的正面影响。因此，如果同时投资旅游业和医药业，就可以有效控制因"非典"而引发的投资风险。
- 它与投资收益不相关。在发生较高的非系统风险的情况下，投资者可能承担非系统风险，但是却不能得到一定的收益补偿。

3. 国际投资风险的测量

投资风险可以用投资收益的变动来衡量。因此其测量需要通过概率和统计的方法。

The word probability derives from the Latin *probare* (to prove, or to test). Informally, probable is one of several words applied to uncertain events or knowledge, being closely related in meaning to likely, risky, hazardous, and doubtful. Chance, odds, and bet are other words expressing similar notions. Just as the theory of mechanics assigns precise definitions to such everyday terms as work and force, the theory of probability attempts to quantify the notion of probable.

(1) 概率分布

一件事情的概率是指该事情发生的可能性。如将所有可能发生的事件或结果都列出来，并给每个事件相应的一个概率，那么我们就得到了概率分布。

例：A、B 两家公司的收益率概率分布如表 6-1 所示。从中我们可以看到有 20% 的概率经济发展处于繁荣状态，在这种经济状况下，A 公司可获得高达 120% 的股票收益率，B 公司可获得 22.5% 的股票收益率；有 50% 的概率经济发展速度保持正常水平，当保持正常水平时两公司的股票收益率分别为 30% 和 15%；另有 30% 的概率经济会处于衰退状态，在这种状态下两公司的股票收益率分别为 −80% 和 10%。（详见表 6-1："A、B 公司的概率分布"）

表 6-1　A、B 公司的概率分布

经济状况	该状况发生的概率	该状况发生时股票的收益率	
		A 公司	B 公司
繁荣	0.2	120%	22.5%
正常	0.5	30%	15%
衰退	0.3	−80%	10%
合计	1.0		

在这里，概率表示每一种经济情况出现的可能性，同时也就是各种不同预期报酬率出现的可能性。经济繁荣发生的概率是 0.2，当经济繁荣时，两家公司都会赚取较高的收益，支付较高的股利，使投资者享受较高的收益；然而应当注意到 A 公司的股票收益率的波动范围远大于 B 公司。A 公司股票价值大幅波动的可能性相当大，结果会导致 80% 的损失或 120% 的收益，而 B 公司股票收益或损失的幅度则比较小。

(2) 连续概率分布与离散概率分布

A probability distribution is a function that assigns probabilities to events or propositions. For any set of events or propositions there are many ways to assign probabilities, so the choice of one distribution or another is equivalent to making different assumptions about the events or propositions in question.

There are several equivalent ways to specify a probability distribution. Perhaps the most common is to specify a probability density function. Then the probability of an event or proposition is obtained by integrating the density function. The distribution function may also be specified directly. In one dimension, the distribution function is called the cumulative distribution function. Probability distributions can also be specified via moments or the characteristic function, or in still other ways.

A distribution is called a discrete distribution if it is defined on a countable, discrete set, such as a subset of the integers. A distribution is called a continuous distribution if it has a continuous distribution function, such as a polynomial or exponential function. Most distributions of practical importance are either discrete or continuous, but there are examples of distributions which are neither.

根据上例,我们假设经济只可能存在三种状态。即:衰退、正常和繁荣。所以我们称上表的概率分布为离散的,因为其存在着几种结果。事实上,经济状态可以在繁荣和衰退中有无限种可能性。

因此,如果随机变量(报酬率)只取有限个值,并且对应于这些值有确定的概率,则称随机变量是离散型分布。

而当出现的经济情况有无数种可能时,如果每种情况都相应有其发生的概率,并分别测定其报酬率,那么就可以用连续型分布描述。

(3) 预期值

随机变量的各个取值,以相应的概率为权数的加权平均数叫做随机变量的预期值。也即数学期望或均值,它反映随机变量取值的平均化。简单地说,预期报酬率就是结果的加权平均值,权数就是结果发生的概率。

预期报酬率可以用以下等式进行计算:

$$预期报酬率(K) = \sum_{i=1}^{n}(P_i \times k_i)$$

其中:P_i——第 i 种结果出现的概率;

K_i——第 i 种结果出现后的预期报酬率;

n——所有可能结果的数目

使用表 6-1 的数据可以计算出

A 公司的预期报酬率=0.2×120％+0.5×30％+0.3×(−80％)=15％

B 公司的预期报酬率=0.2×22.5％+0.5×15％+0.3×10％=15％

但是 A、B 公司的预期报酬率并不等于 15％。预期报酬率代表了既定的概率分布在较长一段时间内发生变化时,投资者从 A、B 公司中获得的平均收益。即平均来说,A、B 公司的投资者都将赚取 15％的收益。

而且,尽管两者的预期收益率相同,但其概率分布不同,也就是说两个公司的预期报酬率相同,但风险大小却不相同。

(4) 独立风险测量:标准差

通常概率分布图的宽度表示可能结果的分散程度或可变性。所以,概率分布越紧密,其可变性越小,那么与投资相关的风险也就越小。

In probability and statistics, the standard deviation of a probability distribution, random variable, or population or multiset of values is defined as the square root of the variance.

The standard deviation is measured in the same units as the values of the population. For a population of distances in meters, the standard deviation is also measured in meters, whereas the variance is measured in square meters.

然而为了便于应用,风险的衡量要有确定值,要用确定值来测量概率分布的紧密度。通常用标准差来衡量概率分布的紧密度。

报酬标准差的计算公式为:

$$\sigma = \sqrt{\sum (K_i - K)^2 \times P_i}$$

计算标准差有如下几个步骤:① 计算预期报酬率;② 从每个可能的结果减去预期收益率,得出一组标准差;③ 将每个标准差平方,乘以相关结果发生的概率,将乘积加总得到概率分布的方差;④ 将方差开方即可得标准差。

因此,标准差是来自预期值的加权平均值,它表明了真实值可能偏离预期值的程度。根据上面的计算可以知道 A 的标准差比 B 的标准差要大得多,也就是说 A 无法获得预期收益的可能性要比 B 大得多。所以,根据标准差的数值可以评价相同预期收益率时各自的风险。即在同样是 15％的预期收益率时,与 B 公司(4.3％)相比,A 公司(70.9％)的投资风险更大。

(5) 变异系数

当两种投资的预期收益不同时,通常利用变异系数(CV)来比较两者的风险。变异系数(CV)用标准差除以预期收益求得。它表明每单位收益的风险。其公式表述如下：

$$变异系数(CV)=风险/收益$$

变异系数表明了每单位收益的风险。变异系数囊括了风险和收益两者的因素。因此当两种投资的预期收益不同时，利用变异系数更加有利于比较。在上例中因为 A 和 B 公司拥有相同的预期收益，所以没有必要通过计算变异系数来比较这两种投资。在这种情况下，会倾向于选择投资 B 公司，因为它在提供相同预期收益的同时，风险相对较小。A 公司的标准差较大，必定有较大的变异系数：A 公司的变异系数为 $70.9\%\div15\%=4.7$；B 公司的变异系数为 $4.3\%\div15\%=0.29$。根据这项标准，A 公司的风险还是要比 B 公司的风险大得多。

二、国家风险评估(National Risk Assessment)

在当今瞬息万变的国际政治经济环境中，由于各国政治、经济、社会、文化等的不同，跨国投资将面临不同于国内投资的各种不同程度和不同类型的风险。而一旦发生，将给投资者带来很大的损失。因此，跨国公司不仅要对其准备投资的国家风险进行评估，而且也要经常评估其投资国家的国家风险。

（一）国家风险的内容

在进行跨国投资前评估一个国家的国家风险时，首先考虑的是该国所采取的经济政策是否对投资有利。但同时，在评估国家风险时不能忽视的另一个很重要的因素就是该国的政治因素。一国的政治与经济政策会相互影响、相互作用。如政治因素可能会影响货币、财政及其他如贸易限制、劳动法等经济环境。不仅如此，国际经济环境甚至某种程度依赖于各国所遵循的政治政策。因此，国家风险主要有政治风险和经济风险等。

1. 政治风险

所谓政治风险是东道国发生的政治事件或东道国与其他国家的政治关系发生的变化对跨国公司造成不利影响的可能性。比如东道国国内的动乱、内战、政权更替，对外国企业财产的冻结、没收或征用以及与第三国的政治形势恶化等。政治风险是跨国投资时所可能面临的一种很大的风险。各国政治风险的可能程度不一，但政治风险在所有国家都存在。

Political risk is something that effects global marketing operations and include war, revolutions, insurgency, or civil unrest, any of which may result in nonpayment of accounts receivable.

Political risk is well-documented and often is a preliminary investment consideration. Government instability, political violence, terrorist activity and the risk of nationalization of assets all are significant issues for investors. The Dabhol power project in India was a prime example of a project that fell victim to change in the political environment. Regulatory regimes also influence risk. The absence of certainty for utility rates and ultimate return on investment also play a role. In tandem with this is the lack of a well-established legal framework in many countries and varying legal frameworks from country to country — for example, the law governing BOT projects may differ from country to country. In certain countries, owners may find it difficult to find a reliable BOOT contractor or the regulatory regime may make BOOT-type ownership and operation impossible.

(1) 政治风险的分类

政治风险有很多方面。其中最大的政治风险是东道国政府对外资采取的国有化措施。国有化措施会对跨国公司造成直接经济损失。另外，东道国发生政变、战争和恐怖袭击的可能性也能导致跨国企业或个人面临政治风险。

① 斯蒂芬·科波林将跨国企业面临的政治风险从两个不同的角度加以区分：

从影响的范围可以分为国家特有风险和企业特有风险。国家特有风险是指能影响东道国境内所有的外国企业的风险，又称为宏观风险；企业特有风险是微观风险，它指具体影响某一行业、某一企业甚至是某一项目的风险。

从影响的对象可以分为影响资产所有权的政治风险和影响企业经营的政治风险。如果东道国对跨国公司在其境内的资产实行国有化，那么该跨国公司面临的政治风险就是影响其资产所有权的政治风险。而如果东道国政府对跨国公司发行债券或股票进行限制，那么就会对跨国公司的现金流量产生影响，该政治风险就是影响企业经营的政治风险，它影响企业现金流量和收益的政策规定等。

② 根据影响的途径，政治风险分为：

● 转移风险。转移风险主要产生于跨国企业的资本、无形资产等跨国流动的限制。它是指国际经济往来过程中产生的经济收益，由于东道国政府的外汇管制政策和对某国歧视行为而无法汇回本国甚至汇出当地的风险。

● 经营风险。经营风险主要是指东道国政策的不确定性对跨国企业的经营造成的风险。如东道国的政治制度是否适合经济发展；东道国的政策是否鼓励投资及增长等等。

● 控制风险。它是东道国政治不稳定性对跨国企业的所有权以及在东道国经营的控制上的风险。如东道国政府是否有管治人民的能力；东道国是否存在反对政府的军事敌对派，并有可能推翻政府的能力；东道国政府或政权是否会出现动荡或变动；若东道国政府或政权出现动荡或变动，新政府是否可以接受等等。

③ 根据东道国的政治风险对跨国公司经营活动的直接或间接的影响，政治风险可分为：

● 非歧视性干预。非歧视性干预是指东道国政府为了实现既定的经济社会发展目标，而采取干预措施控制在本国的外国企业。它通常不是特别针对外国企业，而是对独资企业、合资企业及地方企业同等适用的干预。其主要措施包括：要求在管理层中使用当地人员；制订有利于东道国税收的转移价格；要求企业投资建设公共设施等；要求企业支付某些附加费用；暂时性的货币管制等。非歧视性措施通常比较温和。

● 歧视性干预。歧视性干预是给当地企业或集团以特定利益，而针对跨国企业做出的一些规定。它主要是东道国为了保护当地弱小企业或重要企业，使它们免受来自外国企业的竞争，而削弱外国企业对本国企业的竞争力。歧视性干预措施多种多样。如对跨国企业实行征用或国有化；东道国政府冻结外国企业的资金汇出并逐渐蚕食其资产；限制外资企业在合资企业中所占比例的大小；针对跨国企业征收特别的税种或费用；鼓励本国公民购买本国产品，抵制外国企业或其生产的产品等等。东道国出于保护本国民族工业或政治经济考虑，会在税收方面针对外国公司制定一些带有歧视性的规定来保护国内市场。

● 剥夺性措施，即东道国发生重大经济变革或与母国政府关系严重恶化时，发生的诸如强制收购或出售外国企业或其资产、征用或国有化等行为。所谓的国有化就是指资本输入国基于国家公共利益的需要面对外国投资的全部或一部分实行征用、收归国有的一种措施。剥夺性措施是政治风险中最常见的，也是最激烈的一种表现形式。其发生的原因在于东道国发生重大经济变革，或者东道国不能容忍外国公司无限制地渗透到本国经济之中。东道国也可能会针对外国投资进行调查，以确定是否有必要通过立法对关键工业部门的外国投资进行控制。

（2）政治风险因素

一般认为,国家政治风险的潜在来源可分三个层次:国际、区域以及国家本身。发生在这三个层次的事件都有可能造成国家政治风险波动。而且这些可能引发政治风险的因素并不是孤立地发挥作用的,它们总是互相影响并共同造成政治风险。一国政治波动的产生往往是多种因素共同作用的合力的结果。比如国际压力的加大可以导致国内政局不稳,二者的共同作用又可能导致政治风险的快速增加。

2. 经济风险

经济风险主要是指那些可能来自本国的、东道国的或第三国市场上的一些经济因素,对公司经营活动产生恶劣的外部影响。

Economic risks also influence the choice of investment delivery and the investment documents. Certainly currency fluctuation plays a role in determining what portion of the investment can be contracted for performance off-shore. In the power sector, power purchase agreements frequently are in the currency of the host country while financing is through international bodies utilizing foreign currency. Thus, currency fluctuation will impact return. Project financing also will differ depending on the amount of risk the investor deems acceptable. DBFO may be attractive to in-country public and private owners while inbound contractors may find the financing too risky or too difficult to obtain. 这些经济风险包括:

（1）资源条件。东道国的资源条件包括东道国的自然资源和人力资源两种资源。对于自然资源,东道国可发展的自然资源的短缺会严重影响国际经济的发展。在人力资源方面,东道国劳动者受教育的程度、劳动者素质的高低,劳动人口的结构比例及其发展趋势等等这些方面直接决定和影响东道国的人均收入水平,从而决定了东道国的购买能力。它可以衡量一国市场规模及质量,也是给投资经营者造成经济风险的一个重要因素。

（2）经济基础结构。东道国的能源供应、交通运输、邮电通讯、金融、广告、保险等基础行业是否完善也影响着东道国跨国经营的经济风险。东道国的经济基础越好,数量越充分,质量越优良,跨国公司的投资经营会越顺利,经济效益就越大。反之,经济风险就越多。

（3）外汇风险。Currency risk is a form of risk that arises from the change in price of one currency against another. Whenever investors or companies have assets or business operations across national borders, they face currency risk if their positions are not hedged. The exchange risk associated with a foreign denominated instrument is a key element in foreign investment. This risk flows from differential monetary policy and growth in real productivity, which results in differential inflation rates.

For example if you are a US investor and you have stocks in Canada, the return that you will realize is affected by both the change in the price of the stocks and the change of the Canadian dollar against the US dollar. Suppose that you realized a return in the stocks of 15% but if the Canadian dollar depreciated 15% against the US dollar, you would realize no gain.

（4）企业在跨国经营中遇到的外汇风险主要有三种：一种是交易风险，指的是已经达到而尚未完成的用外币表示的经济业务，因汇率变动而可能发生损益的风险。二是折算风险，指由于汇率变动使分公司和母公司的资产价值在进行会计结算时可能发生的损益。在国际投资活动中，跨国公司在每一会计年度期末，需要将各分支公司的财务报表合并成汇总报表。在将各个分支公司的东道国货币计划的会计科目折算成为本国货币的过程中，由于汇率变动可能给跨国企业带来损失。三是经济汇率风险。经济汇率风险存在于跨国经营的各个方面，因为汇率变动意味着各国同种商品之间的比价和一国不同商品之间的比价都要发生变化，这种价格体系的变化，会改变国内及国际市场上的生产条件和需求结构，从而影响跨国公司的经营活动。

（5）通货膨胀所引起的风险。当东道国发生通货膨胀特别是高通胀率时，跨国公司就会面临极大的经济风险。因为东道国的通货膨胀会影响东道国的原材料价格和工资成本的上涨以及其他各项费用的上升，甚至可能导致严重的政治后果。

（6）国际债务。东道国国外债务量占拥有外汇量的比重越大，该国的经济风险越大。国际债务越多的国家，东道国可能越会采取提高有关税收，限制外资企业盈利的汇出等措施，从而给跨国公司的经营带来经济风险。

（二）国家风险评估的指标

跨国公司进行跨国经营活动的决策时，必须要对东道国的国家风险进行评估和预测。国家风险的评估要求跨国企业对东道国的政治指标和经济指标进行全面的评价。

如今评价一个国家的国家风险的模式有很多。这些模式试图用一些量化的指标来评估东道国的政治、经济风险,从而评估国家风险。基本的指标如下:

1. 政治稳定性指标。测量一个国家的政治稳定性的目的是为了确定当前政权的执政期以及该政权是否能够保护国外资本在该国的投资。一个国家的政治的稳定性的测量方面包括:政府变更的频率;国家暴力水平(如100000人口中死于暴力的人口数);武装暴乱的数量以及与其他国家的关系等等。一般情况下认为,政治的稳定性越高,那么投资环境就越安全。

Political uncertainty, no doubt, is an investor's nightmare. It does disturb the flow of foreign direct investment plans both into the private sector as well as the government owned public sector units and that surely affects economic growth.

2. 经济稳定性指标。经济稳定性是国家风险评估中必须考虑的因素。一般认为,如果一个国家的经济表现越好,那么该国就较小可能采取一些政治政策或经济政策来干涉外资企业在本国内的运行,则跨国企业或个人面临较少的政治风险。而从以下的经济指标可以看出一个国家的经济表现:通货膨胀率;国际收支盈余或赤字水平;GDP的增长率等等。从这些内在的经济指标可以发现东道国的经济是处于什么状态。如当一国的国际收支长期处于逆差状态时,东道国可能会对进出口有所限制。通常一国的经济状况越好,发生对外国公司有害的政治和社会动荡的可能性就越小。

Economic history demonstrates clearly that stability is an essential platform for achieving high and sustainable levels of growth and employment. Economic instability imposes significant costs on the economy and society.

3. 政府态度。从客观的经济表现可以推断出国家的政治风险水平。而对政治风险的更为主观和重要的测量依据就是东道国对私人财产的态度。当东道国政府并不鼓励外国资本进入时,那么投资于该国就会面临着较大的政治风险,反之,政治风险较小。

4. 政府对外资企业的措施。东道国政府为了维护本国的利益,可能对在其境内投资的企业采取歧视性和非歧视性的措施,甚至是剥夺财富性的措施。歧视性措施如:东道国政府对外国投资企业无条件地征收较高的所得税等;非歧视性措施如:严格的外汇管制措施、对转移价格做出有关规定使其有利于东道国等措施;剥夺财富性措施指东道国政府宣布对外国投资企业实行国有化,即对整个企业从私营转化为国有,而不能对外国投资企业给予及时有效的补偿等等。东道国采取这些措施都在一定程度上会给外国投资企业的企业价值带来一定的影响。一般来说,采取的措施越多,则政治风险就越大。

5. 资本外流量。所谓资本外流是企业为了增加收益或避免损失,例如,逃避国内通货膨胀或政治不稳定,而将资本变换为流通资金转向其他国家投资。其后果将导致本国资本的短缺。多数的资本外流的产生与不正确的经济政策有关。其最大的动机就是为了避免政治风险。在一个不安定的政权下,尤其是当政权发生变更时,财产可能会由于政府的没收而变得不安全,资产所有者就会把资本流向国外以避免风险。因此,可以从一国的资本外流的数量来估计该国的政治风险。资本外流数量越大,则说明该国的政治风险越大,反之亦然。然而由于资本外流的隐蔽性,它很难被测量。但是我们仍可以从国际收支平衡表中的误差与遗漏一栏窥见一斑。

6. 与世界其他国家的关系。如果一个国家在政治和经济上与世界上其他国家是独立的,它的国家风险相对就较高,因为它可能因独立性更强而不遵守国际规则。而如果一个国家与世界上其他国家有很大的关系,如某国是某世界组织的一员,那么它被认为更加遵守国际游戏规则而具有相对较小的国家风险。例如,中国加入WTO后就被认为降低了国家风险。

(三)国家风险评估的方法

对跨国公司来说,可以用定性分析法和定量分析法来评价国家风险。

1. 国家风险评估的定性分析法

(1)德尔菲法

德尔菲法,主要是指按规定的程序,采用函询的方式,依靠专家小组背对背地做出判断分析,来代替面对面的会议,使专家的不同意见充分发表,经过客观分析和几次征询及反复,以便各种不同意见趋向一致,从而得出比较符合市场发展规律的预测结果。

德尔菲法是20世纪40年代由美国的兰德公司首创和使用的,后在西方盛行起来。德尔菲是古希腊的地名,相传希腊神在此降服妖龙,后人用德尔菲比喻神的高超预见能为。后来的不少预言家都曾先后在此发表演说,提出种种预言。从此,德尔菲就成为专家提出预言的代名词。

德尔菲法的步骤如下：

① 拟定意见征询表。根据预测的目的要求,拟定需要了解的问题,列成预测意见征询表,征询的问题要简单明确,而且数目不宜过多,以便于专家回复;意见征询表中还应提供一些已经掌握的背景材料,供专家预测时参考。

测定意见征询表应遵循以下原则：

● 问题要集中,要有针对性。

The questions needs to be in succession: simple questions go before complicated questions; synthesizing questions goes before partial questions. Thus, we can make each affair constitute a whole, easily attracting the expert's interest to answer the questions.

● 调查单位和领导小组的意见不应强加在调查的意见之中。

We need to prevent the inducement phenomenon, making the expert's evaluation toward the leaders' and getting to the prediction result that caters to the leader's opinion, which will largely lower the prediction result's correctness. Avoid combined affairs. If an affair includes two aspects, on the one hand is what the expert approves; on the other hand is what the expert disapproves. In this case, it will be difficult for the expert to make a reply.

② 选定征询对象。选定的专家是否适合德尔菲法是成败的关键。

There shouldn't be too much experts. Generally 10~20 experts is enough. The experts do not have relationship with each other, only establish direct relationship with the organizer. Standard that chooses the experts is decided by the prediction's mission. In general, we should choose the expert whose job is relevant with the prediction topic, which is mastering in the business and acquainting with the condition of the market, who is of predicting and analytical skills. If prediction mission involves macroeconomy and some ministries and departments, then we should choose experts from the departments concerned.

③ 轮回反复征询专家意见。第一轮,向专家寄发征询表提供现有的背景材料,要求专家明确回答,并在规定时间内寄回。调查人员对各个问题的结论进行归纳和统计,并提出下一轮的调查要求。第二轮,将第一轮经过汇总的专家意见及调查人员对所要调查的新的要求和意见

寄给专家,要求专家根据收到的资料,提出自己的见解。在这阶段,专家可以清楚地了解全局情况,他们可以保留、修改自己原有意见。对于和总结论差异较大的专家,应请他们充分陈述理由。这样,可再将专家寄回的资料进行统计,并提出新的要求。由此经过几次的反复征询,使专家的意见逐步趋向一致。

What need to be explained is there isn't a fixed on how many times the consults should be taken and their intervals. They are decided by the complexity of the content and the differentiation of experts' opinions. Usually we consult 3-5 times and the interval is 7-10 days.

④ 做出调查结论。调查人员根据几次提供的全部资料和几轮反复修改的各方面意见,最后做出调查结论。

(2) 高层巡访法

高层巡访法是指公司行政人员出访经营目标国后形成的意见的方法。这种访问通常包括一系列与政府官员、当地商人和潜在客户的会谈。高层巡访法的优点是:提出经营活动建议的,正是将来要执行这些项目的人,这样,提议项目的权利与国家风险评估的责任就结合在一起。缺点是:这种访问的结果可能是非常肤浅的,而且,可能产生经过人为筛选的信息。

(3) 外部专家法

外部专家法是指跨国公司利用外部顾问的建议获取东道国国家风险的信息的方法。通常,这些顾问包括学校教授、外交官、当地政客或商人等等。这些顾问常能发现一些预示政治和经济变动的重大趋势,然后他们据以评估发生国家风险的可能性。外部专家法评估国家风险时有一定的优势,但是国家风险评估的质量受到这些顾问的知识和经验的限制。

(4) 内部员工法

内部员工法是通过发挥企业自己内部员工的评估能力进行分析的一种方法。为了监视东道国的政治变动和经济风险,跨国公司通常利用企业的内部员工来获取东道国的信息。很多跨国公司都采用这样的方式评估东道国国家风险。

2. 国家风险评估的定量分析方法

除了定性的评估国家风险的方法,一些公司也使用统计技术评估国家风险。通过使用统计技术评估国家风险来补充个人判断和提高预测的精确度。在定量分析中要考虑的因素因预测者不同而各有不同,但是,所有的方法均应包含三个主要因素:外部经济指标、内部经济指标和政治指标。国家风险评估有以下几种定量分析方法。

(1) ICRG 风险评级表。伦敦国际商务交流有限公司(IBC)发布的《国际国家风险指导》(ICRG)是一种比较好的定量评估东道国的国家风险的方法。

ICRG 提供了一份包括国家风险、金融和经济风险等级以及综合风险等级在内的风险等级表。在评级的计算过程中:政治变量,包括政治系统的稳定性、政治腐败和公共关系的有效性等因素,占综合分值的50%;金融变量和经济变量两者合计占综合等级的50%,其中金融变量关注国际金融地位和外汇管制等因素,而经济变量则关注东道国的经济增长率、国际收支状况和通货膨胀率等因素。

政治风险的最高分值为 100,金融和经济风险的最高分值为 50,所得分值越高,被评估国家的国家风险越低。对于综合分值而言,分值在 85～100 之间的被认为是风险最低的;70～84.5 为适度风险;50～69.5 为温和的高风险;0～49.5 为很高的风险。

(2) BERI 商业环境风险指数。商业环境风险指数也是定性评估国家风险的比较有效的方法。它将所有的经济、政治因素综合为一个总体,对商业环境进行总体衡量。按照 BERI 口径列出的各国的得分,建立一个专家小组主管评估的综合分值,它分为六个档次:

① 100:完全无风险的国家,完全无风险的国家几乎是不存在的;

② 99～70:几乎稳定且优良的商业环境;

③ 69～60:工业发达国家的典型水平,任何民族主义的倾向都会被该国的效率、市场机会、金融体系等所抵消;

④ 59～50:中度风险国家,通常东道国的政治结构足以确保商业环境的稳定,免除混乱;

⑤ 49～40:高风险国家,只有在特别情况下,如为获得紧缺原材料才值得到那里经营;

⑥ 40 以下:不存在可经营条件。

总之,跨国企业在进行跨国经营之前,一定要做好国家风险的评估预测。跨国企业可以使用上述方法来评价东道国的经济发展水平、政局稳定性等方面的指标,对数据资料进行分析来评估东道国国家风险。同时,跨国企业还可以参照有关国家风险评估专门机构的评估报告。例如《欧洲货币》杂志就会定期向经济、政治、社会、外交、宗教等方面的著名专家征求对国家风险的意见和看法,并请专家对各个国家风险的重要指标打分。

(四)国家风险评估的步骤

对国家政治、经济和文化风险的评估可以采用综合定量评估的方法,特别是对某国或某几个国家进行综合风险评估时这种方法是一种简明有效的方法。该方法使用的第一步是先确定风险评估值范围。假定该评估值范围为1~5,1为最低风险值,5为最高风险值,风险程度随着风险值的升高而提高。第二步,按照商业、政治和文化风险因素的重要程度确定总权数以及每一大类中分类风险因素的分类权数。例如,某国政治风险的影响大于经济和文化风险,占总风险的权重为60%,经济风险占30%,文化风险占10%。在所确定的该国4个政治风险因素中,每个因素分别占60%、20%、10%和10%。第三步,计算各风险因素的风险值与其相应权数的乘积并加总,即得出该投资项目的商业、政治和文化风险的总评估值。下面举例说明。

假设我国某工程公司打算到非洲某国进行一项项目投资,经过信息搜集和分析整理后,确认在该国影响施工的三大类风险因素中,政治风险因素主要有:A政治局势的稳定;B自然灾害;C该国对投资方的态度;D该国与邻国的政治关系。经济风险因素主要有:A国家还贷能力;B利率和汇率变动;C企业内部财务管理;D同行的低价竞争。文化风险因素主要有:A中国管理层与当地雇员的关系;B当地的宗教习俗;C语言交流障碍。根据这些风险因素绘出图6-1。

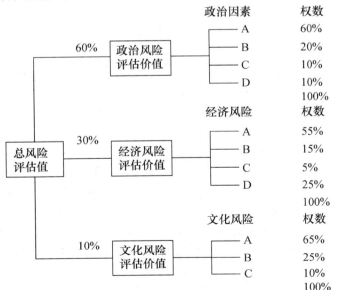

图6-1 各种风险因素对总风险的影响

图 6-1 中在政治、经济和文化风险项下所列出的实际风险因素应当根据投资国家和项目的不同而发生变化,而且在实际的风险评估中,应当考虑的风险因素很多,这里只举几个例子。在确定了各风险因素的权重比例后,接下来是对各风险因素进行风险评估值测算,并赋予权数后计算出最终的评估值。

表 6-2 投资风险计算表

(1)	(2) 评估值(取值域 1~5)	(3) 赋予权数(%)	(4)=(2)×(3) 加权后的评估值
政治风险因素			
A	2.5	60	1.5
B	3	20	0.6
C	4	10	0.4
D	3	10	0.3
			2.8
经济风险因素			
A	1.5	55	0.825
B	4	15	0.6
C	2	5	0.1
D	4	25	1.0
			2.525
文化风险因素			
A	3	65	1.95
B	2	25	0.5
C	1	10	0.1
			2.55
风险类别	风险评估值	赋予权数	加权后评估值
政治风险	2.8	60	1.68
经济风险	2.525	30	0.76
文化风险	2.55	10	0.255
总风险评估值			2.695

从表 6-2 的计算结果可以得出如下结论:在该国三大投资风险中,文化风险值最低为 2.55,因而风险最低;政治风险值最高为 2.8,因而风险最高;经济风险处于两者之间。由此可以得出该国的政治状况应得到特别的关注。从总风险评估值来看,该国处在较高风险区域,因为它处于平均值 2.5 以上。使用总风险评估值可以对几个国家进行横向评估比较,并得出风险最小的最适合投资的国家。

(五)国际直接投资风险管理

Investment risk management is the practice of creating value in a firm by using investment instruments to manage exposure to risk. Similar to general risk management, financial risk management requires identifying the sources of risk, measuring risk, and plans to address them. As a specialization of risk management, investment risk management focuses on when and how to hedge using investment instruments to manage costly exposures to risk.

如果充分认识到国际商业活动的重要性,以及国与国之间商业交往不断加强的相互依赖性,就不难理解国际风险管理日益增强的重要性。国际风险管理是指管理公司国际活动所引起的损失风险。在许多情况下,国际活动所引起的风险是独特的,或者至少是与国内风险有所区别的。国际活动的外延很广,可以简单到商品的进出口,也可以复杂到直接投资,例如购买公司或在别国建立企业等。那些以整个世界作为自己的目标市场,真正的全球性公司在每一天的活动中都面临着国际损失风险。大多数的国际性公司都是从国内商业活动起家,在国际范围内扩展业务。类似地,风险管理计划也是从国内计划开始,随公司规模扩大而在国际范围展开的。常见的风险管理计划是随着公司全球经营活动在国别或规模上的扩展而不断发展起来的。另外,还有一些专门承保临时性的国际损失风险的保单,为那些从事产品的进出口,而没有国外财产风险的公司提供保障。

跨国企业通过利用保险和风险自留来安排风险融资计划。如果由于缺乏统计资料,组织不得不进行保险,而无法自留,我们就可以认为组织严重的依赖于保险。为什么一个公司在管理国际风险时,要比管理国内风险时更多地采用保险呢?这一问题的答案就在于国际风险中存在更严重的不对称信息,而且跨国企业可以利用保险服务的高效率获得利益。

风险管理经理对于跨国企业的一些国外风险不能像国内风险那样获得完备、可靠的信息,由保险人提供损失控制、损失理算和其他服务要比跨国企业自己从事这些活动效率更高。

在购买保险时,可以使用本国保险和东道国保险的组合。一种可能的方式就是通过获得当地许可的保险人在东道国购买保险;另外一种方法就是在跨国企业总部所在国家(母国)购买保险。还有一些组织制订的风险融资计划包括自备基金支持的风险自留额(self funded risk reserve)。下面我们就将对保险和风险自留额进行探讨。

1. 许可保险(authorized insurance)

购买当地的许可保险就是指跨国企业从那些经过东道国政府许可，在东道国当地经营保险的保险人那里购买保险。这些保险人提供的保单符合当地的法规，并且以该国语言编写，由保险人在该地的分支机构、本地代理或经纪人提供保单服务。

(1) 购买许可保险的好处

一般来讲，政府都要求在该国从事商业活动的企业，从许可保险人那里购买保险。因此，跨国企业必须从东道国的许可保险人那里购买保险。For example, an American transnational corporation has its subsidiary firms in France, Mexico and England, and has separately purchased the local insurance in these countries. Although it is possible to adopt other more effective risk management methods, the majority transnational corporations give the first consideration to the local insurance policy. If a multinationals does not purchase the local insurance according to the request, then it will receive the fine from the local authorities. Other business dealings, for example the change of the contract, the change of the property rights or the transaction which carries on with the bank all requires purchasing authorized insurance.

在当地购买保险还有其他好处。因为保单是当地提供的，跨国企业的本地管理者对于本地的保险人和经纪人的实务做法更为熟悉。由于保费和赔款均以本币支付，交易就会简化。

当以本币支付赔款时，汇率波动的影响就不会发生，除非外国分公司必须进口设备和原材料进行修理或更换。这种情况下，一种解决办法就是购买一种保单，凭该保单可弥补任何以设备和原料进口国货币计价的损失；另外，可以购买本地保险，这样保险金额就不会受汇率波动的影响。For example, if a chit purchased by a German subsidiary company is priced by the German Mark, then any limitation in the chit cannot be influenced by the change between Mark and US dollar exchange rate. However, if the purchasing power of the standard currency dropped (inflation happens in other words), it will pose a disadvantageous influence to the insurance premium, the compensation quota and the loss indemnity. If currency limit exists in this country, then the behavior that the transnational enterprise pays by this country's currency will possibly consumes all of its preservation income (Baglini, 1993).

在核定税基时，在当地支付的保费可以作为业务费用扣除，而向没有当地许可的保险人支付的保费则不能扣除。另外，分公司直接向当地保险机构支付保费，还可以加强当地分公司的责任感，使得当地分公司管理层与当地购买的保险的成本，以及相应的损失防范措施之间建立利害关系。尽管统一购买非许可保险，并将保费分摊给分公司也能实现同样的损失管理目标，但所缴保费却不能从当地税收中扣除。

本地保险人和经纪人可以提供咨询和风险管理服务。本地保险代理人了解承保范围的细微差别和当地的实务做法，制订更为适合的保险计划。

保险计划应当符合当地法律，并且公司应当符合良好市民的标准。与当地保险组织进行交易也有助于使分公司与当地经济和商业组织融为一体。

(2) 购买许可保险的弊端

然而跨国企业购买当地保险也存在弊端。跨国企业风险管理经理很难评价和管理用另一种语言编写的保单。风险管理经理也未必熟悉当地的保险实务做法，当地保单的条款也未必有利或容易理解，导致了条款的不统一，增加了未保风险和不足额保险的可能性。For example, the multinationals is required to buy the 100% insurance according to the actual value, then it is very possible for the multinationals which does not meet the requirement to encounter the fine.

The local chit is possibly more expensive. If there is an agreed tariff rate, or there is not full market competition, or there is secret behavior in the purchasing process, then the tariff can be extremely high.

另外，衡量当地保险人的财务安全性也非常困难。那些非常重要的偿付能力监管规定、财务报表和保险人评级服务等资料的可获性在不同国家也有很大差别。由于东道国保险人财务安全的不确定性，跨国企业在投保时通常会选择一些信誉较好的大型跨国保险公司。

在不同国家购买当地保险时，跨国企业与保险公司的谈判力会下降，并且丧失了集中购买时的风险分摊能力。在某些情况下，当地的保险方案可能与公司政策相违背，从而导致公司的全面风险管理战略难以实施。公司政策可能是通过免赔额和自留风险留存大量风险，不必购买许可保险。然而,许多国家的行业做法是不鼓励大规模自保,当地保险人和保险监督机构也不鼓励这种风险自留。因此,当地保险人不会因为有大量的自留风险而提供足够的保费折让。对于高度分散化的跨国企业来说,将当地的保险方案与公司整体的风险管理理念协调一致是非常困难的。对于高度分散化的跨国企业,或者风险管理经理没有集中的管理权力的公司来说,利用当地保险是比较普遍的,并且这种趋势还在不断加强。

2. 非许可保险(unauthorized insurance)

消费者或公司从非许可保险人那里购买的保险就是非许可保险,换言之,如果跨国企业从母国的保险公司,而不是分公司所在的东道国购买保险,那么它就购买了非许可保险。例如,该美国跨国企业没有在法国、墨西哥或英国购买保险,而是在美国进行统一投保。在这种情形下,该跨国企业购买的就是非许可保险。

(1) 购买非许可保险的好处

购买非许可保险的好处就是可以集中管理,扩大保险范围和降低保费成本。非许可保险的保单由风险管理经理以集中的方式,对世界范围内的商业活动进行管理。他们可与保险人在当地的代理人协商制订保险计划,从而减少管理和联络上的麻烦。保险人的信誉,与向多个当地保险人投保的情况相比,也更容易进行评估。保单是以母国语言起草,并以一种自由兑换货币计价,更易于管理。非许可保险计划使用传统的保险合同,可以提供某些国家无法提供的更为广泛、灵活的保险范围。For example, an American risk management manager is familiar with all the insurances' guarantee scope, the expansion responsibility provision, as well as some limited chit condition that some other countries are unable to provide, or some chit condition strictly limited by the authorities. The unification of the guarantee scope simplified the management, and has guaranteed the unified processing to all kinds of risks. Moreover, because of the existence of the tariff limit and the unification tariff rate, as well as the taxation problem when we purchase the merge chit, the tariff of unauthorized insurance is usually lower than that of the authorized insurance.

另外,非许可保险费和损失赔款都是以母国货币支付的。单一货币消除了损失赔付中的汇率波动风险,跨国企业就可以决定是否将损失赔付再投资到分公司。然而,非许可保险赔付的再投资可能会招致罚款,因为非许可保险是在母国进行管理的,因而任何承保范围的争议是按本国立法体系由母国法院作出判决的。

(2) 购买非许可保险的弊端

然而非许可保险也有弊端。由于没有当地保险代理的帮助,理赔可能变得更为复杂。这一点对于责任保险的理赔尤为重要。另外,正如风险管理经理不熟悉分公司所在国的保险而倾向于购买非许可保险一样,那些分公司的管理者也由于不熟悉非许可保险,从而愿意自己购买保险以确保得到充分的保障。在实践中,只有由于风险或当地保险的限制,才使用非许可保险或两者同时使用。

In practice, we only use the unauthorized insurance or use both of the two kinds of insurance when the risk happens or the existence of the local insurance limitation.

第三节 国际证券投资 International Securities Investment

一、国际证券投资概述(Overview of International Securities Investment)

(一) 国际债券投资分析

国际债券投资的投资对象是国际债券。跨国企业进行国际债券投资,风险较低,收入较稳定,因此,国际债券投资是跨国企业投资中比较理想的投资对象。

1. 债券的概念

(1) 债券。债券是发行者为筹集资金,向债权人发行的,在约定时间支付一定比例的利息,并在到期时偿还本金的一种有价证券。

(2) 债券面值。债券面值是指设定的票面金额,它代表发行人借入并且承诺于未来某一特定日期偿付给债券持有人的金额。

(3) 债券票面利率。债券票面利率是指债券发行者预计一年内向投资者支付的利息占票面金额的比率。票面利率不同于实际利率。实际利率通常是指按复利计算的一年期的利率。债券的利息和付息方式有多种,可能使用单利或复利计息,利息支付可能半年一次、一年一次或到期日一次总付,这就使得票面利率可能不等于实际利率。

(4) 债券的到期日。债券的到期日是指偿还本金的日期。债券一般都规定到期日,以便到期时归还本金。

Bond is a kind of debt instrument issued for a period of more than one year with the purpose of raising capital by borrowing. Generally, a bond is a promise to repay the principal along with interest (coupons) on a specified date (maturity). Some bonds do not pay interest, but all bonds require a repayment of principal. When an investor buys a bond, he/she becomes a creditor of the issuer. However, the buyer does not gain any kind of ownership rights to the issuer, unlike in the case of equities. On the hand, a bond holder has a greater claim on an issuer's income than a shareholder in the case of financial distress (this is true for all creditors). Bonds are often divided into different categories based on tax status, credit quality, issuer type, maturity and secured/unsecured (and there are several other ways to classify bonds as well). Government bonds are generally considered the safest unsecured bonds, since the possibility of the Government defaulting on payments is almost zero. The yield from a bond is made up of three components: coupon interest, capital gains and interest on interest (if a bond pays no coupon interest, the only yield will be capital gains). A bond might be sold at above or below par (the amount paid out at maturity), but the market price will approach par value as the bond approaches maturity. A riskier bond has to provide a higher payout to compensate for that additional risk. Some bonds are tax-exempt, and these are typically issued by municipal, county or state governments, whose interest payments are not subject to federal income tax, and sometimes also state or local income tax.

2. 国际债券的价值

国际债券的价值是发行者按照合同规定从现在至债券到期日所支付的款项的现值。计算现值时使用的折现率取决于当前的利率和风险水平。

(1) 国际债券估价的基本模型

一般情况下的债券是固定利率、每年计算并支付利息、到期归还本金。按照这种模式，债券价值计算的基本模型是：

$$PV = \sum_{t=1}^{n} \frac{I}{(1+i)^t} + \frac{F}{(1+i)^n}$$

(2) 零息债券(zero coupon bonds)

零息债券在到期日前购买人不能得到任何现金支付。也叫纯贴现债券。

Zero coupon bonds are bonds which do not pay periodic interest payments, or so-called "coupons". Zero coupon bonds are purchased at a discount from their value at maturity. The holder of a zero coupon bond is entitled to receive a single payment, usually of a specified sum of money at a specified time in the future. Some zero coupon bonds are inflation indexed, so the amount of money that will be paid to the bond holder is calculated to have a set amount of purchasing power rather than a set amount of money, but the majority of zero coupon bonds pay a set amount of money known as the face value of the bond.

In contrast, an investor who has a regular bond receives income from coupon payments, which are usually made semi-annually. The investor also receives the principal or face value of the investment when the bond matures.

Zero coupon bonds may be long or short term investments. Long-term zero coupon maturity dates typically start at ten to fifteen years. The bonds can be held until maturity or sold on secondary bond markets.

Short term zero coupon bond generally have maturities of less than one year and are called bills. The US Treasury bill market is the most active and liquid debt market in the world.

这种债券的估价模型为：

$$P = F \div (1+K)^n$$

例：有一零息债券，面值为 1000 元，10 年到期。假设必要报酬率为 10%，其价值为：

$$PV = 1000 \div (1+10\%)^{10} = 385.55(元)$$

（3）永久债券

永久债券是指没有到期日，永不停止定期支付利息的债券。永久债券的价值计算公式如下：

$$PV = 利息额 \div 贴现率$$

例：有一优先股，承诺每年支付优先股息 20 元。假设必要报酬率为 8%，则其价值为：

$$PV = 20 \div 8\% = 250(元)$$

(二)跨国股票投资分析

1. 股票投资的目的

企业进行股票投资的目的主要有两种：一是作为一般的证券投资，获取股利收入及股票买卖差价；二是利用购买某一企业的大量股票达到控制该企业的目的。在第一种情况下，企业仅将某种股票作为它证券组合的一个组成部分，不应冒险将大量资金投放到一家企业的股票上。而在第二种情况下，企业应集中资金投资于被控企业的股票上，这时考虑更多的不应是眼前利益——股票投资报酬的高低，而应是长远利益——有多少股权才能达到控制的目的。

2. 股票的价值

股票的价值是指预期的未来现金流入的现值。股票投资者预期的股票投资的现金流入包括两部分：股利收入和出售时的资本利得。而股票的内在价值则是这两种现金流入的现值。

如果投资者在持有股票一段时间后将股票出售，他的未来的收入就是持有期间的股利与出售时的股票价格；如果投资者永远持有股票，他只获得股利，那么永续的股利流入的现值就是股票的价值。股票评价的一般模式就是投资者永远持有股票情况下的股票价值。当投资者永远持有股票时，永续的股利现金流入的现值就构成了股票的价值。

In finance, valuation is the process of estimating the market value of a financial asset or liability. Valuations can be done on assets (for example, investments in marketable securities such as stocks, options, business enterprises, or intangible assets such as patents and trademarks) or on liabilities (e.g. bonds issued by a company). Valuations are required in many contexts including investment analysis, capital budgeting, merger and acquisition transactions, financial reporting, taxable events to determine the proper tax liability, and in litigation.

股票评价的基本模式表述如下：

$$P = \sum_{t=1}^{\infty} \frac{D_t(1+g)^t}{(1+R_s)^t}$$

其中：D_t——t 年的股利

R_s——贴现率

t——年数

g——股利增长率

由此可见，股利的多少，取决于每股股利和股利贴现率两个因素。

① 零成长股票的价值

零成长股票是指未来股利不变的股票,而如果未来股利不变,那么其支付过程就是一个永续年金,则股票价值为:

$$P = D \div R$$

例:每年分配股利3元,最低报酬率为15%,则

$$P = 3 \div 15\% = 20(元)$$

② 固定成长股票的价值

如果股票股利是固定增长的,其股价计算公式表述如下:

$$P = \sum_{t=1}^{\infty} \frac{D_t}{(1+R_s)^t}$$

二、国际证券投资的风险(Risk of International Securities Investment)

一般来说,投资者进入市场,可能会遇到以下几类风险:

(一)系统性风险

股市是"国民经济的晴雨表"。宏观经济形势的好坏、财政政策和货币政策的调整、政局的变化、汇率的波动、资金供求关系的变动等,都会引起股票市场的波动。对于证券投资者来说,这种风险是无法消除的,投资者无法通过多样化的投资组合进行证券保值。这就是系统性风险的原因所在。

系统性风险的来源主要由经济、政治及社会环境等宏观因素造成。其构成主要包括以下四类:

1. 市场风险

市场风险是证券投资活动中最普遍、最常见的风险,是由证券价格的涨落直接引起的。尤其在新兴市场上,造成股市波动的因素更为复杂,价格波动大,市场风险也大。因此,盲目的股票买卖是要不得的。

Market risk is the risk associated with fluctuations in stock prices. This is the first risk many people think of when they think of the stock market. Many factors can cause stock prices to fluctuate. Examples include actual or anticipated developments within a particular company or industry; changes in the outlook for the economy as a whole; or shifts in investor attitude toward the stock market in general. Downward and upward trends in stock prices can occur over short or extended periods, and can have a very significant affect on the value of an investment.

There are two ways to reduce market risk. One is to diversify your investments among different kinds of assets: divide your money among fixed-income and growth investments, for example. The second way is to steadily invest on a regular basis and ignore market ups and downs and focus on long-term results.

2. 政策风险

政府的经济政策和管理措施可能会造成证券收益的损失,这在新兴股市表现得尤为突出。经济政策的变化,可以影响到公司利润、债券收益的变化;证券交易政策的变化,可以直接影响到证券的价格。而一些看似无关的政策变化,比如对于私人购房的政策,也可能影响证券市场的资金供求关系。因此,每一项经济政策、法规出台或调整,对证券市场都会有一定的影响,有的甚至会产生很大的影响,从而引起市场整体的较大波动。

3. 利率风险

不同的金融工具,存在着不同的风险和收益。即使是像国债这样几乎没有信用风险的债券,也不是什么投资风险也没有。十年前,假如你购买了一种面值1000元,年息12%利率的债券,到现在,如果其他债券都支付12%的年利,你就不可能再以1000元的面值将这种债券卖给别人。你的售价肯定会低于面值,使得其实际收益率达到10%的水平。这种由于未来利率变化的不确定性,而导致债券贬值的风险,便是债券的利率风险。

在证券交易市场上,证券的交易价格是按市场价格进行,而不是按其票面价值进行交易的。市场价格的变化也随时受市场利率水平的影响。一般来说,市场利率提高时,证券市场价格就会下降;而市场利率下调时,证券市场价格就会上升,这种反向变动的趋势在债券市场上尤为突出。

同样在证券市场上,由于投资证券的回报是以货币的形式来支付的,在通货膨胀时期,货币的购买力下降,也就是投资的实际收益下降,将给投资者带来损失的可能。

4. 购买力风险

在现实生活中,每个人都会遇到这样的问题,由于物价的上涨,同样金额的资金,未必能买到过去同样的商品。这种物价的变化导致了资金实际购买力的不确定性,称为购买力风险,或通货膨胀风险。

Inflation, defined as a persistent increase in prices, is a serious risk for any long-term investor. Historically, inflation in the United States has averaged 3.1%, offsetting most of the returns from investment in cash reserves and bonds, but less than half of that of stocks. Because stocks' real returns are often generally higher than inflation, stocks offer a way to help protect your money against inflation risk. If your principal doesn't grow, you can't possibly stay ahead of inflation. A good way to reduce inflation risk is to invest in growth assets like stocks.

（二）非系统性风险

单个股票价格同上市公司的经营业绩和重大事件密切相关。公司的经营管理、财务状况、市场销售、重大投资等因素的变化都会影响公司的股价走势。这种风险主要影响某一种证券，与市场的其他证券没有直接联系，投资者可以通过分散投资的方法，来抵消该种风险。这就是非系统风险。

非系统性风险因此也可称为可分散风险，主要包括以下四类：

1. 经营风险

经营风险主要指公司经营不景气，甚至失败、倒闭而给投资者带来损失。公司经营、生产和投资活动的变化，导致公司盈利的变动，从而造成投资者收益本金的减少或损失。例如经济周期或商业营业周期的变化对公司收益的影响，竞争对手的变化对公司经营的影响，公司自身的管理和决策水平等都可能会导致经营风险。

Business risk is the risk of losing your money in an investment that seemed like a winner but wasn't. It is the specific risk associated with the underlying business of the issuer of a particular stock, bond, or other investment. If the company's product suddenly loses value, the value of your investment declines. You can reduce business risk by diversifying your investments.

影响公司经营业绩的因素很多，投资者在分析公司的经营风险时，既要把握宏观经济大环境的影响，又要把握不同行业、不同所有制类型、不同经营规模、不同管理风格、不同产品特点等对公司经营业绩的影响。

2. 财务风险

财务风险是指公司因筹措资金而产生的风险，即公司可能丧失偿债能力的风险。

Financial risk that a company or project will not have adequate cash flow to meet financial obligations.

公司财务结构的不合理,往往会给公司造成财务风险。公司的财务风险主要表现为:无力偿还到期的债务,利率变动风险(即公司在负债期间,由于通货膨胀等的影响,贷款利率发生增长变化,利率的增长必然增加公司的资本成本,从而抵减了预期收益),再筹资风险(即由于公司的负债经营导致公司负债比率加大,相应降低了公司对债权人的债权保证程度,从而限制了公司从其他渠道增加负债筹资的能力)。

Financial risk is the additional risk a shareholder bears when a company uses debt in addition to equity financing. Companies that issue more debt instruments would have higher financial risk than companies financed mostly or entirely by equity.

形成财务风险的因素主要有资本负债比率、资产与负债的期限、债务结构等因素。一般来说,公司的资本负债比率越高,债务结构越不合理,其财务风险越大。投资者在投资时应特别注重公司财务风险的分析。

Bilateral barter can depend upon a mutual coincidence of wants. Before any transaction can be undertaken, each party must be able to supply something the other party demands. To overcome this mutual coincidence problem, some communities had developed a system of intermediaries who can warehouse and trade goods. However, intermediaries often suffered from financial risk

3. 信用风险

信用风险也称违约风险,指不能按时向证券持有人支付本息而使投资者造成损失的可能性。主要针对债券投资品种,对于股票只有在公司破产的情况下才会出现。造成违约风险的直接原因是公司财务状况不好,最严重的是公司破产。因此不管对于债券还是股票的投资,投资者必须对发行债券的信用等级和发行股票的上市公司进行详细的了解。

It is a form of investment risk that is related to bond investing. The risk of an issuer of the bond failing or it's credit rating being reduced. This could involve the loss of all or part of the invested principal.

4. 道德风险

道德风险主要指上市公司管理者的道德风险。上市公司的股东和管理者是一种委托一代理关系。由于管理者和股东追求的目标不同,尤其在双方信息不对称的情况下,管理者的行为可能会造成对股东利益的损害。

三、国际证券投资分析(Analysis of International Securities Investment)

证券投资分析在证券投资过程中占有相当重要的地位。

（一）证券投资分析的意义

1. 证券投资分析是规避风险的需要

投资者选择投资证券,目的是获得预期回报,但这种回报是以投资者承担了相应的风险为代价的。投资者持有证券期间会获得与其所承担的风险相对称的回报,预期回报率与风险是一种正向的互动关系。预期回报率越高,投资者所要承担的风险也就越大;预期回报率越低,投资者所要承担的风险也就越小。每一种证券都有自己的风险—回报率特性。投资者通过考察分析每一种证券的风险—回报率特性,选择与自己投资政策相适应的证券进行投资。

2. 进行证券投资分析是实施投资决策的依据和前提

不同的投资者由于资金拥有量以及其他条件的不同,会拥有不同的风险容忍度、不同的风险、不同的回报率态度和不同的投资持有周期。同时,每一种证券的风险分析、回报率特性由于受到各种相关因素的作用,并不是一成不变的。某一时期风险相对较高的证券,过了一段时间,其风险可能会有所下降;而某一时期风险相对较低的证券,在一段时间后,其风险可能会有所上升。证券的回报率也是如此。再者,证券的风险可以通过证券的流通加以转移。因此,在具体实施投资决策之前,投资者需要明确每一种证券在风险性、收益性、流动性和时间性方面的特点,选择同自己的要求相匹配的、合适的投资对象。

3. 证券投资分析是降低投资风险、获得投资成功的关键

证券投资的目的是证券投资效用(即收益带来的正效用减去风险带来的负效用)的最大化。因此,投资回报率的最大化和风险最小化是证券投资的两大具体目标。证券投资的成功与否,往往是看这两个指标的实现程度。但是,影响证券投资回报率和所承受的风险这两个目标实现程度的因素很多,其作用机制也十分复杂。只有通过全面、系统和科学的专业分析,才能客观地把握住这些因素及其作用机制,从而保证在降低投资风险的同时获取较高的投资回报率。

(二) 证券投资分析的主要方法

1. 基本分析方法(fundamental analysis method)

基本分析方法是指对影响股票价格波动的基本面因素进行分析,从而认识股票价格波动和未来走势的一种方法。

It is a method of security valuation that involves examining the company's financials and operations, especially sales, earnings, growth potential, assets, debt, management, products, and competition. Fundamental analysis takes into consideration only those variables that are directly related to the company itself, rather than the overall state of the market or technical analysis data.

对股市进行长期投资的投资者必须掌握基本分析方法,以便分析股市的大气候及基本因素是否有利于股票价格的上升。股价的波动是由股票的供求关系引起的,而大多数经济性因素、政治性因素发生变化,都会导致股价波动,产生投资风险,这是任何证券投资组合方法都无法避免的。因此,对于中长期投资者而言,必须密切注意能引起股价变动的基本因素的变化。一旦这些基本因素发生变化,如国家经济形势发生变化、政治形势发生变化、法律法令的调整以及利率和税收政策的变化,都会引起股价的震荡。投资者必须及时地察觉这些基本因素对股价的影响,适时地调整投资策略。

This investment strategy involves evaluating a stock by examining the company, especially its operations and its financial condition.

运用基本分析往往可以对未来股价进行预测,而其根据是国家的经济形势、产业政策、公司的发展状况及发展前景等基本资料。

在进行基本分析时,必须从以下三个方面入手:

首先,要分析国家的经济状况及发展趋势。Analysis of the macroeconomic situation, usually includes both international and national economic indicators, such as GDP growth rates, inflation, interest rates, exchange rates, productivity, and energy prices. 股价是经济状况好坏的反映。如经济运行良好,发展速度较快,则经济是处在不断成长和发展的繁荣时期,在这样的大环境下,股价正处于上升时期。对于长期投资者来说,这时应该持有股票。而当经济运行不良,经济发展速度减慢或出现负增长的可能时,说明宏观经济情况不佳,这会导致股价下降,因而投资者应退出股市,直到宏观经济情况改善时,才能重新进入股市,投资于股票。

The stock market behaviour is a reflection of "investor confidence" and this in turn affects important real variables such as productive investment in the economy, which is critical for growth and development.

其次,要仔细分析国家宏观调控经济的政策,主要是财政金融政策、产业结构调整和产业发展政策。当国家的这些宏观调控的政策对股市发展有利时,股价便会上升,投资者应及时购进股票,进行长期投资。当国家的这些政策对股市发展不利时,如对上市公司加税,银行利率提高等,则会对股价的下降起重要作用,这时,投资者应及时退出股市。

最后,要分析上市公司的经营状况、财务状况,以及上市公司的大型投资计划、发展目标和前景规划、生产经营状况和产品成本、产品市场需求的可能变化,从而正确预测上市公司盈利的情况,判断上市公司股票的投资价值,以便发现和选择绩优股和成长股进行投资,获取满意的投资收益。

Individual firm usually analyzes correlative things, for example, unit sales, prices, new products, earnings, and the possibilities of new debt or equity issues.

Often the procedure stresses the effects of the overall economic situation on industry and firm analysis and is known as top down analysis. If instead the procedure stresses firm analysis and uses it to build its industry analysis, which it uses to build its macroeconomic analysis, it is known as bottom up analysis.

下面我们重点介绍对上市公司的分析方法。对上市公司进行综合分析的主要方面是:(1)国内外政治、经济、金融形势;(2)股票上市公司行业的整体分析;(3)上市公司中营运绩效及其展望;(4)政府对股市所采取的政策,以及股市的资金及人气等。技术分析是指运用各种统计科学的方法,依据股份变动的轨迹,去寻找未来股价变动方向。

不论是专业人士还是普通投资者,要具备足够的对上市公司进行综合分析的能力,是一件非常困难的事情。我们将从财务管理的角度来确定对上市公司的综合分析。

第一,根据公开信息分析上市公司。上市公司负有向社会公众公布招股说明书、上市公告书以及定期公布年中、年度报告的法定义务。作为普通投资者,应该学会从这些公开信息中摄取有用的资讯,提高投资收益。分析上市公司公开信息的目的,就是通过了解上市公司的过去从而分析上市公司的未来,尽可能选择具有成长性、风险较低的公司,以规避风险,获取较好的投资收益。一般说来,上市公司公开披露的信息主要包括其业务情况、财务情况及其他事项。选择上市公司的主要依据是它的经营情况和市场表现。

第二,根据几个财务数据指标来分析上市公司的成长性。

鉴于年报披露的财务数据不是确定不变的经营成果,而是基于权责发生制对各种财务项目的时点或时期数作出的判断,即不反映公司停止营业或清算的实际状况,而是反映持续经营过程中的变动状况。因此,对公开的有关财务状况应偏重于动态评估。投资者仅仅重视和追求报告期内是否盈利、盈利的多少是远远不够的。应该根据上市公司的历史、现状来分析它的未来发展情况。

Fundamental analysis adherents believe a company's "intrinsic value" will eventually be reflected in the stock price through market forces, but that, while the market is ultimately efficient, some stocks (for any number of reasons) are either over or under-valued in the short run.

To this end, earnings multiples, such as the P/E ratio, may be used to determine value, where cash flows are relatively stable and predictable. An important caveat here is that the P/E ratio is ultimately not an objective measure because it must be interpreted; a high P/E ratio might show an overvalued stock, or it might reflect a company with high potential for growth.

(1) 盈利能力

净资产收益率是反映上市公司盈利能力的最主要指标,其经济含义指自有资金的投入产出能力。净资产收益率高,表明公司资产运用充分,配置合理,资源利用效益高。净资产收益率达到10%左右,一般可认为盈利能力中等,超过15%则属盈利能力较强。具有成长性的公司,资源配置通常都比较合理。因此,净资产获得能力也相对较高。只有盈利能力达到中等以上水平,其成长才是高质量的。在市场经济条件下,过高的盈利能力是不可靠的,应有所警惕。

Return on Common Equity(ROE, Return on average common equity)—earnings before extraordinary items, less preferred-share dividends, divided by average common shareholders' equity. Shows the rate of return on the investment for the company's common shareholders, the only providers of capital who do not have a fixed return.

$$ROE = \frac{Net\ income}{Sales} \times \frac{Sales}{Total\ assets} \times \frac{Total\ assets}{Average\ stockholders'\ equity}$$

$$= \frac{Net\ income}{Average\ stockholders'\ equity}$$

(profit margin times total asset turnover times financial leverage, DuPont ratio)

ROE can be seen as a measure of how well a company used reinvested earnings to generate additional earnings, equal to a fiscal year's after-tax income (after preferred stock dividends but before common stock dividends) divided by total equity, expressed as a percentage.

同时,也要分析净资产收益率的波动情况,波动较大说明不稳定,即使近期很高,也要注意有可能出现反复。

(2) 业务与利润的增长情况

● 主营业务增长率。通常具有成长性的公司多数都是主营业务突出、经营比较单一的公司。因此,利用主营业务收入增长率这一指标可以较好地考查公司的成长性。主营业务收入增长率高,表明公司产品的市场需求大,业务扩张能力强。如果一家公司中能连续几年保持30%以上的主营业务收入增长率,基本上可以认为这家公司具备成长性。

● 主营利润增长率。一般来说,主营利润稳定增长且占利润总额的比例呈增长趋势的公司正处在成长期。一些公司尽管年度内利润总额有较大幅度的增加,但主营业务利润却未相应增加,甚至大幅下降,这样的公司质量不高,投资这样的公司,尤其需要警惕。这里可能蕴藏着巨大的风险,也可能存在资产重组等难得机遇。

● 净利润增长率。净利润是公司经营业绩的最终结果。净利润的增长是公司成长性的基本特征,净利润增幅较大,表明公司经营业绩突出,市场竞争能力强。反之,净利润增幅小甚至出现负增长也就谈不上具有成长性。

(3) 分析影响利润变化的各种因素

● 利润总额的构成分析

上市公司的利润主要来源于主营业务、其他业务和投资收益。其中投资收益有一部分为参股企业的回报,一部分是短期投资回报。如果短期投资回报所占比例过大,说明这家公司的利润很不稳定,公司的经营管理存在一定的问题。主营业务利润变化的原因,一是公司主营业务量的增减情况,二是营业成本和各项费用的增减情况。如果一家上市公司的营业成本和各种费用大幅增加,很可能公司经营管理或市场条件发生了严重问题。投资者还要分析利润总额中是否掺入了水分。为此,投资者尤其应该注意分析待摊及预提费用科目的金额和构成内容,看有无应摊未摊和应提未提的费用。分析财务费用支出与长短期借款是否匹配。分析公司各类资产的变化史,看固定资产计提折旧及无形资产、递延资产摊销是否正常。同时,也要看存货中是否隐含着利润或损失。

- 利润增长点分析

上市公司利润增长点可能来自很多方面,但比较可靠的主要是主营业务的扩张能力及其他投资交易活动。所以,我们一般还要注意上市公司的投资项目及发展计划。注意观察哪些项目能成为公司的利润增长点。

- 在建工程分析

在建工程大致分成经营性在建工程和非经营性在建工程两大类,生产经营性在建工程可形成新的利润增长点,促使公司进一步发展。因此应重视对生产经营性在建工程的分析。首先分析在建工程竣工后,能否扩大已有的品牌优势和市场占有率。其次分析在建工程规模的大小,这将决定公司未来利润增幅大小。再次分析在建工程建造过程,在建工程建成投入营运的时间也决定上市公司利润增长的进程。

- 公司的重组、收购、兼并活动分析

这些活动具有快速增加生产经营规模的特点,因而往往会使公司快速发展,但这些活动往往不易从公开信息中得到。

2. 技术分析方法(technical analysis method)

股票价格指数和平均数仅仅为人们提供了一种衡量股票价格变动历史的工具,然而,人们更关心的是如何预测股票价格的未来趋势,以及买卖股票的适当时机。多少年来,人们不断地对股价走势进行研究,产生了种种方法。现在大多数人采用技术分析法或基本分析法预测股市的走势。

所谓股价的技术分析,是相对于基本分析而言的。正如上一部分所述,基本分析法着重于对一般经济情况以及各个公司的经营管理状况、行业动态等因素进行分析,以此来研究股票的价值,衡量股价的高低。而技术分析则是透过图表或技术指标的记录,研究市场过去及现在的行为反应,以推测未来价格的变动趋势。

It is a method of evaluating securities by relying on the assumption that market data, such as charts of price, volume, and open interest, can help predict future (usually short-term) market trends. Unlike fundamental analysis, the intrinsic value of the security is not considered. Technical analysts believe that they can accurately predict the future price of a stock by looking at its historical prices and other trading variables. Technical analysis assumes that market psychology influences trading in a way that enables predicting when a stock will rise or fall. For that reason, many technical analysts are also market timers, who believe that technical analysis can be applied just as easily to the market as a whole as to an individual stock.

技术分析方法依据的技术指标的主要内容是由股价、成交量或涨跌指数等数据计算而得的,我们也由此可知——技术分析只关心证券市场本身的变化,而不考虑会对其产生某种影响的经济方面、政治方面等各种外部因素。

基本分析的目的是为了判断股票现行股价的价位是否合理并描绘出它长远的发展空间,而技术分析主要是预测短期内股价涨跌的趋势。通过基本分析我们可以了解应购买何种股票,而技术分析则让我们把握具体购买的时机。在时间上,技术分析法注重短期分析,在预测原趋势结束和新趋势开始方面优于基本分析法,但在预测较长期趋势方面则不如后者。大多数成功的股票投资者都是把这两种分析方法结合起来加以运用。他们用基本分析法估计较长期趋势,而用技术分析法判断短期走势和确定买卖的时机。

股价技术分析和基本分析都认为股价是由供求关系所决定。基本分析主要是根据对影响供需关系种种因素的分析来预测股价走势,而技术分析则是根据股价本身的变化来预测股价走势。技术分析的基本观点是:所有股票的实际供需量及其背后起引导作用的种种因素,包括股票市场上每个人对未来的希望、担心、恐惧等等,都集中反映在股票的价格和交易量上。

技术分析是仅从证券的市场行为来分析证券价格未来变化趋势的方法。技术分析的理论基础是空中楼阁理论。空中楼阁理论是美国著名经济学家凯恩斯于1936年提出的,该理论完全抛开股票的内在价值,强调心理构造出来的空中楼阁。投资者之所以要以一定的价格购买某种股票,是因为他相信有人将以更高的价格向他购买这种股票。至于股价的高低,这并不重要,重要的是存在更大的"笨蛋"愿以更高的价格向你购买。精明的投资者无须去计算股票的内在价值,他所须做的只是抢在最大"笨蛋"之前成交,即股价达到最高点之前买进股票,而在股价达到最高点之后将其卖出。

技术分析理论中,影响最大的是道氏股价波动理论,现简要介绍如下。

The Dow Theory is a theory which says the market is in an upward trend if one of its averages (industrial or transportation) advances above a previous important high, it is accompanied or followed by a similar advance in the other. The theory originally derived from the editorials of Charles H. Dow (1851 - 1902), journalist, first editor of the Wall Street Journal and co-founder of Dow Jones and Company. Dow defined an uptrend as a time when successive rallies in a security price close at levels higher than those achieved in previous rallies and when lows occur at levels higher than previous lows. Downtrends occur when markets make lower lows and lower highs. It is this concept of Dow Theory that provides the basis of technical analysis' definition of a price trend.

道氏理论认为,市场有三种趋势。

To start with, Dow defined an uptrend (trend 1) as a time when successive rallies in a security price close at levels higher than those achieved in previous rallies and when lows occur at levels higher than previous lows. Downtrends (trend 2) occur when markets make lower lows and lower highs. It is this concept of Dow Theory that provides the basis of technical analysis' definition of a price trend. Dow described what he saw as a recurring theme in the market: that prices would move sharply in one direction, recede briefly in the opposite direction, and then continue in their original direction (*trend* 3).

其中最主要的是股票的基本趋势,即股价广泛或全面性上升的变动情形。这种变动持续的时间通常为一年或一年以上,股价总升的幅度超过20%。

股价运动的第二种趋势称为股价的次级趋势。因为次级趋势经常与基本趋势的运动方向相反,并对其产生一定的牵制作用,因而也称为股价的修正趋势。这种趋势持续的时间从 3 周至数月不等,其股价上升或下降的幅度一般为股价基本趋势的 1/3 或 2/3。股价运动的第三种趋势称为短期趋势,反映了股价在几天之内的变动情况。修正趋势通常由 3 个或 3 个以上的短期趋势所组成。

在三种趋势中,长期投资者最关心的是股价的基本趋势,其目的是想尽可能地在多头市场上买入股票,而在空头市场形成前及时地卖出股票。投机者则对股价的修正趋势比较感兴趣。他们的目的是想从中获取短期的利润。短期趋势的重要性较小,且易受人为操纵,因而不便作为趋势分析的对象。人们一般无法操纵股价的基本趋势和修正趋势,只有国家的财政部门才有可能进行有限的调节。

1. 基本趋势

即从大的角度来看的上涨和下跌的变动。其中,只要下一个上涨的水准超过前一个高点。而每一个次级的下跌其波底都较前一个下跌的波底高,那么,主要趋势是上升的。这被称为多头市场。相反地,当每一个中级下跌将价位带至更低的水准;而接着的弹升不能将价位带至前面弹升的高点,主要趋势是下跌的,这称之为空头市场。通常(至少理论上以此作为讨论的对象)主要趋势是长期投资人在三种趋势中唯一考虑的目标,其做法是在多头市场中尽早买进股票,只要他可以确定多头市场已经开始发动了,一直持有到确定空头市场已经形成了。对于所有在整个大趋势中的次级下跌和短期变动,他们是不会去理会的。当然,对于那些作经常性交易的人来说,次级变动是非常重要的机会。

(1) 多头市场,也称之为主要上升趋势。It can be divided into three phases: an accumulation phase, a public participation phase, and a distribution phase. The accumulation phase is when investors "in the know" are actively buying (selling) stock against the general opinion of the market. During this phase, the stock price does not change much because these investors are in the minority absorbing (releasing) stock that the market at large is supplying (demanding). Eventually, the market catches on to these astute investors and a rapid price change occurs. This is when trend followers and other technically oriented investors participate. This phase continues until rampant speculation occurs. At this point, the astute investors begin to distribute their holdings to the market.

(2) 空头市场,也称为主要下跌趋势,也分为三个阶段。第一阶段是"出货"期。它真正的形成是在前一个多头市场的最后一个阶段。在这个阶段,有远见的投资人觉察到企业的盈余到达了不正常的高点,而开始加快出货的步伐。此时成交量仍然很高。虽然在弹升时有逐渐减少的倾向,此时,大众仍热衷于交易,但是,开始感觉到预期的获利已逐渐地消逝。第二个阶段是恐慌时期,想要买进的人开始退缩的,而想要卖出的人则急着要脱手。价格下跌的趋势突然加速到几乎是垂直的程度,此时成交量的比例差距达到最大。在恐慌时期结束以后,通常会有一段相当长的次级反弹或者横向的变动。接着,第三阶段来临了。它是由那些缺乏信心者的卖出所构成的。在第三阶段的进行时,下跌趋势并没有加速。"没有投资价值的低价股"可能在第一或第二阶段就跌掉了前面多头市场所涨升的部分。业绩较为优良的股票持续下跌,因为这种股票的持有者是最后推动信心的。在整个过程中,空头市场最后阶段的下跌是集中于这些业绩优良的股票。空头市场在坏消息频传的情况下结束。最坏的情况已经被预期了,在股价上已经实现了。通常,在坏消息完全出尽之前,空头市场已经过去了。

2. 次级趋势

它是与主要趋势运动方向相反的一种逆动行情,干扰了主要趋势。在多头市场里,它是中级的下跌或"调整"行情;在空头市场里,它是中级的上升或反弹行情。通常,在多头市场里,它会跌落主要趋势涨升部分的三分之一至三分之二。属于调整行情可能是回落不少于10点,不多于20点。然而,需要注意的是:三分之一到三分之二的原则并非是一成不变的。它只是几率的简单说明。大部分的次级趋势的涨落幅度在这个范围里。它们之中的大部分停在非常接近半途的位置。回落原先主要涨幅的50%:这种回落达不到三分之一者很少,同时也有一些是将前面的涨幅几乎都跌掉了。因此,我们有两项判断一个次级趋势的标准,任何和主要趋势相反方向的行情,通常情况下至少持续三个星期左右,回落主要趋势涨升的1/3;然而,除了这个标准外,次级趋势通常是混淆不清的。它的确认,对它发展的正确评价及它的进行的全过程的断定,始终是理论描述中的一个难题。

3. 短期变动

它们是短暂的波动。很少超过三个星期,通常少于六天。它们本身尽管是没有什么意义,但是使得主要趋势的发展全过程赋予了神秘多变的色彩。通常,不管是一个次级趋势或两个次级趋势所夹的主要趋势部分都是由一连串的三个或更多可区分的短期变动所组成。由这些短期变化所得出的推论很容易导致错误的方向。在一个无论成熟与否的股市中,短期变动都是唯一可以被"操纵"的,而主要趋势和次要趋势却是无法被操纵的。

道氏理论还认为,在有决定性信号证明趋势已经结束之前,这些趋势一直存在。

Dow believed that trends existed despite "market noise". Markets might temporarily move in the direction opposite the trend, but they will soon resume the prior move. The trend should be given the benefit of the doubt during these reversals. Determining whether a reversal is the start of a new trend or a temporary movement in the current trend is not easy. Dow Theorists often disagree in this determination. Technical analysis tools attempt to clarify this but they can be interpreted differently by different investors.

四、国际证券投资组合(International Securities Investment Portfolio)

(一)证券投资组合的意义

证券投资组合又叫证券组合,是指在进行证券投资时,不是将所有的资金都投向单一的某种证券,而是有选择地投向一组证券。这种同时投资多种证券的做法便叫证券的投资组合。

When you begin to implement your personal investment strategy, one of the first things you and your financial advisers must decide on is your securities mix. This is the mix of assets that you will put into your portfolio. The combination of securities in a portfolio is called the securities mix.

The securities mix that you choose will be important in establishing the overall risk and the expected returns of your portfolio. Allocating your money among the investments is another way to diversify your portfolio and maximize the return at a given level of risk.

While many investors focus on the performance of specific investments, it is generally agreed that the overall asset mix in a portfolio has the biggest impact on long-term results.

The right securities mix will depend on your investment objectives. Securities mix is an important part of your investment strategy and should be explored in great detail with your financial advisers.

人们进行证券投资的直接动机就是获得投资收益,所以投资决策的目标就是使投资收益最大化。由于投资收益受许多不确定性因素影响,投资者在做投资决策时只能根据经验和所掌握的资料对未来的收益进行估计。因为不确定性因素的存在,有可能使将来得到的投资收益偏离原来的预期,甚至可能发生亏损,这就是证券投资的风险。因此人们在进行证券投资时,总是希望尽可能减少风险,增加收益。通过有效地进行证券投资组合,便可消减证券风险,达到降低风险的目的。

(二)证券组合的策略与方法

1. 证券组合的策略

在证券组合理论的发展过程中,形成了各种各样的派别,从而也形成了不同的组合策略,现介绍其中最常见的几种:

(1)保守型策略。这种策略认为,最佳证券投资组合策略是要尽量模拟市场现状,将尽可能多的证券包括进来,以便分散掉全部可分散风险,得到市场所有证券的平均收益同样的收益。这种投资组合的好处是:能分散掉全部可分散风险;不需要高深的证券投资的专业知识;证券投资的管理费比较低。但这种组合获得的收益不会高于证券市场上所有证券的平均收益。因此,此种策略属于收益不高,风险不大的策略,故称为保守型策略。

(2)冒险型策略。这种策略认为,与市场完全一样的组合不是最佳组合,只要投资组合做得好,就能击败市场或超越市场,取得远远高于平均水平的收益。在这种组合中,一些成长型的股票比较多,而那些低风险、低收益的证券不多。另外,其组合的随意性强,变动频繁。采用这种策略的人都认为,收益就在眼前,何必死守苦等。对于追随市场的保守派,他们是不屑一顾的。这种策略收益高,风险大,因此,称为冒险型策略。

(3)适中型策略。这种策略认为,证券的价格,特别是股票的价格,是由特定企业的经营业绩来决定的。市场上股票价格的一时沉浮并不重要,只要企业经营业绩好,股票一定会升到其本来的价值水平。采用这种策略的人,一般都善于对证券进行分析。适中型策略如果做得好,可获得较高的收益,而又不会承担太大风险。但进行这种组合的人必须具备丰富的投资经验,拥有进行证券投资的各种专业知识。这种投资策略风险不太大,收益却比较高,所以是一种最常见的投资组合策略。各种金融机构、投资基金和企事业单位在进行证券投资时一般都采用此种策略。

2. 证券投资组合的方法

进行证券投资组合的方法有很多,但最常见的方法通常有以下几种:

(1) 选择足够数量的证券进行组合。这是一种最简单的证券投资组合方法。在采用这种方法时,不是进行有目的的组合,而是随机选择证券。随着证券数量的增加,可分散风险会逐步减少,当数量足够多时,大部分可分散的风险都能分散掉。为了有效地分散风险,每个投资者拥有股票的数量最好不少于14种。我国股票种类还不太多,同时投资于10种股票,就能达到分散风险的目的了。

(2) 把风险大、风险中等、风险小的证券放在一起进行组合。这种组合方法又称1/3法,是指把全部资金的1/3投资于风险大的证券;1/3投资于风险中等的证券;1/3投资于风险小的证券。一般而言,风险大的证券对经济形势的变化比较敏感,当经济处于繁荣时期,风险大的证券获得高额收益,但当经济衰退时,风险大的证券却会遭受巨额损失;相反,风险小的证券对经济形势的变化则不十分敏感,一般都能获得稳定收益,而不致遭受损失。因此,这种1/3的投资组合法,是一种进可攻、退可守的组合法,虽不会获得太高的收益,但也不会承担巨大风险,是一种常见的组合方法。

(3) 把投资收益呈负相关的证券放在一起进行组合。一种股票的收益上升而另一种股票的收益下降的两种股票,称为负相关股票。把收益呈负相关的股票组合在一起,能有效地分散风险。

(三) 证券投资组合的衡量方法

我们知道风险可以分为系统风险和非系统风险,而单只股票的相关风险是基于系统风险的,系统风险又取决于公司运作和诸如利率变动、通胀压力等经济事件的敏感程度。这种风险通常可以用 β 系数计量。它表示该股票风险相对于平均股票风险的大小。

如果 $\beta=0.5$,表示该股票的风险为平均股票风险的一半;

如果 $\beta=1$,表示该股票的风险与平均股票风险相等;

如果 $\beta=2$,表示该股票风险是平均股票风险的两倍。

而证券组合的 β 系数的计量方法是单个证券 β 值的加权平均,权数为各种股票在证券组合中所占的比重。公式为:

$$\beta_p = \sum_{i=1}^{n} W_i \beta_i$$

其中，β_p——证券组合的 β 系数，它反映了证券组合相对于市场波动的情况；

W_i——证券组合中第 i 种股票所占的比重；

β_i——第 i 种股票的 β 系数；

n——证券组合中股票的数量。

例如，投资者持有价值 100000 美元的证券组合，投资于 4 种股票，每种股票投资相同的金额，且每种股票的 β 系数分别为 0.5，0.6，0.7，0.5，则投资组合的 β 系数 $\beta_p=0.575$。

第四节 跨国并购 Transnational Merger

跨国企业进行跨国直接投资进入东道国有两种基本方式：一是采取在国外直接投资设厂的方式，二是收购或兼并东道国现有企业的方式，即为跨国并购。跨国并购是投资者通过一定的程序和渠道依法取得东道国某企业部分或全部所有权，将其直接纳入自己的海外子公司组织体系的行为。

Merger is the combination of two or more companies either through a pooling of interests, a purchase, or a consolidation. Only combinations where only one of the companies survives as a legal entity are called mergers. Acquisition is one company taking over controlling interest in another company.

近年来，全球跨国投资的总流量持续增长，跨国并购也越来越成为跨国直接投资领域的显著特点。1999 年跨国直接投资总流量达到约 8000 亿美元，最大特点是跨国并购公司的资金流量极大，1999 年达 7200 亿美元，占跨国公司投资总流量的 90%，也就是说 90% 的跨国直接投资采取的是跨国并购的方式。

一、跨国并购类型(Types of Transnational Merger)

企业的跨国并购方式很多，按跨国并购双方所处业务的性质分类，企业跨国并购方式可以分为：

From the perspective of business structures, there is a whole host of different mergers. Here are a few types, distinguished by the relationship between the two companies that are merging：

● 横向并购 —— Two companies that are in direct competition and share the same product lines and markets.

● 垂直并购 —— A customer and company or a supplier and company. Think of a cone supplier merging with an ice cream maker.

● 市场扩张并购 —— Two companies that sell the same products in different markets.

● 产品扩张并购 —— Two companies selling different but related products in the same market.

● 集团化—— Two companies that have no common business areas.

二、跨国并购的动因(Motivation of Transnational Merger)

企业进行跨国并购有各种不同的原因,一般可以把跨国并购的动因归纳为宏观因素和微观因素两大类。

（一）跨国并购的宏观动因

1. 金融市场因素。金融自由化的发展以及金融市场的剧烈波动,为并购提供了充裕的资本以及并购的机会。随着各国金融市场的开放程度的加深,很多国家进行了以金融自由化为基本特征的金融改革,它们逐渐开放资本账户,解除对信贷、证券投资和外币储蓄等资本活动跨境流动的限制。金融自由化和国际资本的自由流动,使跨国公司能够更为便捷地通过银行或发行债券等方式筹集到巨额资金,为跨国并购提供了可能。金融市场的剧烈波动则为跨国并购提供了机会。例如,东亚和东南亚各国受金融危机的影响,股市下跌惨重,股价无力回升,企业资产、金融资产普遍贬值,仅靠政府无力挽救危机中的企业,银行等国家重要部门。于是纷纷打开市场大门,方便外国企业收购本国企业,为跨国并购提供了更多的机会。资料表明,以跨国并购方式流入东亚地区的资本规模在金融危机前后发生了很大的变化。1994～1996年年均流入只有70亿美元,而1997～1999年则达到200亿美元。

2. 政府政策和法规因素。过去,很多国家都制定和发布多种法律,对可能引起资本和市场份额过于集中的大企业并购进行限制或禁止,如美国就有《谢尔曼法》、《联邦贸易委员会法》、《克莱顿法》等多项反垄断法案。但近年来各国都很少利用这些反垄断法限制大型并购行为,这种全球跨国直接投资政策的自由化趋势为跨国并购提供了广阔的发展空间。另外,西方国家为维持其在国际竞争中的竞争地位,对本国跨国公司的跨国并购活动常常持宽容甚至是积极支持的态度,并对原有的反垄断法进行重新修订,以扫除世界级跨国公司兼并的障碍。这一切都使全球跨国兼并活动愈演愈烈。

3. 科学技术发展的推动。科学技术的迅猛发展是战略性跨国并购产生的一个很重要的原因。未来的经济竞争实质上是科技的竞争。跨国公司为了确保有利的竞争地位、维护原有的技术领先优势,需要不断开拓新的技术领先领域。然而由于现代技术的投资额巨大、周期长以及技术和知识更新迅速,跨国公司面临很大的创新成本和风险。于是,共同投资、联合开发、共担风险、分享成果的技术联姻便成为在跨国公司中相当流行的发展模式,从而产生了跨国并购。例如,美国的IBM公司是计算机行业的巨头,但LOTUS公司也是软件生产大户,1987年前一直居美国个人计算机软件公司之首,市场份额曾高达85%。但20世纪90年代以后这两家公司却受到微软公司的严重挑战,市场份额被步步蚕食,而微软公司软件的市场份额已达90%。迫于形势,1995年IBM与LOTUS实施了合并。这一案例正反映了跨国公司联合起来争夺高技术领先地位的大趋势。

(二)跨国并购的微观动因

1. 资源导向型跨国并购。引起跨国企业进行跨国并购的一个微观原因就是企业为了获得东道国的资源优势。如果企业所在国家的某种资源比较匮乏或开发成本较高,跨国企业就会对外国企业进行并购以获得这些优势。企业进行跨国并购的资源优势可以是矿产、农林、水产等自然资源,也可以是劳动力、资本等要素资源,或者工业产权、无形资产等知识资源。

就自然资源而言,企业进行跨国并购是为了获取当地丰富的矿产、农林或水产等资源。跨国企业的跨国并购可以迅速获得这些在本国可能会很难得的自然资源。如我国企业在澳大利亚收购恰那铁矿,在加拿大收购纸浆厂等也都属于自然资源导向型收购。

就资本、劳动力要素资源而言,通过对资本、劳动力成本较低的国家的外国企业的跨国并购可以廉价购买资产,节约资本支出。但是,对于劳动力来说,越来越多的企业不是从低工资上来评价,而是从效率工资角度去考虑。

就工业产权、无形资产等稀缺知识资源而言,它可以是专利、技术秘密、工业产权,也可以是管理或企业文化。该资源可能在并购企业本国的公开市场上无法购得。这也是在知识经济条件下企业进行跨国并购的主要动因。

2. 市场导向型。企业进行跨国并购有以下几点优势:

其一是突破东道国的关税壁垒或配额限制。也就是利用在当地的直接投资取代对外进出口,从而避开对外出口中遇到的种种关税和配额的限制。

A profitable company can buy a loss maker to use the target's tax write-offs. In the United States and many other countries, rules are in place to limit the ability of profitable companies to "shop" for loss making companies, limiting the tax motive of an acquiring company.

其二可以拓宽企业的分销渠道,减少竞争。通过兼并收购的方式,并购企业可以利用目标企业在当地市场的分销渠道,以及被收购企业同当地客户和供应商多年来所建立的信用关系,使并购企业能迅速在当地市场上占有一席之地,也可把并购方的其他子公司引入该市场。

其三,形成规模经济。一些跨国企业凭借其雄厚的资金、技术和人力,通过跨国并购可以迅速实行资产规模的扩张,并对资产结构进行补充和调整,从而形成规模经济,增强国际竞争能力,实现生产和经营成本最低化。

Economies of scale refers to the fact that the combined company can often reduce duplicate departments or operations, lowering the costs of the company relative to theoretically the same revenue stream, thus increasing profit. This motive also assumes that the company will be absorbing a major competitor and increasing its power (by capturing increased market share) to set prices.

3. 分散风险型。跨国公司之所以采用跨国并购,在很大程度上是为了分散风险。从行业上,通过在行业上涉及新领域,进行多元化经营;在时间上缩短投资期限;在地理上采取分散化投资的策略,走国际化经营,进而稳定销售额和利润水平。就行业来说,通过跨国兼并可以涉及新领域、实现经营战略转移和多元化经营,从而消除单一经营所带来的风险。一些大型的具有雄厚实力的跨国公司,或一些即将衰退行业的有实力企业,在进入新的行业和市场时,若重新设立公司或新建一企业,需要经过一段筹备、组建、投入等相当漫长艰难的周期,而对目标企业所在国的经济体制、法律限定、企业经营范畴、市场容度、文化环境等有深入了解,更需要一个长期的过程。此时若能通过并购将自己多余资金转移到新兴产业或其他行业,就能比较迅速地实现企业经营战略的转移和行业过渡。同时,用并购手段进入新市场可以利用原企业的市场优势,从而避免了以直接投资的形式所带来的从产品开发到销售以及资金回收等一系列风险。因此,跨国公司在开辟新的经营方向时,往往通过兼并收购的手段,以控股公司的形式,在较短的时期内使企业的经营领域扩展到多个不同行业,形成集团化经营。因此,这也成为目前跨国公司实行跨国兼并、进行强强联合的诱因之一。上面是企业进行跨国并购的几种主要动因类型,而跨国公司对外进行跨国并购的动机并非独立的,有时可能同时兼顾多种动机。

三、跨国并购的障碍(Obstacles of Transnational Merger)

虽然跨国并购能够给跨国公司带来很多的好处,但是跨国并购仍然会面临一些障碍,并且跨国并购在不同的国家所面临的障碍也有所不同。

It's no secret that plenty of mergers don't work. Those who advocate mergers will argue that the merger will cut costs or boost revenues by more than enough to justify the price premium. It can sound so simple: just combine computer systems, merge a few departments, use sheer size to force down the price of supplies and the merged giant should be more profitable than its parts. In theory, $1+1=3$ sounds great, but in practice, things can go awry.

Historical trends show that roughly two thirds of big mergers will disappoint on their own terms, which means they will lose value on the stock market. The motivations that drive mergers can be flawed and efficiencies from economies of scale may prove elusive. In many cases, the problems associated with trying to make merged companies work are all too concrete.

表 6-3 列示了一些常见的障碍。

表 6-3　一些常见的障碍

	① 结构性障碍
法规障碍	监事会以强权限制兼并；工会与工人理事会具有对收购与强制裁员的发言权；发行不记名股票、双倍投票权或无投票权股票；缺乏一股一票的原则；对国外收购者实行差别对待的税法，如预扣股利税
监管障碍	反垄断法；外国投资者审查；股票交易规则；证券投资所和行业自律机构的规则
机构障碍	缺乏兼并与收购的服务，如法律、会计、商业银行等的服务
	② 技术性障碍
管理障碍	双重董事会不能很快地撤销或变动；家族控股；发行具有不同投票权股票的权力，或向朋友发行股票的权力；限制最大投票权的权力；为了公司利益践踏股东利益的权力
	③ 信息障碍
会计障碍	会计报表不合格，信息质量差；与国际会计准则不一致；会计实务对避税抱有偏见或过于保守
股东障碍	由于发行不记名股票，股东持股结构不明
规则障碍	市场开放度不同，投资规则不明
	④ 文化传统障碍
观念障碍	"出售就是承认失败"的综合病症；抵制敌意的收购要约；抵制对股利或短期利润的制度约束；敌视外国人；不愿公开信息
价值体系障碍	在谈判中高度重视信用与信任，而不是正式的合同

第五节　国际营运资金管理 International Working Capital Management

一、现金管理（Cash Management）

（一）现金管理的内容

现金是可以立即投入流动的交换媒介，它是企业生产经营过程中流动性最强的资产，包括备用金、各种形式的银行存款、银行本票和银行汇票。

Cash is the measure of your ability to pay your bills on a regular basis. This, in turn, depends on the timing and amounts of cash flowing into and out of the business each week and month—your cashflow.

Cash includes:

coins and notes;

current accounts and short-term deposits;

bank overdrafts and short-term loans;

foreign currency and deposits that can be quickly converted to your currency.

It does not include:

long-term deposits;

long-term borrowing;

money owed by customers;

stock.

It is important not to confuse cash with profit. Profit is the difference between the total amount your business earns and all of its costs, usually assessed over a year or other trading period. You may be able to forecast a good profit for the year, yet still face times when you are strapped for cash. For more information see our guide on how to identify potential cashflow problems.

有效的现金管理技术对国内公司和跨国公司来说都是很相似的。但是，跨国公司的现金管理相对国内公司的现金管理更为复杂。国内公司的现金管理必须使其资金国际化来降低资本成本，它们也把资金投入到任何能产生巨大回报的地方。而跨国经营的企业不仅具有国内公司现金管理的上述特点，而且它们通常不只接触一种货币。因此，跨国现金管理的一个很重要的方面就是要节省外汇交易费用。而且，现金在进行跨境转移时还可能会遇到各国不同的法律约束。因此，跨国公司的现金管理更为复杂。

在跨国公司进行跨国现金管理的过程中，跨国公司要注意以下几个主要方面：现金管理的组织设计、对现金的计划和预算、现金的收集和支付、剩余现金投资以及确定最佳现金持有水平等诸方面。

（二）现金的持有动机与成本

1. 现金的持有动机

拥有足够数量的现金，有利于增强企业支付能力，化解财务风险，保持企业良好的信誉。一般来说，公司持有现金有以下各种原因：

(1)交易性余额。与日常支付和收款相关的现金余额称作交易性余额,如日常购买原材料、缴纳税收、支付股利等。由于必须用现金付款,虽然可能也会有现金的收入,但是无法预知现金收入与现金支出的数量关系,因此必须有一定的现金余额也即交易性余额,以便企业的日常交易活动正常地进行下去。

(2)预防性余额。由于有时无法预测现金流入量和现金流出量,公司通常要保留一部分的现金储备,用于满足偶发的、不可预测的现金波动需求。这些安全存量被称作预防性余额。在公司经营过程中,可能会遇到如地震、洪水、火灾等自然灾害。这些自然灾害可能会引起公司现金收入降低的风险,此时公司的现金流量是不可预测的。一般情况下,公司的现金流量越不可预测,这部分现金余额越大。但是,如果公司能够立即获得贷款而很容易地筹措资金,则公司可以减少预防性余额。

(3)投资性余额。有时持有现金可以使公司充分利用偶然产生的投资机会。例如,企业可能会遇到可以廉价购买原材料的机会,或是在证券市场上当证券价格波动较大时从事投资活动获取收益。而购买原材料和投资证券市场所需要的那部分资金就被称作投资性余额。

除了上述的动因以外,公司保留现金的目的是为了保护其信用等级,通过维持其流动性状况,以符合行业中其他公司的流动性水平等等。

2. 现金的成本

一般情况下,流动性越强的资产,其收益率越低,而企业因为上述的需要又必须保证持有一定量的现金。因此,一个好的现金管理包括以更大的投资回报率投资大量的资金,以及当出现现金短缺时以较低的成本借入大量的现金。跨国企业现金管理的目标首先就是确定持有现金的最佳水平,也就是说,在保证企业生产经营活动对现金需要的前提下,尽可能节约现金,减少现金余额,提高资金利用率。跨国公司现金管理的另外一个很重要的目的是,加快现金流动,当子公司有现金需要时能尽快地提供现金。

(三)最佳现金持有量

保持最佳现金持有量,是指既能使公司在现金存量上花费的成本最低,即机会成本最小,又能够相对确保公司现金需求的最佳现金持有量。

公司最合理的现金持有量一般能使公司的现金机会成本、现金短缺成本和现金管理成本三者的综合成本最低。现金机会成本是指企业为了维持一定的现金存量,而放弃了一些投资获利的机会。现金短缺成本是指企业由于缺乏必要的现金资产,不能应付必要的业务开支,而使企业蒙受的各种损失。现金管理成本是指企业对置存现金资产进行管理而需要支付的代价。

如果公司的现金持有量太大,在银行利率相对较低的情况下,放弃了对外投资的机会,此时公司会面临较高的现金机会成本和现金管理成本以及较低的现金短缺成本。而如果公司的现金持有量太小,应付不了公司日常的必要开支,就有可能使公司蒙受损失,即会使公司面临着较大的现金短缺成本和较小的现金机会成本和现金管理成本。

因此,最佳现金持有量的确定,无论对国内公司还是国际公司而言,都具有很重要的意义。如果在不同国家拥有子公司的跨国企业对现金的管理没有多边现金管理时,则其每个子公司必须单独确定其最佳现金持有量,必须使各子公司拥有的现金满足交易性需要、预防性需要以及投机性需要。

而对集中现金管理的跨国企业而言,各子公司只需要持有其正常营运需要的资金,而过量的其余资金将会被转移到现金管理中心。所有子公司的预防性余额都将被现金管理中心持有。一旦子公司对现金有另外需求时,现金管理中心就会迅速地提供。正是由于预防性余额和投机性余额的集中化管理,集中现金管理的跨国公司的最佳现金持有量的数量将极大地少于非集中管理的公司。

(四)现金计划与预算

有效的现金管理建立在完备的报告系统基础上,而跨国公司的现金管理成功的关键在于跨国公司内部是否具有一个较好的报告系统。作为总体预算过程的一部分,现金预算报告是现金管理报告的基础。所谓现金预算是对公司的现金信息进行总结,预测公司在某一特定期间内的现金流入和现金流出的活动。

Cash flow management is the process of monitoring, analyzing, and adjusting your business' cash flows.

For small businesses, the most important aspect of cash flow management is avoiding extended cash shortages, caused by having too great a gap between cash inflows and outflows. You won't be able to stay in business if you can't pay your bills for any extended length of time!

Therefore, you need to perform a cash flow analysis on a regular basis, and use cash flow forecasting so you can take the steps necessary to head off cash flow problems. Many software accounting programs have built-in reporting features that make cash flow analysis easy. This is the first step of cash flow management.

下面用跨国企业 ABC 的现金报告来说明拥有集中现金管理中心体系下的跨国公司的现金报告。

例：某跨国企业 ABC 在英国、法国、德国有子公司,总公司总部在香港,现金管理中心也设在香港。现金管理中心要求各子公司每天向现金管理中心报送现金报告,报告现金余额和近 7 日内的现金流入和现金流出的预算。

表 6-4 是上述三个子公司在 2007 年 7 月 2 日向现金管理中心报送的现金报告。

表 6-4　子公司日常现金报告　　　　（单位：万美元）

日期：2007.7.2 子公司：英国 日终现金余额： 7 日预测				日期：2007.7.2 子公司：法国 日终现金余额： 7 日预测				日期：2007.7.2 子公司：德国 日终现金余额： 7 日预测			
天数	收入	支出	余额	天数	收入	支出	余额	天数	收入	支出	余额
1	80	70	+10	1	45	60	-15	1	140	120	+20
2	30	25	+5	2	10	50	-40	2	160	125	+35
3	50	90	-40	3	5	40	-35	3	150	130	+20
4	30	20	+10	4	28	35	-7	4	120	120	0
5	40	25	+15	5	35	35	0	5	100	110	-10
6	50	40	+10	6	60	20	+40	6	130	120	+10
7	60	40	+20	7	30	40	-10	7	90	100	-10
期间余额			+30	期间余额			-67	期间余额			+65

根据各子公司提供的报告,现金管理中心可得到的信息是：英国子公司有现金余额 30 万美元；法国子公司的现金余额是-67 万美元,也即子公司对预测其在未来 7 日内可能会有现金短缺 67 万美元；德国子公司有现金余额 65 万美元。即,英国子公司和德国子公司预测其在未来 7 日内可能会有现金的净流入分别为 30 万美元和 65 万美元。

现金管理中心根据各子公司提供的信息汇总公司 7 日内的现金预测。如下表所示：

子公司	第1天	第2天	第3天	第4天	第5天	第6天	第7天
英国	+10	+5	-40	+10	+15	+10	+20
法国	-15	-40	-35	-7	0	+40	-10
德国	+20	+35	+20	0	-10	+10	-10
预计现金余缺	+15	0	-55	+3	+5	+60	0

根据上表就可以很清楚地看出每一天公司的现金溢余和短缺情况。根据这些情况,现金管理中心可以决定当日现金溢余是汇往现金管理中心还是继续存储在当地,以及当子公司出现现金短缺时,现金管理中心可以管理某现金溢余子公司,把其溢余现金转入短缺公司。

一个跨国公司要想完全、合理地利用公司的现金资源,他们就必须知道子公司的财务状况,预测公司的现金需要或现金溢余、现金流入和流出,预测在国际货币市场现状以及可能发生的货币移动。总之,现金流动的报告必须全面、准确、及时。随着货币市场变化的明显加速,跨国公司的现金管理要求更加频繁地对公司现金进行报告。以前每季度一次的报告,现在可能需要一个月一次或甚至每天一次。与以前通过邮递信件报告的方式不同,现在关键的数据报告通常是通过电子邮件或传真机传送的,增加了信息传递的速度。

(五)现金日常管理的方法

1. 邮政锁箱法(lock box)

跨国公司可以在全世界设立以本公司名字命名的收款箱,收款箱就是邮局信箱号码。Often companies which receive a large amount of payments via checks in the mail (such as utilities), have the bank set up a PO Box for them, open their mail and deposit those checks. This is called "lock box." 在收款箱法下,客户可将支付额送达它们附近的邮箱,而不是直接邮寄给公司。通常银行按日处理收款箱支票,公司在银行收到收款箱支票之后就可以立即将支票存入公司的支票账户。而如果国际经济业务票据使用邮寄的方法,不仅会有所延误,而且邮寄的错误率也极高。因此使用收款箱法跨国公司可以减少浮游量。

2. 银行业务集中法

跨国公司可以要求付款方将款项转移至公司的集中账户处理系统中。集中账户系统是一种现金管理协议,无论资金处于收款箱中还是不同地区的分散账户中,都可以将资金集中到现金管理中心。It can be thought of as somewhat of a hack. Companies with large amounts of stores or locations could very often be confused if all those stores deposited into a single bank account. Traditionally, it would be impossible to know which deposits were from which stores, without seeking to view images of those deposits. To help this problem, banks developed a system where each store was given their own bank account, but all the money deposited into the store account was automatically moved into the companies' main bank account. This allowed the company to look at individual statements for each store. US Banks at the present time however are almost all converting their systems so that companies can tell which store made a particular deposit, even if these deposits were all being done into one account. Therefore zero balance accounting is being used less frequently. 然后现金管理者利用这些资金进行短期投资,抑或在公司的各种银行账户中进行重新分配。例如,欧洲的客户可能被告知把账款转移到瑞士,因为集中管理公司现金的现金管理中心在瑞士。

3. 多边净额结算

优化现金流量的一个很重要的方法就是支付净额,它靠降低货币兑换从而降低由此产生的管理成本和交易成本来优化现金流量。

(1) 子公司各自净额结算

假设跨国公司没有集中现金管理,子公司各自净额结算。此时,跨国公司的货币兑换最多,由此产生的管理成本和交易成本也因此而最多。

(2) 双边净额结算

双边净额结算是指当两家公司有业务往来,需要进行互相结算,公司间仅就余额部分进行支付。

(3) 多边净额结算

多边净额结算是双边净额结算的扩展。是指有业务往来的多家公司参加的货币收入和支付的抵消结算。在多边净额结算体系下,每个子公司只需要算出它所有的支出和收入的净额,它们只需要对其净额付出或接收。多边净额结算时的成本比双边净额结算时的成本要低很多。

(4) 拥有现金管理中心的多边净额结算

由于多边净额结算能够使货币成本降到很低,很多跨国公司在子公司内部间进行多边净额结算。随着时间的推移,它们逐渐认识到需要一个专门管理机构去管理现金净额。因此,许多跨国公司设立了现金管理中心来管理这些净额。拥有现金管理中心的多边净额结算是集中现金管理的表现之一,它要求子公司所持有的现金余额仅以满足日常交易需要为限,超过此最低需要的现金余额都汇回到现金管理中心。

但是,现金管理中心进行多边净额结算时,对现金管理中心所处的位置有很高的要求,它通常设于国际货币中心与避税港,如纽约、伦敦、苏黎世等国际货币中心或巴哈马、开曼、百慕大、香港等避税港。它要求现金管理中心所在国政治稳定、金融市场自由化、有相对活跃的货币市场、外汇管制不严以及税收方面都有很高的要求。

4. 现金集中管理

Large or national chain retailers often are in areas where their primary bank does not have branches. Therefore they open bank accounts at various local banks in the area. To prevent funds in these accounts from being idle and not earning sufficient interest, many of these companies have an agreement set with their primary bank, whereby their primary bank uses the Automated Clearing House to electronically "pull" the money from these banks into a single, interest bearing bank account.

集中的现金管理系统具有以下优点:

(1) 可以降低跨国公司总资产,从而降低跨国公司的整体筹资成本和增加跨国公司的投资收益。例如,假设 A 子公司在下月有剩余现金 50000 美元,子公司 B 在下个月则需要 50000 美元的现金,则 B 公司为了其现金交易性需要、预防性需要和投资性需要及其他需要,B 公司必须借入相应的现金。如果子公司现金管理完全自治,B 公司必须向外部金融机构借入 50000 美元的现金,因此其筹资成本会比较高。而如果完全集中现金管理,则 B 公司不必借入 50000 美元的现金,只需从现金管理中心调入 50000 美元即可。因为银行通常对贷款收取的利率要高于其提供存款的利率,假设贷款利率和存款利率分别为 12% 和 10%,则跨国企业节省的筹资成本为:

$$50000 \times 12\% - 50000 \times 10\% = 1000 \text{ 美元}$$

(2) 可以使跨国企业的现金持有量达到最低,增强现金利用效率。在完全现金管理系统下,跨国公司的子公司只需持有支付性余额而不需持有投机性余额和预防性余额,其投机性余额和预防性余额可以由现金管理中心代为调度。

(3) 跨国公司更能从公司总体利益最大化角度出发作决策,从而使跨国公司公司价值最大化。

（4）更能发现问题和机会。在集中现金管理系统下，现金管理中心监控着整个跨国公司，与单个子公司各自进行现金管理相比，跨国公司更能认识到公司的问题和机会。

（5）更有利于改善公司与银行之间的关系。通过集中现金管理，现金管理中心的外汇交易以及其他的交易都会增加，可能会改善公司与银行之间的关系，使银行对该跨国公司提供更好的服务。

（6）可以使现金管理更加专业化。集中现金管理系统下，存在一个组织对所有现金活动负责，能吸引更多的现金管理专家，使公司现金管理更加专业化。

（7）外汇管制和征用等造成的损失可能减少。集中现金管理系统下，公司持有的风险资产可能减少。如果出现政府征用以及政府的外汇管制等控制，跨国公司的损失可以一定程度地降低。

当然，集中现金管理并不意味着跨国公司所有的子公司对现金没有一点的自主权。跨国公司的集中现金管理的有效决策是建立在各子公司所提供的各自现金信息基础上的。

（五）过剩现金投资

跨国公司对过剩现金的投资，同样可以采取子公司分别投资或由现金管理中心集中投资的方法。一般来说，集中投资由于集中使用现金的规模效应，比子公司单独投资更具有优势。

当公司的现金管理中心确定了公司可能的过剩资金数额之后，现金管理中心就要确定现金投资的政策。在对进行一项现金投资进行评价时，首先要尽可能使交易成本降低。其次要追求较高的风险调整投资回报率，也即实际收益率。

对跨国企业的现金管理者来说，在对过剩现金投资时，重要的是过剩现金的实际投资回报率，而不是银行的名义利率。实际收益率的计算要同时考虑名义利率和考虑投资货币的通货膨胀等风险。

例：美国一家跨国公司拥有10000000美元的剩余现金。其现金管理中心把这些剩余现金投入到年利率为6%的澳大利亚元。假设当时澳元的汇率是0.9580美元。该笔投资一年到期。假设一年后澳元的汇率为0.9000美元，则该笔投资的收益率是多少？

投入时投入的澳元数＝10000000÷0.958＝10438413.36 澳元
到期时收到的澳元数＝10438413.36×(1+6%)＝11064718.16澳元
到期时澳元兑换为美元数＝11064718.16×0.9000＝9958246.34美元

投资的收益率＝(9958246.34－10000000)÷10000000＝－0.42%

由上例可以知道,尽管剩余现金投资名义上有每年6%的利率,但是,由于澳元对美元汇率的降低,实际利率下降成为负值。因此,此项投资被认为是不成功的。

国际货币市场的发展越来越成熟,现在已经能容纳公司剩余的现金投资,其中一个主要的市场就是欧洲货币市场,自1980年以来,存储的美元数量已经增长了一倍多。一般情况下,跨国公司将过剩现金投资于欧洲美元的收益率可能会略高于将其投资于美国银行的收益率,因此,许多跨国公司把钱存入欧洲货币市场。除了运用欧洲货币市场外,跨国公司还可以将过剩现金投资于购买外国的国债和商业票据。

跨国公司成功地进行过剩现金投资必须要遵循以下几点：

(1) 为了以一定的风险获得最大化收益,跨国公司要投资于不同的金融市场票据。

(2) 现金管理者必须每天关注投资组合,以便及时发现投资问题和投资机会。当发现某项现金投资出现问题时,要迅速清理,发现投资机会时也要迅速做出投资决策。

(3) 要使投资收益高于投资成本。投资成本包括：外汇交易的固定费用,进行投资时必须的佣金等等。

(4) 如果对投资的变现能力有很高的要求,就必须评价投资的流动性。

(5) 为了公司的现金保证能力,要挑选到期日比较合适的投资,或者选择次要的具有高流动性的投资市场进行投资。

(6) 考虑隐蔽的或公开的利息套利的机会。

二、存货的管理(Inventory Management)

While accountants often discuss inventory in terms of goods for sale, organizations — manufacturers, service-providers and not-for-profits also have inventories (fixtures, furniture, supplies) that they do not intend to sell. Manufacturers', distributors', and wholesalers' inventory tends to cluster in warehouses. Retailers' inventory may exist in a warehouse or in a shop or store accessible to customers. Inventories not intended for sale to customers or to clients may be held in any premises an organization uses. Stock is simply cash in disguise. If stocks are uncontrolled, you are encouraging theft moreover it will be impossible to know the actual level of stocks and therefore impossible to control them.

（一）存货的成本

In business management, holding cost is money spent to keep and maintain a stock of goods in storage. 存货持有成本包括资本成本、储藏空间成本、库存服务成本和存货风险成本。每一成本类型都有其独特的性质，其特殊的计量使它们包括不同的支出成本。

1. 资本成本

资本成本有时也叫利息（interest）或机会（opportunity）成本，这种成本类型侧重于公司用于库存的资本所产生的成本（与把资本用于其他金融性生产方式上相对比）。换一种说法，"能用在其他值得做的项目上但却是用在库存上的资本的潜在价值是多少？"

Holding cost also includes the opportunity cost of reduced responsiveness to customers' changing requirements, slowed introduction of improved items, and the inventory's value and direct expenses, since that money could be used for other purposes.

资本成本常常是存货持有成本的最大一方面，公司通常把它表示成为其存货的现金价值的百分比。例如，一个产品价值 100 美元，其 20% 为资本成本，即 20 美元。

在应用中，确定一个可接受资本成本数量并不是一个小任务。实际上，大多数公司发现确定资本成本与其说是一门科学，不如说是一门艺术。一种为制定库存决策而计算资本成本的方法，需要确定公司的最低报酬率，即新投资的最低期望报酬率。用这种方式，在公司决定为广告、设立新工厂或增加新的计算机设备而支付金额时，大体上就可以以同样的方式来制定库存决策。

例如，假定公司库存的平均价值是 30 万美元，这项存货是公司的一项资产，就像机器设备或其他资本投资。因此，如果公司以 15% 的最低报酬率为其资本成本，那么资本成本是 4.5 万美元。

存货的计价方法对确定资本成本是至关重要的，因此对确定总的存货持有成本也是很关键的，资本的机会成本应该只应用于存货的付现投资。这是直接的可变支出，是它引发了存货的仓储。因此，普遍认可的完全分配制造成本的计算库存价值的会计方法，在制定库存决策时是不能接受的，因为提高或降低库存水平从财务上来说只影响库存的变动成本，而不是所分配成本的固定部分。然而，把进货的运输成本包括在库存价值里与上面这种情况是吻合的,公司应该尽可能使用这样的成本度量方法。

2. 储存空间成本

储存空间成本包括把产品运进和运出仓库所发生的搬运成本,以及诸如租金、取暖和照明等仓库成本。这些费用根据具体情况各异,变化相当大。例如,公司通常能直接从铁路车厢中卸下原材料,并可以露天储存,而一些高精度产成品则需要专门车辆搬运和非常精致的储存设备。

The most obvious holding costs include rent for the required space; equipment, materials, and labor to operate the space; insurance; security; interest on money invested in the inventory and space, and other direct expenses. Some stored goods become obsolete before they are sold, reducing their contribution to revenue while having no effect on their holding cost. Some goods are damaged by handling, weather, or other mechanisms. Some goods are lost through mishandling, poor record keeping, or theft, a category euphemistically called shrinkage.

储存空间成本随库存水平的变化而变化。因此,公司在估算空间成本和资本的时候,不仅要把固定成本计算在内,还应该把变动成本包括进来。我们可以通过对比使用公用仓库和私人仓库来阐明这一问题。一个公司要使用公共仓库,实际上所有的搬运和储存成本直接随着储存货物的数量而变化,因此这些成本总是和库存决策相关。若一个公司使用私人仓库,很多储存的空间成本是固定的,照这样,其成本和库存的持有成本无关。

3. 库存服务成本

存货持有成本的另一个方面是库存服务成本,它包括保险和税收带来的成本。根据产品的价值和类型,丢失和破损的风险需要很高的保险费。因此,在美国,很多州对库存产品征收赋税,有时一月一收。库存多税收成本就高,这对公司确定具体的储存产品的地点时,是一个重点的参考因素,保险和税收依产品不同而不同。在确定存货持有成本时必须考虑这一点。

4. 库存风险成本

存货持有成本的最后一个方面是库存风险成本,它反映了存货的现金价值下降的可能性,这种可能性远远超出公司的控制范围。例如,库存的商品存放了一段时间就可能过时,因此价值要贬值。同样,一旦到了销售季节的中期或过季,时装的价值也要迅速贬值,新鲜水果和蔬菜一旦不新鲜了这种情况也能发生。尽管程度不同,但制造性产品也会面临同样的风险。极端的例子应该是高价值的产品,如计算机和外围设备或半导体产品,它们的生命周期相对来说都很短。在这种情况下,过时或贬值的成本是相当大的。

任何一种计算库存风险成本的方法都应包括与陈旧、破损、丢失、被盗以及库存商品的其他风险相关的成本,库存商品遭受风险的程度会影响库存价值和相应的持有成本。

(二)存货控制

1. 存货经济批量模型

经济批量控制可通过建立经济批量模型来实现。经济批量是经济进货批量的简称,是能使一定时期存货的总成本达到最低点的进货数量。

Economic Order Quantity (also known as the Wilson EOQ Model or simply the EOQ Model) is a model that defines the optimal quantity to order that minimizes total variable costs required to order and hold inventory.

The model was originally developed by F. W. Harris in 1915, though R. H. Wilson is credited for his early in-depth analysis of the model.

决定存货经济批量的成本因素主要有前述存货成本中的变动性进货费用(简称进货费用)、变动性储存成本(简称储存成本)以及允许缺货时的存货短缺成本。

(1)基本经济进货批量模型的假设前提:
- 公司一定时期的存货总量能准确地预测;
- 存货耗用量或者销售量比较均衡;
- 存货价格稳定,且不存在数量折扣,进货日期完全由公司自行决定;
- 当公司仓库存货量降为零时,下一批存货都能立即一次到位;
- 仓库条件及所需要现金不受限制;
- 不允许出现缺货情形;
- 所需存货市场供应充足,不会因买不到所需存货而影响其他方面。

(2)存货成本项目与进货批量的变动关系

不同的存货成本项目与进货批量呈现着不同的变动关系。增加进货批量,减少进货次数,虽然有利于降低进货费用与存货短缺成本,但同时会影响储存成本的提高;而减少进货批量,增加进货次数,在影响储存成本降低的同时,会导致进货费用与存货短缺成本的提高。

由此可见,企业组织进货过程中要解决的主要问题,则是如何协调各项成本之间的关系,使存货总成本保持最低水平。如前述假设前提,公司不存在存货的短缺成本。因此,与存货订购批量、批次直接相关的就只有进货费用和储存成本了。储存成本随订货规模的上升而提高,而订货成本(即进货费用)则相反,存货总成本在储存成本线与订货成本线相交的那一点达到了最小。可见,订货成本(即进货费用)与储存成本总和最低水平下的进货批量,就是经济进货批量。

(3) 经济进货批量模型

经济进货批量模型的假设前提:
- the demand for the item is known;
- the lead time is known and fixed;
- the receipt of the order occurs in a single instant;
- quantity discounts are not calculated as part of the model;
- shortages or stockouts do not occur.

根据上述存货成本项目与进货批量的变动关系可得到:

存货总成本＝变动订货成本＋变动储存成本
　　　　＝订货成本＋储存成本
　　　　＝单位订货成本×(一定时期存货需求总量/一次订货量)
　　　　　＋一定时期单位存货的储存成本×(一次订货量/2)

就是:
$$TC = E(S/Q) + K(Q/2)$$

其中:TC——存货总成本;
　　　E——平均每次进货费用(即单位订货成本);
　　　S——一定时期存货需求总量;
　　　Q——一次订货量(一次进货批量);
　　　S/Q——订货次数;
　　　$E(S/Q)$——变动订货成本(即订货成本);
　　　K——一定时期单位存货的(变动)储存成本;
　　　$Q/2$——一定时期存货平均持有量;
　　　$K(Q/2)$——变动储存成本(即储存成本)

$$(ECQ)' = K/2 - ES/Q^2 = 0$$

经济进货批量下的总成本$(TC) = \sqrt{2SEK}$

经济进货批量的平均占用资金$(W) = Q \times P/2 = P\sqrt{SK/2E}$（注：$P$是存货的单位买价）

年度最佳进货批次$(N) = S/Q^* = \sqrt{SK/2E}$

例：GH公司预计年耗用A材料6000千克，单位采购成本为15元，单位储存成本9元，平均每次进货费用为30元，假设该材料不会缺货，试计算：① A材料的经济进货批量；② 经济进货批量下的总成本；③ 经济进货批量的平均占用资金；④ 年度最佳进货成本。

根据题意可知：$S = 6000$千克，$P = 15$元，$K = 9$元，$E = 30$元

① A材料的经济进货批量：

由公式 $Q^* = \sqrt{\dfrac{2ES}{K}}$ 得，

$$Q^* = \sqrt{\dfrac{2 \times 30 \times 6000}{9}} = 200(千克)$$

② 经济进货批量下的总成本$(TC) = \sqrt{2 \times 6000 \times 30 \times 9} = 1800(元)$

③ 经济进货批量的平均占用资金$(W) = Q \times P/2 = 200 \times 15/2 = 1500(元)$

④ 年度最佳进货成本$(N) = S/Q^* = 6000/200 = 30(次)$

上述计算表明，当进货批量为200千克时，进货费用与储存成本总额最低。

需要指出的是，上述介绍的经济进货批量模型是建立在严格的假设前提之上的，这些假设有些与现实并不相符。如实际工作中，通常存在数量优惠即价格折扣以及允许一定程度的缺货等情形，公司理财人员必须同时结合价格折扣及缺货成本等不同的情况具体分析，灵活运用经济进货批量模型。

2. ABC控制法

ABC控制法是意大利经济学家巴雷特于19世纪首创的，其分清主次，抓住重点的中心思想已广泛用于存货管理、成本管理与生产管理。所谓ABC控制法，也叫ABC分类管理法，就是按照一定的标准，将企业的存货划分为A、B、C三类，分别实行分品种重点管理、分类别一般控制和按总额灵活掌握的存货管理、控制的方法。ABC分类管理的目的在于使企业分清主次，突出重点，以提高存货资金管理的整体效果。

(1) 存货 ABC 分类的标准。分类标准主要有两个：第一是金额标准；第二是品种数量标准。第一个标准是最基本的，而第二个标准仅作参考。

(2) 存货按 ABC 分类的基本特点。属于 A 类存货，金额巨大，但品种数量较少，一般来说，其品种数占全部存货总品种数的 10% 左右，而价值最高可达 70% 左右；属于 C 类的存货是品种繁多，但金额却很小的项目，通常，这类存货的品种数占 70%，而价值却只占 10% 左右。

(3) 存货按 ABC 分类的管理方法。A 类存货占用企业绝大多数的资金，只要能够控制好该存货，一般不会出现什么大问题。但由于 A 类存货品种数量少，企业完全有能力按品种进行管理。因此，A 类存货应按品种重点管理和控制，实行最为严格的内部控制制度（比如说定期盘点的间隔期最短），逐项计算各种存货的经济订货量与再订货点，并经常检查有关计划和管理措施的执行情况，以便及时纠正各种偏差；对 B 类存货，由于金额相对较小，而品种数量远多于 A 类存货，因此，不必像 A 类存货那样严格管理，可通过分类别的方式进行管理和控制；至于 C 类存货管理可采用较为简化的方法，只要把握一个总金额就完全可以了，所以，对 C 类存货只要进行一般控制和管理。

(三) 改进存货管理的方法

整个存货管理过程，一旦各就各位，运作顺利，有些厂商就会增加一些创新活动来改善存货效益。这类创新活动包括：政策定义和改进、使用条形码技术和专家系统应用。

1. 政策定义和改进

存货管理结合了一系列政策和程序来指导与存货有关的决策。这些政策和程序涉及绩效衡量和训练。

绩效衡量。对存货计划者进行明确而又一致的绩效衡量，是存货管理过程中的关键组成部分。这些衡量必须反映服务水准与存货水平之间的交易代价。例如，如果对计划者的绩效衡量只是集中在存货水平上的话，计划者就会倾向于使存货水平最低，因而有可能对服务水准产生负面影响。相反地，如果把绩效衡量单一地集中在服务水准上将会影响个人的报酬结构，明确规定这些，必须使系统始终反映实际需要。绩效衡量说明书必须清楚而又一致地提供目标定义，并让个人了解到目标的实现将对个人绩效的评价产生什么影响。

2. 条形码技术

条形码技术是在计算机应用和实践中产生并发展起来的一种广泛

应用于商业、邮政、图书管理、仓储、工业生产过程控制、交通等领域的自动识别技术,具有输入速度快、准确度高、成本低、可靠性强等优点,在当今的自动识别技术中占有重要的地位。

Why is bar coding such an advantage where inventory is concerned? The main advantages are speed and accuracy of data collection; plus the thermal transfer tags used for bar codes are neater and easier to read than dot-matrix or handwritten tags.

A more subtle advantage: the bar code suggests there's an "official" price set by a computer. For this reason, customers are less likely to ask your salespeople for discounts. Bar codes also send the message to store personnel that you are serious about keeping track of what you own. This discourages shrinkage — especially if you take inventory regularly.

What should you bar code and how? Do you track at the piece level or at the style level; that is, do you consider two identical pieces bought at the same time and at the same cost to be interchangeable? If so, you just need to put the style number in the bar code. However, if you track at the piece level or keep track of purchases made at different costs, then a unique item number (like a license plate) must go on each piece. The computer database determines the style, description and pricing for that item.

But how long is your style number? Space on tags is quite limited, and a bar code for a 16-character alphanumeric style number (each character of which means something to your salespeople) just won't fit! Eight, 10 or 12 numeric digits will, but usually not more (adding letters to numbers requires more space, even for the same number of characters). If the item number won't fit, you'll need a shorter arbitrary "index" number that will correspond to your meaningful style number. The computer then makes the connection between index number and style number.

What do you scan with? A fixed laser scanner, attached to your computer, is fine for scanning when a sale is made, but it requires that the merchandise come to the computer for physical inventory. This works best when the inventory is relatively small or only a portion of it is scanned on any day on its way into or out of the vault.

A portable data collector (usually with a laser scanner) is the size of a TV remote control. You walk around the store with the unit (or units), scanning each item in each showcase. When you're done, you upload the information to your computer. Software then compares the physical inventory information just collected with the perpetual inventory the computer has kept and indicates discrepancies.

3. 专家系统应用

专家系统是厂商用来提高存货绩效的又一个创新。这些系统利用计算机的基础知识，在整个企业内分享存货管理专家的经验。这种分享专家经验的做法可以执行应知应会训练。专家系统还可以被用于洞察检查周期、存货管理逻辑，以及每一个产品/市场分组所使用的战略。结果表明，专家系统能够大大提高生产率和存货绩效。

本章小结(Summary)

跨国直接投资是指一国的投资者将资本用于他国的生产或经营，并掌握一定的经营控制权的投资行为。跨国直接投资的方式按照不同的标准可以分为很多种。跨国直接投资按照所有权性质的不同可以分为：国际合资投资、国际合作投资、国际独资投资。

国际间接投资是指以资本增值为目的，以取得利息或股息等为形式，以被投资国的证券为对象的跨国投资，即在国际债券市场购买中长期债券，或在外国股票市场上购买企业股票的一种投资活动。国际间接投资者并不直接参与国外企业的经营管理活动，其投资活动主要通过国际资本市场(或国际金融证券市场)进行。国际间接投资和国际直接投资相比，二者有很明显的区别。

国际投资是经济发展的结果，反过来又推动了世界经济的发展。无论从宏观还是从微观角度看，国际投资都是促进世界经济发展的启动力量。

国际投资理论包括垄断优势理论、产品生命周期理论、内部化理论、国际生产折中理论、发展水平理论、比较优势理论、投资诱发要素组合理论、投资发展周期理论等。

国际投资环境是指外国投资者在一国进行投资活动时的各种条件的综合体。影响国际投资环境的因素很多，主要包括自然资源、经济状况、政治法律和社会文化。

国际投资环境的分析方法主要包括投资环境多因素分析法、投资环境冷热比较分析法。

国际投资是一种跨越国界的投资,其风险较之国内投资要大得多。从风险的性质角度看,跨国投资的所有风险可以分为两类:系统风险和非系统风险。

国际债券投资的投资对象是国际债券。跨国企业进行国际债券投资,风险较低,收入较稳定,因此,国际债券投资是跨国企业投资中比较理想的投资对象。

跨国企业进行跨国直接投资进入东道国有两种基本方式:一是采取在国外直接投资设厂的方式,二是收购或兼并东道国现有企业的方式,即为跨国并购。

思考题

1. 描述影响跨国公司现金管理有效性的因素。
2. 描述对现金支出控制的方法。
3. 试述集中现金管理的优点。
4. 假设你拥有一项可分散化投资组合,包括 20 只不同的股票,每只股票投资 7500 美元。投资组合的系数为 1.12。现在,假设你决定出售组合中的其中一个系数为 1.0 的股票,该股票值 7500 美元,并用所得的收入购买另一只股票。假定新股票的系数为 1.75。计算投资组合新的系数。
5. 简述跨国并购的动因和进行跨国并购的障碍。

案例 6-2　IBM sells PC group to Lenovo

IBM sold its PC division to China-based Lenovo Group and took a minority stake in the former rival in a deal valued at $1.75 billion in 2004.

The two companies planed to form a complex joint venture that will make Lenovo the third-largest PC maker in the world, behind Dell and Hewlett-Packard, but still give IBM a hand in the PC business.

Under the deal, IBM will take an 18.9 percent stake in Lenovo. Lenovo will pay $1.25 billion for the IBM PC unit and assume debt, which will bring the total cost to $1.75 billion.

Lenovo will pay roughly $650 million in cash and $600 million in securities.

Based on both companies' 2003 sales figures, the joint venture will have an annual sales volume of 11.9 million units and revenue of $12 billion, increasing Lenovo's current PC business fourfold.

Lenovo will be the preferred supplier of PCs to IBM and will be allowed to use the IBM brand for five years under an agreement that includes the "Think" brand. Big Blue has promised to support the PC maker with marketing and via its IBM corporate sales force.

Lenovo is the ninth largest PC maker worldwide, according to the latest market share numbers compiled by Gartner.

The combined venture will have roughly 10,000 IBM employees and 9,200 Lenovo employees. It will be headquartered in New York, with operations in Beijing and in Raleigh, N.C.

Executives for both companies trumpeted the significance of the acquisition.

"As Lenovo's founder, I am excited by this breakthrough in Lenovo's journey towards becoming an international company," said Chuanzhi Liu, current chairman of Lenovo.

"Today's announcement further strengthens IBM's ability to capture the highest-value opportunities in a rapidly changing information technology industry," said Sam Palmisano, IBM chairman and chief executive officer.

Stephen Ward, vice president of IBM's Personal Systems Group, will become CEO, while Yang Yuanqing, Lenovo's current CEO, will become president.

In a press conference Wednesday, Yang said that Lenovo and IBM had been in talks for 13 months and that both parties believe the two businesses are complementary. Lenovo has a strong client base and sales infrastructure in the Chinese market, while IBM has a comprehensive network in PC sales on a global basis.

Yang also said that during the first phase of the integration process, Lenovo's and IBM's PC operations will carry on as usual, independent of each other. After 18 months, Lenovo and IBM will use a common brand. He added that IBM's R&D center in Japan will continue to be important to the company.

Separately, one senior IBM executive explained part of Big Blue's motivation for the transaction.

"While we will have less revenue, we will have an improved financial profile," said Mark Loughridge, IBM's chief financial officer. It will also allow the company to sell more services in China.

If it goes through, the deal will let IBM continue its shift from selling so-called commodity products to selling services, software and high-end computers. Although the company helped make PCs a global phenomenon, IBM makes little profit from PCs and often loses money.

During the past several years, IBM has been edging itself out of the commodity hardware business by selling its PC factories in North Carolina to Sanmina-SCI and its hard drive unit to Hitachi. IBM is also likely eyeing new inroads into the Chinese market by working with Lenovo to gain an edge in selling servers and services in China, a fast-growing market targeted by a number of US tech giants.

Financial analysts say selling the PC business to a joint venture with Lenovo could add more than 5 cents per share to IBM's earnings in 2006, or $85 million in net income.

"We believe a joint-venture structure in PCs makes sense between the companies, as the buyer would collaborate with IBM design teams for a period of a few years and the buyer would assume control of manufacturing," Steven Fortuna, an analyst with Prudential Equity Group, wrote in a report Tuesday.

Meanwhile, it will give Lenovo the opportunity it has always craved to expand beyond China. In 2002, the company began to slightly expand into Spain and regional European markets but retreated due to market share losses at home.

A major problem, however, is that the deal combines two radically different companies. Lenovo performs very little independent R&D and mostly manufacturers low-end systems. More than half of its sales go to consumers and very few systems get sold outside China, where it has strong ties to the government.

IBM sells to the cream of the corporate crop and often to customers that have invested heavily in IBM services and software. Its flagship ThinkPad notebooks come with novel design features like fingerprint readers for additional data security and hard drives that can survive a six-foot drop.

Challenges ahead: "This is going to be a bigger challenge than both companies think. You are talking about a company (Lenovo) that has no experience internationally. They are very shrewd, but they are only used to dealing in the Chinese market," said Joe D'Elia, research director for client computing at iSuppli. "It is going to take quite a long time to consummate, and the only way I see this running properly is that if a lot of blood is shed at IBM PC."

The deal also won't just require that IBM and Lenovo get along with each other. Sanmina-SCI owns the factories where IBM PCs for North America are produced and its contract to make those PCs is up for renewal next year. Because Lenovo does not have the factory capacity in place, the joint venture will have to negotiate a new relationship with Sanmina.

In China, IBM manufactures ThinkPad notebook models in a joint venture with Lenovo arch-rival Great Wall Technology. Lenovo will gain the ThinkPad factory in Shenzhen, known as the International Information Products Co., but it said IBM server manufacturing located there was not included in the deal.

Maintaining good relations with IBM's customers will be another concern for the PC group's new owner.

One IBM customer said that as long as products such as the ThinkPad follow familiar paths, he will be satisfied.

"We tend to base our decisions on quality control, features and functionality," said Shawn Nunley, director of technology development for NetScaler in San Jose, Calif. "So if it's the same product, where it's coming from probably won't make a huge difference. However, if they go the commoditization route... and it's no longer the ThinkPad way, then it might change my view."

Nunley said he appreciates the work that IBM has done to

integrate security features into its latest ThinkPads.

For Steve Evans, vice president of information systems for the PGA Tour, sticking with IBM will depend on the details of the transaction and how much of the new company will be concentrated nearby. The PGA buys ThinkPads, servers and other IBM hardware.

"We would need to figure out what the presence this company is going to have in the US," Evans said, adding that it will also depend on the product lineup.

One move that may reassure customers is that IBM Global Financing will become Lenovo's preferred provider for leasing and financing services, and IBM Global Services will be its preferred provider for warranty and maintenance services.

Lenovo who? Lenovo, formerly known as Legend, is the largest PC maker in China. The company was founded in 1984 as a distributor of IT products. Over the years it started its own PC business, growing into the No. 1 spot in China. It also sells products ranging from cellular phones to supercomputers.

During 2002, it ramped up plans to sell PCs globally. It even opened a Silicon Valley office and started selling laptops in Spain under its QDI brand. But it has been beaten back by competition from multinational PC makers, such as Dell, which have been growing rapidly in China. Dell, for instance, recently won a $10 million contract with Beijing's municipal government to supply Optiplex to primary and middle schools.

Lenovo said it has responded to "irrational price competition among second-tier PC vendors and increased effort of foreign brands" with price cuts of its own.

Despite the concerns of customers, industry analysts have said it could be a wise move for IBM to get out of building PCs. The timing could also be favorable. Although 2005 is expected to be a relatively good year for the PC industry, those good returns will give way to several years of slower sales of PC hardware, analysts have predicted.

By the end of 2005, many businesses and consumers will have replaced their oldest computers, completing the latest PC replacement cycle, Gartner said in a report last week. Given that owners typically replace desktops every four years and notebooks every three years, there is likely to be a drop in demand between 2006 and 2008. That period will see average annual unit shipments slow to 5.7 percent and revenue growth drop to 2 percent, Gartner predicted.

So-called emerging markets such as China are expected to see the best growth during that time, a boon for a potential IBM-Lenovo joint venture. But that could be offset by slack demand elsewhere, the Gartner report added, leading to further consolidation if PC makers don't prepare now by lowering their costs.

Still, potential rivals are already throwing cold water on the deal.

"We're not a big fan of the idea of taking companies and smashing them together. When was the last time you saw a successful acquisition or merger in the computer industry?" Michael Dell, chairman of Dell, said during a question-and-answer session at Oracle Open World. "It hasn't happened in a long, long time... I don't see this one as being all that different."

案例 6-3　Blues 公司从东欧边界开放中牟利

Blues 公司在与美国进行的 50 多年的商务活动中树立起了一定的声誉。Blues 公司的总裁是在 1987 年 11 月东德与西德统一时选出的。在 1990 年和 1991 年,他们制定了从德国统一中牟利的战略,为东欧国家开放其边界提供了舞台。Blues 公司的大部分经营活动在美国进行,但它在德国西部有一个生产产品并将其出口到其他欧洲国家的子公司。Blues 公司生产许多能在东欧生产或销售的消费品。下面的问题是在近来的董事会上发生的,提出你对下面每一个问题的看法。

(1) Blues 公司考虑将其欧洲的生产设备从西德转移到东德。促成这次转移的两个关键因素是:首先,劳动力成本在东欧较低;其次,在东德有现存已准备出售的设备(现由政府所有)。Blues 公司想改造并使用这些设备提高生产效率。现估计只需原来工人数量的 1/4 就行了,在做出决策前应考虑其他哪些因素呢?

(2) Blues 公司希望它能打入东欧市场。因为它的产品在东欧没有知名度,所以它想进行大量投资以刺激产品消费。然而,它也相信这一战略长期施行才能见效,因为它可以低价竞争。目前,主要的竞争来自低效运行的国有企业。价格竞争优势是 Blues 公司希望在东欧开辟市场的最主要原因,但在做决策前其他因素是否也应考虑一下呢?

(3) Blues 公司因其产品在美国的需求量不大而面临着现金短缺问题(尽管管理层预计美国的需求量不久会上升)。目前该公司已面临债务清偿能力危机,但它不愿意发行股票。Blues 公司只有在它能出售其在美国的一大部分资产的情况下才能在东欧购到其所需的设备或制定一个宏大的改良计划。资产的市值暂时还在下降,但一些经理人员认为有必要立即行动以从东欧市场足够多地获利。你是否会建议 Blues 公司放弃它在美国的一些资产?请解释。

第七章 国际税收 International Tax

第一节 国际税收概述 Overview of International Tax

一、国际税收的概念（Concept of International Tax）

International taxation is a subject of study that deals with international tax treaties and international aspects of domestic income tax laws. Multi-national corporations usually employ international tax specialists to decrease their worldwide tax liabilities. International taxation is a specialty among both lawyers and accountants. Several universities of USA offer degree programs in international taxation, including the University of Florida Levin College of Law, European Tax College, a collaboration between the Catholic University of Leuven and the Universiteit van Tilburg, the University of Sydney, Universiteit Maastricht, New York University, and the International Tax Centre, University of Leiden, Netherlands.

为了更好地了解国际税收的概念，首先要清楚国际税收与国家税收的区别。所谓国家税收是国家凭借手中的政治权力进行的一种强制无偿课征，是国家取得财政收入的一种手段。而国际税收则是指在开放的经济条件下，因纳税人的经济活动扩大到境外，以及国与国之间的税收法规存在差异或相互冲突而带来的一些税收问题和税收现象。国际税收与国家税收是不同的。它与国家税收的区别主要表现在以下几个方面：

（1）国家税收是以国家政治权力为依托的强制课税形式，而国际税收因为完全独立的主权国家之上并不存在这种超国家的政治权力，因此它并不是凭借某种超国家的政治权力进行的强制课征取得收入的工具。

（2）国家税收涉及的是国家在征税过程中形成的国家与纳税人之间的利益分配关系，而国际税收涉及的是国家间税制相互作用所形成的国与国之间的税收分配关系和税收协调关系。一个主权国家有权决定该国的税收政策，但是在国际税收中却又不能不考虑其他的国家而自行其是。在开放的经济条件下，一国的税收政策影响着该国的国际贸易、国际投资等方面。因此，国际税收体现着国与国之间的税收协调关系。

（3）国家税收按课税对象不同可以分为不同的税种，而国际税收是国与国之间的税收问题和税收现象，它没有单独的税种，也不是一种具体的课税形式。

国际税收与涉外税收也不同。所谓涉外税收是指一国政府专门为本国境内的外国人、外国企业或外商投资企业设置的税收。它仍属于国家税收，只是它是国家税收中的涉外部分。

二、国际基本税种（Basic International Taxes）

在这里我们介绍三种世界各国政府普遍征收的税种：所得税、预提税、增值税。

1. 所得税

企业所得税是对一国境内企业（外商投资和外国企业除外）的生产、经营所得和其他所得征收的一种税。通俗地说，就是对内资企业的收益额（包括来源于境内、境外的所得）征收的所得税。

Many countries in the world obtain a significant portion of their tax revenue from imposing an income tax on personal and corporate income. An income tax is a direct tax, that is, one that is paid directly by the taxpayer on whom it is levied. The tax is levied on active income, that is, income that results from production by the firm or individual or from services that have been provided.

2. 预提税

预提税是世界上许多税收辖区对与某类外国人收入有关的境外支付征收的一种税。在某些情况下，如果外国人居住国和来源国之间存在税收方面的条约，则可以适用降低的预提税税率。

A withholding tax is a tax levied on passive income earned by an individual or corporation of one country within the tax jurisdiction of another country. Passive income includes dividends and interest income, and income from royalties, patents, or copyrights paid to the taxpayer. A withholding tax is an Indirect tax, that is, a tax that is borne by a taxpayer who did not directly generate the income that serves as the source of the passive income. The tax is withheld from payments the corporation makes to the taxpayer and turned over to the local tax authority. The withholding tax assures the local tax authority that it will receive the tax due on the passive income within its tax jurisdiction.

3. 增值税

增值税是对在一国境内销售货物或者提供加工、修理修配劳务,以及进口货物的单位和个人,就其取得的货物或应税劳务的销售额,以及进口货物的金额计算税款并实行税款抵扣制的一种流转税。从计税原理而言,增值税是对商品生产和流通中各环节的新增价值或商品附加值进行征税,所以称之为"增值税"。

A value-added tax (VAT) is an indirect national tax levied on the value added in the production of a good (or service) as it moves through the various stages of production.

In many European countries (especially the EU) and also Latin American countries, VAT has become a major source of taxation on private citizens. Many economists prefer a VAT in place of a personal income tax because the latter is a disincentive to work, whereas a VAT discourages unnecessary consumption. A VAT fosters national saving, whereas an income tax is a disincentive to save because the returns from savings are taxed. Moreover, national tax authorities find that a VAT is easier to collect than an income tax because tax evasion is more difficult. Under a VAT, each stage in the production process has an incentive to obtain documentation from the previous stage that the VAT was paid in order to get the greatest tax credit possible. Of course, some argue that the cost of record keeping under a VAT system imposes an economic hardship on small businesses.

三、税收管辖权(Territorial Taxation)

所谓税收管辖权是指一国政府在征税方面的主权,它表现在一国政府有权决定对哪些人征税、征哪些税以及征多少税。

The territorial or source method of declaring a tax jurisdiction is to tax all income earned within the country by any taxpayer, domestic or foreign. Hence, regardless of the nationality of a taxpayer, if the income is earned within the territorial boundary of a country, it is taxed by that country. The national tax authority, according to this method, is declaring its tax jurisdiction over transactions conducted within its borders. Consequently, local firms and affiliates of foreign MNCs are taxed on the income earned in the source country. Obviously, if the parent country of the foreign affiliate also levies a tax on worldwide income, the possibility of double taxation exists, unless a mechanism is established to prevent it.

一国的税收管辖权在征税范围上必须遵从属地原则或属人原则。所谓属人原则是指一国可以对本国的全部公民和居民行使政治权力,即无论跨国纳税人的收入来源于何国,只要是本国的居民和公民,就要对其收入征税。属地原则是指一国政府可以在本国区域内的领土和空间行使政治权力,即对于来源于本国国界之内的收入,不论是哪国居民和公民都要对其来源于本国国界内的收入予以征税。

根据上述属人原则和属地原则两大原则,税收管辖权可以分为三种:地域管辖权、居民管辖权和公民管辖权。地域管辖权,又称来源地管辖权,指一国要对来源于本国境内的所得行使征税权;居民管辖权,是指一国要对本国税法中规定的居民(包括自然人和法人)的所得行使征税权;公民管辖权,是指一国要对拥有本国国籍的公民的所得行使征税权。

税收居民也称作财政居民,它与居住管理法中的居民意义有所不同,它是指按照一国法律,由于住所、居所、停留时间、注册地或管理和控制地、总机构所在地以及其他标准下,在该国负有全面纳税义务的自然人或法人。它着重指的是长期在本国居住的纳税人。对于一个行使居民管辖权的国家来说,确定纳税人的居民身份是其正确行使居民管辖权的前提。

1. 自然人居民身份的判定

与自然人居民相对应的是在该国作短暂停留的过客。各国对自然人居民身份的判定都有一定的标准。主要有三个标准。

第一个标准是住所标准,各个国家对"住所"的法律定义都有所不同,但是,如果遵循的是住所标准,那么,凡是被认为住所设在该国的纳税人就是该国的税收居民。我国判定自然人税收居民的一个重要的标准就是住所标准。我国的个人所得税法规定,在中国境内有住所的个人,从中国境内和境外取得的所得要依照规定缴纳个人所得税。而我国的税法对"在中国境内有住所的个人"的判定是因户籍、家庭、经济利益关系而在中国境内习惯性居住的个人。

第二个标准是居所标准。居所与住所不同,住所是个人的久住之地,而居所它通常是指一个人连续居住了较长时期,但又不准备永久居住的居住地。实行居所标准的国家,居所设在该国的纳税人就是该国的税收居民。

第三个标准是停留时间标准。实行停留时间标准的国家认为,一个人尽管在该国没有住所或居所,但是如果在该国连续停留或累计停留的时间超过了该国的规定,那么他就被认为是该国的税收居民。

2. 法人居民身份的判定标准

法人一般是指依照有关国家法定程序成立的,有必要的财产和组织机构,能够独立享有民事权利和承担民事义务并能在法院起诉、应诉的社会组织。法人居民身份也有以下几个标准:注册地标准、管理和控制地标准、总机构所在地标准、选举权控制标准等。实施注册地标准的国家,不论该法人的管理机构所在地或业务活动地是否在本国境内,凡是按照该国的法律在该国注册登记组建的法人都是该国的法人居民。其他标准也与之类似。

第二节　　国际税收中性原则 Neutral Principles of International Tax

在国际税收中,国际税收中性强调国民的国外所得应由所在地政府课税,而母国政府对其不课征任何税收,也就是说课税对私人部门生产要素的相对价格没有影响。例如甲、乙两国发生贸易关系,税收中性时,税收不会改变两国私人部门生产要素的相对价格。或者当税收取消时,两国相对价格的变动方向相同。在实践中,完全税收中性是不存在的。

为了避免重复征税,各国的税收政策制定者对征收国际所得税采取了三种方式:从税中减去已征税(抵免法);外国征税后的收入再征税(扣除法);不征税(免税法)。这三种方式形成了三种学说,并各自认为其是税收政策的制定基础。这三种学说就是:资本出口中性;国家中性;资本进口中性。

1. 资本出口中性

资本出口中性的国家对居民来自国外所得的征税,既不鼓励、也不阻止他在国外的投资。因此,纳税人的国外所得与国内所得均负担相同的税率。

Capital-export neutrality is the criterion that an ideal tax should be effective in raising revenue for the government and not have any negative effects on the economic decision-making process of the taxpayer. That is, a good tax is one that is efficient in raising tax revenue for the government and does not prevent economic resources from being allocated to their most appropriate use no matter where in the world the highest rate of return can be earned. Obviously, capital-export neutrality is based on worldwide economic efficiency.

许多国家,对待国际税收采用抵免法,如美国。即一国政府在对本国居民的国外所得征税时,允许其用国外已纳的税款冲抵在本国应纳的税款,从而实际征收的税款为该居民应纳本国税款与已纳外国税款的差额。一般计算公式如下:

纳税人向居住国纳税额＝纳税人全部所得×居住国税率－纳税人已纳外国税款

例如:假设在美国的公司所得税率为34%,英国的公司所得税率为30%,如果美国母公司在英国的投资的税前利润是900万美元,那么

美国政府对该公司的国外所得应征税为:900×34%＝306万美元

允许抵扣的税款为:900×30%＝270万美元

美国应净征所得税为:306－270＝36万美元。

因此,无论美国母公司投资于英国还是美国,如果税前利润相同的话,投资的税后利润都是一样的。也就是说,资本出口中性下,对纳税人的国外国内所得一视同仁。因此,其考虑的目标不是获得税收的多少,而是使税收因素不影响跨国公司的投资地点的选择,从而使稀缺资本能够在世界范围内得到最有效的配置。

为了达到资本出口中性的目标,必须要考虑到以下三点:

（1）不同投资地点的投资利润率必须相同。沿用上面的美国母公司的案例,在两国所得税率不变时,如果美国母公司在英国获得的税前利润是 900 万美元,那么该美国母公司所纳税额为 306 万美元。其中交给英国的税款为 270 万美元,交给美国税款 36 万美元。而当美国母公司投资美国并获得税前利润为 900 万美元时,该美国母公司所缴纳的税款仍然为 306 万美元(900×34％),只是税款全部交给了美国。也就是说,当跨国公司在不同投资地点的投资利润率相同时,该跨国公司所交税款是无差异的,税收因素不影响跨国公司投资地点的选择。但是,如果不同投资地点的投资利润不同的话,如上例中,如果投资于英国的税前利润是 900 万美元,则跨国公司在英国投资的净利润为 594 万美元(900－900×34％)。而同样的投资额投资于美国的税前利润为 800 万美元时,跨国公司所获净利为 528 万美元(800－800×34％)。很显然,跨国公司会更愿意投资于英国。也就是说,运用纯粹的资本出口中性原则的国家,将鼓励纳税人到投资利润率最大的地区投资,而影响了跨国公司投资地点的选择。

（2）抵免限额。在收入来源国税率高于母国税率时,如果母国坚持资本中性原则,真正做到对国内外所得都按母国税率征税,母国就必须给跨国纳税人退税,这就损害了母国的利益。因此,资本出口中性原则下,一般都会规定一个抵免限额。所谓抵免限额是指国外所得按母国税率计征的税额。当纳税人在国外已纳税款低于抵免限额时,抵免额为国外已纳税款；而当国外已纳税款高于抵免限额时,抵免额就是抵免限额,超过抵免限额的部分不能抵免。

例如,同上例,如果英国的公司所得税率为 40％,则美国政府本应抵扣 900×40％＝360 万美元,高于其所得税应征额 306 万美元。如果没有抵免限额,则美国政府不仅没有净征所得税,反而应该退回所得税 54 万美元(360 万美元－306 万美元)。很显然,美国政府不会采取这种方式。而如果美国规定抵扣限额为 300 万美元,则美国净征所得税为 6 万美元(306 万美元－300 万美元)。

即当有抵免限额时,纳税人对居住国的纳税额的计算公式为：

纳税人向居住国纳税额＝纳税人全部所得×居住国税率－可抵免限额。

抵免限额的计算的方法也有分国限额抵免和综合限额抵免两种。

其中,分国限额抵免法下,居住国政府对其居民来自于每一个非居住国取得的所得,分别计算各自的抵免限额。其计算公式为：

某外国的抵免限额＝境内外总所得按居住国税法计算的应纳税总额×来源于某外国的所得额/境内外所得总额

综合限额抵免法是指居住国政府对居民来自不同国家的所得汇总相加，按居住国税率计算出一个统一的抵免限额。计算公式为：

综合抵免限额＝境内外总所得按居住国税法计算的应纳税总额×来源于境外的所得总额/境内外所得总额

（3）税收饶让。实行抵免制的国家必须同时考虑到，对来源国给予的税收优惠是否允许抵免，即是否允许税收饶让。实行税收饶让的国家，允许纳税人在收入来源国享受的税收优惠视同国外已纳税款进行抵免。这样，税收优惠的好处就能真正落到纳税人身上。否则，被投资国放弃的税收收入就会转化为投资国的税收收入，纳税人得不到税收优惠的好处。即对纳税人而言，税收优惠的边际收益为零。既然纳税人无法从跨国投资中受益，资本将偏向于在居住国投资，这是对资本出口中性原则的背离。

通过实行税收饶让，不同程度运用税收优惠吸引外国资金和技术，鼓励本国居民扩大对外投资和国际经济合作交流。总之，税收饶让对资金技术引进国与资金技术输出国都有益。因此，必须考虑到税收饶让这一因素。目前，实行抵免法的国家，尤其是发展中国家大部分都实行税收饶让。但是美国等国对此却较为消极，他们认为，如果实行税收饶让，就会造成资金和人员在其国家境内外的不正常流动，使资源得不到最佳配置。

2. 国家中性

国家中性把国家利益看成首要目标。国家中性的要点是资本不论分配于国内或国外，母国收回的资本总额都相等，资本总额不仅包括母国投资者的报酬，而且包括母国政府的税收。也就是说，国家中性只承认外国缴纳的所得税是国外投资的成本，只允许从收入中减去，而不能抵减本国税收。因此，它关心的重点不是资源在国际范围的合理分配，而是在国家内获得最高的税前利润，使母国的经济利益最大化。

With national neutrality, taxable income is taxed in the same manner by the taxpayer's national tax authority regardless of where in the world it is earned. In theory, national tax neutrality is a commendable objective, as it is based on the principle of equality. In practice, it is a difficult concept to apply. In the United States, for example, foreign-source income is taxed at the same rate as US-earned income and a foreign tax credit is given against taxes paid to a foreign government. However, the foreign tax credit is limited to the amount of tax that would be due on that income if it were earned in the United States. Thus, if the tax rate paid on foreign-source income is greater than the US tax rate, part of the credit may go unused. Obviously, if the US tax authority did not limit the foreign tax credit to the equivalent amount of US tax, US taxpayers would end up subsidizing part of the tax liabilities of US MNCs' foreign earned income.

国家中性下,政府会采取扣除法。即一国政府在对本国居民的国外所得征税时,允许将其负担的外国所得税作为费用从应税国外所得中予以扣除,只对扣除后的余额征税。

例如,如果美国一税收居民在某一纳税年度取得总所得 100 万美元,其中来自于美国的所得 70 万元,来自于加拿大的所得 30 万美元;美国的公司所得税率为 40%,加拿大的公司所得税率为 30%。该公司的纳税情况为:

缴纳的加拿大税款为:$30 \times 30\% = 9$ 万美元

来源于加拿大的应税所得:$30 - 9 = 21$ 万美元

来源于美国的应税所得:$70 + 21 = 91$ 万美元

在美国的应纳税款:$91 \times 40\% = 36.4$ 万美元

企业总的税款为 $36.4 + 9 = 45.4$ 万美元

在扣除法下,企业总税款为 45.4 万美元。如果该税收居民只负担美国的税收,纳税额为 40 万美元;如果双重征税,该税收居民负担 49 万美元。因此,扣除法能缓解重复征税,但却不能完全免除重复征税。

采取国家中性的国家认为,如果以国家中性为基础,即使国外投资与国内投资的税前利润率相同,本国投资者也会更倾向于投资于本国,而不会对外投资。如上例,如果仅投资于美国,税赋 40 万美元比国家中性下的 45.4 万美元的税赋要低,因此,国家中性认为,本国内的投资者更愿意在国内投资。

但是,尽管国家中性原则将国家利益放在首位,国家中性却是一种短视行为,它考虑的国家利益仅是眼前利益。如果某国依据国家中性,以限制本国投资者向国外投资,那么别的国家就会针对该国采取报复措施,也限制其国内资本投资于该国。因此,从长久来看并不利于该国利益。

3. 资本进口中性

当不同国籍的企业在被投资国家从事相同的生产活动所需支付的总税负都相同时,称为"资本进口中性"。资本进口中性原则的目的是,被投资国对所有国内企业与国外企业,都实行无差别待遇,使所有企业在公平竞争的基础上,从事商业经营活动,促使该国资源的有效利用。如实行资本进口中性的国家对国内外企业的股息、红利都征收预提税,对国内企业和国外企业实行无差别待遇。资本进口中性原则又被称为"竞争性"中性原则。

The third neutrality criterion is capital-import neutrality. To illustrate, this criterion implies that the tax burden a host country imposes on the foreign subsidiary of a MNC should be the same regardless in which country the MNC is incorporated and the same as that placed on domestic firms. Implementing capital-import neutrality means that if the US tax rate were greater than the tax rate of a foreign country in which a US MNC earned foreign income, additional tax on that income above the amount paid to the foreign tax authority would not be due in the United States. The concept of capital-import neutrality, like national neutrality, is based on the principle of equality, and its implementation provides a level competitive playing field for all participants in a single marketplace, at least with respect to taxation. Nevertheless, implementing capital-import neutrality means that a sovereign government follows the taxation policies of foreign tax authorities on the foreign-source income of its resident MNCs and that domestic taxpayers end up paying a larger portion of the total tax burden. Obviously, the three criteria of tax neutrality are not always consistent with one another.

坚持资本进口中性原则的国家,采用免税法来消除国际双重征税。所谓免税法,又称"豁免法",指跨国企业在国外经营或投资所获得的已向外国政府纳税的所得可以在本国获得免税。

例如:某国某公司某年度的国内投资所得是 200 万美元,国外投资所得是 300 万美元。如果该国政府的公司所得税为 30%,则该国政府向该公司征税 60 万美元(200×30%)。对 300 万美元的国外所得不再课征任何税收,而由被投资国政府征收。

免税法的具体计算方法有两种:全额免税和累进免税。全额免税法是指一国政府对本国居民的国外所得不予征税,并且在确定对其国内所得征税的税率时也不考虑这笔免于征税的国外所得;累进免税法是指一国政府对于本国居民的国外所得不予征税,但是在确定对其国内所得征税的税率时,要将这笔免于征税的国外所得与国内所得汇总考虑。

例如:假定甲国一税收居民在某纳税年度中总所得100万美元,其中来自于本国的收入是70万美元,来自于乙国的所得是30万美元。并且,甲国实行全额累进税率,其中,应税所得为51~90万美元的使用税率为35%,91~100万元的适用税率是40%;乙国实行30%的税率。

那么全部免税法下,甲国对国外所得不予征税,并且确定税率时也不考虑该笔收入,因此,税率应是收入70万美元对应的35%。

甲国应征所得税=70×35%=24.5万美元

累进免税法下,甲国对国外所得也不予征税,但是在确定税率时要考虑国外所得,因此,税率应是收入100万美元对应下的40%。

甲国应征所得税=70×40%=28万美元。

在资本进口中性原则下,母国完全放弃了居民税收管辖权,它承认来源国对国外投资的征税有效,对其居民来自外国的所得免税,能有效地消除国际重复征税,但是国家也会因此而牺牲了一部分财政收入。同时,它可能会鼓励其税收居民,当外国的税率低于本国税率时,会投资于国外而不进行国内投资,或者将国内所得转移到国外进行避税。因此,目前,除了少数避税港和欧共体部分成员国之间采用免税法外,只有在签订了税收协定的国家之间才采用这一方法。

因此,坚持资本进口中性的国家在采取免税法的同时,为了尽可能防止财政损失或为了防止一笔所得国内、国外都不被征税,或被征较低的税,实行免税法的国家对免税的实行都有很严格的限制条件。

第三节 跨国公司的国际税收筹划 International Tax Planning of Transitional Corporation

所谓跨国公司的国际税收筹划是指跨国纳税人运用合法的方式,在各国既定的税法和税制体系许可的范围内,在从事跨国经营时,利用各国税法的差异和国际税收协定中的缺陷,通过对跨国经营活动进行事先的筹划和安排,使全球经营中的总纳税义务降到最低程度,从而实现全球税后收益最大化的行为。

一、国际税收筹划产生的客观条件（Objective Conditions for International Tax Planning）

跨国公司国际税收筹划产生的客观条件的根本原因在于各国税制的差异性。具体的客观条件表现在：

（一）各国税收管辖权范围和程度上的差异

各国行使的税收管辖权有居民管辖权、地域管辖权和公民管辖权三种。而且，各国对税收居民、收入等相关规范的界定和判断标准也会各有不同。正是因为存在着这种差异，跨国公司可以利用这些差异来规避纳税义务。例如，如果某国家判定居民居住的时间是183天，另有国家是365天，那么，如果该纳税人在前一个国家居住小于183天，在另一个国家居住剩余天数。很显然，在后一个国家居住的天数会小于365天，这样，两个国家都无法依据居民管辖权对该纳税人征税。

（二）各国税率、税基的差异

税率的差异主要表现在税率的高低和税率结构上面。各国之间税率的高低是存在差异的，如某些国家的税率很高，而一些国家，如巴哈马和开曼群岛等不存在所得税和资本利得税。另外，在所得税制度中，各国的税率可能采取比例税率或者累进税率。另外，税基在各国也不同。税基是课税的依据，如所得课税时的税基即为应税所得。一般情况下，税收优惠越多，税基越小，税收优惠越小，税基就越大。跨国公司可根据各国税率和税基的差异进行税收筹划。

（三）避免重复征税的方法不同

上面我们讲过，在不同的税收中性基础上，各国对于重复征税的方法也不同，有的国家采取免税法，有的国家采取扣除法，有的国家采取抵免法等。各国避免重复征税的方法不同，也是跨国公司进行国际税收筹划的客观条件之一。

二、跨国公司进行国际税收筹划的主要方式（Main Approach of Transitional Corporation's International Tax Planning）

因为各国税收的差异，跨国公司用以合理避税的方法很多。以下着重介绍避税地、转移定价等几种方法。

（一）利用国际避税地的国际税收筹划方式

国际避税地通常是指那些可以被人们借以进行所得税或财产税国

际避税活动的国家和地区,它的存在是跨国纳税人得以进行国际避税活动的重要前提条件。对于避税地的概念各国的界定各不相同。

A tax haven country is one that has a low corporate income tax rate and low withholding tax rates on passive income. Some major tax haven countries are the Bahamas, Bahrain, Bermuda, British Virgin Islands, Cayman Islands, Channel Islands (Guernsey and Jersey), Hong Kong, and the Isle of Man. Additionally, in Hong Kong and Panama, foreign-source income is exempt from taxation.

In Ireland and the Netherlands Antilles, special tax incentives or tax holidays are granted for businesses that will earn hard currency or develop export markets. In Puerto Rico, certain businesses are granted a reduced flat income tax rate of 7 percent applicable to industrial development income, which in some areas may be further reduced to 2 percent. In Liechtenstein and in many instances in Switzerland, holding companies are exempt from certain income taxes. Similarly, in Luxembourg, a foreign company is subject to taxation only if it has a permanent establishment in the country.

2000年6月26日,经合组织发布了一份题为《认定和消除有害税收行为的进程》的报告,报告中列出了35个国际避税地。列入国际避税地的国家和地区都符合以下标准:(1)有效税率为零或只有名义的有效税率;(2)缺乏有效的信息交换;(3)缺乏透明度;(4)没有实质性经营活动的要求。为了反避税的需要,国家会密切地关注本国公司与符合避税地标准或在避税地名单上的国家(地区)中的受控子公司的交易,甚至可能采取一定的反避税措施。

跨国公司利用国际避税地进行税收筹划,实际上是回避税收管辖权,最主要的途径就是在避税地建立基地公司,其有代表性的形式有:虚假的中转销售公司、控股公司、信托公司和金融公司。

Tax havens were once useful as locations for a MNC to establish a wholly owned "paper" foreign subsidiary that in turn would own the operating foreign subsidiaries of the MNC. Hence, when the tax rates in the host countries of the operating affiliates were lower than the tax rate in the parent country, dividends could be routed through the tax haven affiliate for use by the MNC, but the taxes due on them in the parent country could continue to be deferred until a dividend was declared by the tax haven subsidiary.

1. 在避税地建立销售中心。跨国公司为了合理避税,会选择在避税地设立一个销售中心。该销售中心是一个资金经营型公司,设立销售中心的目的在于当各子公司之间进行商品贸易时,扮演转账角色。其具体的做法是:某跨国公司在避税港设立一个销售中心。当甲子公司需要向乙子公司供应商品或原材料时,由于甲、乙子公司所在国的公司所得税率较高,甲、乙子公司可以协议,由甲子公司名义上把货物以较低的价格卖给销售中心,然后销售中心再以较高的价格把货物转售给乙子公司,以达到利用销售中心所在避税地的较低的税率来规避税收的目的。但是,要注意的是,货物是虚假销售给销售中心的。销售中心实际上并没有接触到商品或原材料。

2. 建立控股公司。跨国公司在海外进行直接投资或购买外国公司的股份时,通常要面临两方面的税收,即东道国对汇出股息征收的预提税和居住过的公司所得税。跨国公司在进行国际税收筹划时为避免或减少这笔税收开支,通常在一个有广泛税收协定的国家建立控股公司。

所谓的控股公司是指为了控制而非投资的目的拥有其他一个或若干个公司大部分股票或证券的公司。由于控股公司建在有广泛税收协定的国家,因此,它从其他国家取得股息时就会很容易享受到股息来源国的预提税优惠。在避税地建立控股公司时,下属公司将所获得的利润以股息形式汇到避税地控股公司。由于预提税的优惠,跨国公司的税负就有所减轻。

One way a person or company takes advantage of tax havens is by moving to, and becoming resident for tax purposes in, an appropriate country. Another way for an individual or a company to take advantage of a tax haven is to establish a separate legal entity (an offshore company, offshore trust or foundation), subsidiary or holding company there. Assets are transferred to the new company or trust so that gains may be realised, or income earned, within this legal entity rather than earned by the beneficial owner.

例如,A国子公司支付给B国母公司的股息为100万美元,要缴纳税率为30%的预提税。而如果在某国建一家控股公司100%控股A公司,假设该子公司从A国向控股公司所在国转移股息的税率为10%,从避税地向B国母公司转移股息没有税率,那么,在建立控股公司下可以减轻税负20万美元(100×30%－100×10%)。

3. 在避税地建立信托公司。跨国公司可以在避税地设立一家信托公司,然后把它的财产信托为避税地信托公司的资产,信托财产的经营所得会挂在避税地信托公司的名下。因此,这部分所得的税率会低于财产所在地的税率,从而可以达到避税的目的。其具体的操作是:高税国A国纳税人为了避税,在避税地B国开设一家信托公司,此纳税人把其财产信托给该信托公司,与其签订契约或合同,约定信托公司必须按照纳税人的指令经营信托的财产。因此,在跨国公司的财产信托给信托公司时,并不意味着信托的资产转移到了避税地,资产信托人和受益人也不一定是避税地的居民。但信托资产的经营所得却归信托公司名下,从而可以利用避税地的低税率进行避税。

4. 在避税地建立金融公司。避税地金融公司是指为跨国公司集团内部借贷业务充当中介人或为第三者提供资金的公司。

首先,跨国公司可以利用该金融公司安排借款。如果跨国公司在A国的甲子公司需要一笔资金,甲子公司向B国某公司借款。如果A、B两国无税收协定,那么在甲公司向B国贷款者支付利息时,A国会征收较高的预提税。贷款公司的贷款条件也会对甲公司更为不利。而如果利用金融公司借款,则因为金融公司所在避税地在预提税上的优惠,从而降低了税负。

另外,跨国公司也可以利用该金融公司安排贷款。金融公司不仅可以融通跨国公司内部的资金,而且可以通过从事向非关联企业的正常贷款业务,获得利息收入。通过在避税地设立金融公司,还可以使利息收入不纳税或少纳税,或取得高税国对公司集团支付利息进行税收扣除的许可,或根据有利的税收协定使利息支付国不征或少征预扣税,从而可以减轻跨国公司整体的税负。

These days the benefit of a tax haven subsidiary for US MNCs has been greatly reduced by two factors: One is that the present corporate income tax rate in the United States is not especially high in comparison to most non-tax-haven countries, thus eliminating the need for deferral; the second factor is that the rules governing controlled foreign corporations (the topic to be discussed next) have effectively eliminated the ability to defer passive income in a tax haven foreign subsidiary.

(二)利用转让定价方式(transfer price)

所谓转让定价是指公司集团内部机构之间或关联企业之间相互提

供产品、劳务或财产而进行的内部交易作价;通过转让定价所确定的价格称为转移价格。而发生在跨国公司集团内部交易方面的转让定价被称为国际转让定价。

Within a large business firm with multiple divisions, goods and services are frequently transferred from one division to another. The process brings into question the transfer price that should be assigned, for bookkeeping purposes, to the goods or services as they are transferred between divisions. Obviously, the higher the transfer price, the larger will be the gross profits of the transferring division relative to the receiving division. Even within a domestic firm, it is difficult to decide on the transfer price. Within a MNC, the decision is further compounded by exchange restrictions on the part of the host country where the receiving affiliate is located, a difference in income tax rates between the two countries, and import duties and quotas imposed by the host country.

由于转让定价发生在跨国公司集团的内部成员之间,而这些成员相互之间在经营管理和经济利益方面又存在着紧密的联系,因此国际关联企业的转让定价往往受跨国公司集团利益的支配,而并不一定受市场一般供求关系的约束,也有可能不符合市场竞争原则。因此跨国公司可以按高于或低于正常市价的内部价格进行交易,实现集团内部母公司与子公司、子公司与子公司之间利润的转移,从而使跨国公司整体税负水平下降。因此,转让定价的这种特殊性,决定了它在跨国公司集团的内部管理和国际避税方面有着广泛的用途。

例如:A 和 B 是跨国关联企业,其中 A 公司所在国的公司所得税率为 30%,B 公司所在国的公司所得税率为 40%。假设 B 公司生产的产品 100 万件,每件成本为 10 美元。B 把该产品以一定的价格转让给 A,再由 A 以 20 美元的价格对外销售。

如果 B 公司以每件 15 美元卖给 A 公司,则其所得税为:
$100 \times (15-10) \times 40\% + 100 \times (20-15) \times 30\% = 350$ 万美元
而如果 B 公司以每件 10 美元的成本价卖给 A 公司,所得税为:
$100 \times (10-10) \times 40\% + 100 \times (20-10) \times 30\% = 300$ 万美元。

很显然,由于关联双方公司所得税率的差异,处于高所得税率的国家 B 公司可以把利润转让给处于低所得税率国家的 A 公司,从而获得总的税收减少的效果。

关联企业利用转让定价转移利润，进行避税的具体做法很多，一般有如下几种：

1. 在有形商品交易中进行转让定价避税。主要做法是在关联公司之间供应原材料或销售商品时，如果甲子公司所在国的公司所得税率较高，乙子公司所在国的公司所得税率较低，那么为了最小化甲乙两个子公司的税负，就可把甲子公司的利润转出一部分给乙子公司。此时甲子公司可以向乙子公司低价出售原材料或商品，或者乙子公司向甲子公司高价销售原材料或商品，也即转出利润方可以采取"高进低出"或"低进高出"的方法。转出利润则相反。通过这种做法，就可实现利润从高税国转移到低税国或避税地的流动。

2. 对无形资产的转让定价避税。无形资产使用费包括专利、专有技术、商标以及商誉等。由于无形资产有时并不像有形商品那样通常有可比价格，国家就不能拿市场标准来衡量跨国公司内部交易无形资产的转让价格，因而很难对无形资产的价格进行限制。因此，跨国公司可以利用无形资产的转让价格来实现利润从高税国向低税国或避税地的移动。

跨国公司使用转移定价，一般是为了减轻关税税负、减轻公司所得税负、规避预提税。

1. 利用转移定价以减少所得税。跨国公司通过在内部贸易中采取转移定价将利润由高公司所得税率国家的子公司转移到低公司所得税率国家的子公司，从而可以减少跨国公司总的所得税。如上可知，跨国公司处于高税率国家的子公司通常采取"高进低出"或"低进高出"的方法向处于低税率国家的子公司转移利润。其转移利润的主要的目的就是为了减少所得税。

2. 利用转移定价以减少预提税。各国对外国公司或个人在本国境内取得的消极所得，如股息、利息、租金、特许权使用费等，往往会收预提税。那么当子公司向母公司支付股息、利息、租金、特许权使用费时，子公司就会被征收预提税。为了避免这部分税收，子公司可以通过同母公司进行商品交易时，通过低价向母公司销售或低价向母公司购货的方法，来向母公司转移利润，以代替股息、利息、租金等需要缴纳预提税的费用的支付，从而达到避税的目的。

3. 利用转移定价以减少关税。关税的征收额是以交易的价格与关税的税率为依据的。因此利用转移定价减少关税的具体做法有两种：一种是降低关税征收的基数，即跨国公司内部企业之间把交易的价格降低;另一种可以利用区域性关税同盟或有关协定的优惠规定逃避关税。

Governmental authorities are quite aware of transfer pricing schemes used by MNCs to reduce their worldwide tax liability, and most countries have regulations controlling transfer prices. These regulations typically state that the transfer price must reflect an arm's-length price, that is, a price the selling affiliate would charge an unrelated customer for the good or service. However, an arm's-length price is frequently difficult to establish and evaluate; thus, there exists a window of opportunity for some maneuverability by a MNC to use transfer pricing strategies to reduce its worldwide tax liability.

第四节　国际税收的协调 International Tax Coordination

一、国际税收协调的含义(Concept of International Tax Coordination)

国际税收协调就是相关国家采取共同措施来处理国际间的税收问题。由于税收协调的范围、程度不同,国际税收协调可以划分为多个阶段:协定、公约、税收一体化。目前世界经济合作与发展中的国际税收协调是国际税收一个相当重要的环节。

二、国际税收协调的必要性(Necessity of International Tax Coordination)

首先,国际税收协调有利于各国经济共同发展。国际相互依存已经成为世界各国有识之士的共识。各国经济发展经常处于不平衡状态,发达国家与发展中国家的差距正在扩大。发达国家认识到自身的未来发展有待于对方的发展;发展中国家也认识到自身的发展依赖于能否有效地参与世界经济合作。因此,南北国家都希望积极参与国际税收的协调。

其次,国际税收协调是国际经济交流的需要。国际经济交流涉及商品、资本、人员流动等经济生活的方方面面。它要求避免相关国家的双重征税,税制的互相衔接,公平税负,无税收歧视等等。只有这样,国际经济交流才能正常、顺利进行。

再次,国际税收协调可避免由于各国税制的差异对国际经济活动产生不良影响。例如:(1)跨国经营企业为了适应和遵守各国不同的税制,需要增加相应的管理工作和管理费用,这不利于国际资本流动。

(2)各国的各种不同的减免税措施,使跨国企业以非经济方式进行国际贸易和国际投资,导致资源配置扭曲。(3)双重征税风险阻碍有益的国际贸易和国际投资活动。(4)各国为吸收外资而实行不同的税收政策,相互竞争必然会演变成无休止的争斗,最终影响国际经济繁荣。而国际税收协调则可避免或缓解上述种种不良作用的产生。

三、国际税收协定(International Tax Agreement)

国际税收协定是指两个或两个以上的主权国家为了协调相互间的税收关系和处理税务方面的问题而通过谈判缔结一宗协议或条约。国际税收协定的作用:

Tax treaties exist between many countries on a bilateral basis to prevent double taxation (taxes levied twice on the same income, profit, capital gain, inheritance or other item).

Tax treaties tend not to exist when either party regards the other as a tax haven, for obvious reasons. There are a number of model tax treaties published by various national and international bodies, such as the United Nations and the OECD.

国际税收协定按照参加国家的多少,可以分为双边和多边两类;按照涉及内容范围的大不,可以分为一般与特定两种形式。凡由两个国家参加签订的协定,称为双边国际税收协定。凡由两个以上国家参加签订的协定,称为多边国际税收协定。凡协定内容一般地适用于缔约国之间各种国际税收问题的,称为一般国际税收协定。凡协定内容仅仅适用于某项业务的特定税收问题的,则称为特定国际税收协定。此外,在一些国家之间签订的非税收条约,如友好条约、商务条约和航海条约,有时也会包括若干处理有关国际税收问题的条款在内。这就不属于我们这里所专门讲的国际税收协定了。以上这些国际税收协定,由有关国家政府之间谈判签订以后,还必须通过各自国家的正式批准,并经外交途径互换批准文件,然后方可生效。在协定有效期满后,只要原缔约国中任何一方经由外交途径发出终止通知,该协定即自动停止生效。在国际税收协定的整个有效期间内,缔约国有关各方,都必须对协定中的一切条款承担义务。任何一方的原有单方面规定,如有与协定内容相抵触的,必须按照协定的条款执行。

(一)税收协定对解决国际重复征税问题的作用

国际重复征税指两个或两个以上国家在同一时期内,对同一或不同跨国纳税人的同一征税对象或同一税源，实行相应的税收管辖权征收相同或类似的税收。严格说来，国际重复征税包括涉及两个国家的国际双重征税和涉及两个以上国家的国际多重征税。在实践中，国际双重征税现象较为普遍，因此，国际重复征税也主要是指国际双重征税。

The concept of international double taxation that bilateral tax treaties includes some types of economic double taxation—that is, taxation of something already taxed under another country's laws whether or not it is formally subject to multiple levels of taxation. For example, many tax treaties operate to provide tax relief to a corporate group when a state has imposed a corporate income tax on profits earned by a subsidiary corporation and another state otherwise would impose a corporate income tax on its parent corporation when those profits are distributed as a dividend.

总的来说，税收协定旨在消除大多数形式的国际重复征税，以及其他各种形式的国际重复征税。因为国际重复征税会对国际贸易与投资带来灾难性的影响。税收协定对消除国际重复征税的作用主要有四点：

First, a bilateral tax treaty generally increases the extent to which exporters residing in one contracting state can engage in trading activity in the other contracting state without attracting tax liability in that latter. The second state can usually only impose tax on the business profits of a person who is resident in the other state if they operate in the second state through a permanent establishment there.

Second, when a resident of a contracting state does engage in a sufficient activity in the other contracting state for that state to have the right to tax, the treaty establishes certain guidelines on how that income is to be taxed; that is, in general, which profits are attributable to the permanent establishment in the second state. For example, those guidelines may assign to one contracting state or the other the primary right of taxation with respect to particular categories of income. They may, in certain cases, provide for the allowance of deductions in measuring the amount of income subject to tax. They may require a reduction in the withholding taxes otherwise imposed by a contracting state on payments made to a resident of the other contracting state.

Third, a bilateral tax treaty provides a dispute resolution mechanism that the contracting states may invoke to relieve double taxation in particular circumstances not dealt with explicitly under the treaty.

Fourth, where income or gains remain in principle taxable in both contracting states, the state of residence of the taxpayer will relieve the double taxation that results either by allowing a credit for the tax paid in the other state or by exempting the income or gain from its own tax in practice.

(二)国际税收协定的产生和发展

世界上最早的国际税收协定是1843年比利时与法国签订的。20世纪以来,随着国际经济交往的发展,国际税收协定的签订亦得到发展,尤其是两个国际税收协定范本的问世,使国际税收协定从单项向综合、从简单到规范、从随机性到模式化的演变过程发展到了一个新阶段,它标志着国际税收关系的协调已基本趋于成熟。

1940年和1943年,国际联盟财政委员会前后两次在墨西哥举行区域性会议,拉丁美洲国家、加拿大和美国的代表出席了会议。后一次会议通过了对所得防止双重征税双边协定及其议定书范本。这份被称作"墨西哥文本"的税收协定范本的突出特点是强调了收入来源地国家的优先征税权。1946年3月财政委员会在伦敦召开第十次会议,重新起草了税收协定的"伦敦文本"。其内容结构虽然基本保持了"墨西哥文本"的框架,但对经营所得以及股息、利息、特许使用费收入强调居民所在国具有优先的征税权。"伦敦文本"为以后出台并流行于世的经合组织协定范本定下了基调。

第二次世界大战以后,起先是由欧洲经济合作组织草拟了国际税收协定范本。此后包括有澳大利亚、奥地利、比利时、加拿大、丹麦、芬兰、法国、联邦德国、希腊、冰岛、爱尔兰、意大利、日本、卢森堡、荷兰、新西兰、挪威、葡萄牙、西班牙、瑞士、土耳其、英国、美国等24个成员国的经济合作与发展组织的财政事务委员会继续进行了研究工作。于1963年提出了税收协定草稿,随后发表了《关于对所得和财产避免双重征税协定范本》。1963年至1977年这一段时间,经合组织成员国之间签订了179个全面性的税收双边协定。在实践基础上,1977年经合组织修改并正式通过了上述的税收协定范本。此外,1966年公布了关于遗产税协定范本(草稿),1982年又补充上有关赠与税的内容。此外,联合国还于

1979年制定了具有相当影响的联合国税收协定范本。发展中国家之间及发展中国家与发达国家之间签订的税收协定主要依照联合国税收协定范本。据联合国统计,除关税外,截止到20世纪80年代初期,国际上的各种税收协定已有1300多个。自从世界上出现地区性经济集团和大国政治集团后,继双边税收协定后,又产生了多边税收协定。多边税收协定是在双边税收协定的基础上发展起来的。由于涉及的国家较多、涉及的范围较广,协调起来比较困难,因而目前缔结的多边协定还不多。主要有1971年签订的《印第安集团内避免双重征税的协定》,1972年北欧五国签订的《税务行政协助的协定》,1975年欧共体与非洲、加勒比地区和太平洋地区发展中国家签订的《洛美协定》等。综上所述,国际税收协定自1843年出现以来,经历了一个从单项到综合、从双边到多边、从随机到模式化的发展过程。

(三)国际税收协定范本

国际税收协定产生初期,签订税收协定国家比较少。进入本世纪以后,世界经济一体化的进程不断加快,越来越多的国家加入到签订国际税收协定的行列。因此,迫切需要制定出国与国之间签订税收协定时可供参照和遵循的国际标准。国际税收协定范本就是在这种国际环境下产生的。国际税收协定范本的主要作用在于为各国签订税收协定提供一个规范性样本,为解决协定谈判过程中遇到的技术性难题提供有效的帮助。税收协定范本具有两个特征:一是规范化,可供签订国际税收协定时参照;二是内容弹性化,能适应各国的实际情况,可由谈判国家协商调整。

如前所述,1977年,经合组织正式通过了《关于对所得和财产避免双重征税协定范本》。

For most types of income, especially business profits and investment income, double taxation is avoided in treaties based on the OECD Model Tax Convention by allocating taxing rights between the resident and source countries and by requiring the former to eliminate double taxation where there are competing taxing rights.

Most bilateral tax treaties follow both the principles and the detailed provisions of the OECD Model. There are close to 350 treaties between OECD Member countries and over 1500 world-wide which are based on the Model, and it has had considerable influence on the bilateral treaties between non-member countries.

As a sign of that influence, the Working Party on Tax Conventions and Related Issues has regular contact with non-OECD members to discuss developments in the Model and problems of application and interpretation of bilateral treaties.

As part of its regular work, the Working Party is currently deliberating a number of issues, which could result in further changes to the Model and the Commentary thereon.

联合国范本的产生背景是因为 60 年代以后,有大量的发展中国家加入联合国。它们认为经合组织范本倾向于发达国家利益,没有全面反映发展中国家的要求。为此,联合国经济及社会理事会通过了一项决议,要求秘书长成立一个由发达国家与发展中国家代表组成的专家小组,研究制订能够广泛代表不同区域和不同税收制度的国际税收协定范本。联合国税收专家小组拥有 18 个国家的代表,其中 8 个来自发达国家,10 个来自发展中国家。这个税收专家小组于 1979 年通过了《关于发达国家与发展中国家间避免双重征税协定范本》。联合国税收协定范本的主要意义在于探索一条关于发达国家与发展中国家缔结税收协定的便利途径,并且制定适用于这些协定的指导原则。这些指导原则,要既符合发达国家,也符合不发达国家的利益。联合国范本与经合组织范本的基本不同点在于,联合国范本强调收入来源管辖权原则;经合组织范本虽然在某些特殊例子中承认收入来源管辖权原则,但强调的是居住管辖权原则,比较符合发达国家利益。

(四) 中国对外签订的税收协定

中国同外国缔结税收协定的工作,是自 1978 年实行对外开放政策以后才开始的。1978 年以前,中国与其他国家一般只是通过税收换文或在某些经济活动的协定中写上税收条款,达到对某项特定经济活动的收入或所得实行税收互免的目的。1978 年以后,我国对外缔结双边税收协定的工作,是从签订单项税收协定开始的。最早签订的单项税收协定是 1979 年 1 月 23 日在巴黎签订的《中华人民共和国政府和法兰西共和国政府关于互免航空运输企业税捐的协定》。为了适应对外开放,引进外资和技术及对外发展经济合作的需要,从 1981 年起,中国对外开始进行缔结综合税收协定的谈判工作。最早签订的综合税收协定是 1983 年 9 月 6 日在北京签订的《中华人民共和国政府和日本国政府关于对所得避免双重征税和防止偷漏税的协定》。截止到 2007 年 1 月 1 日,我国已先后同日本、美国、法国、英国、比利时、德国、马来西亚、挪威、丹麦、新加坡、芬兰、加拿大、瑞典、新西兰、泰国、意大利、荷兰、原捷克斯洛伐克、波兰、澳大利亚、保加利亚、巴基斯坦、科威特、瑞士、塞浦路斯、西班牙、罗马尼亚、奥地利、巴西、蒙古、匈牙利、马耳他、阿拉伯联合酋长国、卢森堡、韩国、俄罗斯、巴布亚新几内亚、印度、毛里求斯、克罗地亚、白俄罗斯、斯洛文尼亚、以色列、越南、土耳其、乌克兰、亚美尼亚、牙买加、冰岛、立陶宛、拉脱维亚、乌兹别克斯坦、孟加拉国、南斯拉夫、苏丹、马其顿、埃及、葡萄牙、爱沙尼亚、老挝、塞舌尔、菲律宾、爱尔兰、南非、巴巴多斯、摩尔多瓦、古巴、哈萨克斯坦、印度尼西亚、阿曼、突尼斯、伊朗、巴林、吉尔吉斯、委内瑞拉、斯里兰卡、阿尔巴尼亚、格鲁吉亚、墨西哥、沙特阿拉伯等80个国家正式签署了避免双重征税协定，全部生效和执行。

本章小结 (Summary)

国际税收则是指在开放的经济条件下，因纳税人的经济活动扩大到境外，以及国与国之间的税收法规存在差异或相互冲突而带来的一些税收问题和税收现象。国际税收与国家税收是不同的。

世界各国政府普遍征收的税种包括：所得税、预提税、增值税。

一国的税收管辖权在征税范围上必须遵从属地原则或属人原则。

在国际税收中，国际税收中性强调国民的国外所得应由所在地政府课税，而母国政府对其不课征任何税收，也就是说课税对私人部门生产要素的相对价格没有影响。

为了避免重复征税，各国的税收政策制定者对征收国际所得税采取了三种方式：从税中减去已征税（抵免法）；外国征税后的收入再征税（扣除法）；不征税（免税法）。这三种方式形成了三种学说，并各自认为其是税收政策的制定基础。这三种学说就是：资本出口中性；国家中性；资本进口中性。

所谓跨国公司的国际税收筹划是指跨国纳税人运用合法的方式，在各国既定的税法和税制体系许可的范围内，在从事跨国经营时，利用各国税法的差异和国际税收协定中的缺陷，通过对跨国经营活动进行事先的筹划和安排，使全球经营中的总纳税义务降到最低程度，从而实现全球税后收益最大化的行为。

因为各国税收的差异，跨国公司用以合理避税的方法很多。本教材着重介绍避税地、转移定价等几种方法。

国际税收协调就是相关国家采取共同措施来处理国际间的税收问

题。由于税收协调的范围、程度不同，国际税收协调可以划分为多个阶段：协定、公约、税收一体化。目前世界经济合作与发展中的国际税收协调是国际税收一个相当重要的环节。

国际税收协定是主权国家为了协调相互间的税收关系和处理税务方面的问题而通过谈判缔结一宗协议或条约。

国际税收协定按照参加国家的多少，可以分为双边和多边两类；按照涉及内容范围的大小，可以分为一般与特定两种形式。凡由两个国家参加签订的协定，称为双边国际税收协定。凡由两个以上国家参加签订的协定，称为多边国际税收协定。凡协定内容一般地适用于缔约国之间各种国际税收问题的，称为一般国际税收协定。凡协定内容仅仅适用于某项业务的特定税收问题的，则称为特定国际税收协定。

国际重复征税指两个或两个以上国家在同一时期内，对同一或不同跨国纳税人的同一征税对象或同一税源，实行相应的税收管辖权征收相同或类似的税收。总的来说，税收协定旨在消除大多数形式的国际重复征税，以及其他各种形式的国际重复征税。

据不完全统计，截止到 2007 年 1 月 1 日，我国已先后同 80 个国家正式签署了避免双重征税协定。

思考题

1. 简述国际税收与国家税收的概念。
2. 试述国际税收中性原则。
3. 试述跨国公司进行国际税收筹划的主要方式。

附录 汉英词汇对照表
Chinese-English Dictionary

避税地	Tax Haven
标准差	Standard Deviation
标准普尔	S&P (Standard And Poor's)
波动性	Volatility
不良资产	Non-Performing Asset
不良贷款	Non-Performing Loan
财产	Property
财务	Finance
财务表现	Financial Performance
财务会计	Financial Accounting
财务年度	Fiscal Year
财政政策	Fiscal Policy
CAMELS评级制度	CAMELS Rating System
长期负债	Long Term Liabilities
长期债券	Long Bond
长期债务	Long Term Debt
偿还债务	Repayment
出口	Export
存款、押金	Deposit
代理人	Agent
贷款	Loan
担保人	Guarantor
到价	At the Money

到期日	Expiration Date
道琼斯工业平均指数	Dow Jones Industrial Average (DJIA)
道氏理论	Dow Theory
掉期	Swap
掉期利率	Swap Rate
掉期息差	Swap Spread
定量分析	Quantitative Analysis
定期存款	Time Deposit
定性分析	Qualitative Analysis
董事会	Board of Directors
多元化	Diversification
发行成本	Flotation Cost
发行人	Issuer
发行、上市	Flotation
发行说明书	Offering Circular
行业	Industry
合并	Merger
恒生指数	Hang Seng Index (HSI)
横向合并	Horizontal Merger
横向整合	Horizontal Integration
混合证券	Hybrid Security
货币供应	Money Supply
货币期货	Currency Futures
货币期权	Currency Option
货币市场	Money Market
货币远期	Currency Forward
基本面分析	Fundamental Analysis
技术分析	Technical Analysis
借项、借方	Debit
金融中介机构	Financial Intermediary
进口	Import
经济体系	Economy System
经济萧条	Depression
净出口值	Net Exports

净亏损、净损失	Net Loss
净收入	Net Income (NI)
净收益	Net Proceeds
可变成本	Variable Cost
可交换债务	Exchangeable Debt
控股公司	Holding Company
库存、存货	Inventory
库存置存成本	Carrying Cost of Inventory
库存周转率	Inventory Turnover
跨国企业	Multinational Corporation
利率	Interest Rate
利率掉期	Interest Rate Swap
利率平价理论	Interest Rate Parity
利润	Profit
利润率	Profit Margin
流动资产	Current Assets
每股盈利	Earnings Per Share (EPS)
纽约股票交易所	New York Stock Exchange
欧洲银行	Eurobank
欧洲债券	Eurobond
票据	Note
评级	Rating
评级机构	Rating Agency
期货	Futures
期货市场	Futures Market
期权	Option
企业融资	Corporate Finance
全资拥有子公司	Wholly Owned Subsidiary
商业票据	Commercial Paper
商业银行	Commercial Bank
上市公司	Public Company
上市证券	Listed Security
收购	Acquisition
双重征税	Double Taxing

套汇	Arbitrage
投资	Investment
投资环境	Investment Climate
投资银行	Investment Bank
外国直接投资	Foreign Direct Investment (FDI)
武士债券	Samurai Bond
现金	Cash
现金流	Cash Flow
项目融资	Project Finance
信贷、信用、贷项	Credit
信用证	Letter of Credit
扬基债券	Yankee Bond
优先股	Preferred Stock
优先权	Preemptive Right
有价证券	Marketable Securities
债权人	Creditor
债券	Bond
证券	Security
指数	Index
中央银行	Central Bank
资本成本	Cost of Capital
资产	Asset
资金成本	Cost of Funds

参考书目
References

1. 【美】艾伦·C·夏皮罗.《跨国财务管理基础》.中信出版社,2002年5月
2. 【美】杰费·马杜拉.《国际财务管理》.东北财经大学出版社,2002年6月
3. 【美】斯科特·贝斯利,尤金·F·布里格姆.《财务管理精要》.机械工业出版社,2004年2月
4. 财政部注册会计师考试委员会办公室.《财务成本管理》.经济科学出版社,2003年4月
5. 曹秋菊,唐自平. 论企业跨国投资的风险与防范. 湖南商学院学报,2003年第10期
6. 陈新跃,侯钢珊. 跨国并购动因初探. 武汉交通科技大学学报(社会科学版),1999年第1期
7. 傅京燕,国际保理——一种新型的国际贸易结算方式. 北京工商大学学报(社会科学版),2002第5期
8. 朱青.《国际税收》.中国人民大学出版社,2003年9月
9. 周永明. 中国企业跨国经营的经济风险与对策. 桂海论丛,1994年第6期
10. 韩忠雪,朱荣林. 关于跨国公司资本结构理论研究综述. 当代经济科学,2003年第5期
11. 洪耀忠. 现代企业国际融资的渠道和方式. 财经论丛,1995年第5期
12. 周启元. 论世界银行贷款及其我国的利用. 经济纵横论,1995年第1期

13. 李东阳. 西方国际直接投资理论比较研究. 财经问题研究,1998 年第 7 期
14. 李清柳. 西方国际直接投资理论的发展. 金融教学与研究,1997 年第 2 期
15. 林旭东. 国际保理和福费廷业务比较. 中国城市金融,2002 年 11 期
16. 林迎春. 福费廷业务分析. 中国城市金融,2002 年 第 9 期
17. 林志新,蒋光栋,顾洪波. 对经营租赁和融资租赁比较问题的研究. 事业财会,1998 年第 2 期
18. 刘星,王关义.《国际财务管理》.高等教育出版社,上海社会科学院出版社,2000 年 6 月
19. 张志元. 国际直接投资新理论介评. 世界经济研究,1998 年第 3 期
20. 秦定. 关于福费廷业务的讨论. 新金融,1996 年第 8 期
21. 孙少博. 企业怎样利用国际商业贷款融资. 理论学习,2001 年第 2 期
22. 唐本佑. 略论国际资本流动中的国家风险. 财会月刊,2001 年 14 期
23. 王化成.《国际财务管理》.经济科学出版社,1995 年 1 月
24. 王建英,支晓强,袁淳.《国际财务管理学》.中国人民大学出版社,2007 年 1 月
25. 杨培强.《企业跨国并购的动因及对策》.经济师,2003 年第 9 期
26. 张建凉.《国际理财学》.中国财政经济出版社,1998 年 3 月
27. 吴丛生,郭振游.《国际财务管理》.对外经济贸易大学出版社,1997 年 12 月
28. 夏乐书.《国际财务管理》.东北财大出版社,2006 年 1 月
29. 严华惠. 国际税收中性:两种原则的分析比较. 涉外税务,2002 年第 8 期
30. 张爱玲.《论多国企业的政治风险管理》.管理现代化,1994 年第 4 期
31. 王化成,陈咏英.《国际财务管理》.中国时代经济出版社,2003 年 6 月
32. Eugene F. Brigham: *Financial Management*, Dryden Press,1999.
33. Joel M. Stern: The revolution in Corporate Finance, *Blackwell Business*, 1996.
34. Stephen A. Ross, Randolph W. Westerfield, Jeffrey Jaffe: *Corporate Finance*, McGraw-Hill, Inc,1996.
35. Douglas R. Emery: *Corporate Financial Management*, Prentice-Hall, Inc, 1997.
36. Benton E. Gup: *Principles of Financial Management*, Second Edition, John Wiley & Sons, Inc,1988.

37. George E. Pinches: *Essentials of Financial Management*, Third Edition, Harper & Row publishers, 1988.
38. Lawrence J. Gitman, Michael D. Joehnk, George E. Pinches: *Managerial Finance*, Harper & Row Publishers, 1985.
39. Rafael La Porta, Florencio Lopez-de-Silanes, Andrei Shleifer, Robert W. Vishy: Investor Protection and Corporate Governance, *Journal of Financial Economics* 58, 2000, 3-27
40. Andrei Shleifer and Robert W. Vishy, A Survey of Corporate governance, *Journal of Finance* 52, 1997, 737-783.
41. www.ibdaily.cn
42. www.vcc.com.cn